KB246301

개념으로 풀어 쓰는 과학

물리학 / 지구 과학

2

　　현대 사회는 점차 선진 기술이 평준화함에 따라 창의성이 더욱 요구되고 있습니다. 창의성 계발은 기초 기본 교육을 근간으로 이루어지기 때문에 선진국들은 이를 교육의 최우선 정책으로 추진하고 있습니다. 우리나라도 융합인재교육(STEAM)을 통하여 미래의 성장 동력을 찾고 있습니다.

　　재능이 뛰어난 사람으로서, 타고난 잠재력을 계발하기 위하여 특별한 교육을 필요로 하는 학생을 영재라고 합니다. 영재성은 선천적으로 주어지지만, 이를 발달시키기 위해서는 자녀에 대한 부모의 끊임없는 관심과 지원, 창의성 계발을 위한 교수·학습의 기회, 다양한 경험, 풍부한 독서 활동 등과 같은 환경적 요인이 매우 중요합니다.

　　『개념으로 풀어 쓰는 과학』은 영재 교육 계발에 앞장서 계시는 현장 선생님들이 학교와 대학 부설 영재 교실, 교육청 중심의 영재 학교 등에서 축적한 오랜 경험과 노하우를 한 곳에 모이 집필히였으며, 생명 과학, 화학, 물리학, 지구 과학 분야에서 핵심적인 개념을 이해하기 쉽게 정리한 책입니다.

　　이 책이 과학에 관심을 가지고 공부하는 학생이나 과학 영재 학교 진학을 목표로 공부하는 학생들에게 큰 도움을 줄 것이라 확신합니다. 모쪼록 교육 현장에서 적극 활용되기를 바랍니다.

저자 일동

이 책의 구성

❶ 흥미와 호기심을 가질 수 있는 과학 개념 중에서
가장 중심적인 것으로 구성하였다.

❷ 개념의 사전적인 뜻과 개념의 핵심을 초등학교와 중학교의 과학, 고등학교의 물리, 화학, 생명 과학, 지구 과학 등에서 다루고 있는 개념과 연계하여 간단하게 풀어 설명하였다.

❸ 제시된 기본 개념을 이해하고, 과학적 사고력을 가질 수 있도록 다양한 사진과 함께 쉽게 풀어 썼다.

---

❶ 구름 Cloud

❷ 공기가 상승하면 기압이 낮아져 점차 팽창하고 기온이 낮아진다. 그러다가 이슬점에 도달하면 수증기가 응결하면서 눈으로 볼 수 있는 작은 물방울이 만들어지고 이 물방울이 모여서 구름이 된다.

공기 Air

안정한 상태의 공기는 빠르게 상승하지 못하는 따뜻하고 건조한 공기로서, 높은 고도까지 올라가지 못하고 구름과 강수를 형성하지 못한다. 불안정한 상태의 공기는 빠르게 상승하는 따뜻하고 습한 공기로서, 높은 고도까지 올라가 탑상 구름을 형성하여 큰비를 발생시킨다.

구름이 만들어지는 경우

▲ 공기가 산을 타고 올라갈 때

▲ 따뜻한 공기와 찬 공기가 만날 때

❸

▲ 저기압 중심에 공기가 모여들 때

단열 변화와 응결핵

단열 변화

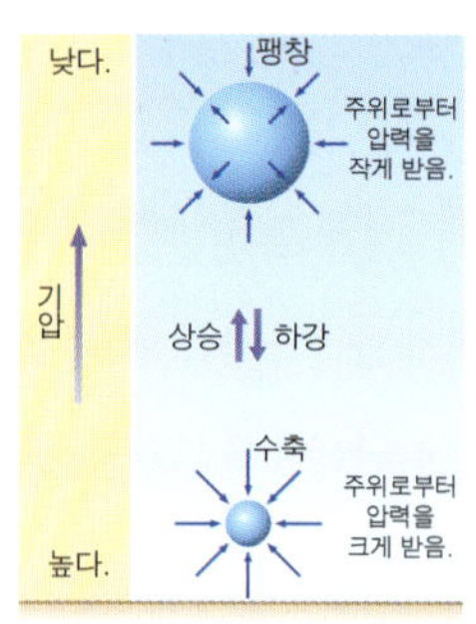

공기 덩어리가 압축되면 내부의 기온이 높아지고, 팽창하면 내부의 기온이 낮아져 외부에서 열을 주거나 빼앗지 않아도 기온이 변한다. 이처럼 열의 출입이 없는 상태에서 공기 덩어리가 압축되거나 팽창하여 기온이 변하는 현상을 단열 변화라고 한다.

응결핵 대기 중에서 수증기가 응결할 때 수증기의 응결을 도와주는 향 연기와 같은 물질을 응결핵이라고 한다. 자연 상태의 공기에서는 작은 해염 입자(파도 등으로부터 나타나는 해수의 아주 작은 입자)와 같은 물질이 응결핵의 역할을 한다.

🔬 실생활

햇무리, 달무리가 나타나면 비가 온다

조상들의 지혜를 엿볼 수 있는 날씨와 관련된 속담이다. 해와 달의 주변에 둥근 빛의 무리가 나타나는 것은 권층운이 있을 때이다. 권층운은 높이 5~13km에서 만들어지는 구름으로, 얼음의 작은 결정으로 이루어졌다. 권층운은 온난 전선이 접근하면 생기므로, 구름이 두꺼워지고 비가 내린다.

온도에 따른 부피 변화

온도에 따른 고무풍선의 부피 변화

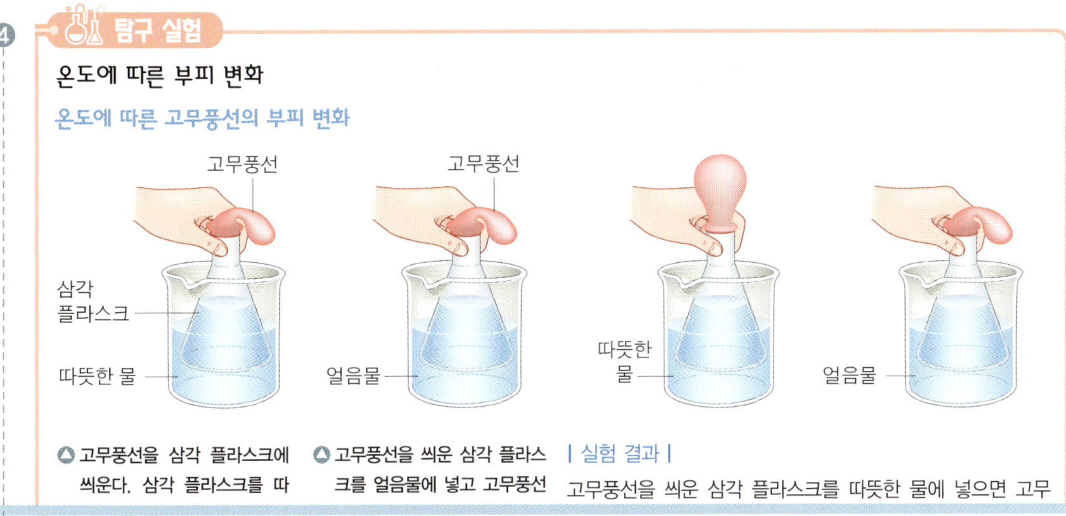

⬆ 고무풍선을 삼각 플라스크에 씌운다. 삼각 플라스크를 따 ⬆ 고무풍선을 씌운 삼각 플라스 크를 얼음물에 넣고 고무풍선 | 실험 결과 | 고무풍선을 씌운 삼각 플라스크를 따뜻한 물에 넣으면 고무

❹ 개념과 관련되는 재미있거나 일상생활에서 적용되는 곳, 개념에 대한 TIP, 용어 풀이, 관련된 과학자 등을 다루어 개념에 친근할 수 있도록 하였고, 탐구 실험과 자유 탐구는 실험 과정을 통해 개념을 이해할 수 있도록 하였다.

❺ 『개념으로 풀어 쓰는 과학』 안의 여러 가지 내용을 가, 나, 다 순서로 정리하여 쉽게 찾아볼 수 있도록 하였다.

INDEX ❺ 찾아보기

이 책의 차례

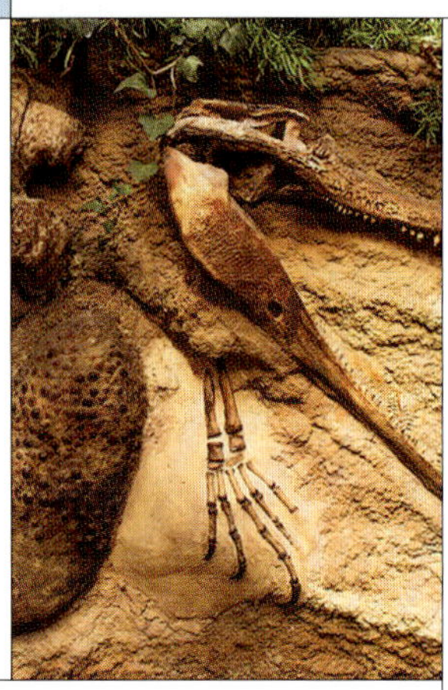

물리학
PHYSICS / 物理學

물리학

물리학은 주로 물질의 무기적인 운동 형태를 연구하는 과학으로, 자연 현상을 양적으로 파악하고 자연법칙을 엄밀한 수학적 형식으로 표현한다. 물리학은 기본적인 과학이고, 작게는 물질의 극미의 세계부터 크게는 우주에 미치는 광범위한 영역에까지 걸쳐서 연구한다. 물리학의 시작은 고대 그리스 시대부터 시작되어 갈릴레이, 뉴턴 등에 의해 고전 역학으로 완성되었으며, 이후 많은 과학자들의 연구가 이루어졌다. 특히, 아인슈타인이 주장한 상대성 이론, 특수 상대성 이론으로 양자 역학이 제시되어 현대 물리학의 큰 발전을 이루게 되었다.

전자기파 Electromagnetic Wave / 電磁氣波

전자기파는 공간을 통해 에너지를 전달하는 파동이다. 전자기파는 에너지를 한 공간에서 다른 공간으로 전달한다. 전자기파에는 여러 가지 종류가 있지만, 이들 모두 빛의 속도로 진공을 통과한다.

전자기파의 종류

우리는 생활 속에서 전자기파를 매우 일상적으로 사용하고 있다. 휴대 전화에서 사용하는 전파, 빛, X선, 전자레인지에서 사용하는 마이크로파 등이다. 더 자세히 말하면 전자기파의 종류에는 감마(r)선, X선, 자외선, 가시광선, 적외선, 마이크로파, 라디오파 등이 있다.

이들은 서로 다른 진동수와 파장의 파동들로 이루어져 있다. 한쪽 끝은 짧은 파장과 높은 진동수를 가지는 전자기파이고, 다른 한쪽 끝은 긴 파장과 낮은 진동수를 가진다. 감마선, X선과 같이 파장이 짧은 것은 큰 에너지를 가지며, 라디오파와 같이 파장이 긴 것은 작은 에너지를 가진다.

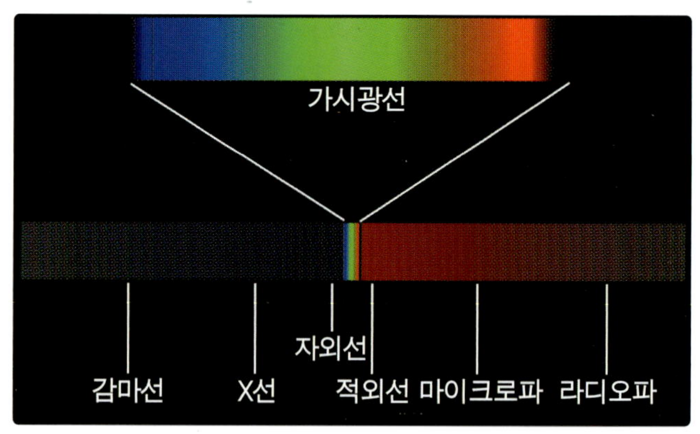

🔵 전자기파의 종류

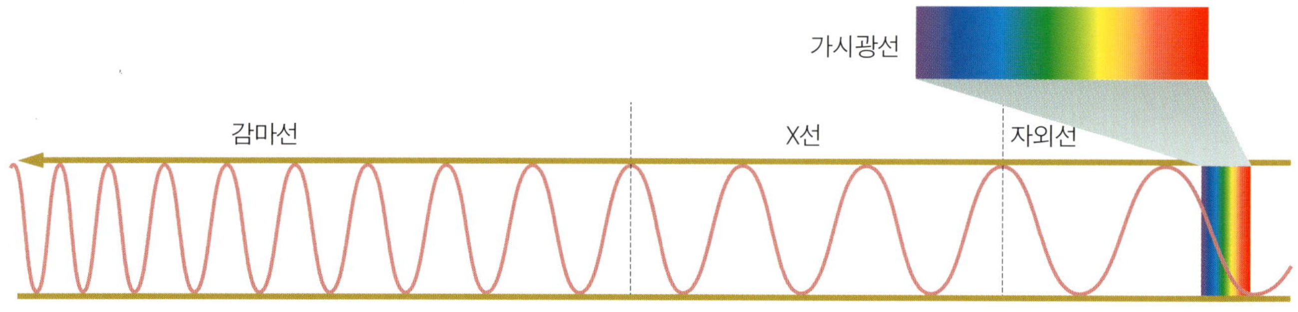

← 파장이 짧아지고 에너지가 증가한다.

감매(r)선	X선	자외선(UV)	가시광선
감매(r)선은 방사능에 의해 생성된 에너지를 많이 가지고 있다. 이것은 보이지도, 느껴지지도 않는다. 이것은 암을 유발할 수도 있지만, 또한 투과력이 강하여 암 세포를 죽일 수도 있다. 또 음식과 수술 도구를 살균하는 데에도 사용된다.	자외선보다 파장이 짧은 X선은 뢴트겐이 발견하였다. 피부와 같은 부드러운 조직은 통과하고, 뼈와 같은 단단한 물체에는 흡수되기 때문에 신체 내부의 영상을 만드는 데 사용된다. 많은 양을 쬐면 유해할 수 있으므로 X선을 사용할 때는 주의해야 한다.	자외선은 가시광선의 보라색보다 더 바깥쪽에 있는 전자기파를 의미하며, 보이지도 느껴지지도 않지만 자외선에 많이 노출되면 화상을 입을 수도 있다. 자외선으로부터 피부와 눈을 보호하기 위해 자외선 차단제와 선글라스를 착용해야 한다.	가시광선은 우리가 볼 수 있는 유일한 파장이다. 색상은 빛의 파장에 따라 달라진다. 보라색과 파란색은 초록색과 노란색보다 짧은 파장을 가지고, 빨간색은 가장 긴 파장을 가진다.

전자기파의 근원

전자기 방사선은 원자 주위의 전자가 가지고 있는 에너지와 관련이 있다. 전자는 높고 낮은 에너지 준위, 또는 전자각을 뛰어오르며 이동할 수 있다. 이러한 변화는 원자가 전자기 방사선 형태로 에너지를 흡수하거나 방출한 결과이다.

에너지 흡수 전자가 한 전자각에서 다음 전자각으로 이동하기 위해서는 특정한 양의 에너지를 필요로 한다. 작은 점프나 전자각을 넘는 점프로는 이동할 수 없으며, 오로지 특정 파장을 가진 방사선 형태의 에너지를 흡수할 때만 이동할 수 있다.

에너지 방출 전자가 핵 가까이의 원래 위치로 이동할 경우, 전자는 특정 파장을 가진 방사선 형태의 에너지를 방출한다. 이 과정은 물체가 가시광선으로 발광하거나 열을 발산하거나 또는 다른 형태의 방사선을 방출하게 한다.

❶ 전자는 원자의 중심과 가까운 낮은 에너지 준위에 위치해 있다.

❸ 전자가 핵으로부터 정상보다 더 멀리 떨어져 있을 때 높은 에너지 준위에 있게 된다.

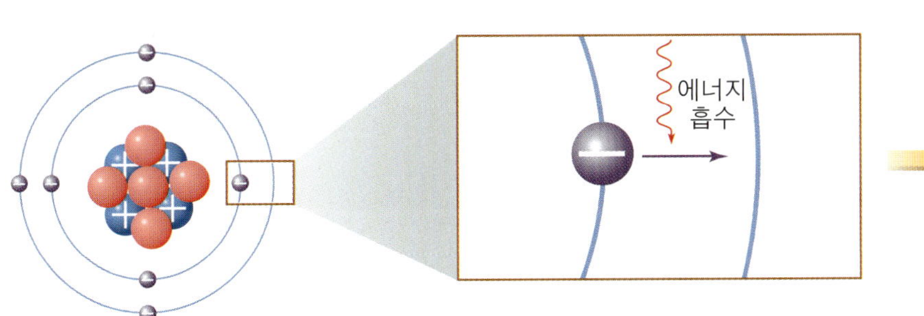

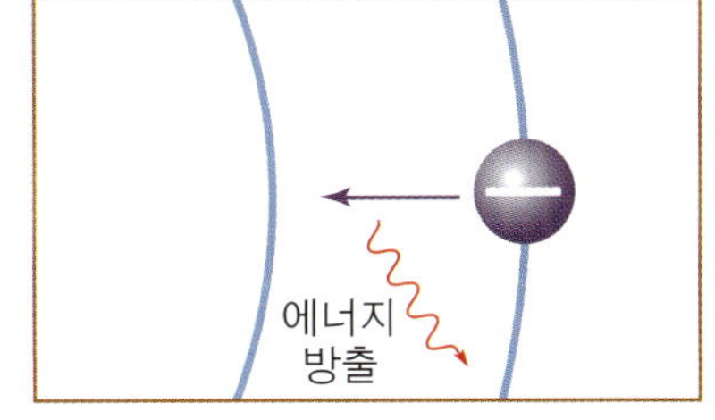

❷ 전자가 에너지를 흡수하면 높은 에너지 준위로 이동하게 된다.

❹ 전자가 에너지를 방출하면 다시 낮은 에너지 준위로 이동하게 된다.

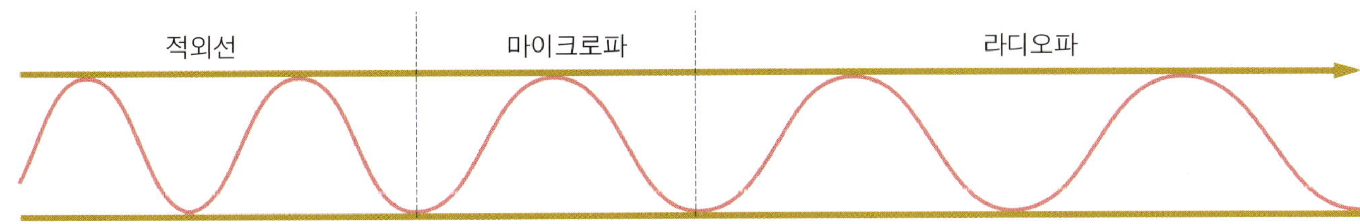

파장이 길어지고 에너지가 감소한다. →

적외선

적외선은 가시광선의 빨간색보다 더 바깥쪽에 있는 전자기파를 의미하며, 낮은 진동수와 긴 파장을 가진다. 우리 눈에 보이지 않지만 우리 몸을 덥혀 줄 정도의 에너지를 가지고 있다. 예를 들면 뜨거운 다리미나 우리의 몸에서도 적외선이 방출된다. 귓속에 넣어 체온을 측정하는 온도계는 우리 몸의 온도에 따라 방출하는 적외선의 양으로 체온을 재는 것이다.

마이크로파

마이크로파는 공기, 유리, 종이 등을 잘 통과하며 금속에 의해 반사되고, 식품이나 물에 흡수되는 성질이 있다. 전자레인지에서 음식을 데울 때뿐만 아니라 휴대 전화, 와이파이, 블루투스를 포함한 개인 통신의 다양한 종류에서 사용된다. 또한 항공기 및 선박의 위치를 찾는 레이더 기술에도 사용된다.

라디오파

라디오파는 전자기파 중에서 파장이 가장 길다. 흔히 전파라고 하기도 한다. 이것은 지구 주위의 라디오와 텔레비전 신호를 전송하는 데 사용된다. 텔레비전은 라디오보다 더 높은 진동수를 사용한다. 우주에서의 전파는 전파 망원경을 사용하여 청취할 수 있고, 우주를 연구하는 데 사용된다.

빛 Light

빛은 우리에게 밝고 다채로운 세상을 볼 수 있도록 해 준다. 빛은 우리가 볼 수 있는 유일한 전자기 방사선의 유형이다. 우리는 빛을 넓은 색상의 범위로 인식할 수 있다.

빛의 분산 Dispersion

햇빛에서 나온 백색광이 공기 중에서 유리와 같은 물질(예 프리즘)로 들어갈 때, 그 경계면에서 굴절하는 정도가 다르기 때문에 여러 가지 색깔의 빛으로 나누어진다. 이러한 현상을 빛의 분산이라고 한다. 대부분의 사람들은 오른쪽과 같이 7개의 구분된 색으로 보지만, 실제로는 연속적으로 변화하는 색이다. 빛의 분산 효과는 빛을 서로 다른 파장과 스펙트럼으로 알려진 가시 색상 밴드로 분할시킨다. 스펙트럼은 가장 긴 파장의 빨강에서 시작하여 가장 짧은 파장의 보라로 끝난다.

△ 프리즘

빛의 합성 Synthesis

우리는 추상체라 불리는 빛에 민감한 수백만 개의 눈에 있는 세포가 뇌에 보낸 정보로 색상을 인식한다. 빨강과 초록, 파란 빛에 반응하는 세 가지 유형의 추상체가 있다. 우리는 기본 색상으로 알려진 이 세 가지 색상(빛의 삼원색)의 조합으로 모든 색상을 볼 수 있다.

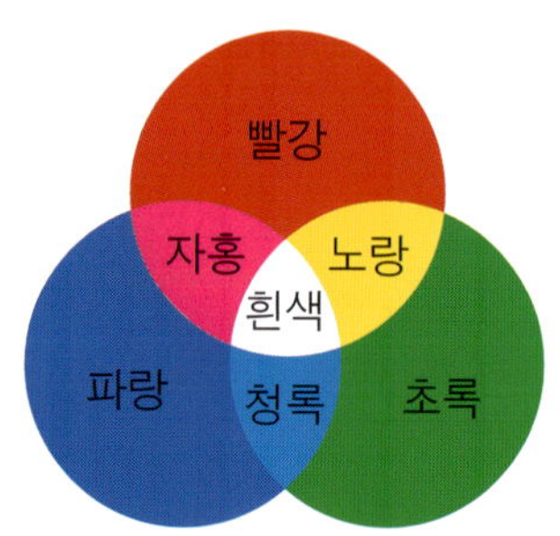

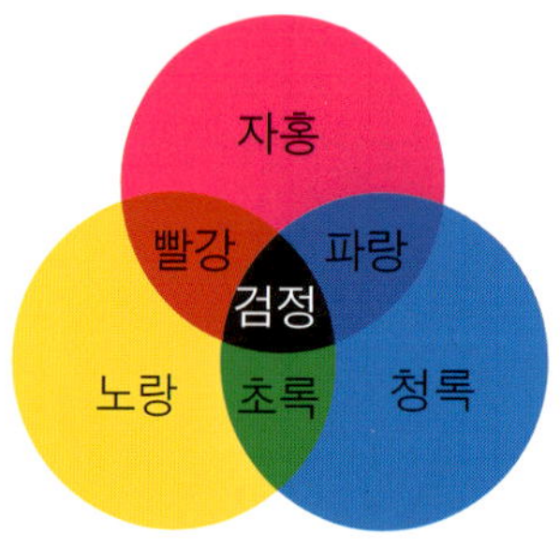

빛의 합성 기본 색상 3개의 손전등을 흰 표면에 비췄을 때 겹쳐지며 흰색이 만들어진다. 다른 조합은 보조 색상으로 알려진 자홍, 노랑, 청록색을 만든다. 일상생활에서 사용하는 컴퓨터나 텔레비전과 같은 영상 기기는 이러한 방법으로 다양한 색깔을 만들어 낸다.

물감의 합성 잉크나 페인트와 같은 안료로 색상을 만드는 것은 빛으로 만들어진 색상과는 완전히 다른 방식이다. 기본 안료는 자홍, 노랑, 청록이다. 각각은 서로 다른 빛을 반사시킨다. 안료들이 혼합되는 수에 따라 반사시키는 색의 수가 줄어들고 3개의 색이 모두 섞이면 검정이 된다.

색깔 관찰 물체는 백색광에서 서로 다른 색을 흡수하거나 반사하는데, 이 때 반사된 색을 우리가 보는 것이다.

△ 흰색의 물체는 백색광의 모든 색상을 반사시킨다.

△ 노란 물체는 노란색은 반사시키고 다른 색들은 흡수한다.

△ 검은색 물체는 모든 색상을 반사하지 않고 흡수한다.

빛의 반사 Reflection

빛이 수면이나 거울과 같은 물체에 부딪혀 되돌아 나오는 현상을 빛의 반사라고 한다.
빛이 거울과 같이 평평한 표면에 부딪히면 빛이 나란하게 반사하는 정반사가 일어나 또
렷하지만, 좌우가 반대로 뒤집힌 상이 보이게 된다. 하지만 빛이 거친 표면에 부딪히면
빛이 서로 다른 방향으로 흩어지는 난반사가 일어나기 때문에 상이 보이지 않게 된다.

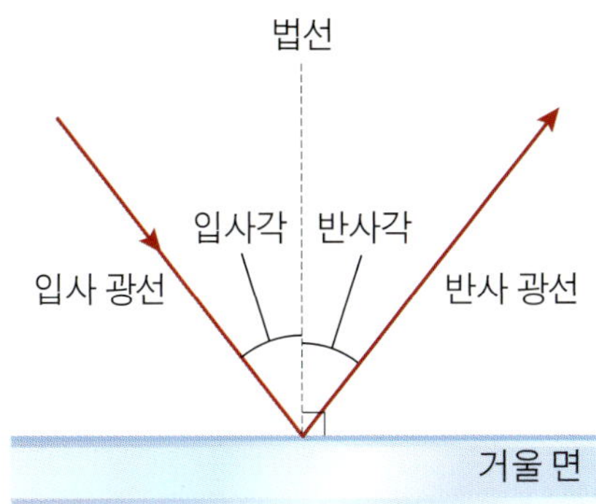

🔺 **입사각과 반사각**
빛의 반사는 입사 광선과 반사 광선으로 이루
어진다. 거울 면과 90°를 이루는 법선이라 불
리는 가상의 선으로부터 측정되는 입사각과
반사각은 항상 같다.

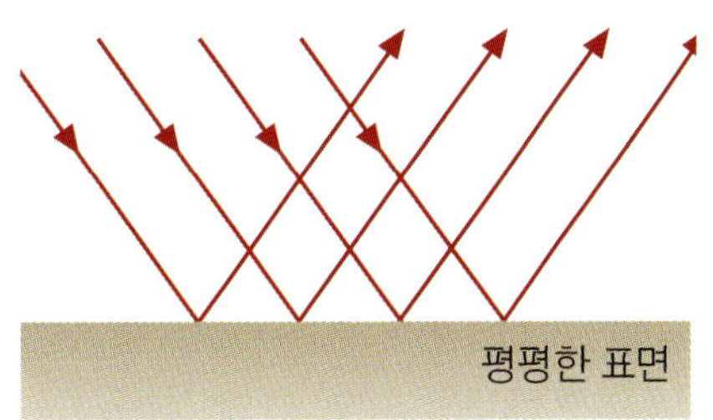

🔺 **정반사**
나란하게 입사한 빛이 나란하게 정반사하면
물체의 모습이 잘 보인다.

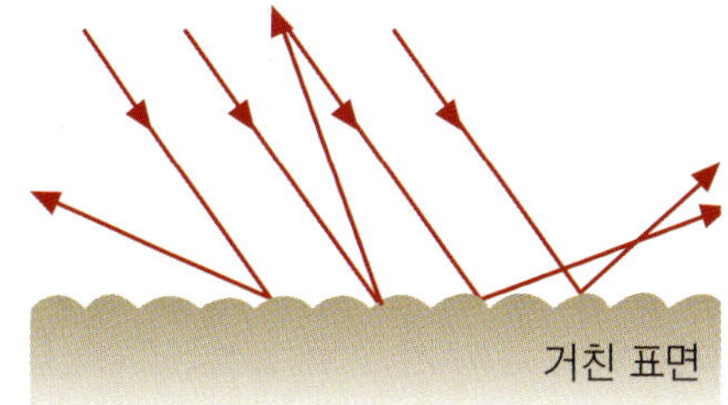

🔺 **난반사**
나란하게 입사한 빛이 여러 방향으로 흩어지
는 난반사가 일어나면 물체의 모습이 잘 보이
지 않게 된다.

빛의 굴절 Refraction

빛은 공기, 물, 유리와 같이 한 종류의 물질 속에서는 일정한 속도와 방향으로 진행한다.
그러나 한 종류의 물질에서 진행하던 빛이 다른 종류의 물질로 들어갈 때, 그 경계면에
서 속도와 진행 방향이 바뀌게 된다. 이러한 현상을 빛의 굴절이라고 한다.

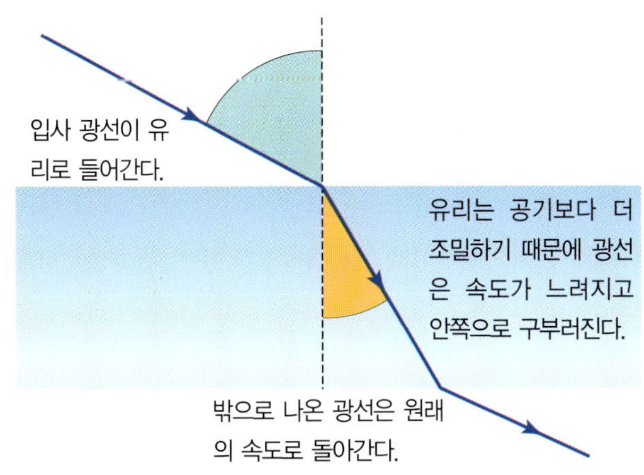

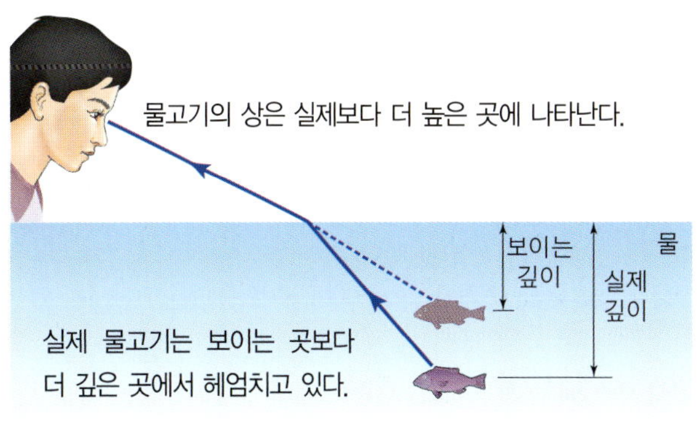

방향 전환 빛이 공기 중을 통과하다가 유리와 같은 더
조밀한 물질로 들어가는 경우 빛은 속도가 줄어들고 안
쪽으로 굴절된다. 빛이 유리를 통과할 때는 직선으로 움
직이지만 빛이 유리에서 공기 중으로 나오는 경계면에
서 원래의 경로와 속도로 돌아간다.

실제 깊이와 보이는 깊이 빛이 물에서 공기로 나올 때
굴절이 일어난다. 이것은 공기 중에서 물속의 물체를 보
았을 때, 실제로는 우리가 보는 곳에 있지 않다는 것을
의미한다. 물속을 헤엄치는 물고기는 우리에게 보이는
곳보다 더 깊은 곳에 있다. 그러므로 물고기를 잡으려면
보이는 곳보다 더 깊은 곳으로 창을 던져야 한다.

광학 Optics / 光學

광학은 빛의 성질과 작용을 설명하고 탐구하는 물리학의 한 분야이다. 빛은 전자기 방사선의 한 유형이다. 빛은 파동과 같이 입자의 흐름에 의해 전달된다.

빛의 특성

과거에는 가시광선만 빛이라고 생각하였으나, 현대에는 적외선, 자외선, X선 등의 전자기파를 포함한다. 태양, 전등, 텔레비전 화면 등은 빛을 방출한다. 그러나 대부분의 물체는 산란되는 빛을 반사시키거나 흡수한다. 유리나 물과 같이 투명한 물체는 빛을 그 속으로 통과하게 한다. 다음 표는 빛의 특성을 정리한 것이다.

빛의 특성	
전자기파	빛은 전자기 방사선의 한 유형이다. 빛은 그것의 근원으로부터 퍼져 나아간다.
직선 광선	등대, 횃불, 레이저로부터 나오는 빛줄기에서 이것을 볼 수 있다. 빛은 직진하기 때문에 만약 어떤 물체가 빛을 막고 있다면 물체의 뒤쪽에 그림자가 생긴다.
에너지 전송	빛은 에너지를 생산하기 위해 필요하다. 모든 물체는 빛을 흡수할 때 에너지를 얻는다. 태양 전지는 전기 에너지를 생산하기 위해 햇빛 에너지를 사용한다.
파동과 같이 움직이는 입자의 흐름	빛은 광자라 불리는 입자의 흐름에 의해 전달되지만, 어떤 상황에서는 이 물결은 파동과 같이 움직인다.
빈 공간을 통과하여 이동	전자기파는 이동하는 데 물이나 공기와 같은 매질을 필요로 하지 않는다. 예를 들어 태양과 별로부터 오는 빛은 빈 공간을 통과하여 우리에게 도달한다.
빠른 이동	빛은 우주에서 가장 빠른 것이다. 우주와 같은 진공에서 빛의 속도는 정확하게 초당 299,792 km이다.

렌즈 Lenses

렌즈는 투명 유리나 플라스틱과 같이 투명한 물질의 면을 둥글게 갈아 물체로부터 오는 빛을 모으거나 퍼져 나아가게 하여 상을 맺게 하는 물체이다. 렌즈에는 볼록 렌즈와 오목 렌즈 두 가지가 있는데, 안경, 카메라, 망원경 등에 사용된다.

볼록 렌즈 돋보기와 같은 볼록 렌즈는 가운데 부분이 볼록하고 끝부분은 얇다. 빛이 볼록 렌즈를 통과하면 가운데 쪽으로 꺾이면서 모이고 초점이라 불리는 렌즈 뒤쪽의 한 점에서 만난다. 초점과 렌즈 중심 사이의 거리를 초점거리라고 한다.

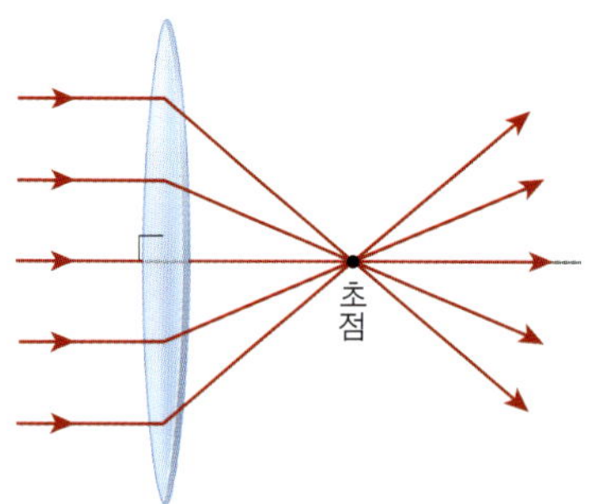

🔺 볼록 렌즈에 의한 빛의 진행

오목 렌즈 오목 렌즈의 가운데 부분은 얇고 끝부분은 두껍다. 빛이 오목 렌즈를 통과하면 바깥쪽으로 꺾이면서 퍼져 나아간다. 이때 굴절한 빛은 렌즈 뒤의 한 점에서 나오는 것처럼 퍼져 나아가는데, 이 점이 초점이다.

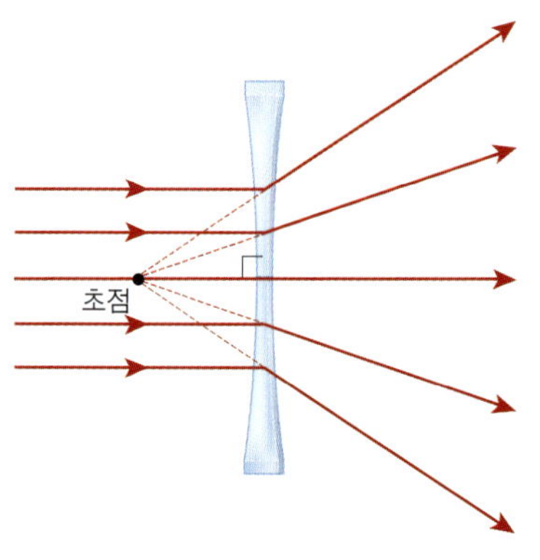

🔺 오목 렌즈에 의한 빛의 진행

간섭 Interference

2개의 빛이 만나 서로에게 영향을 미치는 현상을 간섭이라고 한다.

빛의 파동이 서로 같은 위치에 있을 때 2개의 빛이 서로를 강화시킨다. 이것을 보강 간섭이라고 한다. 그러나 2개의 빛이 서로 다른 위치에 있으면 두 빛의 파장이 서로 상쇄된다. 이것을 상쇄 간섭이라고 한다.

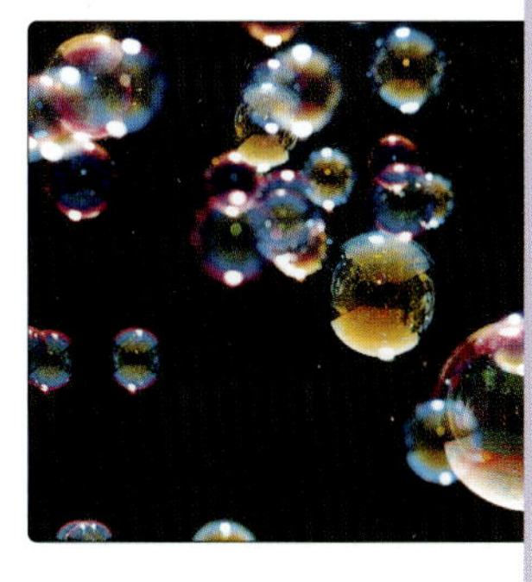

실생활

비눗방울 색

빛이 비눗방울에서 반사될 때, 일부는 거품 내부 표면에서 반사되고, 일부는 외부 표면에서 반사된다. 두 표면으로부터의 광선들이 새로운 색상의 파장을 생성하기 위해 간섭 현상이 일어난다.

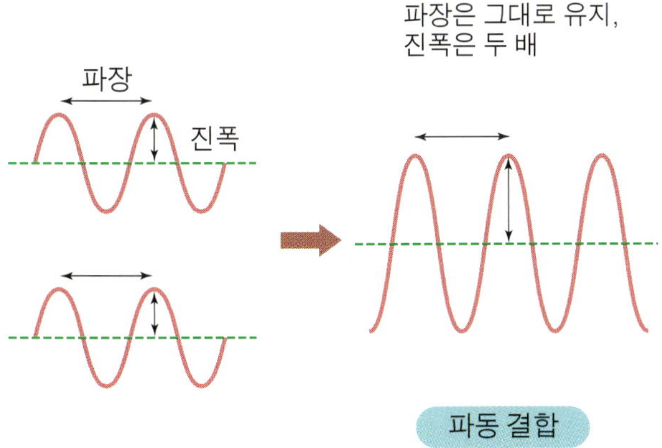

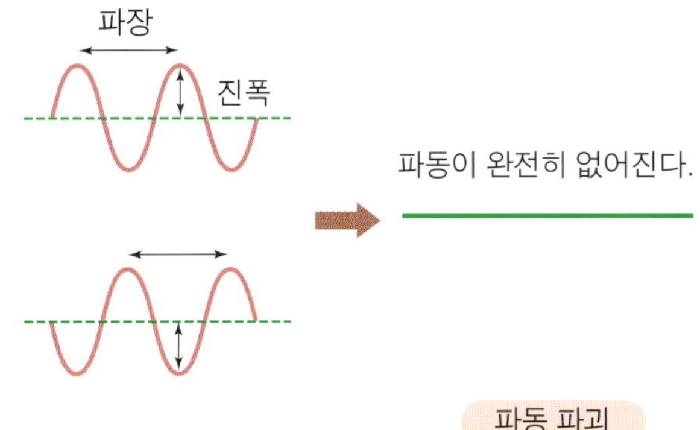

보강 간섭 2개의 파동이 같은 위치에서 만날 때 두 파동의 진폭이 더해져 2배의 진폭을 가진 하나의 파동이 만들어진다. 이것을 보강 간섭이라고 한다.

상쇄 간섭 2개의 파동이 같은 위치에 있지 않을 때 간섭이 상쇄된다. 2개의 파동이 합쳐져 진폭이 서로를 상쇄시키고 파동은 없어진다.

회절 Diffraction

빛은 소리와 같은 유형의 파동들과 같은 방식으로 이동한다. 예를 들어, 빛과 소리 파동은 반사하거나 굴절하기도 한다. 파동의 또 다른 특성은 파동이 진행 도중에 장애물을 만나거나 좁은 틈을 지날 때 장애물의 뒤까지 퍼져 나아가는 것이다. 이것을 회절이라고 한다. 빛의 파동이 좁은 틈을 통과하면 회절이 잘 일어나고, 보다 넓은 틈을 통과할 때는 회절이 적게 일어난다.

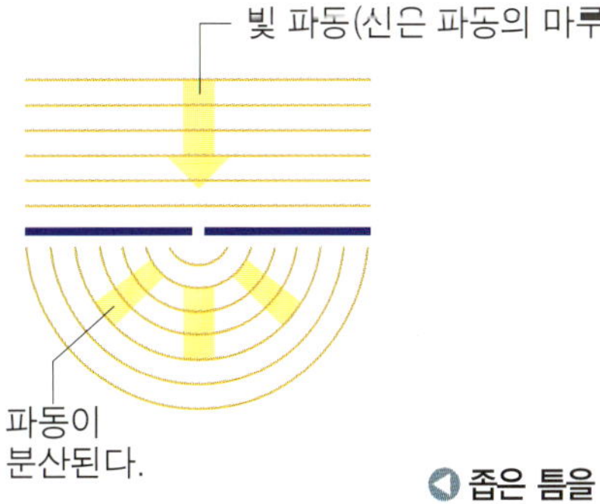

◁ 좁은 틈을 통과하는 회절

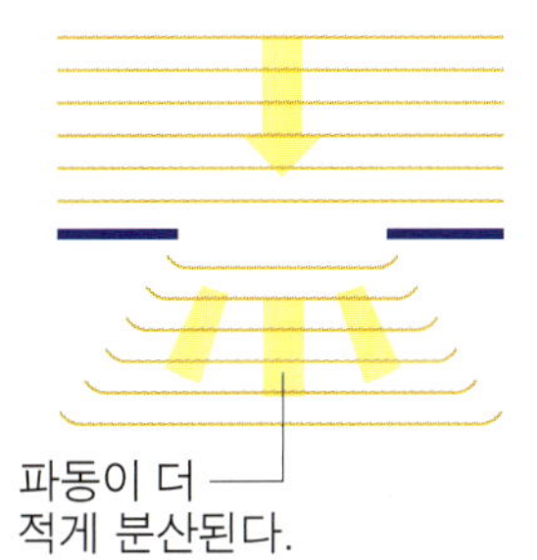

◁ 넓은 틈을 통과하는 회절

개념에 대한 TIP

몇 개의 파동이 겹치는 경우에는 간섭으로, 대단히 많은 수의 파동이 겹쳐 나타나는 경우에는 회절로 구분한다. 그래서 회절은 간섭의 특별한 경우이다.

중력 Gravity / 重力

중력은 지구 위의 물체가 지구 중심으로부터 받는 힘이다. 중력은 우주에 있는 모든 물체에 작용한다. 중력은 우리를 지구에 고정시킬 뿐만 아니라 행성을 붙잡아 궤도를 돌게 하는 힘이다.

인력 Attraction

인력은 두 물체가 서로 끌어당기는 힘을 말하며, 인력으로 인해 두 물체 사이의 거리가 감소하는 방향으로 힘이 작용한다.

중력은 인력 중의 하나이다.

모든 물체는 다른 물체를 끌어당기지만 지구 위에 있는 물체 사이에 작용하는 중력은 너무 작아서 알아차리기 어렵다. 이것이 바로 뉴턴과 같은 천재도 '중력은 크기와 상관없이 모든 물체에 영향을 끼친다.' 는 사실을 알아내는 데 시간이 걸린 까닭이다.

사과가 매달려 있을 경우 중력에 의하면 사과는 지구가 사과를 끌어당기는 힘과 똑같이 지구를 끌어당긴다. 그러나 사과가 떨어지는 경우 지구는 훨씬 더 거대하기 때문에 지구가 사과를 끌어당기는 힘은 훨씬 더 가속화되고, 굉장한 속도로 떨어지는 동안에 반대로 측정할 수 없을 정도로 작은 거리만큼 위로 올려진다.

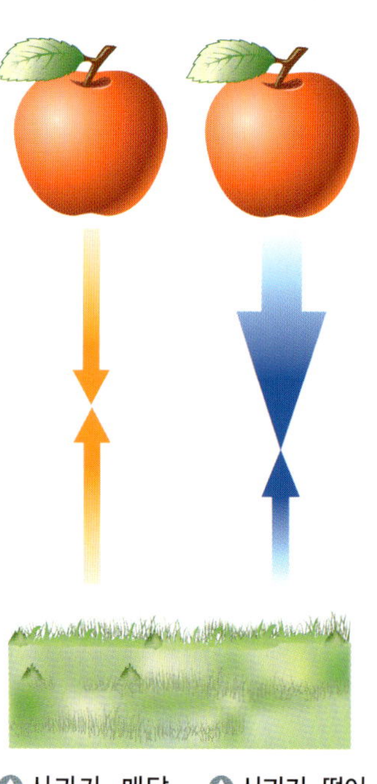

△ 사과가 매달려 있을 때　△ 사과가 떨어질 때

개념에 대한 TIP

물리학자들은 중력은 질량을 가진 모든 물체 사이에서는 중력자를 교환함으로써 중력이 작용한다고 생각했다. 그러나 이는 아직까지 밝혀진 바가 없다.

만유인력의 법칙 Law of Gravitation

뉴턴은 중력이 우주에 있는 모든 것에 작용한다는 것을 깨달았다. 그는 두 물체 사이에 작용하는 중력적 힘은 두 물체 사이의 질량과 거리에 관계가 있다고 하였다. 그리고 지구와 같이 구모양의 물체는 질량을 물체의 중심 방향으로 집중시킨다고 하였다. 즉, 만유인력의 법칙은 질량을 가진 모든 물체는 두 물체 사이에 질량의 곱에 비례하고 두 물체 사이 거리의 제곱에 반비례하는 인력이 작용한다는 법칙이다.

인력　모든 물체는 서로 끌어당기는 중력이 있다. 다음에 질량이 똑같은 두 물체는 같은 힘으로 서로를 끌어당긴다.

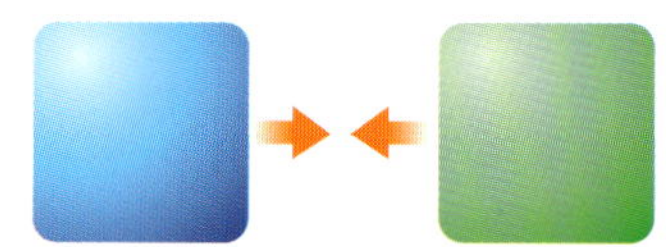

질량을 두 배로　두 물체의 질량을 두 배로 하면 끌어당기는 힘은 4배로 커지게 된다.

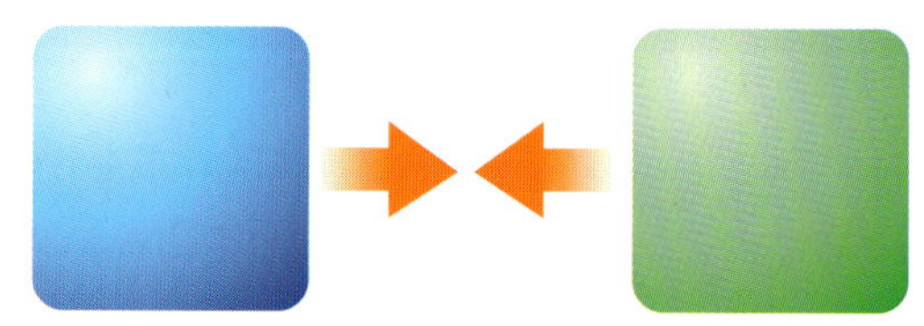

거리를 두 배로　두 물체 사이의 거리를 두 배로 늘리게 되면 끌어당기는 힘은 4배 더 줄어들게 된다.

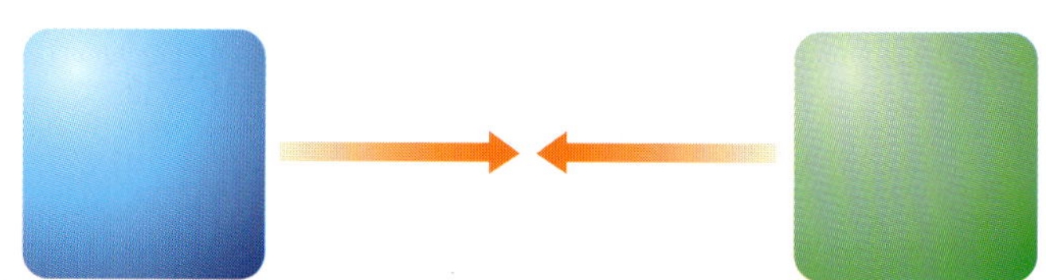

스포츠 경기에서 중력이 변한다면

만약 중력이 현재보다 작아진다면 어떠한 현상이 생길까?
아마도 점프력을 필요로 하는 스포츠 종목 선수들의 경우는 힘껏
뛰어오른 뒤 충격 없이 가볍게 내려올 수 있을 것이다. 창던지기
선수들의 경우에는 본인이 지닌 기록보다 더 멀리 창을 던질 수 있
을 것이다. 반대로 중력이 커진다면, 선수들은 자신의 몸무게가 더
무거워지기 때문에 경기력을 발휘하기 위해서 더 큰 힘을 내야 할
것이다.
중력에 대항하는 대표적인 종목으로 역도를 들 수 있다. 세계적인
역도 선수인 장미란 선수도 경기에서 평상시 본인이 들었던 바벨보
다 무겁게 느껴진다고 호소하는 경우가 있다고 한다. 이는 아마도
경기가 열리는 도시마다 실제로 중력의 크기가 미세하나마 다르기
때문으로, 큰 중력이 작용하는 도시에서 경기를 했을 때는 평상시보
다 더 무겁게 느껴지게 될 것이다.

탄도학 Ballistics

던져진 물체는 지구의 중력에 의해 끌어당겨진다. 동시
에 옆에서 보면 공기 저항으로 인해 속도가 감소되는 것
을 알 수 있다.
만약 대기가 없다면 공기 저항을 적게 받게 되므로 물체
는 훨씬 더 멀리 날아가게 된다.

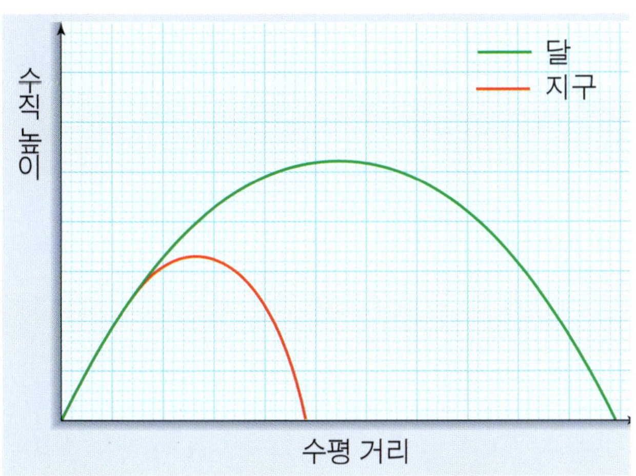

공기 저항과 운동 지구에서 공기 저항은 항력(저항력)
으로 작용하여 물체의 속도를 줄인다(빨간색 선). 만약
달과 같이 공기 저항이 없다면 던져진 물체는 포물선을
그리며 일정한 속도로 더 높이 올라갔다가 내려오게 될
것이다(초록색 선).

궤도 Orbit

더 강하게 던질수록 물체는 땅에 떨어지기 전까지 더 빠
르고 멀리 가게 된다. 만약 물체를 충분한 힘으로 던진
다면 중력을 무시할 만큼의 충분한 속도를 얻을 것이고,
그렇게 된다면 물체는 떨어지지 않고 영원히 지구의 궤
도를 돌게 될 것이다.

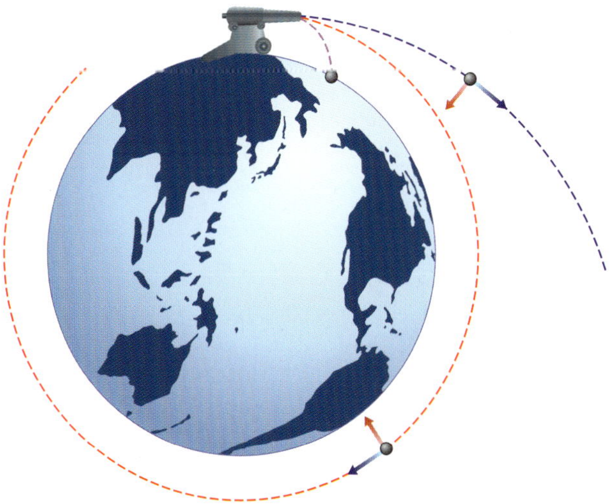

뉴턴의 인공위성 위 그림은 뉴턴의 이론을 기초로 그려
진 것이다. 그는 포탄이 충분한 힘으로 발사된다면 붉은
색 점선처럼 지구의 궤도를 따라 돌거나 파란색 점선처
럼 지구를 탈출하는 속도로 벗어날 것이라고 생각했다.

뉴턴 (Newton, Isaac: 1642~1727)

17세기 영국의 과학자인 뉴턴은 물리학자이자 천문학자인 동시에 수학자로, 근대 과학의 성립에 가장 큰 역할을 하였다. 수학에서 미적분법을 창시하고 물리학에서는 뉴턴 역학의 체계를 확립하였으며, 광학 및 천문학에도 조예가 깊어 이를 이용해 광학 망원경을 발명하기도 하였다. 뉴턴의 수많은 업적 중 가장 높이 평가받는 것은 역학으로, 만유인력의 법칙을 비롯한 뉴턴 역학은 이후 자연 과학의 모범이 되었다.

주요 저서로 『광학』, 『자연 철학의 수학적 원리(프린키피아)』 등이 있으며, 케임브리지 대학 교수, 조폐국 장관, 왕립 협회 회장 등을 지냈다.

우주를 지배하고 있는 기본적인 힘

자연계는 중력, 전자기력, 강력, 약력 네 가지의 기본적인 힘으로 이루어져 있다. 강력과 약력은 핵 내부에서 작용하므로 우리 일상생활에서는 경험할 수 없다. 이 가운데 가장 강한 힘은 강력, 그다음은 전자기력, 세 번째로 강한 힘은 약력, 그 다음은 중력이다.

자연의 기본적인 힘 4종류

중력 Gravitational Force

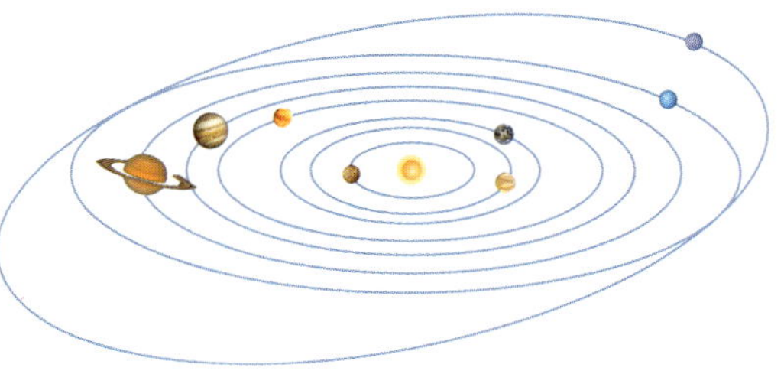

질량을 가진 물체들 사이에 작용하는 힘으로, 만유인력이라고도 한다. 뉴턴의 중력 법칙에 따르면 두 물체에 작용하는 중력의 크기는 거리의 제곱에 반비례하고 질량의 곱에 비례한다. 힘의 방향은 두 물체를 연결하는 직선 방향이고 항상 끌어당긴다.

전자기력 Electromagnetic Force

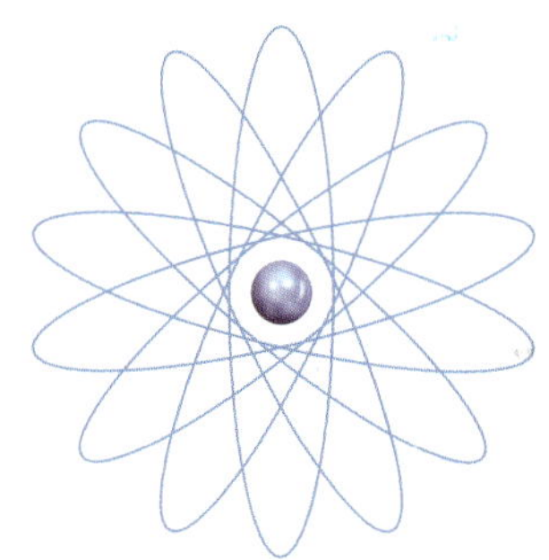

전하를 띤 물체들 사이에 작용하는 힘이다. 두 물체에 작용하는 전자기력의 크기는 거리의 제곱에 반비례하고 전하의 곱에 비례한다. 방향은 두 물체를 연결하는 직선 방향이며, 전하의 부호가 서로 같으면 밀어내고, 서로 다르면 끌어당긴다.

강력 Strong Force

전자기력보다 강한 힘으로 원자핵을 이루는 기본 입자들인 양성자와 중성자를 묶어 놓는 힘이다. 원자핵의 범위 안에 미치는 힘으로 작용 거리가 매우 짧다.

약력 Weak Force

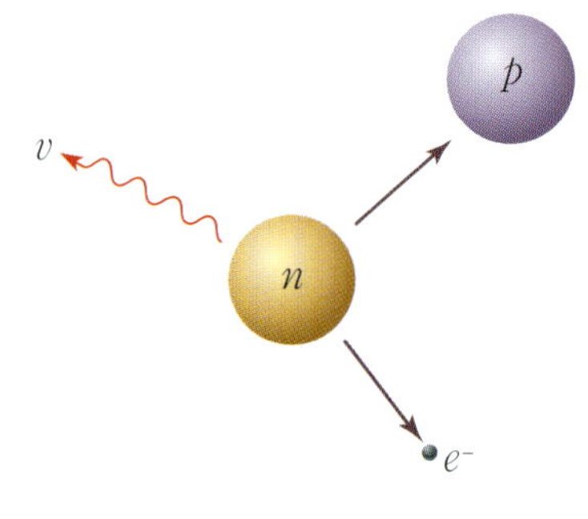

약력은 중성자가 양성자와 전자로 붕괴되거나 양성자가 중성자와 양전자로 붕괴될 때 작용하는 힘이다. 전자기력보다 약한 힘으로, 원자핵이 방사선 붕괴를 할 때 관여하는 힘이다. 작용 거리가 매우 짧다.

중력의 크기

중력의 크기는 물체의 질량에 비례하므로 자유 낙하하는 물체는 질량에 상관없이 일정한 가속도로 떨어진다. 약 $9.8\,\mathrm{m/s^2}$의 이 가속도를 중력 가속도 g라고 한다. 그러나 정확한 중력 가속도는 장소에 따라 조금씩 다르다. 이것은 지구 자전에 따른 원심력이 위도에 따라 다르고, 지구가 완전한 구체가 아니라 약간 평평한 타원체이며, 지구 내부의 지질 구조가 균일하지 않기 때문이다. 예를 들어 반지름이 가장 크고 원심력이 강한 적도에서 중력은 최소가 되고, 반지름이 작고 원심력도 작은 극지방에서 중력이 최대가 된다. 그러나 이 차이는 대략 $34\,\mathrm{mm/s^2}$으로 차이가 미세하기 때문에 일상생활에서는 큰 불편을 느끼지 못하며, 보통 지구 표면에서의 중력 가속도는 모두 $9.8\,\mathrm{m/s^2}$을 사용한다.

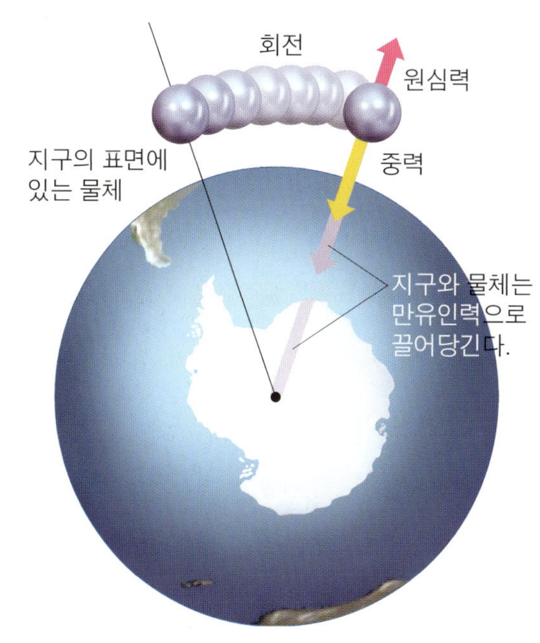

🔵 지구 표면의 중력은 만유인력과 원심력을 합한 값이 된다.

무중력 상태 Weightlessness

중력이 작용하지 않거나 중력이 작용하더라도 다른 힘과 상쇄되어 중력이 작용하지 않는 것처럼 보이는 상태를 말한다. 무중력 상태에서는 중력이 존재하는 지구와는 달리 물체를 아래로 당기는 알짜힘이 없기 때문에 갖가지 신기한 현상이 일어난다. 물체를 공중에 놓으면 그대로 떠 있게 되고, 컵에 든 음료를 그냥 마실 수 없고 빨대를 이용해 마셔야 하며, 물을 무중력 공간에 뿌리면 구 모양으로 둥둥 떠 있다. 무중력 상태에서는 사람의 내장이 위로 올라붙어 사람의 허리 부분이 가늘어진다. 또한 중력의 영향을 더 이상 받지 않는 혈액이 머리 쪽으로 몰려 우주 비행사의 얼굴이 붓는 현상이 나타나고 키도 3~4cm 정도 더 커진다.

📢 용어 풀이

원심력: 버스가 커브 길을 돌 때 그 안에 타고 있던 운전자나 승객들은 커브 바깥쪽으로 쏠리는 힘을 받는다. 이와 같이 회전하는 원의 중심에서 멀어지려는 방향으로 작용하는 힘을 원심력이라고 한다. 운동 중인 물체 안의 관찰자는 힘이 작용한다고 느끼지만 실제로 존재하는 힘은 아니다.
알짜힘: 물체에 작용하고 있는 모든 힘들의 벡터를 합하여 계산한 것이다.
벡터: 크기와 방향을 동시에 나타내는 물리량을 말한다.

👁 자유 탐구

우주 공간에서도 중력이 작용할까

우주 비행사가 지구 위 우주에 떠 있다. 중력은 우주 비행사가 지구 주변 궤도를 움직이도록 한다.

뉴턴의 운동 법칙 Newton's Law of Motion

고전 역학으로 물체의 운동을 설명할 때 기초가 되는 법칙이다. 뉴턴이 그의 저서 《자연 철학의 수학적 원리(프린키피아)》에서 발표한 세 가지의 운동 법칙이다.

물리학의 새로운 방향

뉴턴은 세 가지의 운동 법칙을 1687년에 발표하면서 물리학의 새로운 방향을 제시했다.

운동 제1법칙은 관성의 법칙으로, 관성에는 정지 상태를 유지하려는 관성과 운동 상태를 유지하려는 관성이 있다.

운동 제2법칙은 가속도의 법칙으로, 물체의 가속도는 물체에 작용하는 힘에 비례하고 물체의 질량에 반비례한다는 법칙이다.

운동 제3법칙은 작용 반작용 법칙으로, 물체 사이에 작용하는 힘들 사이의 법칙이다.

이 세 법칙으로 물체의 질량과 힘의 개념이 명백해지고 고전 역학의 기초가 확립되었다. 뉴턴은 물체에 작용하는 힘들이 균형을 이루면 물체는 움직임에 변함이 없고 균형을 잃어버리면 물체의 움직임에 변화(속도, 방향 등)가 있다고 했다. 또한 그는 한 물체에 작용하는 복잡한 힘들에 대해 강조했다. 예를 들어 마찰력, 공기 저항 등이다.

△ 운동 제1법칙

△ 운동 제2법칙

운동 제3법칙 ▷

뉴턴 운동 제1법칙: 관성의 법칙

외부로부터 물체에 어떤 힘이 작용하지 않는 한, 그 물체가 자신의 운동 상태를 계속해서 유지하려고 하는 성질이 관성이다. 예를 들어, 정지해 있는 물체는 계속해서 정지해 있으려 하고, 운동하고 있는 물체는 계속해서 일정한 속력으로 운동하려고 한다.

△ 정지해 있는 공
중력이 작용해도 바닥이 움직임을 막고 있으므로 그대로 멈춰 있다.

△ 힘의 작용
신발로 공을 차게 되면 공은 힘을 얻어 움직이게 된다.

△ 멈춤
움직이던 공은 마찰력과 공기 저항으로 속도가 줄어든다. 그러다 신발을 만나면 멈추게 된다.

뉴턴 운동 제2법칙: 가속도의 법칙

물체의 운동 상태는 물체에 작용하는 힘의 크기와 방향에 따라 변한다. 이와 같은 운동 상태의 변화(속도의 변화)를 가속도라고 한다. 즉, 물체에 힘이 작용하면 물체는 그 힘에 비례해서 가속도를 갖게 된다. 축구공을 세게 차면 빠른 속도로 날아가고, 약하게 차면 천천히 날아가는 것이 그 예이다. 이 가속도의 크기는 작용한 힘의 크기에 비례하고, 물체의 질량에 반비례한다. 이것을 운동 제2법칙, 또는 가속도의 법칙이라고 한다.

$$F = m \times a$$
$$\text{힘} = \text{질량} \times \text{가속도}$$

$$a = \frac{F}{m}$$
$$\text{가속도} = \frac{\text{힘}}{\text{질량}}$$

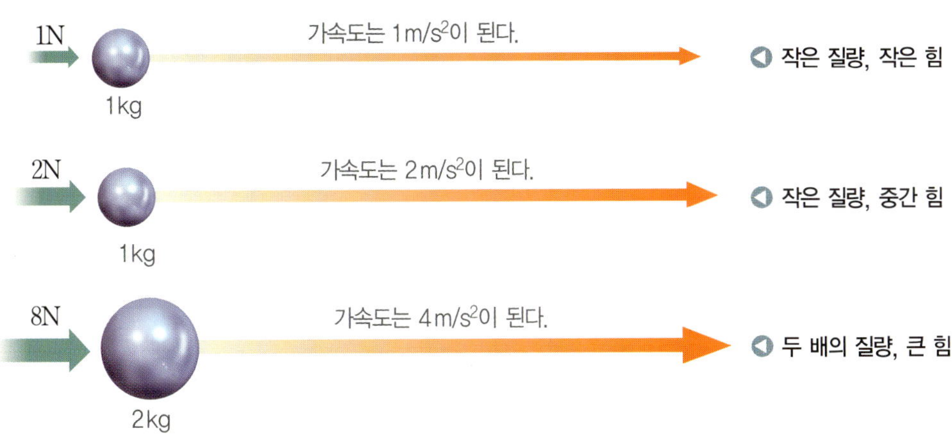

뉴턴 운동 제3법칙: 작용 반작용의 법칙

밀고 당기는 힘은 두 물체 사이에 일어나는 상호 작용이다. 두 물체가 서로 밀 때, 두 물체가 서로에게 작용하는 힘의 크기는 같지만 방향은 반대가 된다. 이때 한쪽 힘은 작용, 다른 쪽 힘은 반작용이다. 예를 들어 덩치 큰 사람과 날씬한 사람이 손바닥 밀기 게임을 할 때, 힘의 방향은 서로 반대이지만 크기는 같다.

$$F_1 = -F_2$$
$$\text{작용} \quad \text{반작용}$$

🔺 작용

작용 반작용의 법칙은 두 물체 사이에서 일어난다. 위와 같이 두 사람이 스케이트보드를 타고 손바닥으로 서로 밀면 같은 크기의 힘이 서로 반대 방향으로 작용한다.

🔺 반작용

두 사람이 뒤로 가려고 아무 행동을 하지 않더라도 두 사람의 몸은 언제나 반작용으로 뒤로 가게 된다. 이때 각 사람의 방향은 반대이고 속도는 같다.

힘과 질량 Force and Mass

모든 운동은 질량에 작용하는 힘에 의해 발생한다. 힘의 효력은 물체의 질량에 의존한다. 물체의 질량이 클수록 그에 따른 가속도는 낮아진다.

힘 Force

힘은 다른 방식으로 물체에 영향을 줄 수 있다.

첫째, 힘은 물체의 속도를 변화시키기 때문에 공을 빠르거나 더 느리게 움직일 수 있다.

둘째, 힘은 물체가 움직이는 방향을 변화시킬 수 있다.

셋째, 힘은 물체의 형태를 변형시킬 수 있다.

힘은 뉴턴(N)으로 측정된다. 1N의 힘은 1킬로그램(kg) 또는 2.2파운드(lb)의 질량이 1m/s의 속도에 달하는 결과를 낳는다.

속도 변화 ▶

골프채의 힘이 공의 속도를 0에서 높은 속도까지 증가시키며 골프장으로 날려 보낸다.

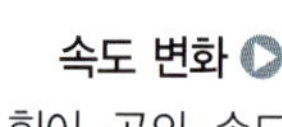

◀ **방향 전환**

라켓을 향해 한 방향으로 움직이는 공에 가해지는 테니스 라켓의 힘이 공의 이동을 중지시키고, 공을 새로운 방향으로 움직이게 한다.

형태 변형 ▶

사람 또는 물체에 의해 가해지는 힘은 힘의 크기와 물체의 강도에 따라 형태를 변형시킨다. 가해지는 힘이 클수록 물체는 더 많이 구부러진다.

질량 Mass

질량은 물체가 힘에 저항하는 정도의 척도이다. 큰 질량을 가진 물체는 작은 질량을 가진 물체보다 더 많은 성분을 포함하고 있다. 큰 질량의 물체에 가해지는 힘은 작은 질량의 물체에 가해지는 힘보다 더 작은 가속도를 유발한다.

정확한 킬로그램 단위는 프랑스 파리에서 안전하게 보존되어 있는 백금과 이리듐 원통에 기초한다.

◀ **관성**

질량의 특성 중 하나는 관성이다. 이는 물체가 그것이 있었던 자리에 계속 있으려는 성질이며, 또는 만약 움직이고 있다면 같은 속도와 같은 방향을 유지하려는 경향이다.

왼쪽 그림과 같이 테이블보를 갑자기 잡아당기는 힘은 테이블보만 움직이게 하고, 테이블보 위에 놓여 있던 그릇의 질량은 계속 움직이지 않으려는 관성 때문에 제자리에 있게 된다.

마찰과 항력 Friction and Drag

자연의 그 어떤 것도 완벽하게 부드럽지 않다. 그래서 물체가 다른 물체를 미끄러져 지나갈 때 그들의 고르지 않은 표면이 움직이는 방향과 반대로 밀치게 된다. 이 반대로 밀치는 힘이 마찰력이다. 항력은 물체를 공기나 물을 관통하여 나아가도록 할 때에 일어나는 현상과 비슷하다. 공기나 물은 움직이는 힘에 저항하여 밀치게 된다.

마찰 고체 표면의 아무리 미세한 구멍이나 요철도 그것 위로 움직이고 있는 다른 물체의 고르지 않은 표면을 잡아내며 마찰을 발생시키기에 충분하다. 물체가 마찰 없이 움직이는 것은 불가능하다. 예를 들면, 타이어는 거친 접지면으로 바퀴와 땅 사이의 마찰력을 증가시켜 차가 미끄러지는 것을 방지한다. 등산화의 바닥이 거친 까닭도 이 때문이다.

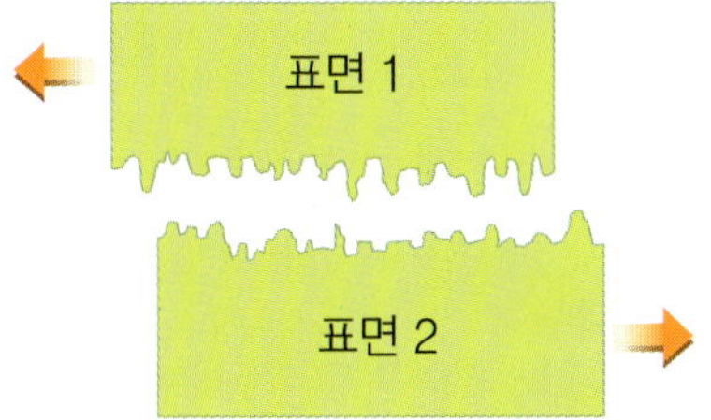

🔺 윤활유 때문에 물체 표면의 마찰 때문에 쉽게 움직이지 않는다.

윤활 윤활유(일반적인 미끄러운 액체)를 추가하면 마찰을 줄일 수 있다. 그것은 가능한 한 고체 표면들이 접촉히지 못히도록 막는 장벽을 제공힌다.

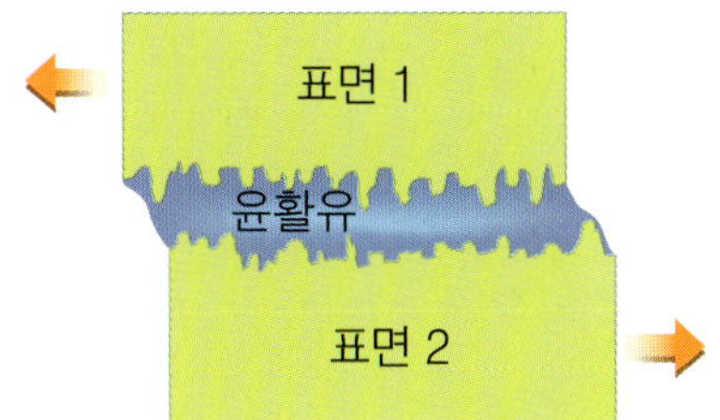

🔺 윤활유 때문에 표면들은 더 쉽게 미끄러져 지나간다.

내수성 보트는 물을 통과하여 이동하고, 앞의 물을 밖으로 밀어낸다. 물은 저항하며 활모양으로 치솟는다.

🔺 보트가 움직일 때, 물은 물결을 만들면서 보트 주변을 움직인다. 곡선 웨이브는 파급 효과를 만든다.

합력 Resultant Forces

여러 다른 힘들이 한 물체에 동시에 작용할 수 있다. 그러나 때로는 물체는 각각에 개별적으로 반응할 수 없다. 이 경우, 힘은 하나의 효과를 만들어 내기 위해 결합한다. 그래서 물체는 하나의 힘에 의해 움직이는 것처럼 보여진다. 이것이 합력이다.

호버링(공중 정지) 헬리콥터에 작용하는 두 힘의 크기가 같다. 그러면 양력이 무게를 상쇄시킨다.

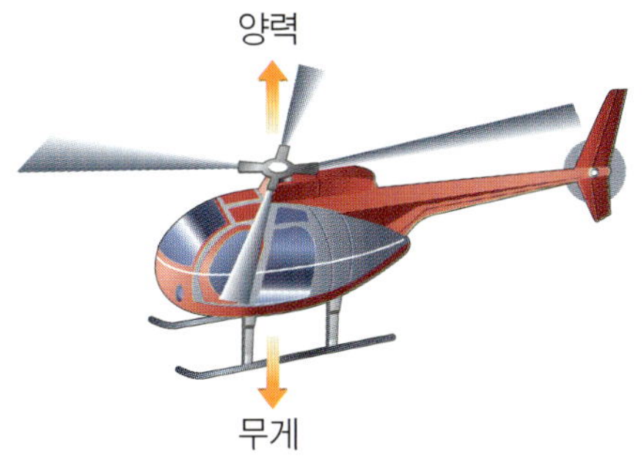

🔺 합력은 0이며, 항공기는 공중을 맴돈다.

상승(이륙) 양력이 무게보다 크면 헬리콥터가 떠오른다.

🔺 합력은 위쪽을 향한다.

착륙 무게가 양력보다 커 헬리콥터는 밑으로 떨어지고, 추진력이 항력보다 커 헬리콥터는 앞쪽으로 움직인다.

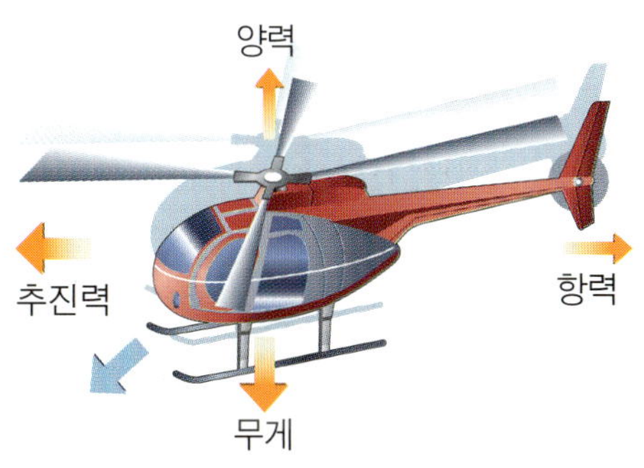

🔺 무게와 추진력이 결합된 합력은 헬리콥터를 비스듬하게 아래쪽으로 움직이게 한다.

신축과 변형 Stretching and Deforming

한 장소에서 다른 장소로 물체를 움직일 뿐만 아니라, 물체의 형태를 변형시킬 수도 있다. 힘이 움직일 수 없는 물체에 가해지거나 여러 가지 다른 힘이 다른 방향으로 가해질 때, 물체의 분자(또는 다른 작은 부분)를 더 가깝게 또는 멀리 떨어지게 하여 전체 물체의 모양이 변형된다.

왜곡의 유형 Types of Distortion

물체가 겪는 왜곡의 유형은 그것에 가해지는 힘의 수, 방향, 강도, 그리고 물체의 구조와 구성 요소에 의해 결정된다. 많은 물체들은 강한 힘이 가해질 때 간단히 부러지거나 산산조각이 나게 된다.

꿈의 물질, 그래핀

그래핀은 신축성이 좋아서 늘이거나 접어도 전기 전도성을 잃지 않기 때문에 꿈의 물질로 불린다. 그래핀을 이용하면 휘어지는 액정 화면, 구부릴 수 있는 디스플레이 화면, 태양 전지 등 광범위하게 활용할 수 있다.

압축 두 가지 또는 그 이상의 힘이 서로 반대되는 방향으로 가해지며 물체 내부의 같은 지점에서 만날 때, 물체는 압축되고 불룩해진다.

장력 두 가지 또는 그 이상의 힘이 서로 반대되는 방향으로 가해지며 물체를 밖으로 잡아당길 때, 장력과 탄력이 가해지고 물체는 이에 대응하여 늘어난다.

구부림(휨) 몇 개의 힘이 다른 곳에서 작용할 때 물체는 부러지거나 구부러진다. 나무와 같은 물체는 약간 구부러진 후 부러지게 된다.

비틀림 물체의 서로 다른 부분에 반대 방향으로 작용하는 비트는 힘 회전력은 물체가 비틀어지게 한다.

전단 회전이 자유롭지 않은 물체의 끝에서 서로 반대 방향으로 힘이 작용할 때 물체의 두 끝부분은 서로 다른 방향으로 이동할 것이다.

변형 Deformation

물체의 모양을 변형시키는 힘은 응력으로 알려져 있다. 물체 모양의 변화는 응력에 대한 반응이다. 물체가 압력을 받을 때 세 가지 일이 일어날 수 있다. 부러지거나 영구적으로 모양이 변형되거나 또는 응력이 제거될 때까지 모양을 변형한 뒤 원래의 형태로 되돌아온다.

응력－변형 곡선 ㉠~㉡ 구간은 응력에 비례하여 변형이 일어난다. 만약 응력이 제거되면 원래의 형태로 돌아올 수 있다. ㉡~㉢ 구간은 응력이 증가할수록 형태가 변하는데, 이때는 응력이 제거되어도 원래의 형태로 돌아올 수 없다. ㉢ 지점이 되면 물체는 부러지게 된다.

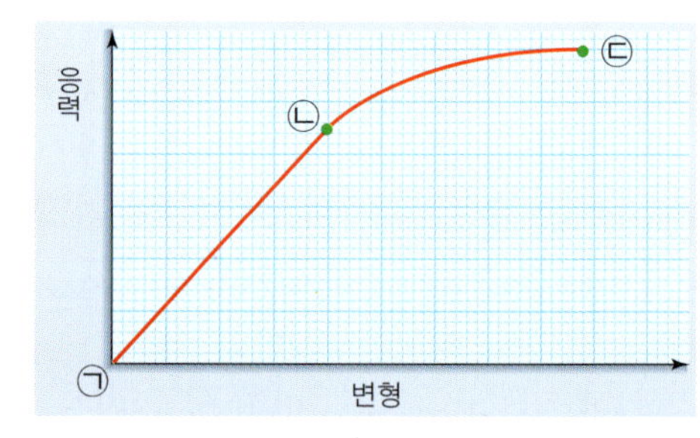

△ 응력－변형 곡선

훅의 법칙(탄성의 법칙) Hooke's Law

영국의 과학자 로버트 훅(Hooke, Robert: 1635~1703)은 탄성의 법칙을 발견했다.

훅의 법칙은 "용수철 또는 다른 신축성 있는 물체들의 신축량이 그것에 가해지는 힘에 직접적으로 비례한다."는 것이다. 용수철의 탄성 한계에 도달되지 않는 경우에 이 법칙은 사실이다. 그러나 탄성 한계에 도달한 경우 용수철은 원래의 형태로 되돌아오지 않는다.

용수철이 늘어난 길이 훅의 법칙은 이러한 간단한 예에서 용수철이 늘어난 길이와 그것을 잡아당기는 힘의 직접적인 관계를 보여 준다.

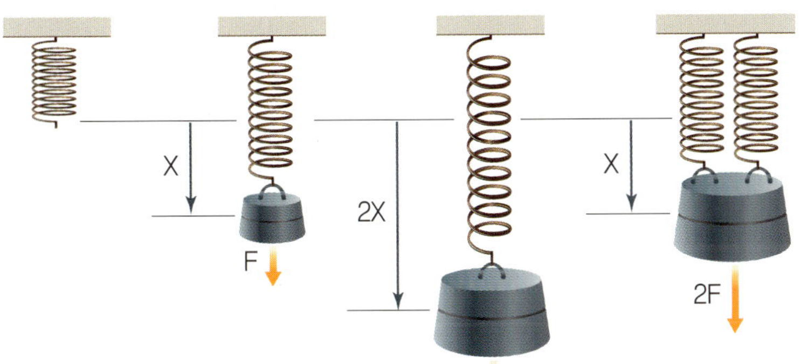

F: X의 길이만큼 용수철을 늘어나게 하는 힘
2F: 2X의 길이만큼 용수철을 늘어나게 하는 힘
2F: 2개의 용수철 사이에 힘이 균등하게 나눠지고 용수철의 길이는 X의 길이만큼만 늘어난다.

번지 점프

만약 어떤 사람이 번지 점프의 줄에 매달려 긴 거리를 떨어진다면, 어느 순간 줄에 의해 당겨지며 멈추게 될 것이다. 번지 점프에 사용되는 고무줄이 줄어들 때 떨어지는 힘이 느려지게 하여 서서히 멈추게 하기 때문이다.

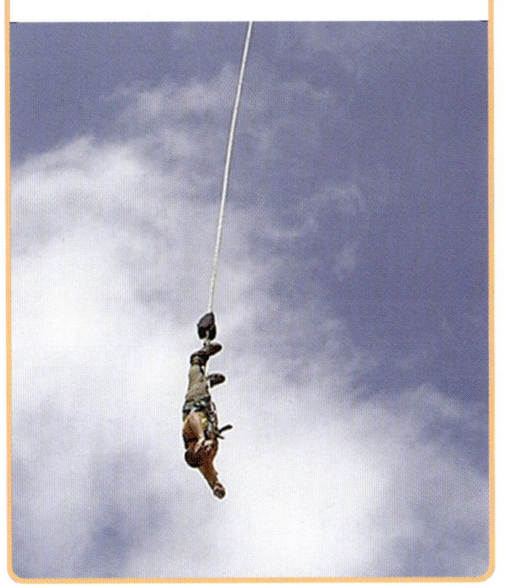

세로 탄성 계수 Young's Modulus

물체의 탄성은 그것의 모양과 크기, 구조에 의해 결정된다. 영국의 영(Young, Thomas: 1773~1829)은 세로 탄성 계수로 알려진 고체의 탄성을 비교 · 측정할 수 있는 방법을 고안했다. 세로 탄성 계수는 기가파스칼(Gpa)로 측정할 수 있다. 숫자가 더 높을수록 물체의 강성이 높아지고, 탄성이 낮아진다.

선택된 재료의 강성(Gpa)	
고무	0.01~0.1
나일론	3
오크	11
금	78
유리	80
스테인레스강	215.3

재료 묘사

다음 용어들은 압력하에서 재료의 반응을 묘사하기 위해 사용된다. 많은 재료들은 온도에 따라 반응이 달라진다. 예를 들면, 온도가 높은 고무는 매우 탄성력이 있지만, 차가운 고무는 부러지기 쉽다.

압력하에서 재료의 상태 묘사	
단단한	늘이거나 찌그러뜨리기 어려운
거친	부러뜨리거나 변형시키기 어려운
가소성이 있는	압력을 가하면 영구적으로 형태가 변하는
탄성력이 있는	압력이 제거되면 원래의 크기와 형태로 되돌아오는
깨지기 쉬운	압력하에서 작은 변형과 함께 갑자기 부러지는
연성인	늘여서 가늘게 할 수 있는
가단성 있는	금속을 두드려 모양을 바꿀 수 있는

속도와 속력 Speed and Velocity

이 양은 물체가 얼마나 빠르게 움직이는지 알려 준다. 물체의 움직임이 속도 또는 방향을 변경하는 경우, 움직임은 속력 및 가속도의 관점에서 설명된다.

속도와 속력

속도는 거리를 다루는 측정치이다. 일반적으로 킬로미터매시(km/h)로 측정된다. 속력 또한 이러한 단위로 측정되지만, 속력은 방향을 고려하여 측정된다. 열역학자와 핵물리학자는 속력보다 속도를 주로 사용한다.

$$속도 = \frac{직선\ 두\ 지점\ 사이의\ 거리}{두\ 지점\ 사이에\ 걸린\ 시간}$$

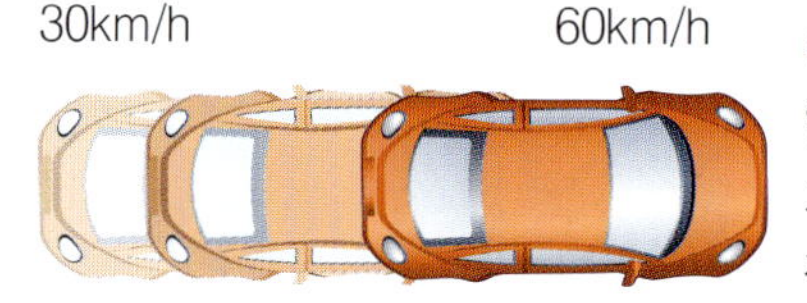

◁ **가속**
일반적으로 차의 속도를 증가시키는 것을 가속이라고 한다. 일정한 힘은 속도를 지속적으로 증가시킨다.

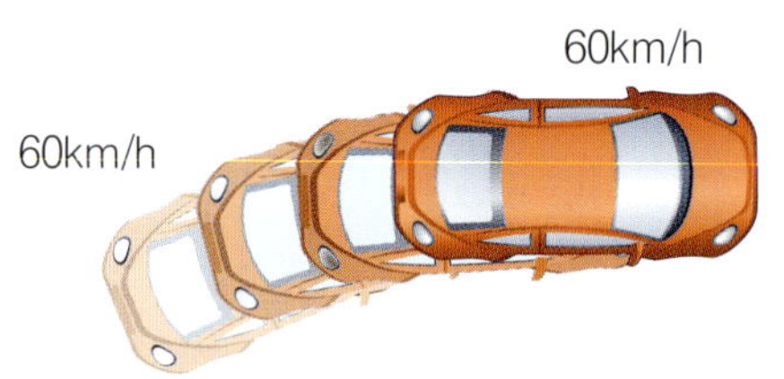

◁ **방향 전환**
차선을 변경할 때 차의 속도는 60 km/h로 계속 일정하게 진행되지만 속력은 변한다.

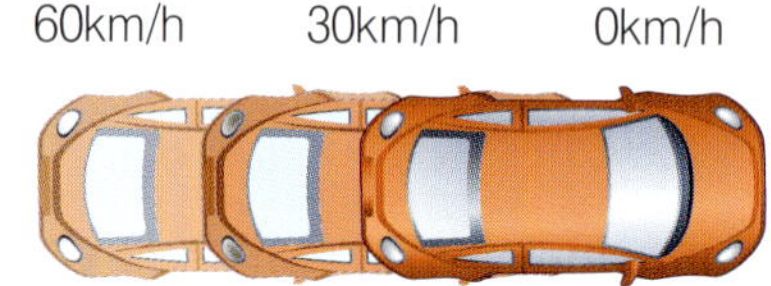

◁ **감속**
차의 속도가 느리게 변하는 것을 감속이라고 한다.

상대 속도 Relative Velocity

상대 속도는 어떤 물체가 다른 물체와 비교하여 얼마나 빠른지를 비교한다. 두 물체가 같은 속도로 움직일 때는 두 물체가 정지해 있다고 느끼므로, 어떤 물체가 관찰자가 되는가에 따라 상대 속도는 변한다. 두 물체가 동일한 방향으로 이동하는 경우 상대 속도는 더 빠른 물체의 속력에서 더 느린 물체의 속력을 빼는 방법으로 계산할 수 있다. 만약에 두 물체가 서로 마주 보고 반대 방향으로 이동하는 경우에는 충돌하게 될 것이다. 이때의 상대 속도는 두 물체의 속력을 더한 것과 같다.

상대 속도 0 ▶
A 주자(7 km/h)와 B 주자(7 km/h)가 같은 속도로 달리고 있을 경우 둘의 상대 속도는 0 km/h이다.

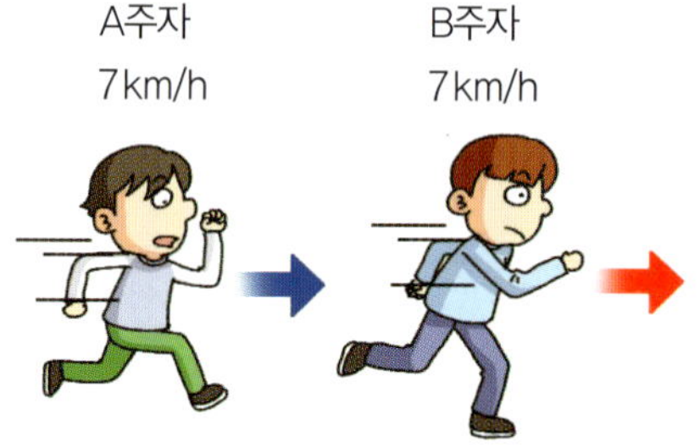

따라잡기 ▶
A 주자(8 km/h)가 B 주자(7 km/h)보다 속도가 1 km/h 빠르기 때문에 B 주자에 점점 가까워져 B 주자를 따라잡게 된다.

충돌 ▶
A 주자(7 km/h)와 B 주자(7 km/h)는 서로 반대 방향으로 움직이고 있다. 그들의 상대 속도는 두 사람의 속도의 합인 14 km/h이다.

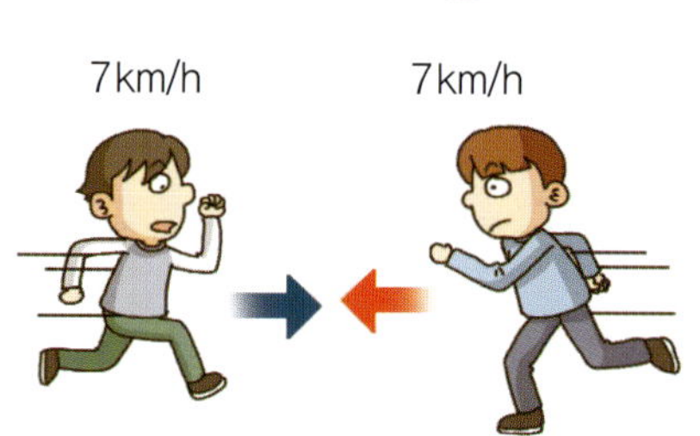

변속 Changing Velocity

변속도는 어떤 물체가 속도를 증가 또는 감소시키는 데 걸린 시간을 측정한 것이다. 변속도는 최종 속도(V_2)에서 최초 속도(V_1)를 뺀 후 이 수치를 걸린 시간으로 나눈 값이다.

$$Acceleration = \frac{V_2 - V_1}{Time}$$

$$변속도(m/s) = \frac{전체\ 속도\ 변화}{변화가\ 일어난\ 시간}$$

다음 그래프는 소형차가 최대 속도에 도달할 때까지의 변속을 버스와 비교하여 보여 준다.

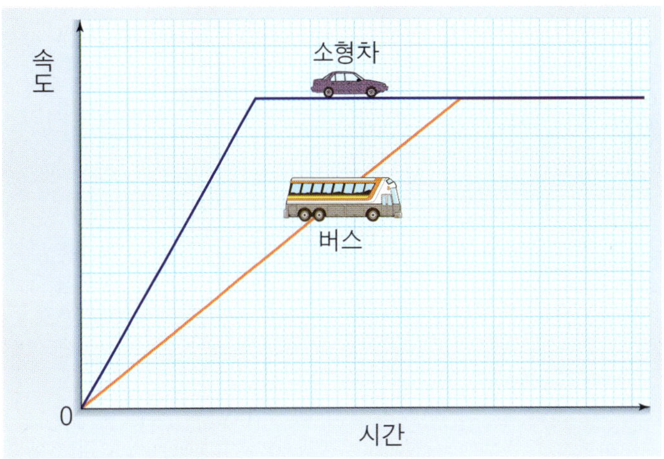

🔵 소형차가 버스보다 최대 속도에 먼저 도달한다. 버스가 소형차와 같은 최대 속도에 도달하기까지는 더 오랜 시간이 걸린다.

진동 Oscillation

진동은 중앙 지점(평형점)에 대한 규칙적인 움직임이다. 추가 좌우로 흔들리거나, 용수철 끝에서 튀거나, 고체 안에서 분자가 진동하든지 간에 움직임은 규칙적인 가속과 감속의 결과이다. 물체는 다시 중앙 지점으로 돌아가기 때문에 결국 평균 속도는 0이 된다. 이 현상은 물체를 중심 지점으로 가속시키는 2개의 반대되는 힘이 반대 방향으로 같은 거리를 움직인다.

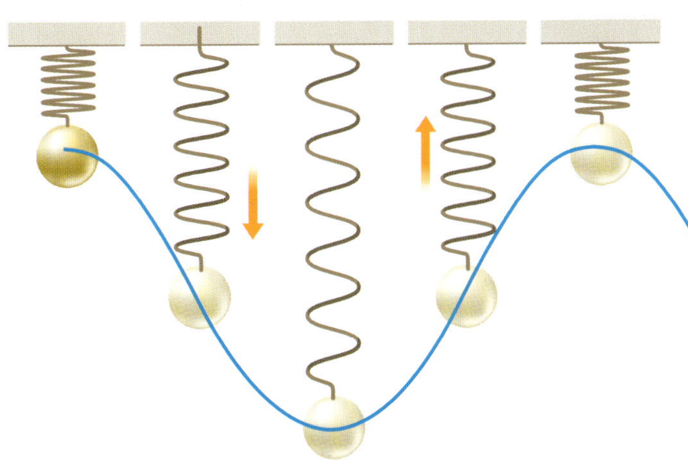 

🔵 추를 매단 용수철의 상하 진동 운동
추가 가장 높은 지점에 있을 때 그 속력은 0이고, 하향 가속도는 최대이다. 추가 중앙 지점(평형점)에 있을 때 속력은 최대가 되고 가속도는 0으로 떨어진다. 추가 가장 낮은 지점에 도달하면 그 속력은 0이 되고, 상향 가속도는 최대가 된다.

실생활

시간 기록

진동은 일정한 속도로 반복된다. 진동자가 완전한 회전을 하는 시간을 주기라고 한다. 추는 일정한 주기로 진동하고, 대형 괘종시계의 긴 추는 2초의 주기로 회전한다. 톱니를 돌리는 회전은 일정한 속도로 추를 움직이도록 해 준다.

거울과 렌즈 Mirror and Lens

거울과 렌즈는 우리 생활에 많이 이용되고 있다. 거울은 빛의 반사를, 렌즈는 빛의 굴절을 이용한 도구이다.

평면 거울에서의 빛의 반사

오른쪽 그림과 같이 거울 앞에 5명의 친구들이 서 있다. 내가 가장 왼쪽에 서 있을 때, 거울을 통해 내 얼굴은 보이지 않는데 친구의 얼굴이 보인다. 무엇 때문일까?
거울을 이용하면 직접 볼 수 없는 곳에 있는 물체나 사람을 볼 수 있다. 그러려면 거울의 위치와 각도를 잘 맞추어야 한다. 우리가 보는 것은 거울에 들어오는 빛이 아니라 거울 표면에서 반사된 빛이기 때문이다. 이때 거울에 들어온 빛이 거울 표면과 이루는 각과 거울에서 반사된 빛이 거울 표면과 이루는 각은 같다.

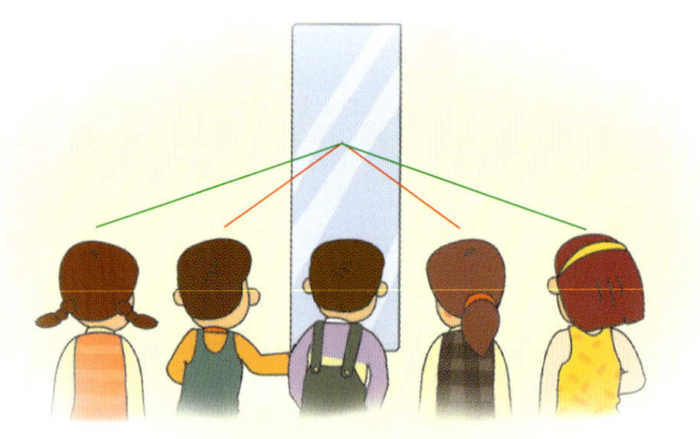

△ 빛의 반사

빛의 반사 법칙 ▶

빛이 반사될 때 반사면에 수직인 직선을 법선이라 하고, 거울에 들어오는 빛과 법선이 이루는 각을 입사각, 반사된 빛과 법선이 이루는 각을 반사각이라고 한다. 빛이 물체에서 반사되는 경우에 입사각과 반사각은 항상 같은데, 이를 빛의 반사 법칙이라고 한다.

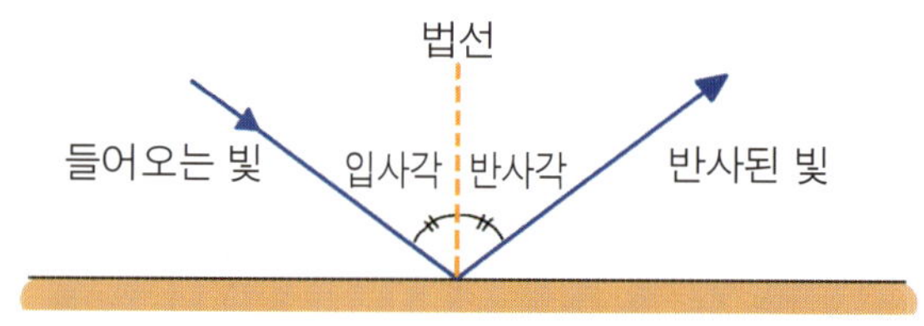

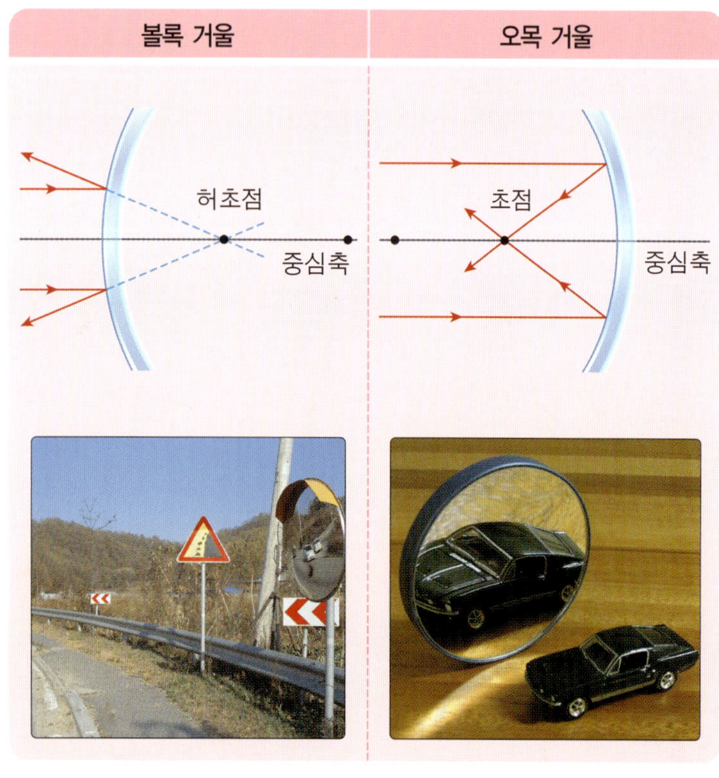

볼록 거울과 오목 거울에서의 반사

엄마의 화장 거울에 얼굴을 비추었더니 내 얼굴이 이렇게 컸나 싶을 정도로 크게 보인다. 반대로 마트에 있는 거울에 비친 물건들은 아주 작게 보인다. 이런 거울들은 거울 표면이 평면이 아니라 오목하거나 볼록하게 생겼기 때문이다.
왼쪽 그림과 같이 빛이 볼록 거울에 반사되면 한 곳으로 모이지 않고 흩어진다. 반면에 빛이 오목 거울에 반사되면 한 곳으로 모인다. 이 때문에 볼록 거울로 물체를 보면 실제의 모습보다 작게 보이고, 오목 거울로 물체를 보면 실제의 모습보다 커 보이게 되는 것이다.
볼록 거울은 물체의 상이 작아지지만 넓은 범위를 볼 수 있고, 오목 거울은 물체의 상이 커지므로 좁은 범위를 자세히 볼 수 있다.

렌즈에서의 빛의 굴절

할아버지 안경과 내 안경으로 본 글씨의 크기가 다르다.

둘 중의 하나는 글씨가 크게 보이고, 다른 하나는 작게 보이는데, 어느 것이 할아버지 안경일까?

안경 렌즈를 만져 보면 할아버지 안경은 가운데가 볼록하고(볼록 렌즈), 내 안경은 오목하다(오목 렌즈).

빛이 렌즈를 통과할 때는 렌즈의 두꺼운 쪽으로 방향이 꺾인다. 그러므로 볼록 렌즈를 통과한 빛은 안쪽으로 모아져 물체의 크기가 크게 보이고, 오목 렌즈를 통과한 빛은 바깥쪽으로 퍼져 물체의 크기가 작게 보인다. 그래서 렌즈를 통해 글씨나 물체를 보면 물체의 크기가 달라 보이는 것이다.

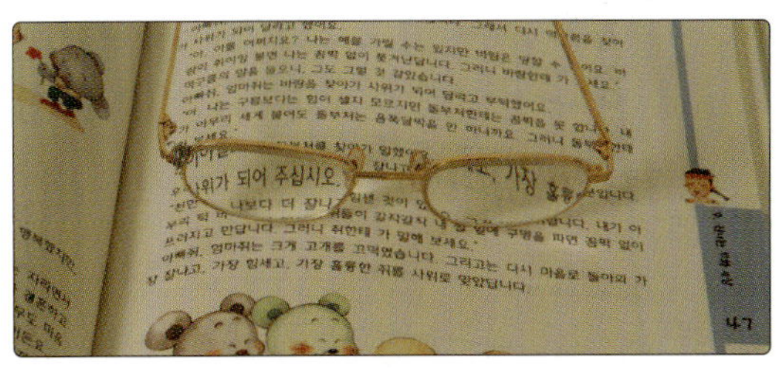

△ 할아버지 안경으로 글씨를 볼 때

△ 내 안경으로 글씨를 볼 때

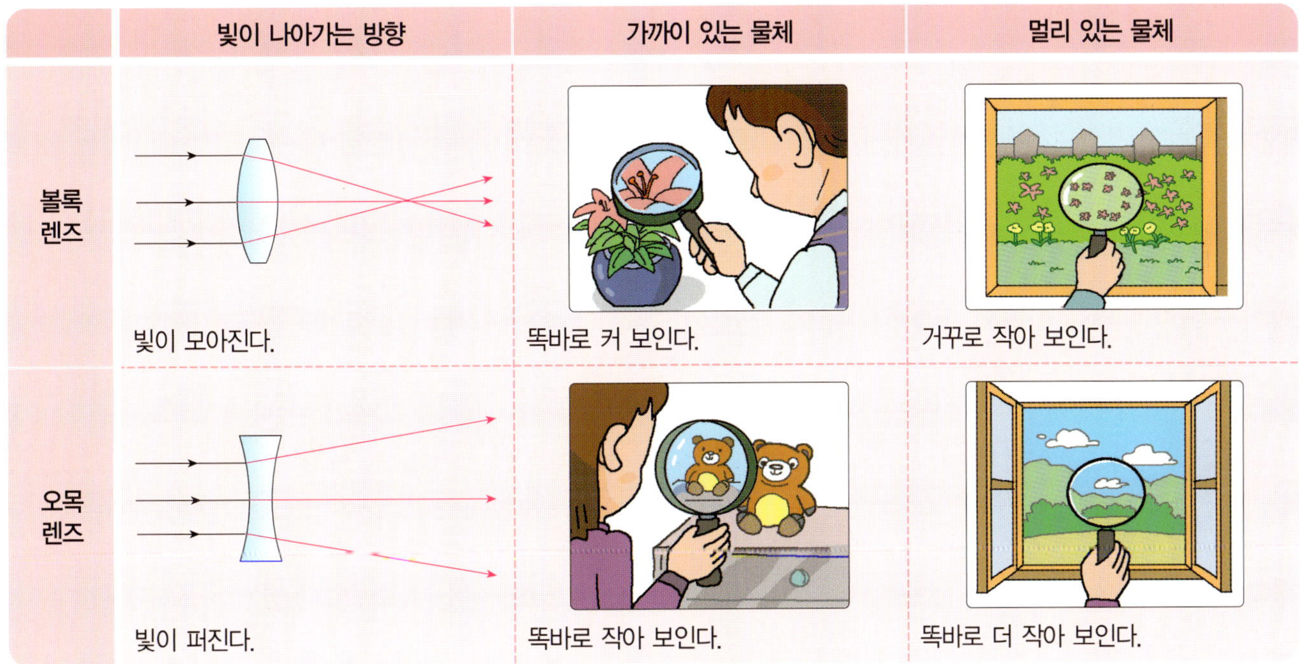

	빛이 나아가는 방향	가까이 있는 물체	멀리 있는 물체
볼록 렌즈	빛이 모아진다.	똑바로 커 보인다.	거꾸로 작아 보인다.
오목 렌즈	빛이 퍼진다.	똑바로 작아 보인다.	똑바로 더 작아 보인다.

렌즈에서 빛의 방향이 꺾이는 까닭

빛이 나아가다가 다른 물질을 만나 꺾이는 현상을 빛의 굴절이라고 한다.

빛은 공기 중에서 1초에 약 30만 km를 나아가는데, 물속에서는 공기 중에서보다 느려지고, 유리 속에서는 더 느려진다. 이와 같이 물질마다 빛이 진행하는 속도가 다르기 때문에 빛이 꺾이는 현상이 일어난다.

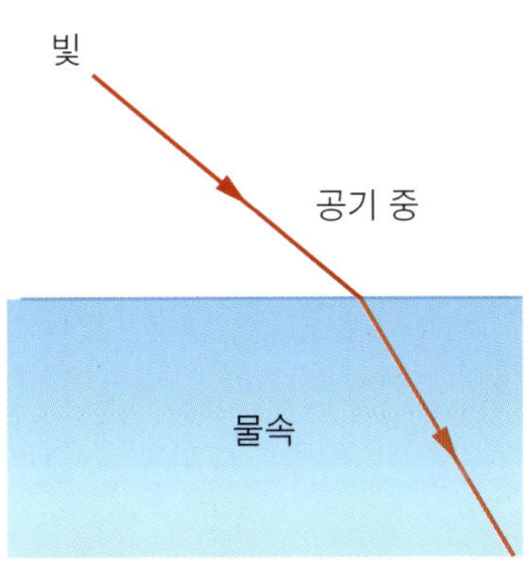

△ 빛의 굴절

관성 Inertia / 慣性

관성은 물체가 운동 상태를 그대로 유지하려는 성질로, 정지해 있는 물체는 계속 정지해 있으려고 하고, 움직이는 물체는 계속 움직이려고 하는 성질을 말한다.

갈릴레이의 운동관

고대 그리스의 아리스토텔레스는 물체가 운동을 하려면 외부에서 힘이 작용해야 한다고 생각했다. 물체에 힘이 작용하지 않는다면 물체는 계속 멈추어 있고, 물체의 본래 상태는 정지 상태라고 주장하였다. 하지만 갈릴레이가 나타나 새로운 주장을 펼쳤다.

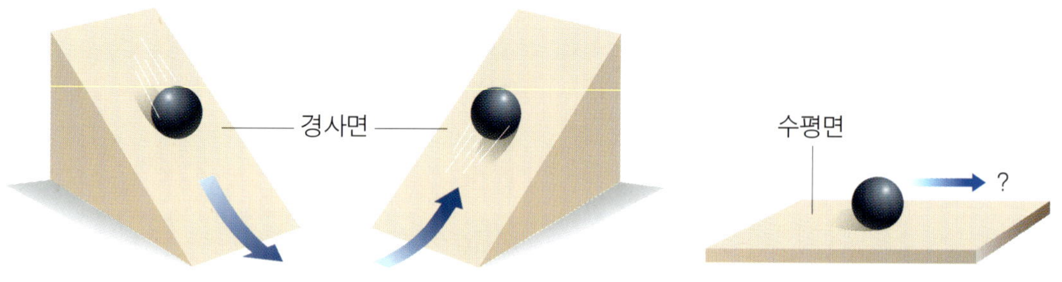

◀ 갈릴레이의 생각
갈릴레이는 '내려갈 때는 점점 빨라지고, 올라갈 때는 점점 느려지므로 경사가 없을 때는 빨라지거나 느려지지 않으니까 속력이 일정할 것이다.' 라고 생각하였다.

갈릴레이는 공이 경사면을 굴러 내려갈 때는 속력이 빨라지고, 굴러 올라갈 때는 반대로 속력이 느려진다는 것을 발견했다. 그런데 여기서 그치지 않고, '평평한 수평면을 구르는 공은 경사가 없으므로 속력은 거의 일정할 것이고, 그렇다면 공은 끝없이 굴러가야 하는 게 아닐까?' 라고 생각했다. 그래서 다음과 같은 실험을 하게 되었다.

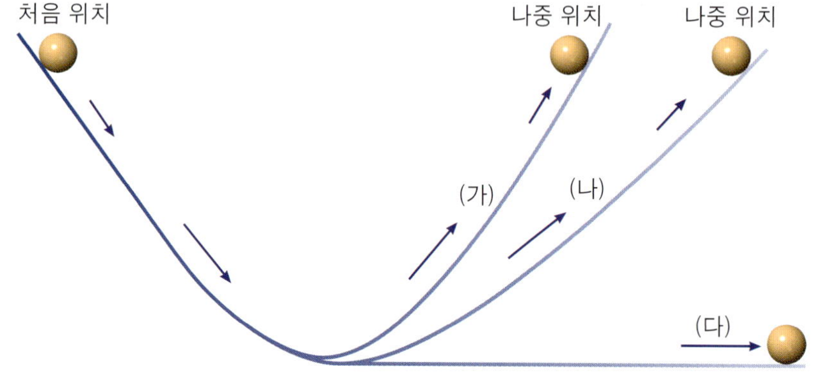

◀ 갈릴레이의 실험
갈릴레이는 곡면의 왼쪽은 기울기가 같고 오른쪽은 기울기가 다르며 마찰이 없는 3개의 곡면을 가정하고 실험을 하였다. 곡면의 왼쪽에서 구슬을 놓으면 구슬이 곡면을 따라 내려갈 때에는 속력이 증가하고 곡면을 따라 올라갈 때에는 속력이 감소한다.

곡면의 왼쪽 기울기가 같고 오른쪽은 기울기가 다른 3개의 곡면이 있다. 곡면의 왼쪽에서 구슬을 놓으면 구슬이 맞은편 같은 높이까지 올라간다. 곡면을 완만하게 해도 구슬은 같은 높이까지 올라간다. 그렇다면 한쪽 면을 수평이 되게 만들면 어떻게 될까? 구슬은 같은 높이까지 올라갈 때까지 계속 운동할 것이라고 생각했고, 이를 통해 관성의 개념을 발견했다. 하지만 실제로는 공이 끝없이 굴러가는 것을 볼 수 없는데, 그 까닭은 공이 굴러가는 바닥에 방해하는 것(마찰)이 있기 때문이다. 그래서 갈릴레이는 "물체의 운동 상태를 유지하기 위해 힘이 필요한 경우는 마찰이 있을 때뿐이다."라는 주장을 하였다.

뉴턴의 관성

당시 사람들은 갈릴레이의 새로운 주장을 받아들이지 않았다. 하지만 뉴턴은 갈릴레이의 생각을 정리해서 발표했는데, 이것이 관성의 법칙이다. '멈춰 있는 물체는 계속 멈춰 있으려 하고, 움직이는 물체는 계속 움직이려고 한다.' 는 것이 뉴턴의 관성의 법칙이다. 달리던 자동차가 갑자기 멈추면, 자동차에 타고 있던 사람은 계속 앞으로 가려고 하기 때문에 몸이 앞으로 쏠리게 된다. 반대로 멈춰 있던 자동차가 갑자기 출발하면, 타고 있던 사람은 계속 멈춰 있으려 하기 때문에 몸이 뒤로 쏠리는 것이다.

🔺 달리던 버스가 갑자기 정지할 때

🔺 멈춰 있던 버스가 갑자기 출발할 때

탐구 실험

관성을 눈으로 확인할 수 있는 놀이

| 실험 방법 |

❶ 컵 위에 카드 한 장을 올려놓고 카드 위에 동전을 놓는다.

❷ 카드를 재빨리 손가락으로 친다.

| 실험 결과 |

정지해 있던 동전은 계속해서 정지해 있으려는 관성 때문에 처음 위치에 계속 있으려 한다. 이때 동전을 받치고 있던 카드가 빠져나가면, 동전은 컵 속으로 떨어진다.

관성의 크기와 물체의 질량과의 관계

옛날 사람들은 물체를 그대로 두면 저절로 멈춘다고 생각했지만, 움직이던 물체를 멈추거나 멈춰 서 있던 물체를 움직이게 하려면 힘이 필요하다. 이때 힘의 크기는 무엇과 관계가 있을까? 다음 그림과 같이 몸무게가 가벼운 사람보다는 무거운 사람이 탄 그네를 처음 밀 때 힘이 더 든다. 그 까닭은 질량이 클수록 현재의 운동 상태를 유지하려는 관성이 크기 때문이다.

🔺 질량이 가벼우면 현재의 운동 상태를 유지하려는 관성이 작다.

🔺 질량이 무거우면 현재의 운동 상태를 유지하려는 관성이 크다.

실생활

바퀴가 잘 굴러가려면

잔디밭에서 인라인 스케이트를 신고 씽씽 달리기는 좀 어려울 것이다. 잔디밭보다 좀 나은 곳이 운동장이고, 아스팔트 위에서는 더 잘 달릴 수 있을 것이다. 얼음판 위라면 너무 미끄러워서 넘어지기 쉽다.

인라인 스케이트의 바퀴가 잘 굴러가려면 바닥면의 마찰이 작아야 한다. 잔디밭처럼 바닥이 울퉁불퉁하고 거칠수록 마찰력은 커지고, 얼음판처럼 매끄러울수록 마찰력은 줄어든다.

대체 에너지 Alternate Energy

대체 에너지는 석탄, 석유나 천연가스 등의 화석 연료를 대신해서 사용할 수 있는 에너지를 말한다. 화석 연료의 문제점을 해결하고 대체할 수 있는 에너지로 미래 에너지, 재생 에너지 등 다양한 용어로 사용된다.

대체 에너지는 왜 필요할까?

우리 생활은 에너지를 사용하지 않으면 불가능하다. 우리가 사용하는 에너지의 대부분은 석탄, 석유나 천연가스와 같은 화석 연료이다.

화석 연료란 땅속에 파묻힌 동식물의 유해가 오랜 세월에 걸쳐 화석화하여 만들어진 연료를 말한다. 석탄은 식물성 유해가 땅속에 오랜 기간 묻혀 있다가 돌처럼 단단하게 변한 것이고, 석유는 동물성 유해가 액체로 변한 것이다.

생물체의 유해인 화석 연료는 유기물이며 탄소가 포함되어 있다. 화석 연료를 연소시켜 화학 에너지를 얻는데, 이 과정에서 온실가스인 이산화 탄소가 배출되어 지구 온난화의 원인이 된다. 또한 석유에는 황이 포함되어 있어 연소할 때 이산화 황 등을 발생시켜 대기 오염의 원인이 된다.

화석 연료는 매장량이 한정되어 있어 언젠가는 고갈될 것이다. 환경학자들은 앞으로 짧게는 50년에서 길게는 200년 안에 화석 연료가 고갈될 것이라고 주장한다. 태양, 풍력, 조력 등의 대체 에너지를 개발하는 데 힘쓴다면 언젠가 다가올 화석 연료의 고갈에 대비할 수 있을 것이다.

🔺 시추선

시추선이 깊은 땅속에 매장된 석유나 천연가스 등을 찾기 위해 바닷속의 바닥에 구멍을 뚫고 있다.

검은 황금의 나라 사우디아라비아

사우디아라비아는 석유가 많이 묻혀 있는 나라 중의 하나로, 전 세계 석유 매장량의 약 25%가 이곳에 묻혀 있다. 석유 덕분에 사우디아라비아는 어마어마하게 부유한 나라가 되었다. 사우디아라비아의 국민들은 세금을 내지 않으며 의료비와 초등학교부터 대학교까지의 모든 학비가 무료이다. 하지만 아무리 석유가 많은 사우디아라비아라도 무한정 쓰다 보면 언젠가는 끝을 보게 될 것이다. 사우디아라비아를 비롯한 산유국들은 석유 값을 올리기 위해 석유 생산량을 줄이기도 하고, 석유 생산량을 늘려 석유 값이 폭락하게 하기도 한다. 그러면 세계의 경제뿐만 아니라 석유를 전량 수입에 의존해서 사용하는 우리나라의 경제에 여러 가지 큰 영향을 미친다. 이러한 석유 무기화와 횡포에서 자유로워지기 위해서라도 대체 에너지 개발은 반드시 이루어져야 한다.

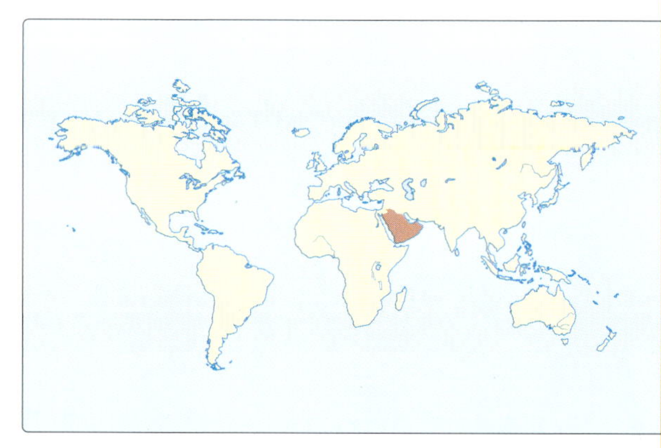

🔺 사우디아라비아

다양한 대체 에너지

태양 에너지

태양 에너지는 현재 개발되고 있는 대체 에너지 중에서 가장 대표적인 에너지이다. 태양의 내부에서 핵융합 반응이 일어나면 엄청난 에너지를 방출한다. 태양 에너지는 식물이 광합성을 할 수 있게 하고, 날씨를 변화시키는 등 지구에 생명을 불어 넣어 준다. 이러한 태양 에너지는 화석 연료처럼 환경 오염이나 고갈될 염려가 없는 무공해 에너지로 인정받고 있다. 태양 에너지를 이용하는 방식은 태양광 발전과 태양열 장치로 나눌 수 있다. 태양광 발전은 태양 빛을 이용해 전기를 생산하는 방식이고, 태양열 장치는 집열 장치를 이용하여 난방용이나 온수용 열을 생산하는 방식이다.

🔺 태양열 발전소

풍력 에너지

풍력 에너지는 바람으로부터 얻는 에너지를 말한다. 옛날부터 돛을 달고 넓은 바다를 이동하거나 풍차를 돌려 물을 퍼 올리는 데 바람을 이용했다. 최근에는 바람의 운동 에너지를 전기 에너지로 바꾸는 풍력 발전을 이용하고 있다. 풍력 에너지는 환경 오염을 발생시키지 않고 재사용이 가능한 에너지원이다. 다만 바람이 불 때만 에너지 생산이 가능하다는 단점이 있다. 바람이 많이 부는 대관령과 제주도에 풍력 발전기를 설치하여 에너지를 생산하고 있다.

🔺 풍력 발전소

원자력 에너지

원자력 에너지는 핵분열 반응을 통해서 얻는 에너지를 말한다. 우리나라는 화력 발전 다음으로 많은 에너지를 원자력 발전에 의존하고 있다. 원자력 발전은 원자로 내의 핵분열 반응에 의해 발생된 막대한 열을 이용해 뜨거운 증기를 만들고 이 증기가 터빈을 돌아가게 하여 전기를 생산한다. 원자력 발전은 원료가 싸고 구하기 쉬운 장점이 있다. 하지만 발전 과정에서 발생하는 방사선 및 방사성 폐기물은 지구 환경과 인체에 매우 치명적인 문제를 일으킬 수 있다.

🔺 원자력 발전소

조력 에너지

조력 발전은 밀물과 썰물일 때 바닷물의 높이 차이를 이용하는 것이고, 파력 발전은 파도의 운동 에너지를 이용하는 것이다. 조력 발전은 환경 오염 물질이 발생하지 않을 뿐만 아니라 발전 단가가 싸고 발전 규모도 크다. 우리나라의 시화호에 설치된 조력 발전소는 세계에서 가장 큰 규모를 자랑한다.

🔺 조력 발전소

수소 에너지

수소는 질량에 비해 높은 에너지를 만들 뿐 아니라 연소 과정에서 이산화 탄소나 이산화 황과 같은 공해 물질을 만들지 않는 청정 연료라는 장점이 있다. 그러나 수소를 얻으려면 물을 전기 분해하여 더 많은 에너지를 소비해야 하기 때문에 사용하기가 쉽지 않다. 현재 수소를 연료로 사용하는 자동차가 만들어지고 있다.

🔺 수소 자동차

도구 Machines / 道具

도구는 어떤 일을 쉽게 할 수 있도록 도와주는 장치이다. 도구의 역할은 힘의 방향을 바꾸는 일, 힘을 변화시키는 일, 물건을 들어 올리거나 자르는 일, 물건을 옮기는 일 등 다양하다.

도구를 사용하는 까닭

옛날부터 사람들은 지레, 도르래, 빗면 등을 이용하여 무거운 물체를 옮기거나 쌓을 수 있었다.

학교의 2층 도서관에 있는 큰 책장을 1층 교무실로 옮긴다고 가정해 보자. 무거운 책장을 쉽게 옮길 수 있는 방법에는 어떤 것이 있을까?

아무런 도구도 사용하지 않고 직접 옮길 수도 있지만, 도르래와 줄, 빗면, 바퀴 달린 판 등을 이용하면 힘을 훨씬 덜 들이고 쉽게 옮길 수 있다. 창문을 통해 책장을 내릴 때 도르래와 줄을 이용하면 필요한 힘의 크기를 줄일 수 있고, 책장을 복도에서 옮길 때에 바퀴 달린 판을 이용하면 바닥과의 마찰력을 줄여 적은 힘으로도 쉽게 옮길 수 있다. 또 계단을 따라 책장을 내릴 때에 빗면을 이용하면 필요한 힘의 크기를 줄일 수 있다. 이처럼 도구나 빗면을 사용하면 필요한 힘의 크기를 줄여 더 쉽고 편리하게 일을 할 수 있다.

그러나 도구를 사용한다고 해서 일의 양이 줄어드는 것은 아니다. 힘의 이득을 얻은 만큼 이동 거리가 길어져 결국 일의 양에는 아무런 변화가 없다.

☁ 고대 이집트인들은 피라미드를 만들 때 빗면을 이용하여 크고 무거운 돌을 높은 곳까지 옮길 수 있었다. 또 여러 개의 둥근 통나무를 무거운 돌 아래에 깔아 마찰력을 감소시켜 적은 힘으로 끌어올릴 수 있었다.

디딜방아

디딜방아는 우리 조상들이 곡식을 찧던 농기구이다. 이 디딜방아에 지레의 원리와 에너지 전환이 숨어 있다. 힘점을 발로 밟았다가 놓았을 때 들어 올려진 위치 에너지가 발을 놓을 때 툭 떨어지면서 운동 에너지로 전환되고, 그 충격으로 곡식이 찧어지게 되는 것이다. 이때 발로 밟는 곳이 힘점이고, 중간에 받쳐 주는 부분이 받침점, 곡식이 찧어지는 곳이 작용점이 된다.

지퍼

1893년 미국의 저드슨이라는 사람이 운동화 끈 대신 사용하기 위해 발명했다. 지퍼의 발명 초기에는 별다른 주목을 받지 못했으나, 그 편리성이 알려지면서 순식간에 전 세계로 퍼져 나갔다. 1917년, 미국 해군이 비행복을 잠그는 데 사용하면서 옷에 사용하기 시작했다. '지퍼'라는 이름은 1923년에 붙여져서 지금처럼 널리 쓰이고 있다.

여러 가지 도구

지레			막대와 받침점을 이용하여 큰 힘을 낼 수 있는 기구이다.
도르래			힘의 방향을 바꾸거나(고정 도르래), 힘의 크기를 줄여 준다(움직 도르래).
빗면 (경사로)			무거운 물건을 작은 힘으로 밀거나 끌어서 올릴 수 있도록 해 준다.
쐐기			쐐기 끝의 뾰족한 부분에 힘을 집중시켜 통나무 등의 물건을 쪼개기에 충분한 압력을 준다.
나사			기계 부품의 결합, 고정 또는 거리의 조정 등에 사용된다.
바퀴와 축			바퀴는 축과 같은 방향으로 돌며 물체가 이동하도록 해 준다.

축바퀴

축바퀴는 하나의 축(받침점)에 큰 바퀴(힘점)와 작은 바퀴(작용점)를 함께 연결하여 동시에 회전시켜 힘의 이득을 얻는 장치이다. 축바퀴의 큰 바퀴와 작은 바퀴에 줄을 걸어 작은 바퀴에 움직이려는 물체를 연결하고 큰 바퀴는 사람이 잡아당기면 작은 힘으로 물체를 움직일 수 있다. 축바퀴의 원리는 지레의 원리로 설명할 수 있는데, 힘점이 받침점인 축의 중심에서 멀리 떨어져 있고, 작용점이 받침점에 가까워서 작은 힘으로 큰 힘을 낼 수 있는 것이다. 축바퀴를 이용한 것으로는 드라이버가 있는데 드라이버의 손잡이가 굵을수록 작은 힘으로 나사를 조이거나 풀 수 있다.

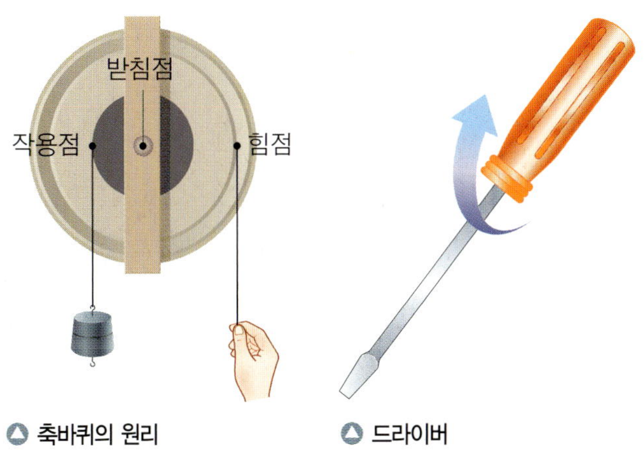

🔺 축바퀴의 원리　　　🔺 드라이버

도르래 Pulley

도르래는 바퀴에 줄을 걸어 힘의 방향이나 힘의 크기를 바꾸는 데 이용하는 도구이다.

고정 도르래와 움직 도르래

고정 도르래	움직 도르래
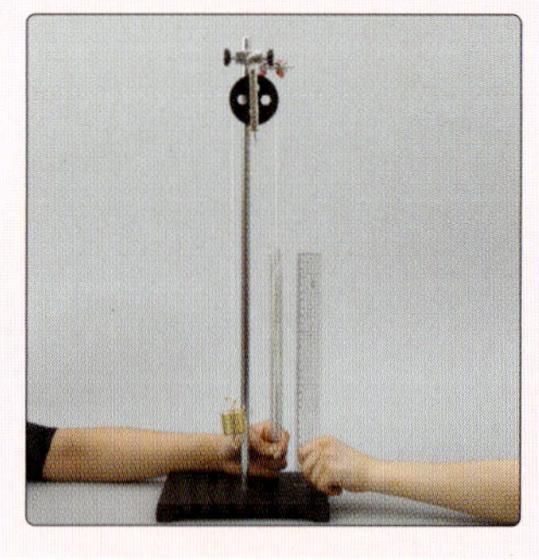	
회전축이 고정되어 힘의 방향만 바꾸어 준다. 물체를 직접 들어 올릴 때와 같은 힘이 들어 힘의 이득은 없지만 힘의 방향을 편한 쪽으로 바꿀 수 있다는 이점이 있다. 고정 도르래는 단지 힘의 방향만 바꿔 주기 때문에 물체가 올라간 거리와 당긴 줄의 길이는 같다.	회전축이 고정되지 않고 도르래 자체가 움직이며 힘의 방향뿐만 아니라 힘의 크기도 바꾸어 준다. 움직 도르래를 사용하면 힘은 반으로 줄지만 줄을 2배로 길게 잡아당겨야 한다. 따라서 일의 원리에 따라 전체적으로 한 일의 양은 변화가 없어 이득을 얻지 못한다.

지레의 원리로 도르래의 원리 설명하기

고정 도르래

받침점이 작용점과 힘점 사이에 위치하여 힘점에 작용하는 힘의 방향과 작용점에서 물체가 움직이는 방향이 반대가 된다.

고정 도르래에서 추와 연결된 부분은 작용점, 도르래의 중심은 받침점, 손으로 잡아당기는 부분은 힘점이 된다. 도르래를 이용하지 않을 때와 같은 크기의 힘으로 실을 아래로 당기면 추가 위로 올라간다.

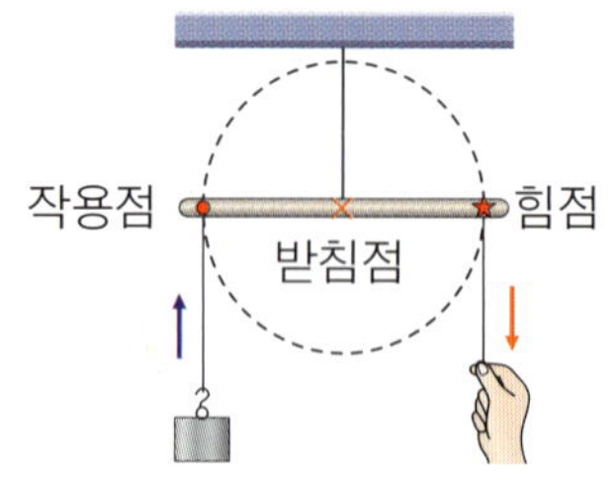

🔺 힘의 방향과 물체가 움직이는 방향이 반대이다.

움직 도르래

작용점이 받침점과 힘점 사이에 있어서 도르래를 사용하지 않을 때보다 작은 힘으로 물체를 들어 올릴 수 있다. 이때 힘점에 작용하는 힘의 방향과 작용점에서 물체가 움직이는 방향이 같다. 움직 도르래에서 추와 연결된 부분은 작용점, 도르래의 한쪽 끝은 받침점, 손으로 잡아당기는 부분은 힘점이 된다. 도르래를 이용하지 않을 때보다 작은 힘으로 실을 위로 당기면 추가 위로 올라간다.

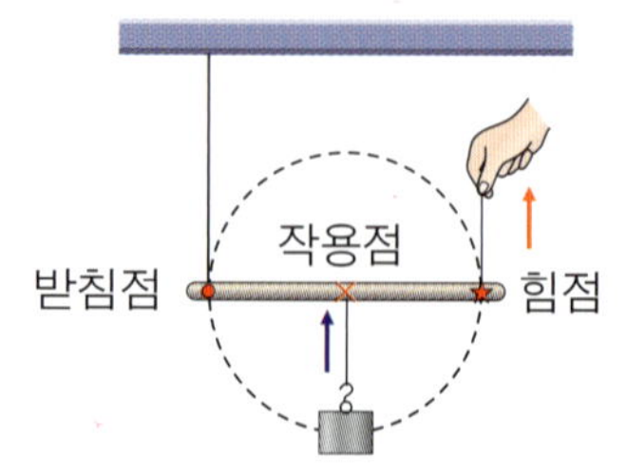

🔺 힘의 방향이 물체가 움직이는 방향이 같다.

생활 속의 도르래

고정 도르래와 움직 도르래를 연결하면 작은 힘으로 무거운 물체를 들어 올리고 힘의 방향을 마음대로 바꿀 수 있다. 국기 게양대나 엘리베이터는 고정 도르래를 사용하고, 사다리차는 고정 도르래와 움직 도르래를 함께 사용한 경우이다. 이 밖에도 타워 크레인이나 스키장 리프트에도 사용된다.

🔺 국기 게양대

🔺 엘리베이터

🔺 타워 크레인

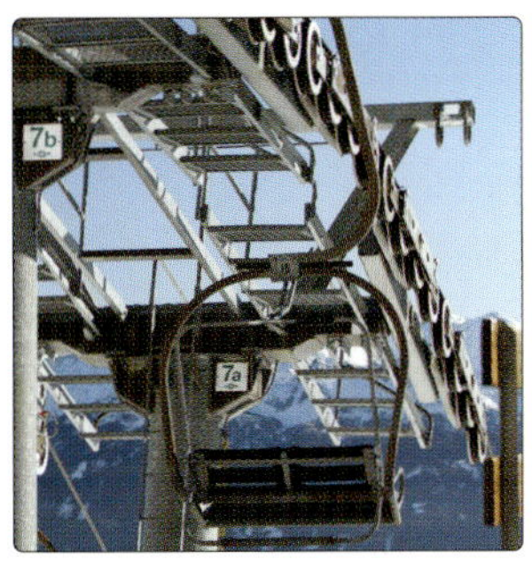

🔺 스키장 리프트

정약용 (1762~ 1836)

정약용은 조선 정조 때의 문신으로서, 실학자, 저술가, 시인, 철학자, 과학자, 공학자이다.

그는 중농주의 실학자로 전제 개혁을 주장하며 조선의 실학을 집대성하였고, 수원 화성을 건설할 때 기중가설에 따른 활차녹로(도르래)를 만들고 이를 이용하여 거중기를 고안하여 건축에 많은 도움을 주었다. 또한 유교 경전에 대한 새로운 해석을 통해 조선을 지배한 주자학적 세계관에 대한 근본적인 반성을 시도하였다. 주요 저서로는 목민관이 지켜야 할 지침을 담은 『목민심서』와 제도의 개혁 원리를 제시한 『경세유표』 등이 있다.

거중기

조선 정조 때 수원 화성을 건설할 때 정약용이 제작한 거중기를 사용함으로써 10년 계획으로 쌓기 시작했던 공사를 33개월 만에 완성할 수 있었고, 4만 냥의 경비를 절약할 수 있었으며, 동원되는 백성의 수도 줄일 수 있었다.

거중기의 위쪽에는 4개의 고정 도르래, 아래쪽에는 4개의 움직 도르래가 설치되어 있고, 좌우에는 큰 고정 도르래와 물레가 설치되어 있다. 양쪽 물레의 둘레를 동시에 돌리면 물레에 연결되어 있는 줄이 당겨지면서 움직 도르래 아래에 연결된 무거운 돌이 움직인다. 이것은 움직 도르래의 개수가 많아질수록 물체를 들어 올리는 데에 필요한 힘이 작아지는 원리를 이용한 것이다.

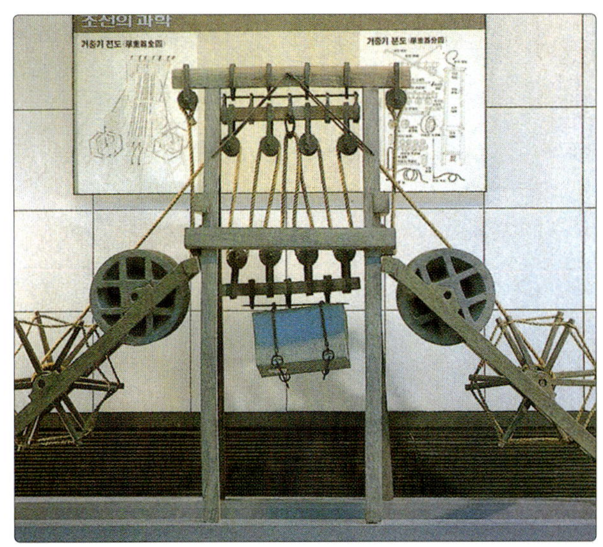

🔵 정약용이 만든 거중기(복원)

마찰 Friction / 摩擦

한 물체가 다른 물체와 접촉한 상태에서 움직이기 시작할 때, 또는 움직이고 있을 때 그 접촉면에서 운동을 저지하려고 하는 힘을 말한다.

마찰 Friction

마찰이란 물체의 운동을 방해하는 힘이다.

우리 주변에서는 항상 마찰이 일어나고 있다. 마찰은 눈에 보이는 마찰과 눈에 보이지 않는 마찰이 있다.

눈에 보이는 마찰은 우리가 쉽게 이해할 수 있지만, 눈에 보이지 않는 마찰은 쉽게 이해할 수 없고 때로는 자연을 이해하는 데 방해가 되는 경우도 있다. 설사 그렇더라도 눈에 보이지 않는 마찰은 아주 중요하다고 할 수 있다.

달리는 자동차를 멈추기 위해 브레이크를 밟으면 브레이크 패드가 바퀴를 누르면서 마찰이 생겨 자동차가 서게 된다.

공장에 있는 오래된 기계에서 삐거덕거리는 소리가 나는 까닭은 접촉점에서의 마찰 때문에 생기는 소리이다. 이와 같이 눈에 보이는 마찰을 줄이기 위해서는 윤활의 역할을 하는 기름을 치면 된다. 그러나 기름을 치는 방법은 마찰을 조금 줄이는 효과는 있으나 완전히 없애는 것은 아니다.

공기와의 마찰은 눈에 보이지 않기 때문에 우리는 평소에 그 존재를 잊고 산다.

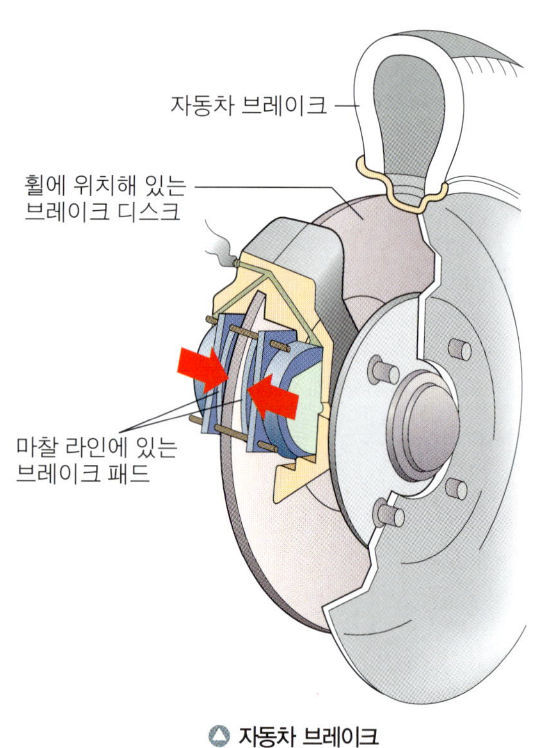

🔺 자동차 브레이크

일상생활에서의 마찰

흔히 마찰을 부정적인 것으로 생각하기 쉬우나 일상생활에서 마찰은 매우 중요한 역할을 한다.

마찰이 없다면 어떻게 될까?

자동차가 앞으로 나아갈 수 있는 것도 마찰이 있기 때문이다. 만약 마찰이 없는 얼음판 위라면 자동차는 앞으로 나아가지 못하고 헛바퀴만 돌게 될 것이다. 또한 마찰이 없다면 우리는 글씨를 지우개로 지울 수도 없을 것이다.

반대로 마찰이 없어야 하는 경우도 있다. 스케이트나 스키 같은 운동은 마찰을 최소화하여 속도를 향상시키는 경우이다.

🔺 스키 바닥의 마찰을 최소화하여 더 빠르게 스키를 탈 수 있다.

마찰의 종류

움직이는 자동차의 부품들 사이의 마찰력은 기름을 이용해 줄여 주지만, 차를 달리게 하거나 회전시키려면 바퀴와 도로 사이에 마찰력이 필요하다. 또한 지면과의 마찰이 없다면 사람도 걸어 다닐 수 없게 된다. 마찰력의 종류에는 크게 정지 마찰력, 최대 정지 마찰력, 운동 마찰력이 있다.

정지 마찰력

정지 마찰력은 정지해 있는 물체에 작용하는 마찰력으로 두 면 사이에 상대적인 운동이 없이도 작용한다. 만약 바닥 위에 놓여 있는 물체를 손으로 미는데도 물체가 움직이지 않는다면, 내가 미는 힘과 크기가 같고 방향이 반대인 마찰력이 작용하고 있기 때문이다. 이때 물체에 가해진 외력과 같은 크기의 마찰력이 반대 방향으로 작용하여 두 힘이 평형을 이룬 상태이다. 따라서 물체에 작용하는 합력은 0이 되고 물체는 움직이지 않는 것이다. 정지 마찰력의 크기는 항상 외력과 같다. 외력이 0이라면 정지 마찰력도 0이고, 외력이 2N이고 물체가 움직이지 않는다면 정지 마찰력도 2N이다.

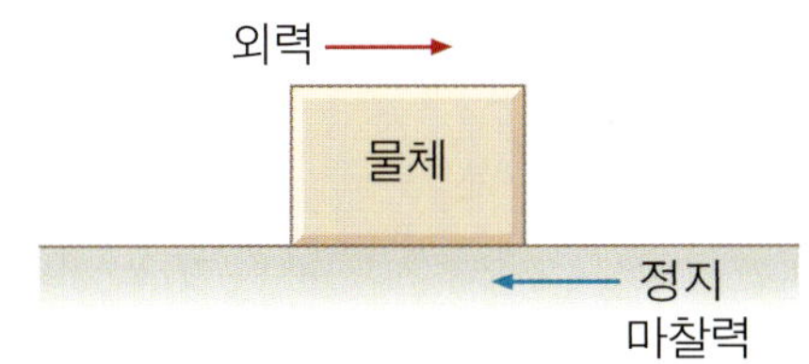

최대 정지 마찰력

바닥에 정지해 있던 물체를 힘을 점점 크게 하여 밀어 주면 어느 순간 물체가 움직이기 시작한다. 이렇게 정지해 있던 물체가 마침내 움직이기 시작하는 순간의 마찰력을 최대 정지 마찰력이라고 한다. 최대 정지 마찰력은 바닥면이 물체를 떠받치는 힘인 수직 항력에 비례하고, 이때의 비례 상수를 정지 마찰 계수라고 한다.

최대 정지 마찰력 = 수직 항력 × 정지 마찰 계수

정지 마찰 계수는 운동 마찰 계수보다 항상 그 값이 크다. 그래서 짐이 가득 실려 있는 무거운 수레가 정지되어 있을 때 처음 움직이게 하는 데에는 큰 힘이 필요하지만 한 번 움직이고 나면 쉽게 끌 수 있다.

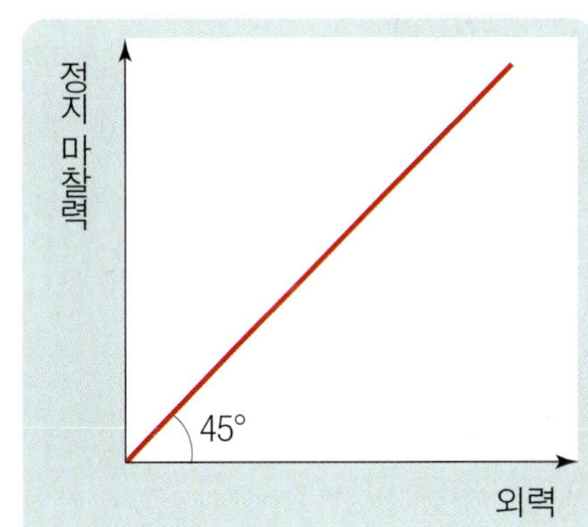

운동 마찰력

운동 마찰력은 물체가 운동하고 있을 때 작용하는 마찰력을 말한다. 물체가 표면 위를 미끄러질 때 작용하는 마찰력이므로 미끄럼 마찰력이라고도 한다. 운동 마찰력은 물체가 움직이는 속력과는 거의 무관하고 바닥면이 물체를 떠받치는 힘인 수직항력에 비례하므로 운동 마찰력을 다음과 같이 표현할 수 있다.

운동 마찰력 = 수직 항력 × 운동 마찰 계수

이때의 비례 상수를 운동 마찰 계수라고 하는데, 운동 마찰 계수는 정지 마찰 계수보다 항상 작다. 즉, 운동 마찰력은 최대 정지 마찰력보다 항상 작다.

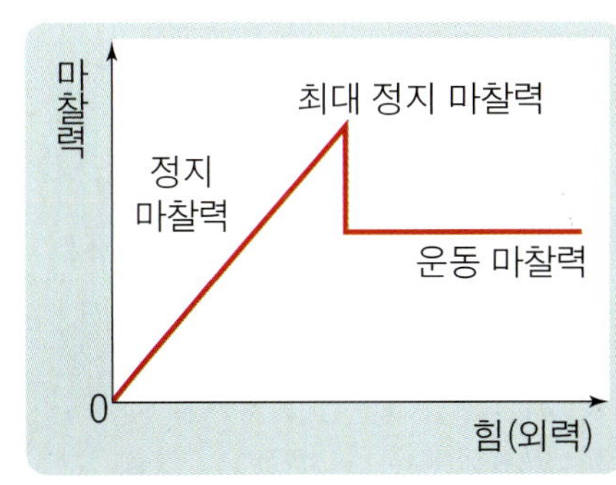

마찰 전기 Frictional Electricity / 摩擦電氣

대전이 잘 되는 두 물체 간의 마찰로 인해 그 표면에 생기는 전기를 마찰 전기라고 한다.

두 물체를 마찰시키면 전기를 띠는 까닭

전기를 띠지 않는 고무풍선을 머리카락에 마찰시키면 고무풍선과 머리카락은 각각 다른 종류의 전기를 띤다. 서로 다른 두 물체를 마찰시키면 한 물체는 (+) 전기, 다른 물체는 (−)전기를 띤다. 이와 같이 물체가 전기를 띠는 현상을 대전 이라고 하고, 전기를 띤 물체를 대전체라고 한다.

그럼 두 물체를 마찰시키면 전기를 띠는 까닭은 무엇일까?

물체를 이루는 가장 작은 알갱이인 원자는 (+)전기를 띤 핵과 (−)전기를 띤 전 자로 구성되어 있다. 원자의 핵이 움직이는 경우는 없다. 너무 질량이 커서 움 직이기 힘들기 때문이다. 하지만 전자는 핵에 비해 엄청나게 질량이 작다. 그렇 지만 핵과 전자가 가지는 (+)와 (−)의 전기량은 서로 같아서 원자는 중성이다.

두 물체를 마찰시키면 열에너지가 생긴다. 이 에너지 덕분에 전자가 핵과의 전 기력을 이기고 떨어져 나가게 된다. 두 물체를 마찰시키면 물체의 성질에 따라 한쪽은 전자를 잘 잃어버리고, 다른 쪽은 그 전자를 잘 얻어 간다. 그러므로 전 자를 잃어버린 쪽은 (+)전기가 더 많고, 전자를 얻은 쪽은 (−)전기가 더 많아져 각각 (+)와 (−)의 성질을 띠는 대전체가 되는 것이다.

다음 그림과 같이 털가죽(A)으로 에보나이트 막대(B)를 문지르면 전자가 털가 죽에서 에보나이트 막대로 이동하기 때문에 전자를 잃은 털가죽은 (+)전기를 띠고, 전자를 얻은 에보나이트 막대는 (−)전기를 띠게 된다. 털가죽과 에보나 이트 막대가 띠는 전기의 종류는 다르지만 총 전하의 양은 같다. 이와 같이 마 찰 전기가 생기는 까닭은 바로 전자의 이동 때문에 가능한 것이다. 마찰 전기 뿐만 아니라 우리가 사용하는 모든 전기 제품의 탄생과 전기 현상은 바로 이 전자의 이동이 이룬 결과라고 해도 될 만큼 아주 특별한 것이다.

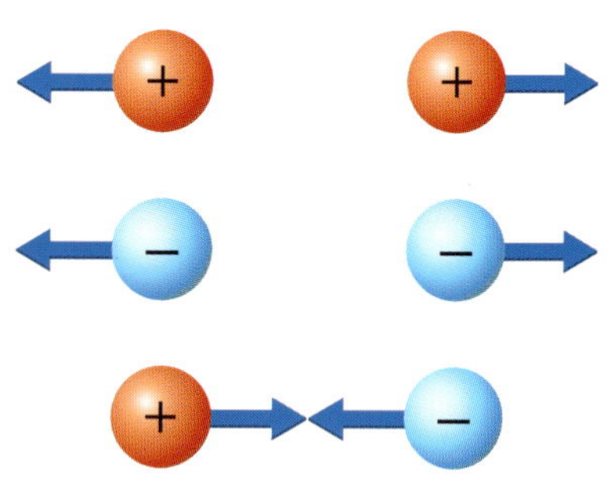

🔵 전기력의 방향

🔵 마찰시킨 고무풍선과 머리카락

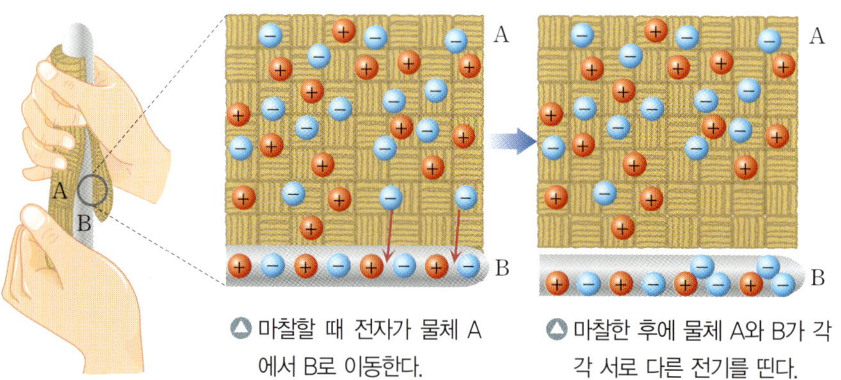

🔺 마찰할 때 전자가 물체 A 에서 B로 이동한다.

🔺 마찰한 후에 물체 A와 B가 각 각 서로 다른 전기를 띤다.

🔺 마찰시킨 빗과 색종이 조각

도체와 부도체

철, 구리와 같은 금속은 전기가 잘 통하는 도체, 유리나 플라스틱과 같은 비금속은 전기가 잘 통하지 않는 부도체 또는 절연체라고 한다.

부도체는 마찰시키면 대전이 잘 되는데, 도체는 마찰로 대전이 잘 되지 않는다. 왜냐하면 금속과 같은 도체는 자유 전자라는 것이 있기 때문이다. 자유 전자란 원자의 핵에서 쉽게 떨어져 나와 자유롭게 움직이는 전자를 말한다. 유리 막대(부도체)를 명주 헝겊으로 문지르면 문지른 부분만 대전된다. 그런데 구리 막대(도체)를 명주 헝겊으로 문지르면 움직이는 자유 전자가 손을 통해 흘러 버리거나 구리 막대에 골고루 퍼져 마찰 전기를 갖기 힘들다.

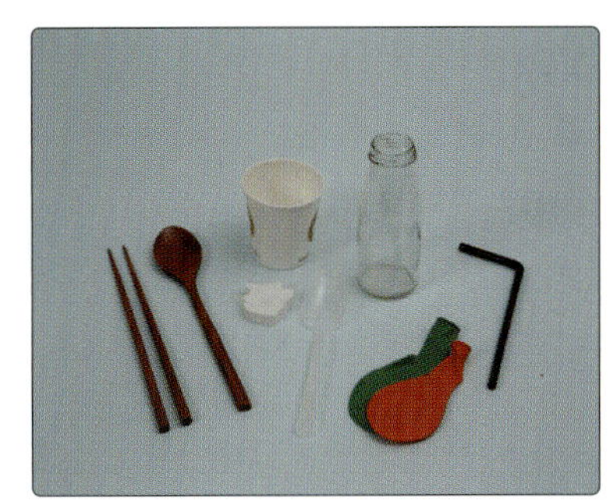

△ 부도체

🧪 탐구 실험

도체와 부도체 구별

| 준비물 | 전지(1.5 V), 전지 끼우개, 전구, 전구 끼우개, 스위치, 집게 달린 전선, 알루미늄 포일, 못, 플라스틱 자, 고무줄

△ 전지, 전지 끼우개, 전구, 전구 끼우개, 스위치, 집게 달린 전선을 연결하여 전기 회로를 만든다.

△ 두 집게 달린 전선 사이에 알루미늄 포일, 못을 각각 연결하여 전구에 불이 들어오는지 확인한다.

△ 같은 방법으로 플라스틱 자, 고무줄을 각각 연결하여 전구에 불이 들어오는지 확인한다.

구분	도체	부도체	반도체
뜻	전기는 (−)전하를 띤 아주 작은 알갱이인 전자들의 흐름이다. 전자가 자유롭게 움직여 전기가 잘 통하는 물질을 도체라고 한다.	부도체란 전자가 자유롭게 움직이지 못하기 때문에 전기가 통하지 않는 물질인데, 절연체라고도 한다.	부도체보다는 전기가 잘 통하지만 도체보다는 잘 통하지 않는 물질도 있는데, 이것을 반도체라고 한다.
특징	대표적인 물질이 금속이다. 금속은 다른 물질보다 자유롭게 움직일 수 있는 전자가 많기 때문에 전기가 잘 통한다. 전류를 나르기 위한 도구인 전선을 만들 때 구리를 사용한다. 구리가 도체이기 때문이다. 위 실험에 사용한 알루미늄도 전기가 잘 통하는 도체이다.	구리 전선을 보면 플라스틱이나 고무로 덮여 있다. 플라스틱이나 고무는 부도체이기 때문에 전류가 새는 것을 막아 감전되는 것을 막는 데 사용한다.	반도체는 다른 물질을 첨가하거나 다른 조작을 하면 전기가 잘 통하는 도체가 되기 때문에 컴퓨터, 텔레비전, 라디오 등 전기 제품에 많이 쓰인다.

밀도 Density / 密度

밀도는 부피의 단위 당 질량을 나타내는 값으로, 질량을 부피로 나눈 것이다. 물질마다 고유한 밀도 값을 지니며, 단위는 g/cm^3, g/mL, kg/m^3 등을 사용한다.

밀도

일반적으로 고체 상태의 물질은 분자들이 매우 빽빽하게 모여 있는 상태이므로 밀도가 크다.

액체 상태의 물질은 고체 상태에 비해 분자 사이의 거리가 멀기 때문에 좀 더 큰 부피를 차지하고, 고체보다 밀도가 작다.

기체 상태의 물질은 분자 사이의 거리가 매우 멀어 같은 수의 분자가 차지하는 부피가 고체나 액체에 비해 훨씬 크다. 그래서 밀도가 매우 작은 편이다.

따라서 일반적으로 밀도는 고체 > 액체 > 기체의 순이다.

물의 경우는 예외적으로 고체(얼음)의 부피가 액체(물)의 부피보다 커 액체 > 고체 > 기체 순으로 밀도가 크다. 냉동실에 넣어 둔 유리병 속의 물이 얼면 부피가 커져 병이 깨지는 것은 이 때문이다. 고체나 액체의 경우 온도나 압력이 변해도 밀도는 거의 변하지 않는다. 그러나 기체의 경우에는 온도가 올라갈수록 기체 분자의 운동이 활발해져 부피가 커지게 되고 따라서 밀도가 작아진다. 한편, 압력이 높아지게 되면 부피가 작아져 밀도가 커진다.

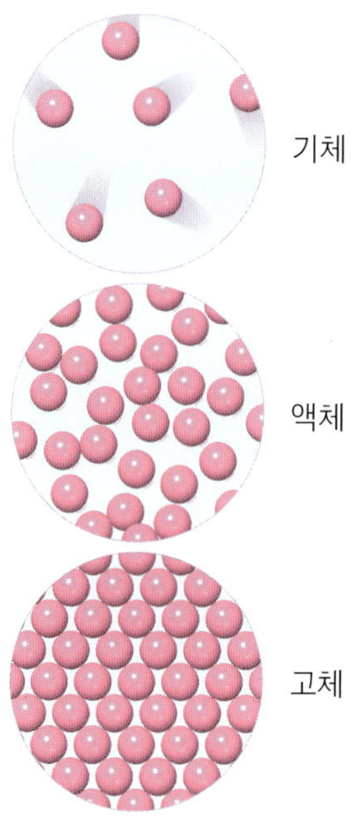

🔺 물질의 상태에 따른 밀도

밀도를 구하는 방법

밀도는 물질의 부피 $1cm^3$에 해당하는 질량을 나타낸다. 그러면 밀도를 어떻게 측정할 수 있을까?

첫째, 물질의 부피를 $1cm^3$로 만든 후 그것의 질량을 저울로 측정해서 숫자로 쓰면 그것이 밀도가 된다.

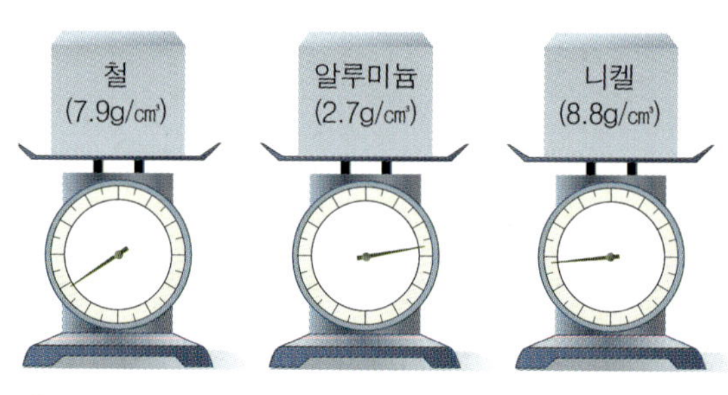

🔺 겉보기에 비슷해 보여도 각 물질의 밀도는 서로 다르다.

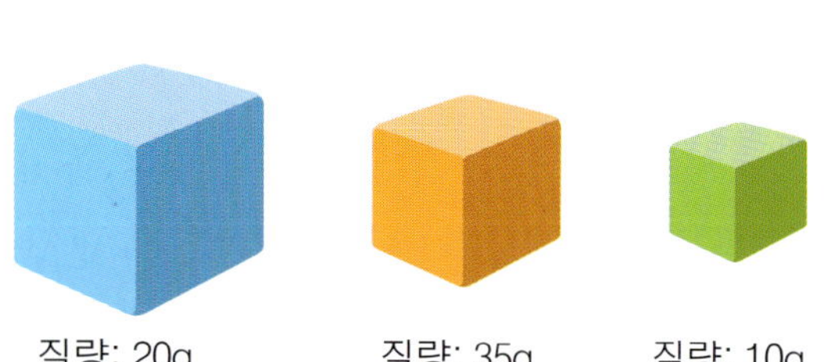

🔺 물질의 부피를 서로 다르게 하여 측정한 질량 값은 밀도라고 할 수 없다.

🔺 물질의 부피를 $1cm^3$로 하여 측정한 질량 값을 밀도라고 한다.

둘째, 물질의 부피와 질량을 측정한 후 물질의 질량을 부피의 값으로 나누는
방법으로 가장 흔히 쓰인다. 이때 물질의 부피는 비커, 눈금실린더로 측정하
고, 질량은 저울로 측정한다.

$$밀도 = \frac{질량}{부피}$$

$$물의 밀도 = \frac{질량}{부피} = \frac{122.5 - 100.0}{22.5} = \frac{22.5}{22.5} = 1.0\,g/cm^3$$

금속의 밀도 구하기

다음은 어떤 금속 조각의 질량과 부피를 측정한 결과이다. 이 금속의 밀도는 얼마인가?

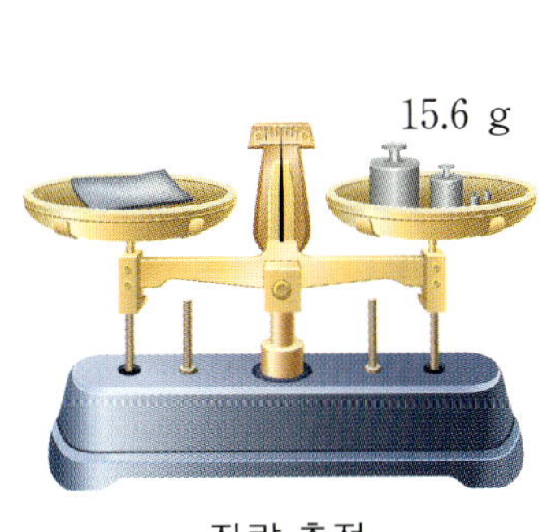

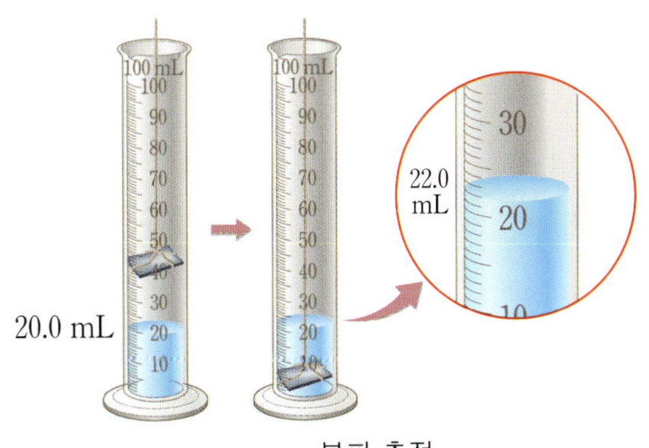

눈금실린더로 측정한 고체의 부피는 22.0 - 20.0 = 2.0(mL)이다.

밀도는 $\dfrac{질량}{부피}$ 이므로 $\dfrac{15.6\,g}{2.0\,mL}$ = 7.8 g/mL이다.

mL와 cm^3는 단위가 같으므로 7.8 g/cm^3로 쓴다.

밀도의 단위

일상생활에서는 물의 밀도를 1이라고 흔히 말하지만 이때의 단위는 g/cm^3이
다. 물의 밀도를 국제 단위계(SI)로 나타내면 $10^3 kg/m^3$이다.

이것은 1cm^3의 부피 안에 들어 있는 물의 질량이 1g이지만, 이 물을 1m^3의
부피 안에 담으면 그 질량이 1,000 kg이라는 뜻과 같다.

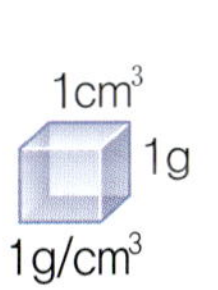

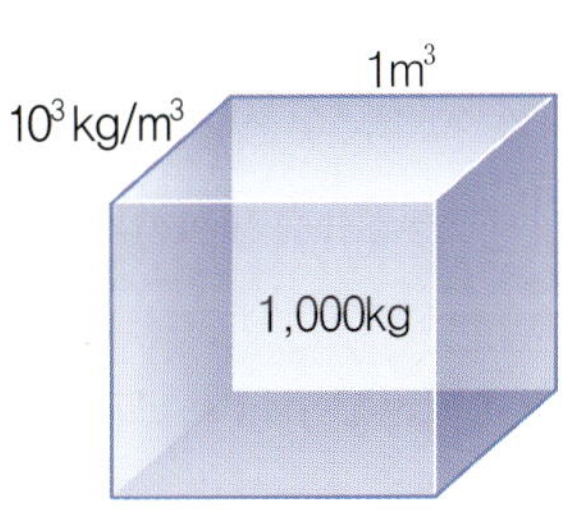

밀도 비교

물에 식용유를 약간 넣으면 식용유가 물에 뜬다.

그러면 식용유에 물을 약간 넣으면 뜰까, 가라앉을까, 가운데로 갈까? 식용유의 양이 많으니까 당연히 물이 식용유 위에 뜰까? 아니다. 이번에도 물은 식용유 밑에 가라앉는다.

왜 그럴까?

뜨고 가라앉는 것을 알려 주는 것이 물질의 밀도인데, 같은 물질인 경우 밀도는 같다. 밀도가 큰 물질일수록 가라앉으려고 하고, 밀도가 작은 물질일수록 위로 뜨려고 한다. 식용유의 밀도는 $0.9\,g/cm^3$이므로 물의 밀도인 $1.0\,g/cm^3$보다 작아 양이 많든 적든 어느 경우에나 물 위에 뜨는 것이다. 크기가 작은 나무토막이든 아름드리 통나무든 나무가 모두 물에 뜨는 것은 나무의 밀도가 물의 밀도보다 작기 때문이다.

여러 가지 물질을 길이가 긴 컵에 넣으면 오른쪽과 같이 층을 이룬다. 즉, 밀도가 가장 낮은 코르크 마개는 맨 위에, 그다음은 석유, 파라핀, 물, 고무마개, 사염화 탄소, 동전이 뜨고, 가장 아래에 수은이 자리를 잡는다.

○ 여러 가지 물질의 밀도

밀도의 이용

밀도는 우리 생활의 여러 분야에 이용된다.

애드벌룬이 공중에 떠 있는 것은 공기보다 애드벌룬 속의 헬륨의 밀도가 작기 때문이다. 또 구명조끼에는 물보다 밀도가 작은 물질이 들어 있어서 물 위에 뜰 수 있다.

○ 공중에 떠 있는 애드벌룬

○ 물 위에 뜨는 구명조끼

밀도를 숫자로 표현하기

밀도는 물질이 얼마나 빽빽하게 구성되어 있는가를 나타내는데, 오른쪽 그림의 (가)처럼 같은 부피의 상자 안에 오이가 많이 들어 있을수록 밀도가 크다고 한다. 반대로 (나)처럼 같은 부피의 상자 안에 오이가 적게 들어 있을수록 밀도가 작다고 한다.

그런데 물질은 오이 상자와 달리 속이 보이지 않는다.

그러면 무엇으로 밀도를 나타낼까?

오른쪽 그림과 같이 부피가 같은 오이 상자 안이 보이는 경우에 오이가 많을수록 밀도가 크다고 한다. 그런데 오이 상자 안을 볼 수 없다면 우리는 오이 상자 겉에 쓰인 질량이나 무게 표시를 보고 그 안에 오이가 얼마나 빽빽하게 많이 들어 있는지 짐작할 수 있다.

질량이 크면 오이가 빽빽이 들어 있고 질량이 작으면 엉성하게 들어 있음을 짐작할 수 있다. 물질도 마찬가지이다. 물질의 속을 눈으로 볼 수 없으니 모든 물질의 부피를 $1cm^3$로 일정하게 한 후 각 물질의 질량을 측정하여 밀도를 나타낸다.

같은 부피일 때 질량이 큰 물질일수록 밀도가 크고 물질의 속 구조가 더 빽빽하게 구성되어 있을 것이라고 추측한다.

물질의 종류가 다르면 밀도가 다르다.

같은 물질일 경우 물질의 모양이나 크기가 달라도 밀도가 같으므로 밀도를 통해 물질의 종류를 구별할 수 있다. 비슷하게 보이는 물질들도 밀도를 측정해 비교하면 확실하게 구별할 수 있다.

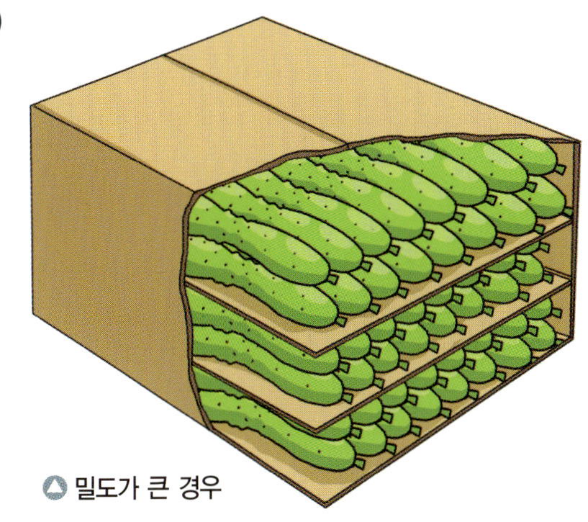

🔺 밀도가 큰 경우

🔺 밀도가 작은 경우

🔺 같은 부피일 때 질량이 크면 밀도도 크다는 것을 알 수 있다.

🔋 실생활

- **열기구를 가열하면 하늘 높이 떠오르는 까닭**

  열기구 안의 공기를 가열하면 부피가 증가하면서 밀도가 감소한다. 따라서 열기구 안의 공기가 열기구 주위에 있는 공기보다 가벼워져 열기구가 뜨게 된다.

- **밀도가 큰 철로 만든 배가 바다에 떠 있을 수 있는 까닭**

  배 안에는 비어 있는 공간이 커서 배 전체의 부피에 비해 질량이 작기 때문에 밀도가 작아져 바다에 떠다닐 수 있다.

발전소 Plant / 發電所

발전소는 열에너지 또는 기계적 에너지를 전기 에너지로 변환시켜 전력을 만들어 내는 곳이다. 발전소에는 전력을 발생시키기 위한 발전기 및 부속 기계를 갖추고 있다.

발전소의 종류

발전소의 종류는 전기를 생산하는 데 사용하는 자원의 종류에 따라 나눈다. 수력 발전소는 높은 곳의 물이 낮은 곳으로 떨어질 때의 위치 에너지와 운동 에너지로 터빈을 돌려 전기를 얻는다. 화력 발전소는 석탄이나 석유 등의 연료와 보일러를 이용하여 증기를 발생시키고 그것으로 터빈을 돌려 전기를 얻는다. 원자력 발전소는 원자로 안의 핵분열 반응에 의한 열로 증기를 만들어 전기를 얻는다.

이 밖에도 조석 간만의 차를 이용하는 조력 발전소, 바람의 운동 에너지로 풍차를 돌려 전기를 만드는 풍력 발전소, 땅속 고온의 증기를 이용하여 발전하는 지열 발전소 등이 있다.

🔺 화력 발전소

수력 발전소 Hydroelectric Power Plant

물의 높이 차이에 의해 발생하는 에너지를 이용하여 전력을 얻는 방식을 말한다. 수력 발전은 공해를 발생시키지 않고 연료 공급 단가가 싸지만 아무 곳에나 지을 수 없고 건설 비용이 크다는 한계가 있다. 이와 같은 불리한 조건을 극복하기 위하여 댐식, 수로식, 유역 변경식, 양수식, 저낙차식 등 다양한 수력 발전 양식을 도입하여 발전하고 있다.

댐식 인공 호수를 만들어 물의 낙차를 이용하여 발전하는 방식으로, 우리나라의 수력 발전소의 대부분이 해당된다.

수로식 상류에 댐을 건설한 후 수로를 이용해 하류로 물길을 유도하여 떨어지는 물의 높낮이 차이를 크게하여 발전하는 것으로, 화천 댐이 이에 속한다.

유역 변경식 동고서저의 지형을 이용해 하천의 물길을 떨어지는 물의 높낮이 차이가 큰 반대 사면으로 변경시켜 발전하는 방법으로, 장진강 댐과 부전강 댐, 허천강 댐, 섬진강 댐, 강릉 댐이 이에 속한다.

양수식 주간에 발전하는 데 이용한 물을 보조 댐에 저장하였다가 야간에 남는 전력을 이용해 다시 본 댐으로 물을 퍼 올려서 발전하는 방식이다. 전력 수요가 많은 시간대에 발전하며 물을 반복하여 사용할 수 있는 장점이 있다. 충주 댐, 청평 댐, 무주 댐, 안동 댐이 이에 속한다.

저낙차식 발전기를 댐 아래에 설치하여 떨어지는 물의 높이가 낮아도 흐르는 물의 양의 압력에 의해 발전하는 방식으로 팔당 댐이 이에 속한다.

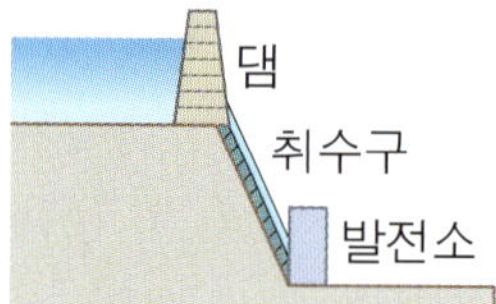

🔺 댐식

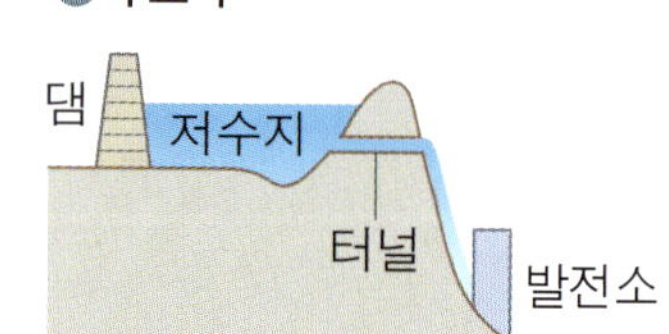

🔺 수로식

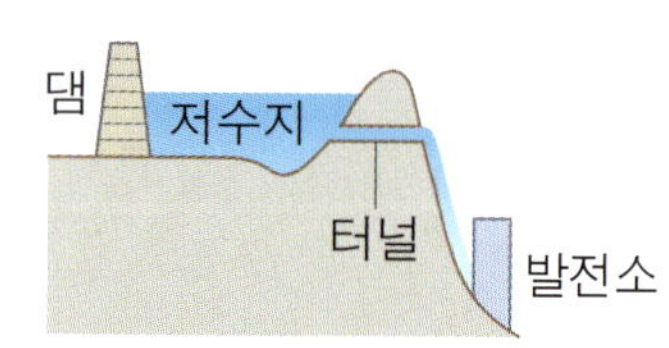

🔺 유역 변경식

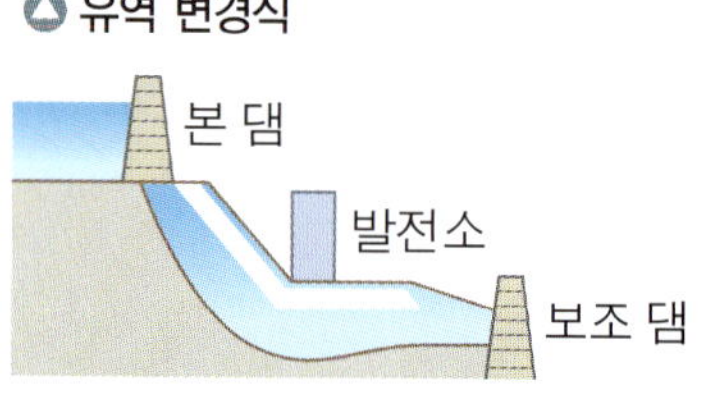

🔺 양수식

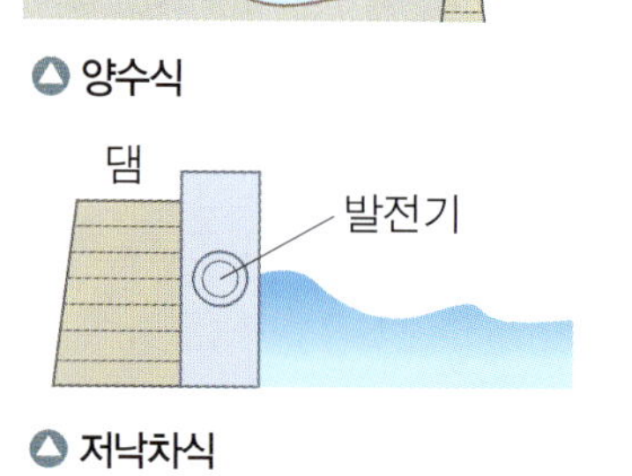

🔺 저낙차식

화력 발전소 Thermoelectric Power Plant

화력 발전소는 석유나 석탄, 천연가스 등을 연료로 사용하여 발전하는 방식이다. 수력 발전은 무공해 에너지인 데 비하여 화력 발전은 배기가스로 인한 공해 문제가 심각하다. 하지만 화력 발전은 수력 발전에 비해 건설 비용이 적게 들고 건설 기간이 짧으며 위치 선정에도 유리하다는 장점이 있다. 화력 발전소를 도시 근교에 지으면 송전 거리가 짧아져 전력 손실이 줄어든다.

화력 발전의 과정은 다음과 같다. 우선 석유나 석탄, 천연가스 등의 연료를 보일러에 넣은 다음 연소시킨다. 관을 통해 보일러 안으로 들어온 물이 가열되면 100~200기압, 온도 200℃ 이상의 고온, 고압 증기가 발생한다. 이 증기를 터빈으로 보내 회전 날개에 불어 넣어 터빈을 회전시켜 발전한다. 터빈을 회전시킨 후의 증기는 냉각수에 의해 냉각되어 물이 되면 급수 펌프에 의해 다시 보일러로 보낸다.

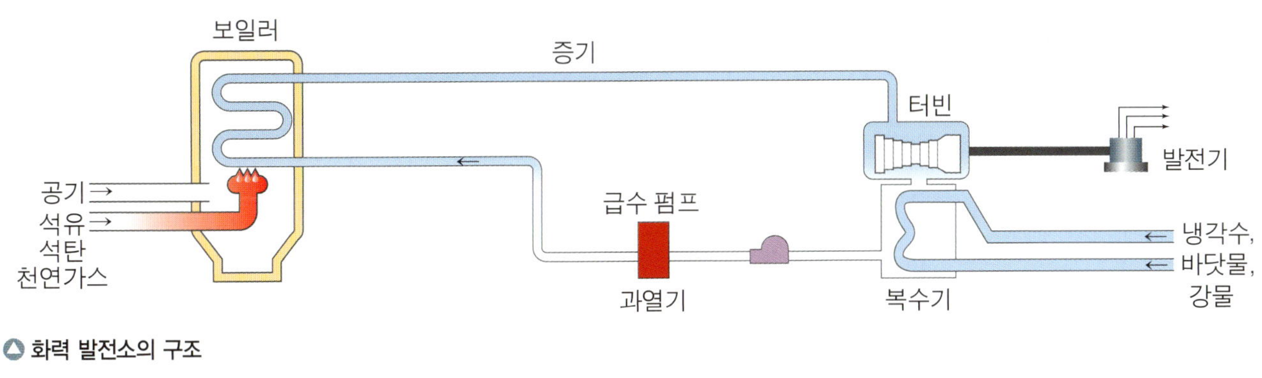

🔷 화력 발전소의 구조

조력 발전소 Tidal Plant

조석 간만의 차를 이용한 발전으로, 밀물과 썰물이 발생하는 하구나 만을 방조제로 막아 바닷물을 가두고 발전기를 설치하여 밀물과 썰물 때의 물의 높이 차를 이용하여 전기 에너지를 생산하는 방식이다. 조석 간만의 차를 이용해 밀물과 썰물 때에 터빈을 돌려 발전하는 시스템으로 물의 높이 차를 이용하는 수력 발전과 유사한 방식이라고 할 수 있다.

조력 발전의 주기는 밀물 발전과 썰물 발전으로 이루어진다. 프랑스 랑스 강 하구에 있는 조력 발전소의 경우, 밀물 때 물이 들어오면 수문을 닫아 가두었다가 썰

🔷 조력 발전소(랑스)

물 때 낮아진 해수면으로 떨어뜨려 터빈 발전기를 돌려 전기 에너지로 전환한다. 또한 밀물 때에도 발전기를 돌려 발전할 수 있는데, 썰물 때보다는 해수면의 높이 차이가 적으므로 발전 효율이 낮은 편이다. 조력 발전소는 조석 간만의 차가 큰 지역에만 건설할 수 있으므로 입지 조건이 까다롭다. 또한 해수면의 높이 변화가 1년 동안 균일하지 않으며, 해수면의 높이 변화가 없는 시간대에는 발전할 수 없고, 시설 기반 비용이 크다는 단점이 있다.

부력 Buoyancy / 浮力

부력은 중력이 작용할 때 유체 속에 있는 물체가 유체로부터 받는 중력과 반대 방향의 힘을 말한다.

부력

부력은 쉽게 말하면 물에 뜨려는 힘을 말한다. 부력의 크기는 유체 속에 있는 물체의 부피와 같은 부피를 가진 유체의 무게와 같으며, 아르키메데스가 발견했기 때문에 여기에 관계된 원리를 아르키메데스의 원리라고도 한다.

부력의 작용점은 물체가 밀어낸 부분에 유체가 있다고 가정했을 때의 무게 중심과 일치한다. 이 작용점을 부력 중심(또는 부심)이라 하며, 부체(떠 있는 물체)가 기울어져 있을 경우의 복원력을 결정하는 중요한 요소이다.

어떤 물체의 무게가 부력보다 크다면 그 물체는 가라앉을 것이다. 반대로 부력이 무게보다 크다면 그 물체는 물에 뜰 것이다. 철로 된 젓가락은 물에 가라앉지만 나무젓가락은 물에 뜨는 까닭은 철로 된 젓가락의 경우 중력이 부력보다 크고, 나무젓가락은 중력보다 부력이 크기 때문이다. 철로 만든 배가 물 위에 뜨는 까닭은 배가 물에 잠기는 부피를 크게 설계하여 배의 무게보다 더 큰 부력을 만들었기 때문이다.

일반적으로 물보다 비중이 큰 쇳덩어리와 같은 물체는 물에 가라앉고, 스타이로폼처럼 물보다 비중이 작은 물질은 잘 뜬다. 물에서 뜨려고 하는 성질을 양성 부력, 가라앉으려고 하는 성질을 음성 부력, 물과 비중이 비슷하여 뜨지도 가라앉지도 않는 상태를 중성 부력이라고 한다.

아르키메데스

(Archimedes: BC 287? ~ BC 212)

고대 그리스의 수학자, 물리학자이다. '아르키메데스의 원리', '구에 외접하는 원기둥의 부피는 그 구 부피의 1.5배이다.'라는 정리를 발견하였다. 지렛대의 반비례 법칙을 발견하여 기술적으로 응용하였으며, 그 외의 업적으로 그리스 수학을 더욱 진전시켰다.

하루는 왕이 금관을 새로 만들었는데, 그것이 순금이 아니라 은이 섞였다는 소문을 들었다. 왕은 아르키메데스에게 그것을 검증하라고 하였다. 생각에 골몰해 있던 아르키메데스가 우연히 목욕탕에 들어갔을 때 자기 몸의 부피에 해당하는 만큼의 물이 넘치는 것을 알아냈다. 흥분한 그는 옷도 입지 않은 채 목욕탕에서 뛰어나와 "알아냈다! 알아냈다!(유레카! 유레카!)"라고 외치며 집으로 달려가 그 금관과 같은 부피의 순금 덩어리를 물속에 넣어 넘치는 물의 양을 비교해 보았더니, 새로 만든 왕의 금관을 넣었을 때 더 많이 넘치는 것을 알아냈다. 그는 이 원리를 응용하여 유명한 '아르키메데스의 원리'를 발견하였다. 즉 은이 섞여 있는 왕관은 같은 무게의 순금보다도 부피가 크고 따라서 그만큼 부력도 커진다는 것이다.

사해 Dead Sea

표면적은 810 km²이고, 최대 깊이는 378 m, 평균 깊이 118 m 정도이다. 이스라엘과 요르단 사이에 걸쳐 있으며 북으로부터 요르단 강이 흘러들지만, 물이 빠져나가는 곳이 없다. 그러므로 바다가 아니라 호수에 해당한다.

이 지방은 건조 기후이기 때문에 사해로 흘러들어오는 물의 양과 거의 같은 양의 수분이 증발하여 염분 농도가 극히 높아 표면수에서 200‰(일반적인 바닷물의 약 5배), 저층수에서는 300‰이다.

따라서 생물이 거의 살지 않으며, 사해라는 이름도 이 때문에 지어진 것이다.

⬆ 사해에서는 누구나 몸이 물에 뜬다. 높은 염분 농도 때문에 일반 강물이나 바닷물보다 부력이 크게 작용하기 때문이다.

부력의 효과

부력은 단지 물과 같은 액체에서만 볼 수 있는 것이 아니라 기체에서도 나타난다.

우리가 물속에 들어가면 몸이 물에 뜨는 것을 느낄 수 있지만, 대기 중에서 부력의 효과는 매우 작을 뿐 아니라 이미 대기 중에서의 생활에 익숙해져 있기 때문에 우리가 느끼지 못할 뿐이다. 대기 중에서 부력과 관련된 현상은 놀이공원에서 볼 수 있는 헬륨 풍선이나 날아가는 열기구에서 잘 볼 수 있다.

⬆ 공기의 부력을 이용한 열기구

물체에 작용하는 부력은 잠긴 부분의 부피에 해당하는 유체의 무게와 같다. 우리가 일상생활에서 경험하는 부력은 물체가 밀어낸 유체의 무게와 관련되어 있기 때문에 근본적으로는 중력과 관련된 현상이다.

⬆ 바닷물의 부력에 의해 떠 있는 빙하
바다에 떠 있는 빙하에 작용하는 부력은 물에 잠긴 부분의 부피에 해당하는 바닷물의 무게와 같다.

온도, 압력에 따른 부피 변화

물질이 열을 받거나 빼앗기면 부피가 변하는 물리적 변화가 일어난다. 또 기체 상태의 물질에 작용하는 압력이 달라지면 부피가 변하는 물리적 변화를 관찰할 수 있다.

온도에 따른 부피 변화

더운 여름에는 전깃줄이 늘어져 있지만 추운 겨울에는 팽팽해진다. 또 온도계 속 액체인 알코올이나 수은은 열을 받아 온도가 높아질수록 액체 기둥이 점점 위로 올라가 부피가 늘어나는 것을 볼 수 있다. 반대로 겨울철에 따뜻한 실내에 있던 고무풍선을 차가운 바깥으로 가지고 나가면 고무풍선이 쭈글쭈글해지는 것을 관찰할 수 있다.

이와 같이 물질이 열을 받거나 빼앗기면 물질의 부피가 늘어나거나 줄어드는 물리적 변화가 일어난다. 그런데 물질이 같은 온도만큼 변할 때 고체, 액체 상태일 때보다 기체 상태일 때 부피가 가장 많이 늘어난다.

그렇다면 기체의 종류에 따라 온도가 올라갈 때 늘어나는 부피의 정도가 다를까? 그렇지 않다. 기체의 종류에 관계없이 온도가 올라감에 따라 부피가 늘어나고, 또 온도에 따라 늘어나는 정도가 같다. 또한 온도가 273℃가 되면 모든 기체의 부피는 0℃ 때 부피의 2배가 되고, 273℃의 2배인 546℃가 되면 0℃ 때 부피의 3배가 된다.

이와 같이 한 변수가 커질수록 다른 변수도 일정한 비율로 커지는 관계를 비례 관계라고 하는데, 기체의 온도와 부피 사이에는 이러한 비례 관계가 성립한다.

△ 더운 여름에 전깃줄은 늘어진다. △ 추운 겨울에 전깃줄은 팽팽하다.

△ 온도가 낮은 바깥으로 나가면 고무풍선의 부피가 줄어든다.

△ 기체의 온도와 부피 사이에는 비례 관계가 성립한다.

△ 찌그러진 탁구공을 따뜻한 물속에 넣어 주면 원래의 모양으로 되돌아온다. 이와 같이 온도가 높아지면 기체의 부피가 늘어난다.

샤를 법칙 Charles's Law

1787년 프랑스의 물리학자 샤를(Charles, Jacgues Alexandre César: 1746~1823)은 압력이 일정할 때 일정한 양의 기체의 부피는 그 종류에 관계없이 절대 온도가 올라가면 일정한 비율로 커진다는 사실을 발견하였다. 이러한 기체의 온도와 부피 사이의 관계를 샤를 법칙이라고 한다.

오른쪽 그림은 일정한 압력에서 온도에 따른 기체의 부피 변화와 분자 운동을 나타낸 것이다.

오른쪽 그림을 보면 온도가 낮을 때에는 기체 분자가 느리게 운동하므로 그릇의 벽에 충돌하는 분자 수가 적다. 그러나 온도가 높을 때에는 분자 운동이 빨라져 그릇의 벽에 충돌하는 힘이 커지고 충돌하는 분자 수도 많아진다. 이때 기체 분자가 피스톤을 위로 밀어내어 기체의 부피가 커진다.

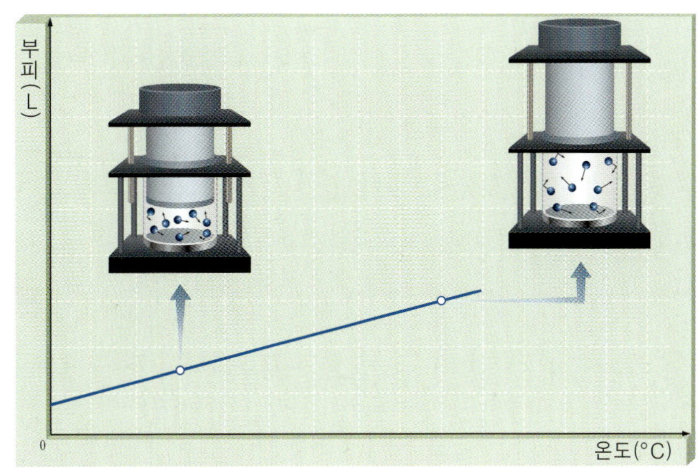

🔵 기체의 온도와 부피의 관계

샤를 법칙

일정한 압력에서 일정량의 기체 부피는 절대 온도에 비례한다는 것이다. 온도가 1℃씩 올라갈 때마다 0℃일 때 부피의 $\frac{1}{273}$ 만큼 증가하고, 온도가 1℃씩 내려갈 때마다 0℃일 때 부피의 $\frac{1}{273}$ 만큼 감소한다.

🎮 FUN

열기구 Hot Air Balloon

사람들은 항상 하늘을 나는 꿈을 꾸고 있다. 간단하게 하늘을 날 수 있는 방법으로 열기구가 있다. 열기구는 입구가 밑에 있는 아주 커다란 풍선 모양의 주머니와 풍선 속 공기를 가열하기 위한 버너, 사람이 탈 수 있는 바구니의 세 부분으로 되어 있다.

열기구의 풍선 모양의 주머니에 공기를 넣은 후 버너로 공기의 온도를 높여야 한다. 공기의 온도를 높이면 주머니 속 공기 분자들의 움직임이 빨라지고 공기 분자들 사이의 거리가 넓어져 부피가 커진다. 부피가 커지면 일부 공기가 밖으로 빠져나가고 주머니 속 공기의 밀도는 처음보다 낮아지게 된다. 그렇게 되면 주머니 안의 공기의 밀도가 주머니 밖의 공기의 밀도보다 작아지기 때문에 주머니는 공중으로 떠오르게 되는 것이다. 밀도가 작은 물질은 밀도가 큰 물질보다 위로 올라가기 때문이다. 공중으로 떠오른 열기구가 다시 땅으로 내려오려면 공기의 가열을 멈추면 된다. 그러면 주머니 속 공기의 밀도는 주머니 밖의 공기와 같아지므로 바구니의 무게로 땅으로 내려오게 된다.

🔵 가열하면 주머니 속 공기 분자의 움직임이 빨라지고 공기 분자들 사이의 거리가 넓어져 부피가 커진다.

압력에 따른 부피 변화

주시기 실험

오른쪽 그림과 같이 주사기에 공기를 넣고 피스톤을 약하게 누르면 공기의 부피가 조금 줄어들고, 피스톤을 세게 누르면 공기의 부피가 많이 줄어든다. 다시 누르고 있던 피스톤을 놓으면 공기의 부피가 원래의 상태로 늘어나는 모습을 볼 수 있다.

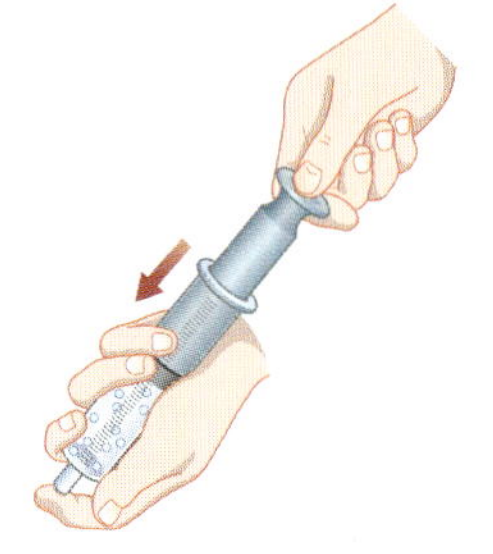

△ 피스톤을 약하게 눌러 공기에 작은 압력을 가하면 주사기 속 공기 입자 사이의 거리가 가까워지고 공기의 부피가 조금 줄어든다.

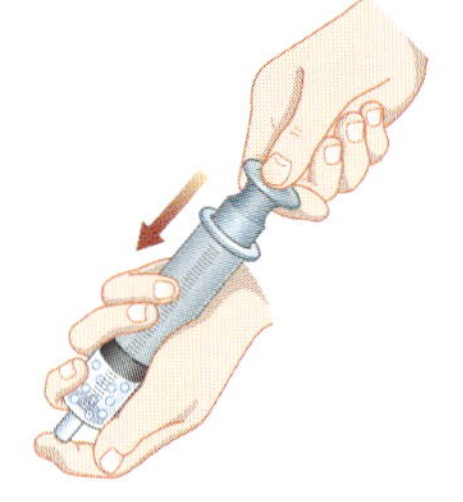

△ 피스톤을 세게 눌러 공기에 큰 압력을 가하면 주사기 속 공기 입자 사이의 거리가 더욱 가까워지고 공기의 부피가 많이 줄어든다.

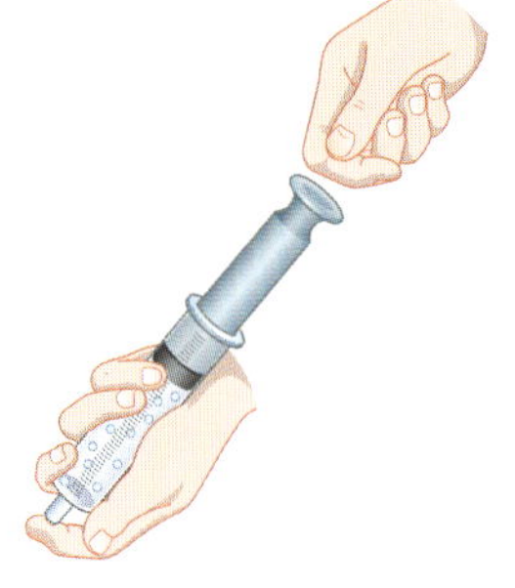

△ 공기에 가하던 압력을 없애면 주사기 속 공기 입자 사이의 거리가 멀어지면서 공기의 부피가 원래의 상태로 커진다.

보일 법칙

놀이공원에서 들고 있던 헬륨 풍선을 놓치면 공중으로 올라간다. 그런데 풍선이 위로 올라갈수록 풍선의 부피가 점점 커지다가 결국에는 터져 버린다. 그 까닭은 위로 올라갈수록 풍선 밖의 공기의 압력이 낮아지기 때문이다. 이와 같이 기체 상태의 물질에 작용하는 압력이 달라지면 부피가 변하는 변화를 볼 수 있다. 놀랍게도 지구에 존재하는 모든 종류의 기체에 같은 압력을 가하면 부피가 변하는 정도가 같다는 사실이다.

오른쪽 그림과 같이 압력이 2배, 3배, 4배가 되면 부피는 $\frac{1}{2}$, $\frac{1}{3}$, $\frac{1}{4}$로 줄어드는 것을 알 수 있다. 이와 같이 한쪽이 2배, 3배로 늘어날 때 다른 쪽은 그 역수(어떤 수로 1을 나누어 얻은 몫을 그 어떤 수에 대하여 일컫는다. 3의 역수는 $\frac{1}{3}$이고, 5의 역수는 $\frac{1}{5}$이 된다.)로 줄어드는 관계를 반비례 관계라고 한다.

그러므로 기체 물질에 가해지는 압력과 기체의 부피 사이에는 반비례 관계가 성립한다고 할 수 있다. 이와 같은 기체의 압력과 부피 사이의 관계를 보일 법칙이라고 한다.

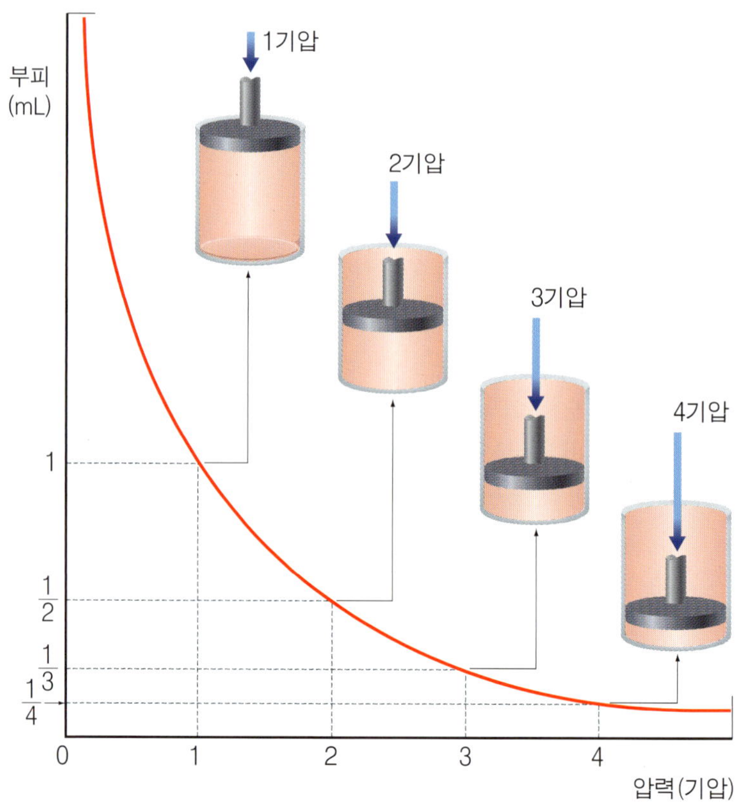

△ 일정한 온도에서 기체에 가하는 압력이 높아질수록 기체의 부피는 줄어든다.

압력(기압)	1	2	3	4
부피(mL)	1	$\frac{1}{2}$	$\frac{1}{3}$	$\frac{1}{4}$

[압력에 따른 부피 변화]

보일 (Boyle, Robert: 1627~1691)

1627년, 아일랜드 리즈모어의 부유하고 영향력 있는 리처드 보일 백작의 14번째 아이로 출생했다.

1646년에 인비저블 칼리지에 가입하여 실험 과학에 뜻을 갖게 되었다. 1647년에 자비로 실험실을 꾸렸고, 1650년에는 최초의 화학서인 「독약을 의약품으로 바꾸는 일에 관하여」를 저술했다. 이후 옥스퍼드로 이주하여 로버트 훅과 함께 공기 펌프를 만들었으며, 공기의 특성에 대한 실험을 통하여 1660년 「공기의 탄력에 대한 자극과 그 효과에 관한 새로운 물리 역학적 실험들」을 발표했다. 1662년에는 개정판을 발표하였는데, 이 책에 포함된 1661년 보고서에 보일의 법칙이 담겨 있었다. 보일 법칙은 일정한 온도에서 기체의 부피가 압력에 반비례한다는 것이다.

한눈에 보는 물리적 변화

물리적 변화는 물질의 변화 중 변화 전후의 물질의 성질이 변하지 않는 변화를 말하며, 물질이 온도(열)와 압력을 받을 때 일어난다. 물리적 변화의 종류에는 부피 변화, 상태 변화 등이 있다. 온도나 압력에 따라 기체의 부피가 변하더라도 그 기체의 성질은 변하지 않는다. 또 온도에 따라 고체, 액체, 기체로 상태가 변하더라도 그 물질 고유의 성질은 변하지 않는다.

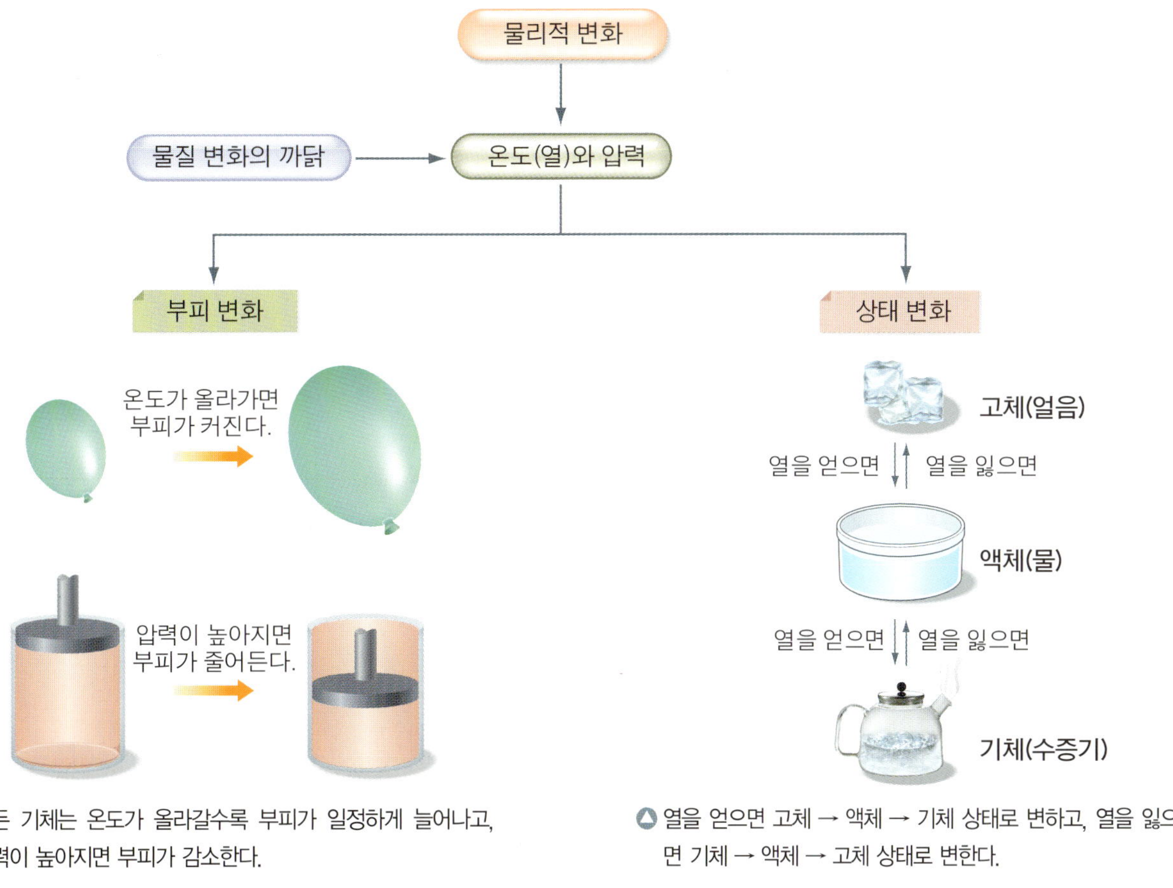

○ 모든 기체는 온도가 올라갈수록 부피가 일정하게 늘어나고, 압력이 높아지면 부피가 감소한다.

○ 열을 얻으면 고체 → 액체 → 기체 상태로 변하고, 열을 잃으면 기체 → 액체 → 고체 상태로 변한다.

온도에 따른 부피 변화

온도에 따른 고무풍선의 부피 변화

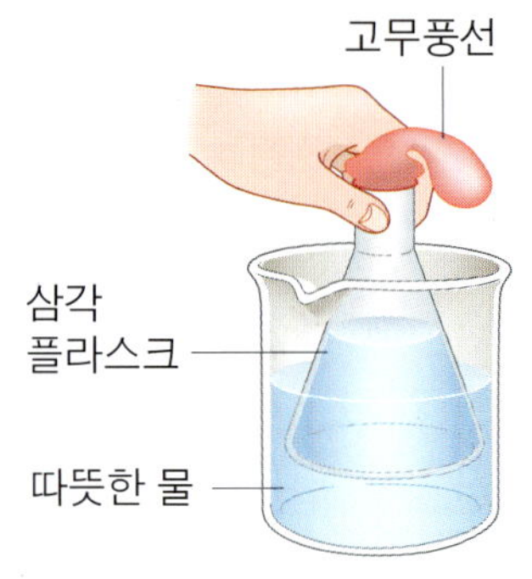

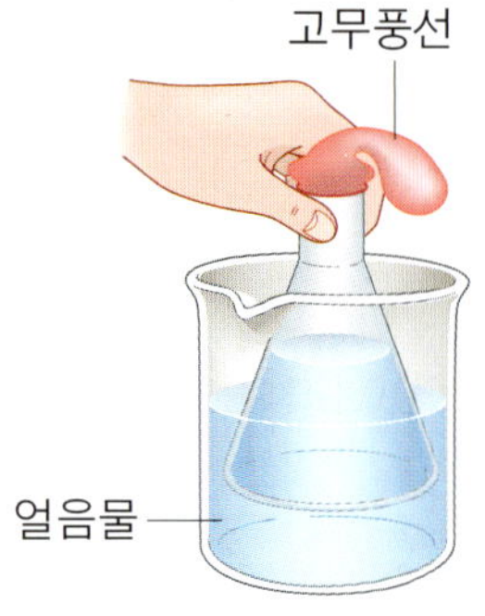

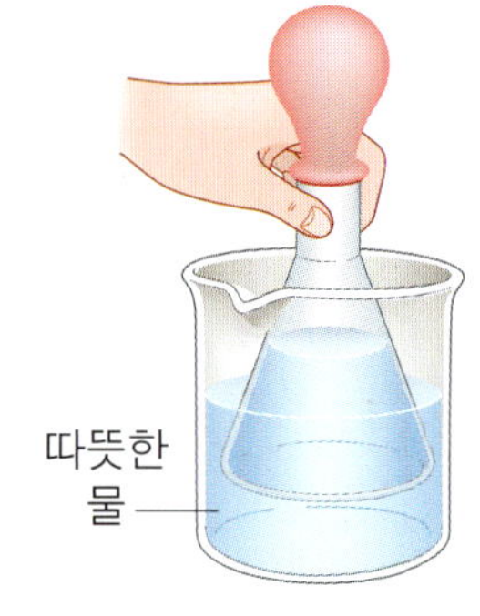

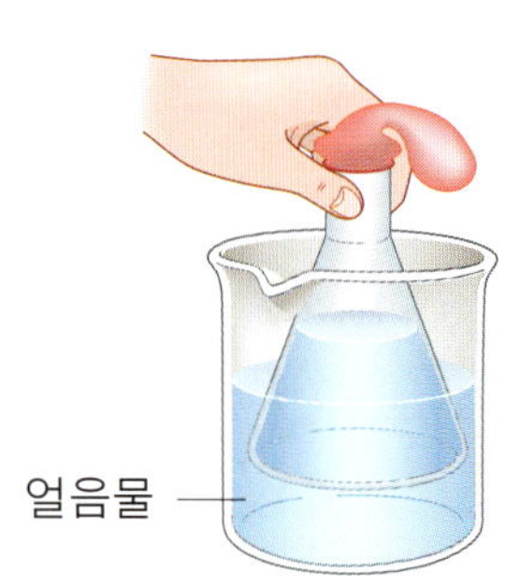

🔺 고무풍선을 삼각 플라스크에 씌운다. 삼각 플라스크를 따뜻한 물에 넣고 고무풍선의 변화를 관찰한다.

🔺 고무풍선을 씌운 삼각 플라스크를 얼음물에 넣고 고무풍선 모습의 변화를 관찰한다.

| 실험 결과 |

고무풍선을 씌운 삼각 플라스크를 따뜻한 물에 넣으면 고무풍선이 부풀어 커지고, 얼음물에 넣으면 쭈그러져 작아진다.

온도에 따른 주사기 피스톤의 움직임

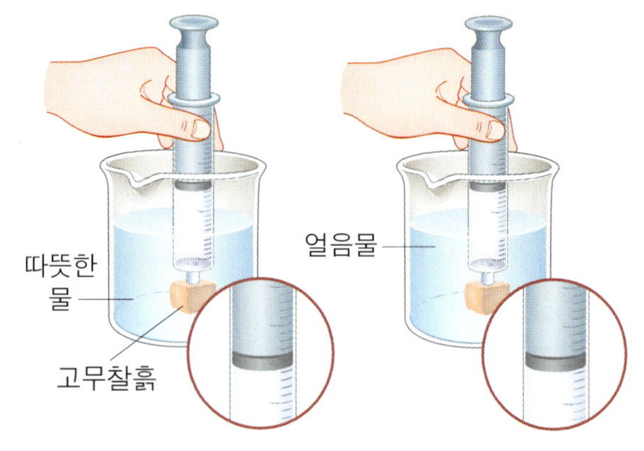

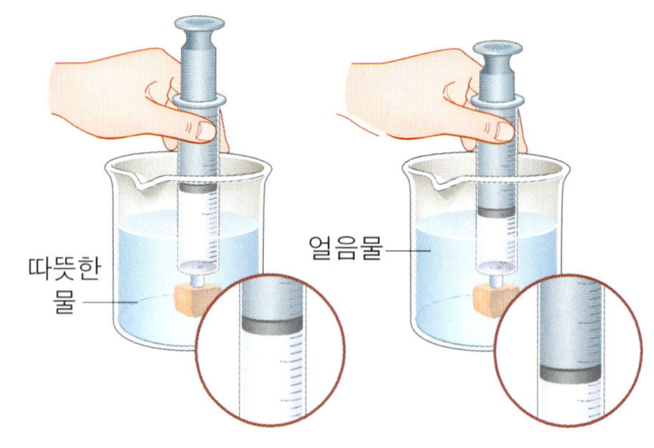

🔺 유리 주사기의 중간만큼 피스톤을 뺀 후 주사기 끝부분을 고무찰흙으로 단단하게 막는다. 따뜻한 물과 얼음물에 유리 주사기를 넣고 피스톤의 움직임 변화를 관찰한다.

| 실험 결과 |

유리 주사기를 따뜻한 물에 넣으면 피스톤이 바깥쪽으로 밀리고, 얼음물에 넣으면 피스톤이 안쪽으로 들어간다.

| 실험을 통해 알게 된 점 |

고무풍선을 씌운 삼각 플라스크를 온도가 높은 따뜻한 물에 넣으면 삼각 플라스크 속 공기의 온도가 올라가 부피가 증가하므로 고무풍선이 부풀어 오른다. 다시 온도가 낮은 얼음물에 넣으면 삼각 플라스크 속 공기의 온도가 내려가 부피가 감소하므로 고무풍선이 쭈그러든다.

주사기 피스톤의 움직임도 같은 원리인데, 따뜻한 물에 주사기를 넣으면 주사기 속의 공기의 온도가 올라가 공기의 부피가 증가하기 때문에 피스톤이 바깥쪽으로 밀려 나온다. 반대로 얼음물에 넣으면 주사기 속 공기의 온도가 내려가면서 공기의 부피가 감소하므로 피스톤이 안쪽으로 들어간다.

이 실험을 통해 온도가 올라가면 기체의 부피가 증가하고, 온도가 낮아지면 기체의 부피는 감소한다는 것을 알 수 있다.

압력에 따른 부피 변화

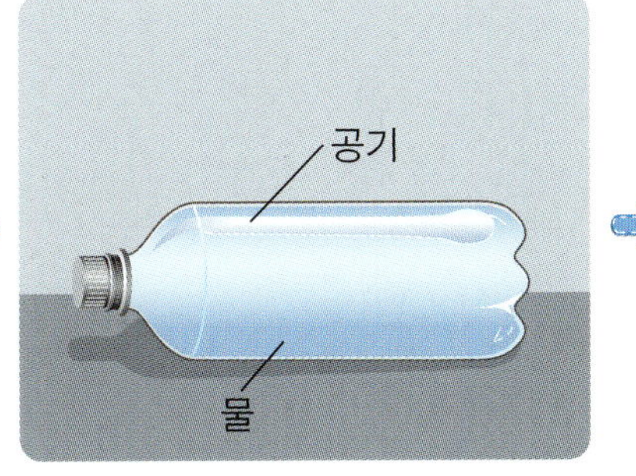

🔺 원통 모양 페트병에 약간의 공간(공기가 들어갈 부분)만 남기고 물로 모두 채운다.

🔺 원통 모양 페트병의 뚜껑을 닫고 옆으로 반듯하게 놓는다.

🔺 페트병의 가운데 부분을 힘주어 누르면서 공기 방울의 크기 변화를 살펴본다.

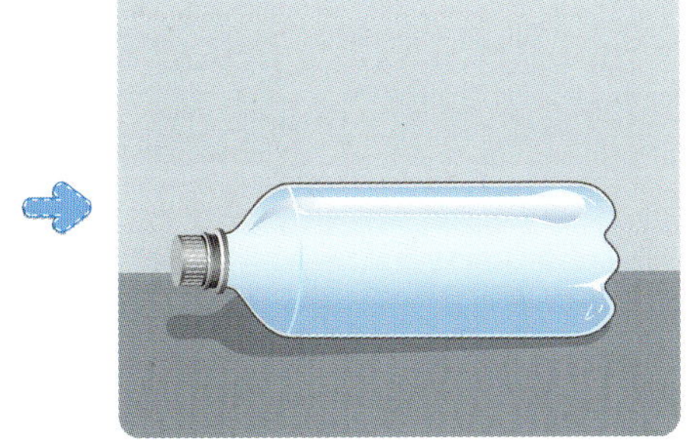

🔺 공기 방울의 크기 변화를 살펴보면서 페트병을 누르던 손을 서서히 놓는다.

| 실험 결과 |

페트병에 힘을 주면 공기 방울의 크기가 줄고, 힘을 주지 않으면 원래의 크기로 돌아오는 성질이 있다.

| 실험을 통해 알게 된 점 |

페트병에 물을 거의 채운 뒤 뚜껑을 닫고 바닥에 눕히면 페트병 위쪽에 공기 방울이 생기는데, 이때 페트병을 손으로 눌러 힘을 가하면 페트병에 있는 공기 방울의 크기가 줄어드는 것을 볼 수 있다. 또한 페트병을 누르던 손을 떼어 압력을 없애면, 페트병의 공기 방울이 원래 크기로 돌아오는 것을 볼 수 있다.

이 실험을 통해 기체에 압력을 가하면 기체의 부피가 줄어들고, 가했던 압력을 없애면 기체의 부피가 원래대로 돌아오는 것을 알 수 있다.

기체에 압력을 가하면 부피가 줄어드는 까닭

공기와 같은 기체 입자들 사이의 거리는 액체나 고체에 비하여 멀기 때문에 기체에 압력을 가하면 기체 입자들 사이의 간격이 줄어들면서 부피가 줄어든다. 반대로, 가했던 압력을 없애면 기체의 부피가 원래대로 돌아가게 된다. 호핑 볼이나 점핑 볼은 가한 힘에 따라 기체의 부피가 줄어들고 늘어나는 성질을 이용한 것이다. 또 농구화의 발뒤꿈치에 있는 공기 주머니는 농구 선수가 점프하고 내려올 때 공기 주머니 속의 기체가 압력에 의하여 부피가 줄어들면서 발에 가해지는 충격을 줄여 주는 역할을 한다.

비열 Specific Heat / 比熱

비열은 어떤 물질 1kg의 온도를 1℃ 올리는 데 필요한 열량을 말한다. 비열은 물질에 따라 다르므로 물질이 갖는 고유한 특성 중의 하나이다.

비열

여름방학 때 해변으로 휴가를 간 적이 있을 것이다. 한낮에 해수욕장의 모래를 밟으면 뜨거워서 발을 디디기도 힘들지만 바닷물은 상대적으로 시원하다. 반대로 밤이 되면 모래는 열이 식어서 차갑지만 바닷물은 모래에 비해 덜 차갑다.

이것은 모래가 물보다 빨리 데워지고 빨리 식기 때문에 일어나는 현상이다.

질량이 같은 물체에 같은 열량을 가하더라도 물체의 종류에 따라 온도가 올라가는 정도는 달라진다. 예를 들어 온도와 질량이 같은 물과 철에 각각 같은 열량을 가하면 철의 온도가 더 많이 올라간다. 이는 물과 철의 비열이 다르기 때문이다. 물질 1kg의 온도를 1℃ 올리는 데 필요한 열량을 비열이라고 하고, 단위는 kcal/(kg℃)를 사용한다.

물의 비열은 1kcal/(kg℃)이고, 철의 비열은 0.1kcal/(kg℃)이다. 따라서 같은 양의 열을 가할 때 물의 온도가 5℃만큼 올라가면 철의 온도는 50℃만큼 올라간다. 이처럼 비열이 작은 물체는 쉽게 데워지고 쉽게 식는다.

🔵 같은 양의 열을 가할 때 물의 온도가 1℃만큼 올라가면 기름의 온도는 2℃만큼 올라간다. 그 까닭은 물의 비열은 1kcal/(kg℃)이고, 기름의 비열은 0.5kcal/(kg℃)이기 때문이다.

탐구 실험

물의 비열이 철의 비열보다 10배 더 큰 까닭

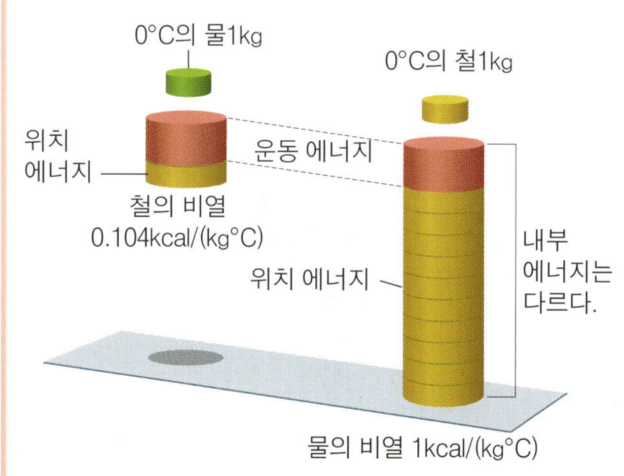

같은 양의 물과 철의 온도를 둘 다 1℃만큼 올릴 때, 운동 에너지가 증가하는 정도는 같다. 온도는 분자들의 운동 에너지를 나타내기 때문이다.

그러나 물의 경우, 이 온도를 얻기 위해 내부 에너지의 일부인 위치 에너지에 더 많은 에너지를 공급해 주어야 한다. 따라서 물의 온도를 올리기 위해서는 더 많은 에너지가 필요하다.

이것이 물이 철보다 비열이 큰 까닭이다.

열용량 Heat Capacity

🔺 물 5g의 열용량은 밑면적이 5cm²의 비커 1개만큼에 해당한다. 즉 1cm²의 5배라고 할 수 있다.

🔺 기름 20g의 열용량은 밑면적이 10cm²인 비커 1개만큼에 해당한다. 즉, 0.5cm²의 20배라고 할 수 있다.

우리 주변에 있는 물체나 물질이 열을 받았을 때 온도가 올라가는 정도를 나타내는 척도로 비열 이외에 열용량을 쓰기도 하는데, 열용량은 전체 물질의 온도를 1℃ 높이는 데 필요한 열량을 일컫는다.

🔺 철의 열용량은 철의 온도를 1℃ 높이는 데 필요한 열량이다. 그러므로 철의 비열과 철의 질량을 알면 열용량을 구할 수 있다.

모래와 물의 비열

여름철 한낮에 해수욕장에 가면 모래는 뜨겁지만 물은 시원하다는 것을 알고 있을 것이다. 틀림없이 모래와 물이 태양에서 오는 같은 양의 열량을 받았을 텐데 왜 온도가 다를까? 그것은 모래와 물이 같은 온도만큼 올라가는 데 필요한 열량이 다르기 때문이다. 즉, 모래의 온도가 1℃ 올라가는 데 필요한 열량이 물보다 적게 든다.

같은 양의 물질의 온도를 1℃ 높이는 데 필요한 열량은 물질마다 다르다. 물질 1g의 온도를 1℃ 올리는 데 필요한 열량은 앞에서 배웠듯이 물질의 비열이라고 한다.

모래의 주성분인 유리의 경우 비열이 0.2이므로 유리의 온도를 1℃ 높이는 데 필요한 열량이 0.2kcal이고, 비열이 1.0인 물의 온도를 1℃ 높이는 데 필요한 열량이 1kcal인 것이다. 즉, 비열이 큰 물질일수록 물질의 온도를 1℃ 높이는 데 더 많은 열량을 필요로 한다는 것을 알 수 있다.

바꾸어 말하면 같은 열량을 주어도 비열이 작은 물질일수록 온도가 더 많이 올라간다는 것을 알 수 있다.

🚀 더 나아가기

여러 가지 물질의 비열

비열은 물질의 종류마다 다르므로 그 물질의 고유한 특성이 된다.

[단위: kcal/(kg℃)]

상태	물질	비열
고체	얼음	0.49
	유리	0.2
	구리	0.09
	철	0.11
액체	물	1.00
	에탄올	0.55
	콩기름	0.56
기체	산소	0.22
	이산화 탄소	0.20
	공기	0.24

[여러 가지 물질의 비열]

소리 Sound

고체, 액체, 기체를 통해 전달되는 진동을 소리라고 한다. 소리는 통신, 의료, 산업에 활용될 수 있다. 그러나 원치 않는 소리, 즉 소음은 건강과 개인의 행복에 큰 지장을 준다.

음량과 음높이

소리를 '음파'라고 하기도 하는데, '음(音)'은 소리라는 뜻이고 '파(波)'는 물결이라는 뜻이다. 여기서 '파'라는 말이 소리의 성질을 알려 준다. 음파, 전자기파 또는 전파, 지진파, 물결파, 초음파처럼 '파'로 끝나면 모두 파동이라는 공통된 성질이 있다. 비록 '파'라는 말이 붙지는 않지만 방사선, 빛도 파동의 성질이 있다.

소리의 특성인 음량과 음높이는 음파의 물리적 특성과 관련이 있다. 일반적으로, 음파의 진폭이 클수록 소리가 크다. 그리고 음파의 진동수가 높을수록 음높이가 높다. 진동수는 1초 동안에 진동하는 횟수를 나타내며, 단위로는 Hz(헤르츠)를 사용한다.

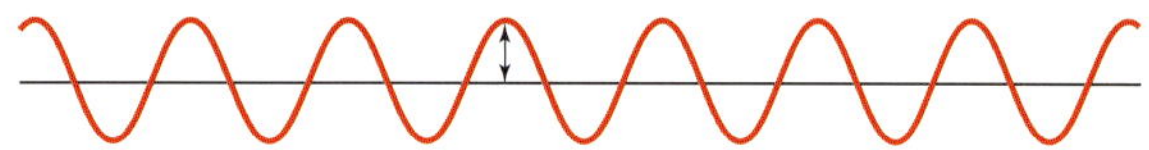

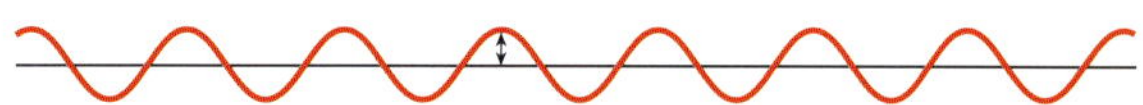

🔺 **음량**

이 음파들은 진동수는 동일하지만 서로 다른 진폭을 가지고 있다. 진폭이 큰 음파는 공기 압력에 더 큰 변화를 주어 큰 소리가 난다.

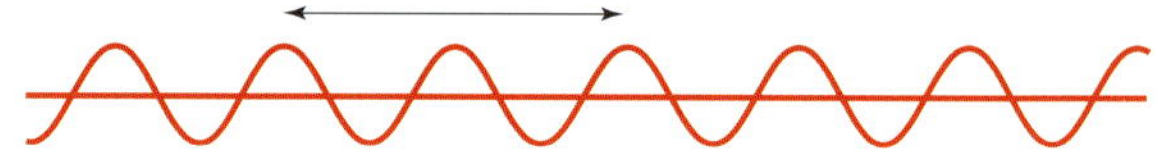

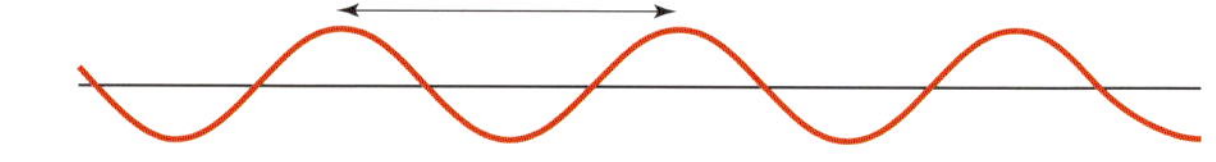

🔺 **음높이**

이 음파들은 진폭은 동일하지만 서로 다른 진동수를 가지고 있다. 진동수가 많은 음파는 더 빠른 진동을 만들어 높은 소리가 난다.

소리의 범위

큰 소리와 작은 소리는 소리가 진동하는 폭(진폭)과 관계가 있고, 높은 소리와 낮은 소리는 소리가 진동하는 횟수(진동수)와 관계가 있다.

진폭이 클수록 큰 소리가 나고, 진동수가 많을수록 높은 소리가 난다. 그럼 우리가 들을 수 없는 소리도 있을까?

우리가 들을 수 있는 소리는 1초에 16번 진동(16 Hz)하는 것에서부터 1초에 20,000번 진동(20,000 Hz=20 kHz)하는 것까지이다. 진동하는 횟수가 16 Hz보다 적거나 20 kHz보다 많으면 소리를 들을 수 없다. 그래서 우리가 들을 수 있는 소리의 진동수 범위인 16 Hz~20 kHz를 가청 진동수라고 하고, 진동수가 20 kHz보다 커서 들을 수 없는 소리를 초음파라고 한다.

🔺 박쥐의 가청 진동수는 1,000 Hz~120 kHz로, 눈이 어두운 대신 초음파를 들을 수 있을 정도로 귀가 밝다.

소리의 전달

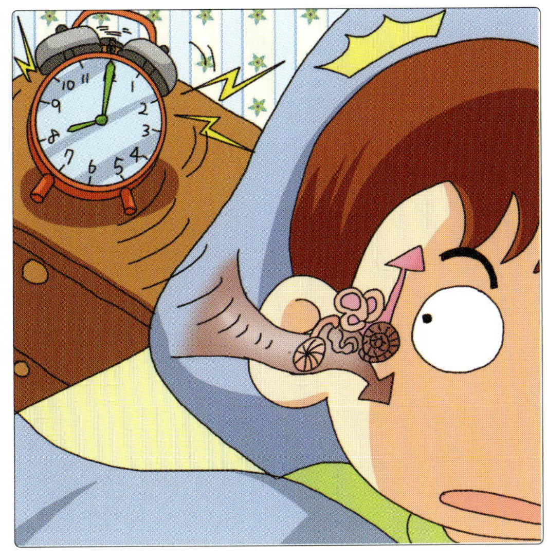

시계에서 알람 소리가 들린다. 이때 소리를 듣기 위해서는 시계와 귀 사이에 소리를 전달해 주는 물질이 필요하다. 이 경우에는 공기가 소리를 전달해 준다.

만약 공기가 없는 곳에서 종을 흔들면 종소리는 들리지 않는다. 소리를 듣기 위해서는 종의 진동을 공기가 전달하고 우리 귓속의 고막을 흔들어야 하며, 고막의 흔들림을 청신경이 뇌로 전달해 주어야 소리를 듣고 구별할 수 있는 것이다.

물속에서 여러 명의 수중 발레 선수들이 동시에 똑같은 동작을 하는 것을 본 적이 있을 것이다. 이것은 공기뿐만 아니라 물과 같은 액체도 소리를 전달하기 때문이다.

마찬가지로 철과 같은 고체도 소리를 잘 전달한다. 철봉의 한쪽에서 귀를 대고 다른 쪽에서 손으로 두드려 보면 소리가 잘 들리는 것을 알 수 있다.

소리가 전달되는 속도는 고체가 가장 빠르고, 그다음이 액체, 기체가 가장 느리다.

이처럼 소리가 전달되기 위해서는 공기, 물, 철과 같이 소리를 전달해 주는 물질이 필요한데, 이것을 매질이라고 한다.

소리의 단위

소리의 상대적인 크기, 즉 소리의 세기를 나타내는 단위는 데시벨(dB)이다. 정상적인 귀로 들을 수 있는 가장 작은 소리를 0 dB로 정하고, 소리의 세기가 10배씩 세질 때마다 10 dB씩 올려 부르기로 약속했다. 그래서 10 dB은 0 dB보다 10배 큰 소리이다. 20 dB은 10 dB보다 10배 큰 소리이므로 0 dB보다는 100배 큰 소리이다.

속삭이는 소리	30 dB
도서관	40 dB
수업 중인 교실	50 dB
혼잡한 도로	70 dB
비행기 엔진 소리	120 dB

실생활

소리의 이용

다양한 세척기 음파로 매초마다 수만 개 이상의 기포를 발생시켜 미세한 틈까지 세척한다. 진동 칫솔과 초음파 세척기 등이 있다.

지뢰탐지기 직접 닿으면 위험한 물체를 탐지할 때 음파를 사용한다. 음파를 보낸 후 반사되어 돌아오는 음파를 수신하여 물체에 대한 정보를 얻는다.

의료용품 몸에 이상이 있는지 알아보는 데에도 초음파를 사용한다. 초음파를 특정 부위에 쏘아서 반사된 모습을 사진으로 찍어서 이상이 있는지 확인할 수 있다. 엄마의 배 속에 있는 태아의 진단에 쓰이고, 소리가 잘 들리지 않는 사람들을 위한 보청기에 이용된다. 보청기는 소형 마이크 등을 이용하여 소리를 모으거나 증폭시켜 소리를 잘 들리게 하는 역할을 한다.

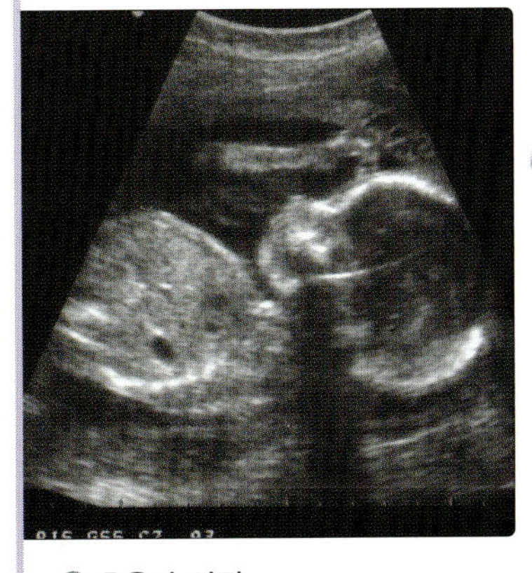

▲ 초음파 사진

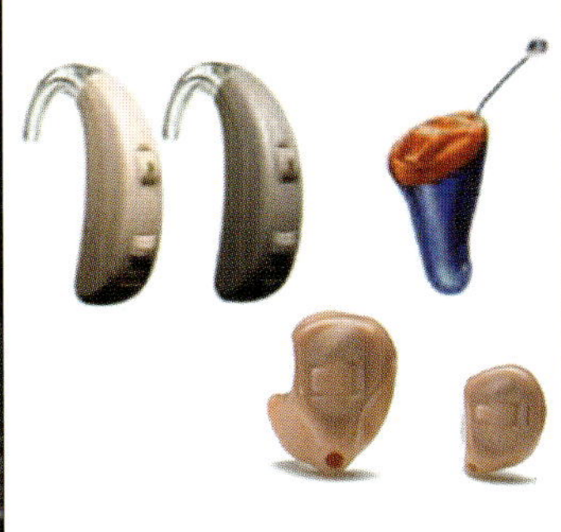

▲ 보청기

에너지 Energy

모든 활동은 그것이 일어나기 위해서 에너지를 필요로 한다. 우리는 뛰고 소리치고 생각하기 위해 에너지가 필요하고, 기계도 일을 하려면 에너지가 필요하다.

태양으로부터의 에너지

태양으로부터의 에너지는 모든 생명체를 이 땅에 살 수 있게 해 준다. 식물이 자랄 때 식물은 태양의 에너지를 식물체에 저장한다. 우리는 식물을 먹는다. 그리고 식물을 먹고 사는 동물을 먹기도 한다. 그러므로 우리가 먹는 모든 음식 안에 있는 에너지는 전부 태양으로부터 나온다.

에너지의 전환

에너지는 한 형태에서 다른 형태로 전환될 수 있다. 텔레비전은 콘센트로부터 전기 에너지를 얻는다. 텔레비전은 내가 보고 싶어 하는 프로그램을 스크린에 나타내기 위해 전기 에너지를 빛에너지와 소리 에너지로 전환시킨다.

줄 (Joule, James Prescott: 1818~1889)

영국의 물리학자이다. 열역학 제1법칙(에너지 보존 법칙), 전류의 발열 작용에 관한 법칙(줄 법칙)을 발견하였다. 또한 오늘날 열의 일당량이라고 하는 비례 상수를 실제로 측정하였으며, 톰슨과의 공동 연구로 '줄·톰슨 효과' 등의 업적을 남겼다.
에너지의 단위인 J(줄, joule)은 그의 이름을 따서 지어졌다.

◐ 연료는 많은 에너지를 저장하고 있다. 경주용 자동차 연료 속의 에너지는 자동차가 달리는 동안 운동 에너지로 전환된다.

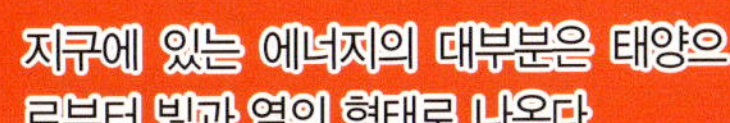

지구에 있는 에너지의 대부분은 태양으로부터 빛과 열의 형태로 나온다.

식물은 태양의 빛을 에너지로 광합성을 한다. 태양의 빛에너지를 화학 에너지로 전환시킨 후 식물 안에 저장한다.

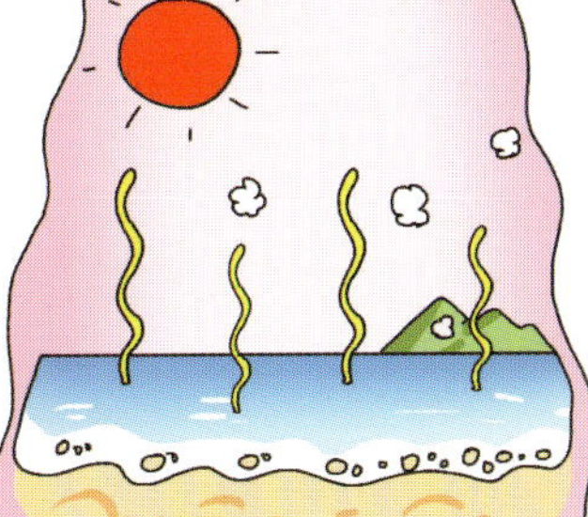

태양은 날씨를 변화시키는 에너지의 원천이다. 바람은 열에너지에 의해서 만들어진다. 또 열에너지는 물을 수증기로 만든다. 비를 머금은 구름은 이런 수증기로 이루어져 있다.

석유는 중요한 연료이다. 유전 굴착 장치는 석유를 얻기 위해 해저를 뚫는 장치이다.

대다수의 동물들은 식물이나 식물을 섭취하는 동물로부터 에너지를 얻어 살아간다.

풍력 발전기는 바람의 운동 에너지를 전기 에너지로 변환시킨다. 전기 에너지는 기계를 움직이게 하는 원동력이 된다.

석탄과 석유는 발전소에서 빛과 열 에너지를 내며 산소와 결합한다. 이때 석탄과 석유의 화학적 에너지가 전기 에너지로 바뀐다.

음식물 속에 들어 있는 화학 에너지는 사람과 동물들을 움직이게 한다. 몸은 화학 에너지를 운동 에너지로 전환한다.

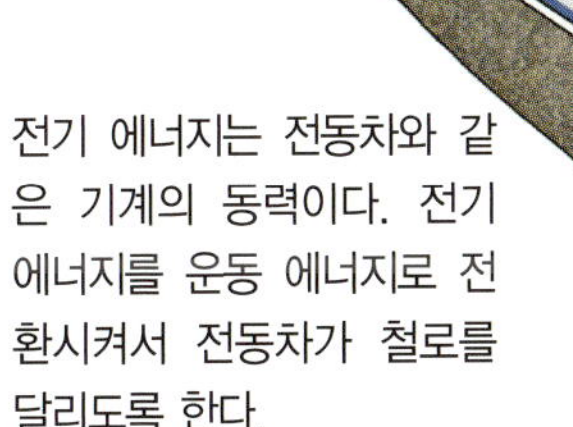

전기 에너지는 전동차와 같은 기계의 동력이다. 전기 에너지를 운동 에너지로 전환시켜서 전동차가 철로를 달리도록 한다.

에너지의 측정

에너지는 일을 할 수 있게 한다. 물리학에서 일(work)이란 어떤 물체가 움직이는 데 필요한 에너지의 양을 의미한다.
일은 물체에 주어진 힘과 물체가 이동한 거리를 곱하여 계산한다.

$$W = F \times S$$
일　힘　거리

물체에 주어진 힘이 1뉴턴(N)이고, 물체가 이동한 거리가 1미터(m)라고 할 때, 1뉴턴미터(N · m)의 일을 하게 된다. 1뉴턴미터는 1줄(J)이라고도 한다.

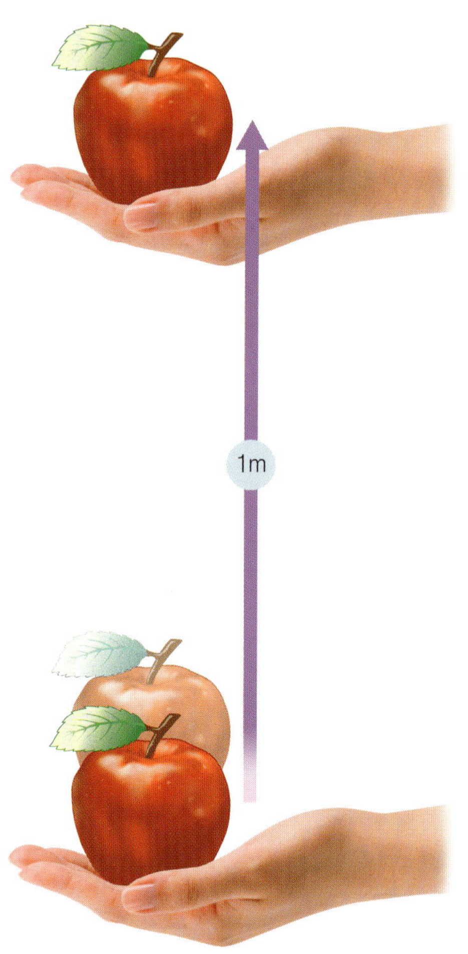

▲ 1J의 에너지
일의 단위로는 줄(J)을 사용한다. 1줄(J)은 1N의 힘이 작용하여 물체를 1m 이동할 때의 일의 양이다. 그러므로 1J=1N · m이다. 이것은 대체로 1개의 사과를 1m 들어 올리는 데 드는 일의 양과 같다.

에너지의 종류

수력 발전소의 터빈은 높은 곳에서 떨어져 내리는 물이 없으면 더 이상 돌아가지 않는다. 전동차나 가정의 전기 제품은 전기가 공급되지 않으면 아무 쓸모가 없게 된다. 바람이 불지 않으면 풍력 발전기는 움직이지 못한다. 식물이 햇빛을 받지 못하면 광합성을 하지 못한다. 이와 같이 높은 곳에 있는 물, 전기, 바람, 빛이나 열, 소리 등은 일을 할 수 있는 능력을 가지고 있는데, 이러한 능력을 에너지라고 한다.
에너지는 운동 에너지, 열에너지, 전기 에너지, 화학 에너지, 복사 에너지, 핵에너지, 소리 에너지, 위치 에너지, 빛에너지 등 여러 가지 형태로 분류할 수 있다.

◀ 운동 에너지
이것은 움직임 형태의 에너지이다. 한 물체가 속력을 낼 때, 이 물체는 더 많은 운동 에너지를 가진다.

◀ 열에너지
스위치를 켠 헤어드라이어에서 불어나오는 공기는 뜨겁다. 왜냐하면 전기 에너지가 열에너지로 전환되었기 때문이다.

◀ 전기 에너지
전기 에너지는 모든 종류의 전기 제품에 공급되는 전류에 의해서 운반된다.

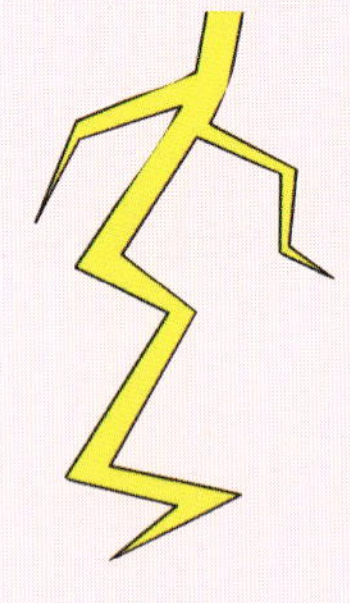

◀ 화학 에너지
이것은 연료가 탈 때와 같은 화학 반응이 발생할 때 일어나는 에너지의 형태이다.

◀ 복사 에너지
빛이나 다른 종류의 전자기 방사선으로부터 운반되는 형태의 에너지이다.

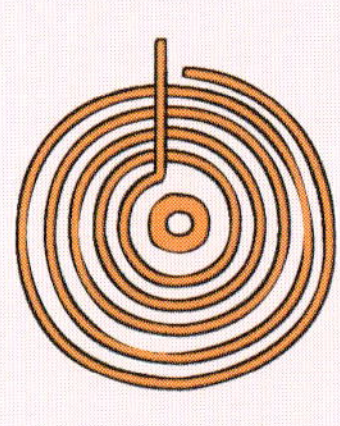

◀ 핵에너지
원자들이 쪼개지거나 모일 때 방출되는 에너지의 형태이다.

◀ 소리 에너지
공기와 같은 매질의 진동이 있을 때 소리가 가진 에너지이다.

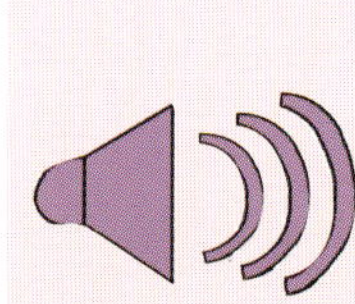

◀ 위치 에너지
높은 곳에 위치했던 물체가 아래로 떨어질 때까지 일을 할 수 있는 능력을 말한다.

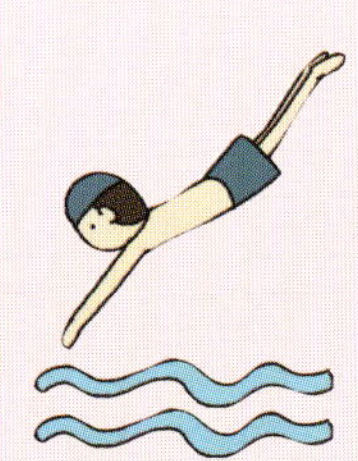

자전거를 타고 언덕을 올라갈 때, 사람의 운동 에너지는 위치 에너지로 전환된다. 반대로 언덕을 내려갈 때는 위치 에너지가 운동 에너지로 전환되므로 페달을 밟지 않고도 갈 수 있다.

에너지의 보존
열역학에서 에너지는 새로 창조되거나 파괴되지 않지만 한 물체에서 다른 물체로 전달되거나 다른 형태로 전환된다고 정의하고 있다.

사람의 근육 안의 화학 에너지는 다리를 움직이게 한다. 사람의 에너지 중 일부는 열에너지로 전환되어 체온을 높인다.

운동 에너지는 페달과 뒷바퀴까지의 체인을 경유하여 전달된다. 바퀴의 일부 운동 에너지는 바퀴가 땅 위를 문지르면서 가열되어 열에너지로 전환된다.

에너지 주기
사람은 페달을 밟아서 자전거를 움직이게 한다. 그 자전거가 빠르게 달릴수록 더 많은 운동 에너지를 얻게 된다. 이는 다리를 움직이게 하는 사람의 근육에서 나오는 화학 에너지 때문에 가능하다. 어떤 부분에서 사람은 자전거를 멈추기 위해서 근육에서 같은 양의 화학 에너지를 사용할 수 있다.

실생활

영구 기관과 영구 운동

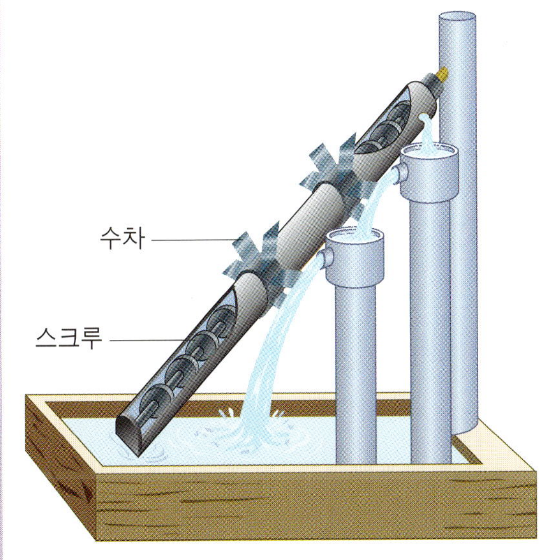

영구 기관은 한번 작동하기 시작하면 외부에서 연료를 공급하지 않는 상태로, 힘을 가하여 정지시키지 않는 한 영원히 계속 운동하는 기관을 말한다.

1664년 독일인 울리히(Ulrich von Cranach)에 의해 디자인되었던 영구 기관은 기계의 마찰로 인해 속력이 줄어드는 것을 막을 수 없었다. 왼쪽은 물이 떨어지면서 수차를 회전시키면 스크루가 회전하면서 물을 위로 다시 끌어 올리고, 이 물이 다시 떨어지면서 수차를 계속 회전시키는 원리이다. 하지만 물이 아래로 떨어지면서 일부는 수차를 돌리는 일을 하기 때문에 떨어진 물을 모두 원래 높이까지 끌어 올릴 수는 없다.

불행하게도 현재까지 모든 영구 기관들은 점차적으로 에너지를 잃게 되므로 영구 운동이 불가능했다.

에너지 전환 Conservation of Energy

에너지는 한 종류의 에너지로 고정되어 있는 것이 아니라 다른 종류의 에너지로 바뀌기도 한다. 이러한 현상을 에너지 전환이라고 한다.

에너지 전환 Conservation of Energy

자연에 존재하는 여러 가지 형태의 에너지가 한 가지 형태로 머물러 있지 않고 끊임없이 다른 형태의 에너지로 변하는 것을 에너지 전환이라고 한다.

전기 주전자에서 물이 끓는 것은 전기 에너지가 열에너지로 전환되었기 때문이고, 쇠구슬이 소고에 떨어져 소리가 나는 것은 쇠구슬이 떨어지는 동안에 위치 에너지가 운동 에너지로, 소고에 부딪치는 순간에는 운동 에너지가 소리 에너지로 전환되었기 때문이다.

에너지가 한 번만 전환되는 경우도 있고, 여러 단계를 거치면서 전환되기도 한다. 우리 주변에서 에너지가 전환되는 예들을 찾아보자.

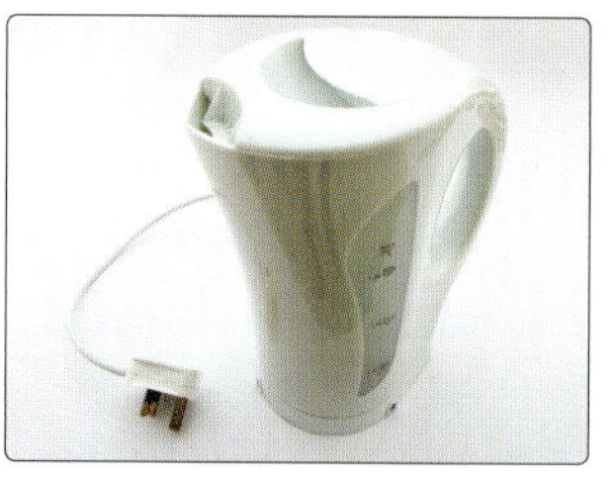

🔺 전기 주전자에서는 전기 에너지가 열에너지로 전환한다.

🔺 믹서에서는 전기 에너지가 운동 에너지로 전환한다.

🔺 텔레비전에서는 전기 에너지가 빛에너지와 소리 에너지로 동시에 전환한다.

🔺 풍력 발전소에서는 바람의 운동 에너지가 전기 에너지로 전환한다.

🔺 식물은 광합성을 하여 스스로 양분을 만드는데, 이때 태양 에너지가 화학 에너지로 전환한다.

🔺 형광등은 전기 에너지를 빛에너지로 전환시켜 방을 밝혀 준다.

🔺 수력 발전소에서는 댐에 저장된 물이 떨어지면서 위치 에너지가 운동 에너지로 바뀌고, 이 운동 에너지를 전환시켜 전기 에너지를 얻는다.

🔺 롤러코스터는 처음에 전기 에너지를 이용해서 높은 곳까지 올라간다. 이 과정에서 전기 에너지는 위치 에너지로 전환한다.

🔺 태양 전지는 태양의 빛에너지를 전기 에너지로 전환시킨다.

🔺 청소기는 전기 에너지를 운동 에너지로 전환시켜서 먼지 등을 빨아들인다.

🔺 제일 높은 곳까지 올라갔던 롤러코스터는 아래로 내려가면서 속력이 빨라진다. 이때 위치 에너지가 운동 에너지로 전환한다.

🔺 빠른 속력으로 아래로 내려갔던 롤러코스터는 위로 올라가면서 속력이 느려진다. 이때 운동 에너지가 위치 에너지로 전환한다.

에너지 저장 Energy Storage

전기 에너지는 전지나 충전지에 저장하여 사용할 수 있다. 대부분의 전지는 한 번 쓰면 다시 쓸 수 없지만, 충전지는 충전해서 계속 사용할 수 있으므로 편리하다.

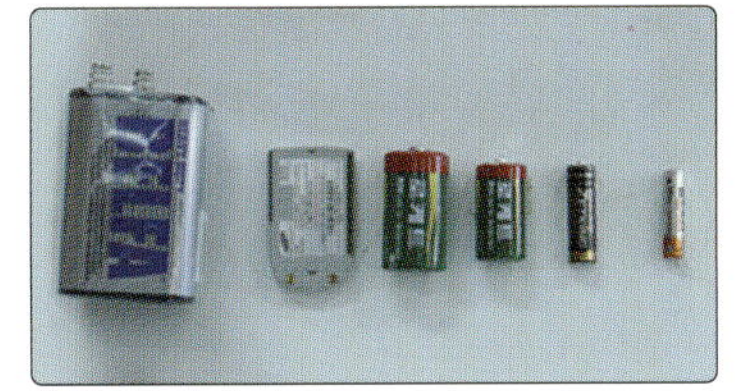

△ 전지
전지 에너지를 저장한다.

고무 동력기는 감아 둔 고무줄이 풀리면서 날아가는 장난감이다. 아주 짧은 시간이기는 하지만 고무줄에 탄성 에너지를 저장했다가 사용하는 것이다. 이 밖에도 탄성 에너지를 저장하는 것에는 시계나 장난감에 감긴 태엽이 있다. 그리고 열에너지를 저장하는 것에는 보온병이 있다.

△ 태엽
탄성 에너지를 저장한다.

△ 보온병
열에너지를 저장한다.

에너지를 절약해야 하는 까닭

전기 에너지를 만들 수 있는 에너지 지원을 모두 사용해 버리면 우리 생활에 필요한 전기 제품을 사용할 수 없고, 밤에 형광등을 켤 수 없어서 생활이 불편해진다.

가스나 석유와 같은 에너지 자원을 모두 사용해 버리면 자동차로 이동할 수 없어 먼 거리도 걸어다녀야 한다.

에너지 절약 실천하기

3층 이하의 높이는 엘리베이터를 이용하지 않고 걸어 다닌다.

사용하지 않는 빈방의 전등은 끈다.

혼자서 이동할 때는 자동차보다는 대중교통을 이용한다.

가스레인지의 불꽃의 크기는 그릇의 바닥 크기에 맞추어 사용한다.

쓰지 않는 전기 기구의 플러그는 뽑아 둔다.

역학적 에너지 Mechanical Energy

물체의 운동 상태에 따라 결정되는 운동 에너지와 물체의 위치에 따라 정해지는 위치 에너지의 합으로, 기계적 에너지라고도 한다.

역학적 에너지 = 운동 에너지 + 위치 에너지

공사 현장에서 땅에 말뚝을 박을 때 일어나는 에너지 전환에 대해 알아보기로 하자. 땅에 말뚝을 박으려면 먼저 무거운 망치를 높은 곳까지 들어 올려야 한다. 그런 다음 망치를 떨어뜨리면서 아래에 있는 말뚝 머리에 충돌시켜 말뚝을 땅속으로 밀어 넣는다. 높은 곳에 있는 물체는 중력의 작용으로 떨어지는데, 시간이 지남에 따라 속도가 빨라져 점점 빠르게 떨어진다. 높은 곳에서 떨어지는 물체가 다른 물체와 충돌하면 힘을 가하면서 물체를 이동시키므로 일을 할 수 있다. 따라서 높은 곳에 있는 물체는 일을 할 수 있는 능력을 갖고 있다. 이와 같이 높은 곳에 있는 물체가 가지는 에너지를 중력에 의한 위치 에너지라고 한다.

또 달리는 자동차와 같이 운동하고 있는 물체도 다른 물체와 부딪히면 부딪힌 물체에 힘을 가하면서 물체를 이동시키는 일을 한다. 따라서 운동하고 있는 물체는 에너지를 가지는데, 이것을 운동 에너지라고 한다.

높은 곳에 있는 물체가 떨어지면 중력에 의한 위치 에너지가 감소하면서 점점 더 빨라지므로 운동 에너지가 증가한다. 이와 같이 중력에 의한 위치 에너지와 운동 에너지는 서로 쉽게 전환한다. 따라서 두 에너지를 합쳐 역학적 에너지라고 한다.

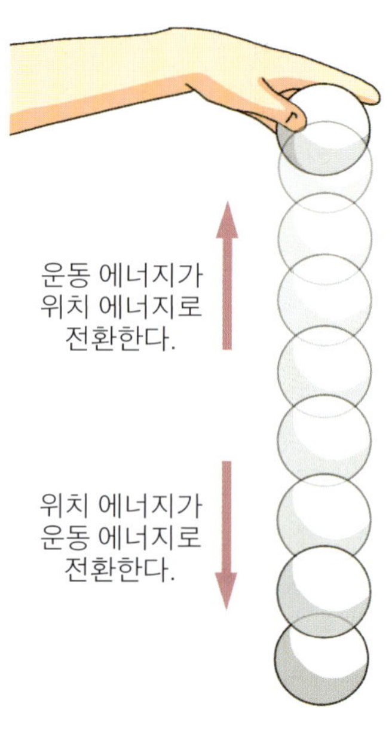

🔺 **공에서의 에너지 전환**
사람의 화학 에너지를 이용하여 공을 들어 올리면 사람이 한 일은 중력에 의한 위치 에너지로 저장된다. 공을 놓으면 중력에 의한 위치 에너지가 운동 에너지로 전환한다.

🔺 **말뚝박기**
사람의 근육이 가진 화학 에너지를 이용하여 망치를 들어 올린 다음에 놓으면, 중력에 의해 망치가 떨어지면서 말뚝을 박는 일을 한다.

왼쪽 그림과 같이 망치가 땅에 있는 말뚝에 충돌하면 망치는 말뚝을 땅속으로 밀어 넣는다. 이 때 말뚝은 어느 정도 깊이까지 박히면 멈춘다. 말뚝과 땅 사이에 마찰력이 작용하고 있기 때문이다.

이 과정을 이해하려면 다음과 같은 에너지 개념이 필요하다.

망치가 높은 곳에 있을 때 가진 중력에 의한 위치 에너지는 아래로 떨어지면서 운동 에너지로 바뀌고, 말뚝에 충돌하면 운동 에너지가 열에너지로 변한다. 이 망치로 새로운 일을 하기 위해서는 망치를 높은 곳으로 다시 들어 올려야 하고, 높은 곳까지 들어 올리기 위해서는 우리 몸의 근육이 가진 화학 에너지를 사용하여 일을 해야 한다. 만약 기계를 사용한다면 연료가 가진 화학 에너지를 망치의 중력에 의한 위치 에너지로 바꾸어야 한다. 그러므로 에너지는 우리 생활에 꼭 필요할 뿐만 아니라 과학에서도 중요한 개념이다.

역학적 에너지는 열에너지로 전환한다

스카이다이빙에는 2가지 힘이 작용하는데, 중력과 공기 저항이 그것이다. 스카이다이버가 처음 떨어질 때에는 중력 가속도가 공기 저항보다 더 커서 떨어지는 속도가 점점 증가하지만 몇 초 후에는 낙하 속도가 일정해진다. 속도가 빨라질수록 공기의 저항이 커지기 때문이다.

어느 순간, 중력 가속도와 그 반대 방향으로 작용하는 공기의 저항이 균형을 이루어 가속도는 0이 된다. 가속도가 0이라는 것은 속력이 일정하다는 뜻이다. 이때의 일정한 속력을 종단 속도라고 한다. 종단 속도는 스카이다이버의 신체가 향하는 방향과 팔과 다리의 자세에 따라 달라진다.

보통 스카이다이버가 팔과 다리를 쭉 편 자세로 낙하할 때의 종단 속도는 시속 약 200km이다. 이 정도의 속력으로 땅에 낙하한다면 바로 사망이다. 그래서 스카이다이버는 마지막에 낙하산을 펼쳐 공기의 저항을 크게 하여 속도를 감소시킨 다음 안전하게 착지한다.

낙하산을 펴면 일단 공기의 저항이 갑자기 커지므로 처음에는 속력이 줄어들지만 결국 이때에도 등속 운동을 하게 된다. 바람이 불지 않을 때 떨어지는 빗방울이나 눈의 속력도 공기의 저항 때문에 거의 일정한 속력을 가진다.

스카이다이버나 빗방울처럼 일정한 속력으로 낙하할 때, 중력에 의한 위치 에너지는 감소하지만 속력은 일정하다. 따라서 운동 에너지는 증가하지 않고 일정하다. 그러면 감소한 위치 에너지는 어디로 간 것일까? 감소한 위치 에너지는 공기의 저항에 의해 열에너지로 전환한다.

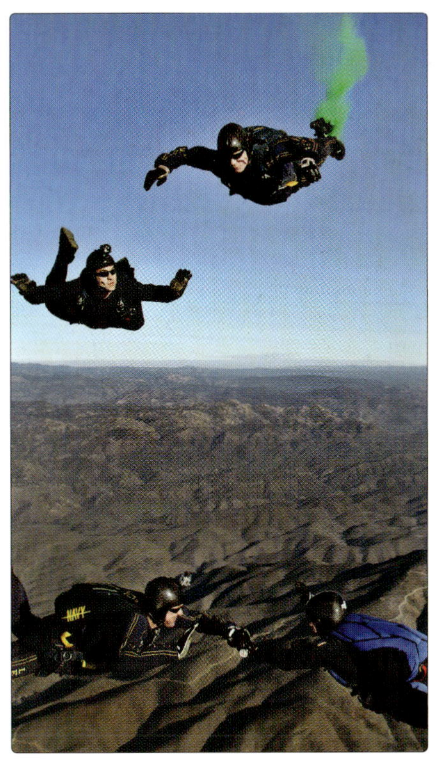

🔺 **스카이다이버**

종단 속도는 200km/h이다. 스카이다이버는 몸의 위치를 변화시켜 종단 속도를 조절한다. 다리나 머리로 떨어지면 공기의 저항을 덜 받으므로 최대 종단 속도를 얻을 수 있다. 팔과 다리를 쭉 펴면 최소 종단 속도를 얻을 수 있다.

🚀 더 나아가기

자연 현상 이해

에너지는 위치 에너지, 운동 에너지, 전기 에너지, 열에너지, 화학 에너지 등 여러 가지 다른 형태로 존재할 수 있을 뿐만 아니라, 열, 일과 같이 한 물체에서 다른 물체로 이동하는 과정에서 존재하는 에너지도 있다. 또한 여러 방법을 통해 한 형태에서 다른 형태로 전환될 수 있는데, 이와 같은 에너지의 흐름과 전환 과정을 살펴보면 자연에서 일어나는 대부분의 현상을 이해할 수 있다.

🔻 태양의 빛에너지를 받아 토끼풀은 양분을 만들고, 토끼는 토끼풀을 먹고 자라며, 죽어서 땅속에 묻혀 수백만 년 후 석유가 되면 자동차의 연료가 되어 자동차를 움직이게 한다.

열과 온도 Heat and Temperature / 熱과 溫度

열은 물체의 온도를 높이거나 상태를 변화시키는 에너지를 말한다. 온도는 어떤 물체의 차고 뜨거운 정도를 수치로 나타낸 것이다. 일상생활에서는 열과 온도를 혼동하여 쓰는 경우가 많다.

열 Heat

차고 따뜻한 정도가 온도라면, 열은 에너지의 한 종류라고 할 수 있다. 핫팩을 손에 들고 있으면 핫팩에서 손으로 열에너지가 이동한다. 차가운 음료수를 손에 들고 있으면 손에서 음료수로 열이 이동한다. 이처럼 열은 한 곳에 머물러 있는 것이 아니라, 뜨거운 곳에서 차가운 곳으로 이동하면서 온도를 변화시킨다.

🔺 열이란 온도가 높은 곳에서 낮은 곳으로 이동하는 에너지를 말한다.

온도 Temperature

우리 몸의 감각 기관에서는 차고 따뜻한 것을 느낀다. 하지만 이 감각 기관은 정확하지 않을 때가 많다. 예를 들어 찬물과 따뜻한 물에 각 한 손을 넣었다가 미지근한 물에 양손을 동시에 담그면, 같은 물인데도 찬물에 넣었던 손은 뜨겁게 느껴지고, 따뜻한 물에 넣었던 손은 차게 느껴진다.

그러므로 물체의 온도를 정확하게 재려면 온도계가 필요하다. 흔히 보는 온도계에는 가느다란 유리관에 빨간색으로 물들인 알코올이 들어 있다. 이 알코올은 다른 물질들처럼 온도가 올라가면 부피가 늘어나고 온도가 내려가면 부피가 줄어든다. 그래서 온도가 올라가면 온도계의 눈금이 올라가고, 온도가 내려가면 온도계의 눈금이 내려가게 되는 것이다.

🔺 온도는 물체의 차고 따뜻한 정도를 수량으로 나타낸 것이다.

열과 온도는 어떻게 다를까?

뉴스에서 "오늘의 최저 기온은 15℃이고, 최고 기온은 23℃가 되겠습니다."라고 하거나 의사 선생님이 "우리 몸의 정상 체온은 36.5℃인데, 환자분께서는 38.1℃입니다."라고 말하는 것을 들은 적이 있을 것이다. 온도가 몇 ℃라고 하면 우리는 어느 정도로 뜨거운지 혹은 차가운지 짐작할 수 있다. 온도는 이와 같이 물질의 뜨겁고 차가운 정도를 나타낸 것인데, 온도계로 측정하여 숫자로 나타낸다. 그럼 열과 어떻게 다를까?

20℃의 물이 든 수조에 80℃의 물이 든 비커를 넣고, 일정한 시간이 지나면 어떻게 될까? 시간이 지날수록 비커 속 물의 온도가 낮아지고, 수조 속 물의 온도가 높아져 결국 온도가 같아진다. 그럼 왜 비커 속 물의 온도는 낮아지고, 수조 속 물의 온도는 높아지는 것일까? 그것은 비커 안의 물에서 무엇인가 수조 속으로 이동했기 때문인데, 이것을 열이라고 한다.

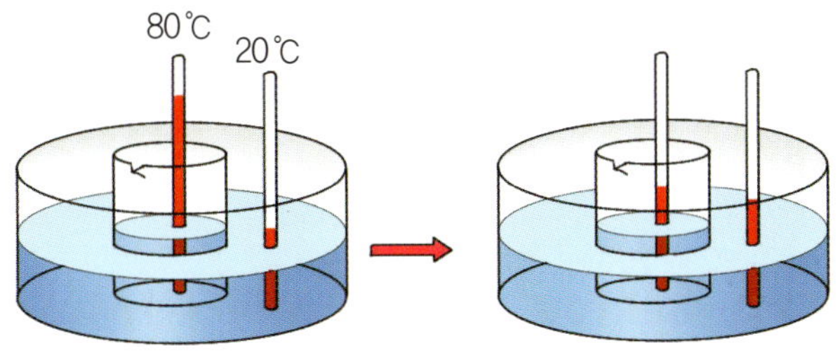

🔺 따뜻한 곳에서 차가운 곳으로 열이 이동했기 때문에 온도가 같아진다.

온도가 20℃인 물질과 80℃인 물질을 접촉시켰을 때 옮겨간 것이 온도라고 한다면 항상 온도가 $\frac{80-20}{2}=30$℃만큼 변해야 한다. 그러므로 온도가 20℃인 물질은 나중 온도가 50℃로, 80℃인 물질도 나중 온도가 50℃로 되어야 한다. 그런데 물질의 양이나 물질의 종류에 따라 나중 온도는 그때그때 다르다. 그러므로 이동한 것을 온도라고 할 수 없다. 그래서 온도 아닌 다른 것을 생각하게 되었고 그것을 열이라고 한 것이다.

정리하면, 온도는 물질의 뜨겁고 차가운 정도를 나타내는 것이고, 열은 온도를 올려 주는 원인(에너지)이 되는 것이다.

그릇에 물을 붓는다고 생각해 보자. 그릇에 물이 들어갈수록 그릇에 담긴 물의 높이가 높아진다. 이때 우리가 쉽게 잴 수 있는 그릇 속 물의 높이를 온도에 비유할 수 있고, 물의 높이를 올리는 원인인 물을 열로 비유할 수 있다. 열의 많고 적음은 열의 양, 즉 열량으로 표시하는데, 킬로칼로리(kcal)를 단위로 사용한다.

열의 양

물체가 열을 얻으면 온도가 높아지고 열을 잃으면 온도가 낮아진다. 또 물체가 열을 얻으면 고체는 액체로, 액체는 기체로 상태 변화하고, 열을 잃으면 기체는 액체로, 액체는 고체로 상태 변화한다. 그러므로 열은 물체의 온도를 변화시키거나 상태를 변화시키는 에너지의 한 종류이다. 열에너지는 온도가 높은 곳에서 온도가 낮은 곳으로 이동하며, 두 곳의 온도가 같아져 열평형 상태를 이루면 더 이상 이동하지 않는다.

그러면 열의 양이 의미하는 것은 무엇일지 생각해 보자. 온도를 변화시킬 수 있는 에너지가 많다는 것은 열의 양이 많다는 것을 말한다. 그 예로 온도가 100℃인 작은 주전자 속에 들어 있는 물과 온도가 50℃인 넓은 욕조 속에 들어 있는 물을 비교해 보자. 작은 주전자에 들어 있는 물이 온도는 높지만, 열의 양을 따져보면 넓은 욕조에 들어 있는 물이 더 많다. 왜냐하면 주전자 속에 들어 있는 물의 양과 비교하여 욕조 안에 들어 있는 물의 양이 더 많기 때문이다. 따라서 욕조 안에 있는 열의 양이 같은 물질의 온도를 더 많이 변화시킨다.

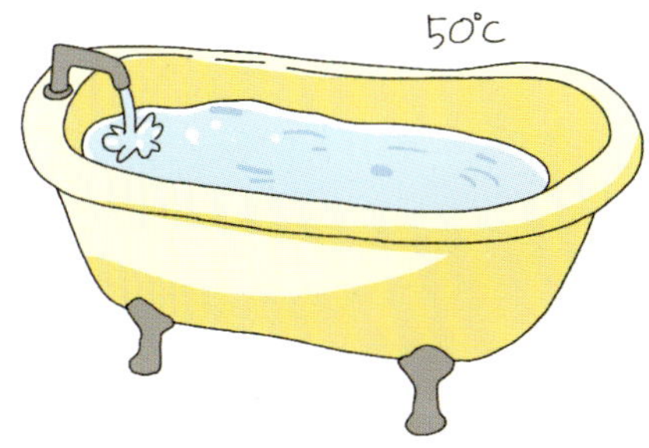

🔺 온도는 주전자 속의 물이 높지만, 열의 양은 욕조 안에 든 물이 더 많다.

열량

어떤 물체의 차고 뜨거운 정도를 수치로 나타낸 것이 온도이고 온도를 나타내는 단위에 섭씨(℃), 화씨(℉)가 있다면, 열의 양, 즉 열량을 나타내는 단위에는 킬로칼로리(kcal)가 있다. 1kcal의 열량은 다음과 같다.

$$1kcal = 물 1kg의 온도를 1℃ 올리는 데 필요한 열량$$

1kcal는 1000cal와 같다.

우리가 먹는 음식물의 겉포장에 적혀 있는 칼로리라는 말이 바로 그 음식을 섭취하였을 때 얻을 수 있는 열량을 뜻한다.

일반적으로 탄수화물 1g은 약 4kcal, 지방 1g은 약 9kcal, 단백질 1g은 약 4kcal의 열량을 낸다.

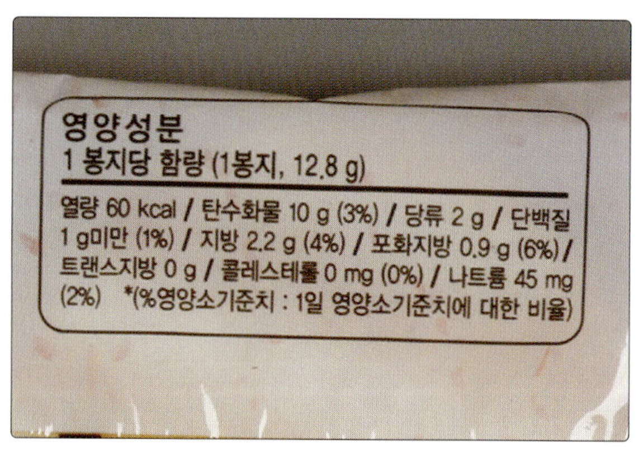

⬆ 위의 음식을 섭취하면 60 kcal의 열량을 얻을 수 있다고 표시되어 있다.

상태 변화

우리 주위의 물질은 고체, 액체, 기체의 세 가지 상태로 존재하는데, 물질은 온도나 압력에 따라 그 상태가 변하기도 한다.

즉, 고체가 녹아서 액체가 되거나 액체가 얼어서 고체가 되고, 액체가 증발하여 기체로 되거나 기체가 응결하여 액체로 되는 등의 변화가 일어난다.

고체 물질을 가열하면 액체 상태가 되고 계속 더 가열하면 기체 상태가 되는 것에서 알 수 있듯이, 물질은 상태에 따라 열에너지의 양이 다르다. 즉, 기체는 액체보다, 액체는 고체보다 많은 열에너지를 가지고 있다. 따라서 물질을 구성하는 입자들은 주위에서 열을 흡수하거나 주위에 열을 방출하면서 상태 변화를 한다. 그러나 물질의 상태가 변해도 각 상태의 물질을 구성하는 입자들 사이의 거리나 인력 등만 변하는 것일 뿐 물질의 입자 자체가 변하는 것은 아니기 때문에 그 성질은 변하지 않는다. 그렇기 때문에 가열이나 냉각에 의해 물질을 다시 원래의 상태로 되돌릴 수 있다.

예를 들어 액체 상태인 물의 온도를 낮추어 어는점(0℃)보다 낮아지면 고체 상태인 얼음이 되고, 온도를 높여 주어 끓는점(100℃)보다 높아지면 수증기와 같은 기체의 상태로 상태 변화를 한다. 이와 같은 얼음, 물, 수증기로 상태 변화를 해도 모두 산소와 수소 두 원소로 이루어진 같은 물질로서 고유한 성질은 그대로 지닌다.

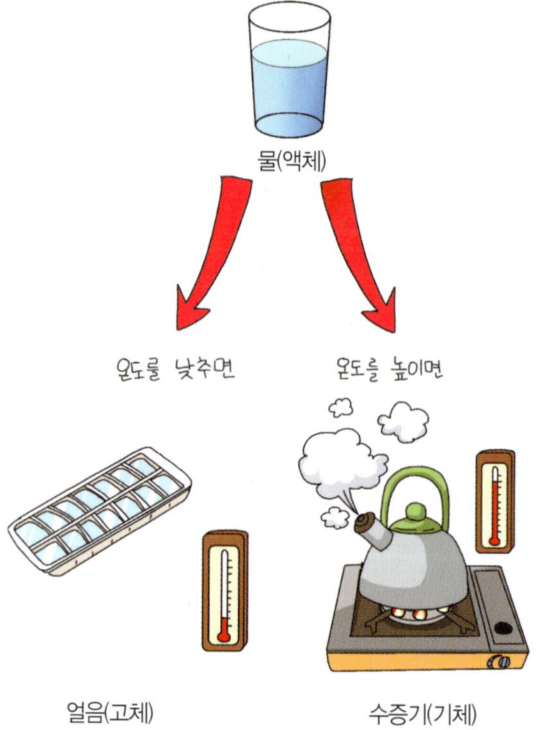

⬆ **물의 상태 변화**
물을 0℃ 이하로 얼리면 얼음(고체 상태)이 되고, 100℃ 이상으로 올리면 수증기(기체 상태)가 된다. 이때 얼음, 물, 수증기는 온도에 따라 상태만 변할 뿐 고유의 성질은 그대로 지니는 물리적 변화를 한다.

열평형 Thermal Equilibrium

서로 접촉해 있는 뜨거운 물체와 차가운 물체 사이의 열은 이동한다. 시간이 충분히 지나면 두 물체의 온도가 같아져 더 이상 뜨거워지지도 차가워지지도 않는 상태를 열평형이라고 한다. 예를 들어 열은 전도, 대류, 복사에 의해 이동하는데, 뜨거운 물체와 차가운 물체가 서로 접촉을 하게 되면, 열이 뜨거운 물체에서 차가운 물체로 이동하게 된다. 이렇게 하여 뜨거운 물체는 열을 잃고, 차가운 물체는 열을 얻는다. 두 물체의 온도가 같아지면, 더 이상 열의 이동이 일어나지 않고 일정한 온도가 유지되는데, 이것을 열평형이라고 한다.

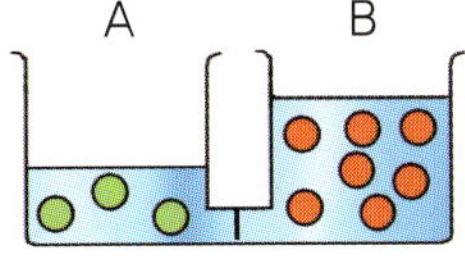

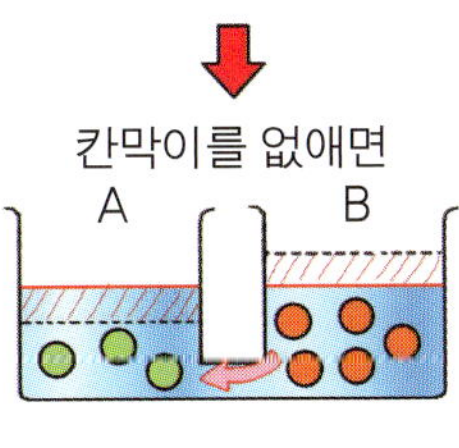

🔺 **열의 이동과 열평형**
A에는 온도가 낮은 물, B에는 온도가 높은 물을 각각 담았다가 막았던 칸막이를 없애면 온도가 높은 쪽에서 낮은 쪽으로 물이 열과 함께 이동한다.

열팽창 Thermal Expansion

물체에 열을 가하면 길이, 넓이, 부피가 늘어나는 현상을 열팽창이라고 한다. 열팽창에는 두 종류가 있는데, 선팽창(길이 방향으로 늘어나는 팽창)과 부피 팽창이 그것이다. 온도의 변화에 따른 물체의 열팽창은 우리 주변에서 흔히 볼 수 있다. 다리를 만들 때 계절에 따라 온도 변화가 큰 경우에는 다리의 각 부분이 더운 날 팽창하더라도 뒤틀리지 않도록 간격을 두어 연결한다.

전신주에 전선을 매달 때, 어느 정도 전선이 늘어지게 매단다. 왜냐하면 여름에 팽팽하게 매달아 놓은 전선은 겨울이 되면 수축하여 끊어지기 때문이다.

금속 병마개로 꽉 닫힌 유리병의 병마개를 열 때, 따뜻한 물에 잠시 담가 두었다가 열면 잘 열린다. 이는 유리와 금속의 열팽창 정도가 다르기 때문이다. 즉, 유리가 금속보다 열팽창률이 작으므로 금속 병마개가 상대적으로 많이 팽창하기 때문이다.

선팽창

온도가 올라갈 때 길이가 얼마나 늘어났는지 알 수 있다. 선팽창은 온도에 정비례한다. 온도가 높을수록 길이가 늘어나고 온도가 낮을수록 길이가 줄어든다. 여름에는 온도가 높기 때문에 전신주 사이에 걸려 있는 전선이 늘어지고, 겨울에는 온도가 낮기 때문에 전선이 팽팽해진다. 철로 된 자는 여름과 겨울에 그 길이가 약간 다르다.

부피 팽창

고체나 액체가 온도가 올라가면 모든 방향으로 팽창하는 것을 말한다. 부피 팽창도 온도에 의존하며 온도가 올라가면 부피 팽창이 활발하게 일어난다. 반면, 온도가 내려가면 부피는 수축한다. 4℃ 이상이면 물은 온도가 증가함에 따라 팽창하지만 0℃와 4℃ 사이에서는 온도가 증가함에 따라 수축된다. 이를 통해 물은 4℃에서 밀도가 가장 크고, 다른 온도에서는 4℃에서보다 작은 것을 알 수 있다. 그래서 물은 표면에서부터 어는 것이다.

🎮 **FUN**

결정성 고체와 비결정성 고체

입자 배열이 규칙적인 고체를 결정성 고체라고 한다. 하지만 일부 고체들은 겉모양이 단단하나 내부를 들여다보면 입자가 규칙적으로 배열되지 않은 것도 있다. 이러한 고체들은 천천히 액체처럼 겉모양이 변할 수 있는데, 이들을 비결정성 고체라고 한다. 양초, 유리, 엿 등이 비결정성 고체에 속한다.

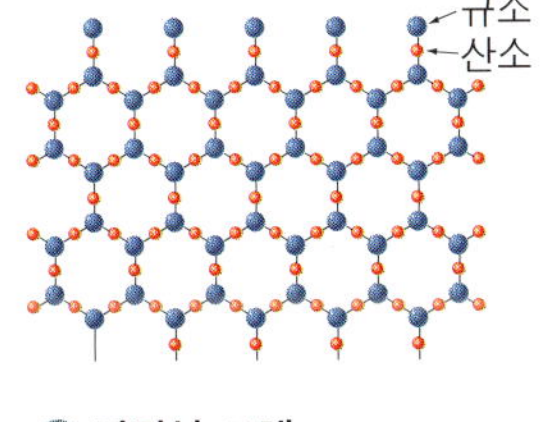

🔺 결정성 고체

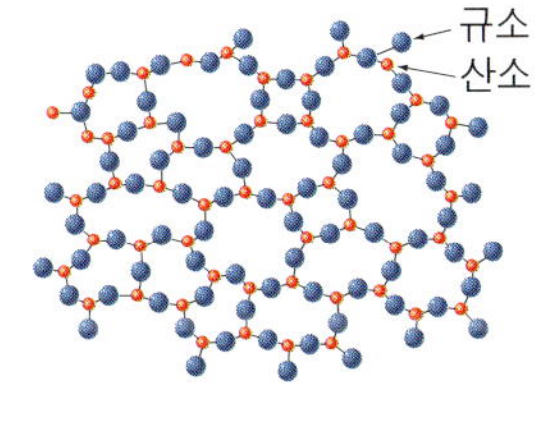

🔺 비결정성 고체

열역학 법칙 Laws of Thermodynamics

열역학의 기초이며, 열과 역학적 일 사이의 관계를 기본으로 열 현상과 에너지의 움직임을 규정하는 법칙으로, 4개의 법칙(열역학 제0, 1, 2, 3법칙)이 있다.

열역학 제0법칙

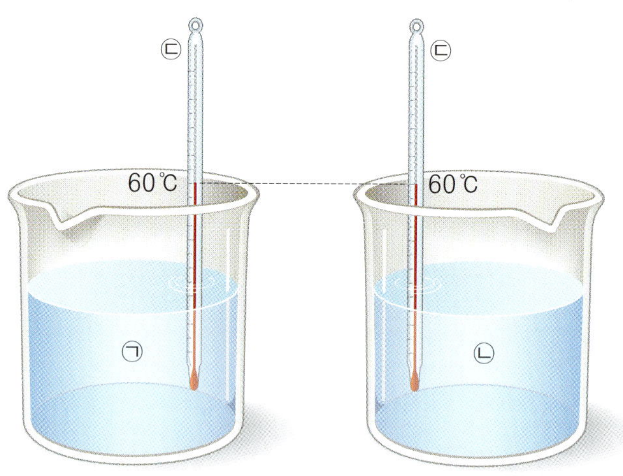

물체 ㉠과 ㉢이 열평형 상태에 있고, ㉡과 ㉢이 열평형 상태에 있으면, ㉠과 ㉡도 열평형 상태에 있다는 법칙이다. 이것은 온도의 존재를 주장하는 것과 같으며, 열역학의 기본적 출발점이 된다.

위의 그림에서 ㉢은 온도계이다. ㉠과 ㉢이 접촉해서 온도계 ㉢이 ㉠의 온도를 60℃라고 측정했다. 다음으로 ㉡과 ㉢이 접촉해서 온도계 ㉢이 ㉡의 온도를 60℃라고 측정했다면 ㉠과 ㉡은 서로 열평형에 있다고 한다. 즉, ㉠과 ㉡을 접촉하면 열평형을 이룬다. 즉, 열역학 제0법칙은 '모든 물체는 온도라는 특성을 가지고 있으며, 두 물체가 열적 평형 상태에 있다면 둘의 온도는 같다.' 는 것이다.

실험실에서 열역학 제0법칙은 항상 사용된다. 두 물체의 온도가 같은지 알고 싶다면 각각의 물체의 온도를 측정하면 된다. 두 물체를 접촉시키고 둘 사이에 열평형이 이루어졌는지 알 필요가 없다.

이 법칙은 열역학 제1법칙, 제2법칙이 발견된 후 발견되었다. 하지만 논리적으로 앞서기 때문에 열역학 제0법칙이라고 이름을 붙였다.

온도라는 개념이 두 법칙의 기본이므로 온도가 유효한 개념임을 정립하는 법칙을 제0법칙으로 이름 붙인 것이다.

열역학 제1법칙(에너지 보존 법칙)

열역학 제1법칙은 에너지 보존 법칙이다. 우주가 처음 생겼을 때부터 사라질 때까지 우주의 에너지 총량은 변하지 않는다.

예를 들어 정해진 양의 열을 일로 변환했을 때 그때 발생한 열은 사라진 것이 아니라 다른 곳으로 이동했거나 다른 모습의 에너지로 전환된 것이다. 에너지는 새로 생기거나 사라질 수 없다. 한 형태에서 다른 형태로 바뀔 뿐이다. 에너지는 형태가 변할 수는 있지만 새로 만들어지거나 사라지지 않는다.

물체가 높은 곳에 있을 때 위치 에너지가 100이라고 가정하는 경우에 운동 에너지는 0이다. 이 물체가 땅으로 떨어지면 위치 에너지가 줄어들면서 운동 에너지는 점점 증가한다. 역학적 에너지(운동 에너지와 위치 에너지를 합한 에너지)는 떨어지는 동안 어느 지점에서든 그 합이 같다. 이처럼 에너지는 사라지거나 새로 생겨나지 않고 그 형태만 변하며 그 합은 늘 일정하게 유지된다.

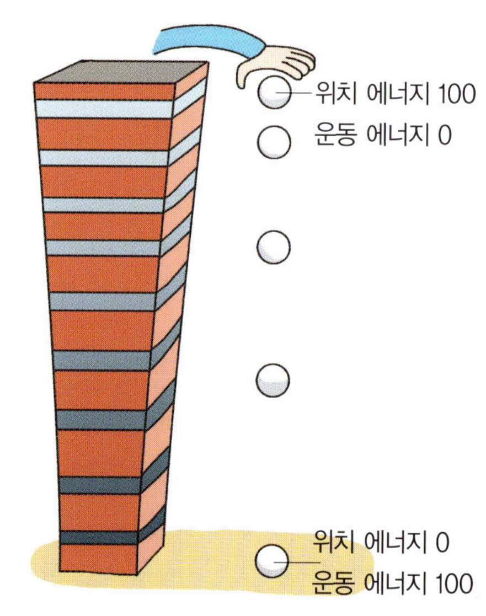

열역학 제2법칙

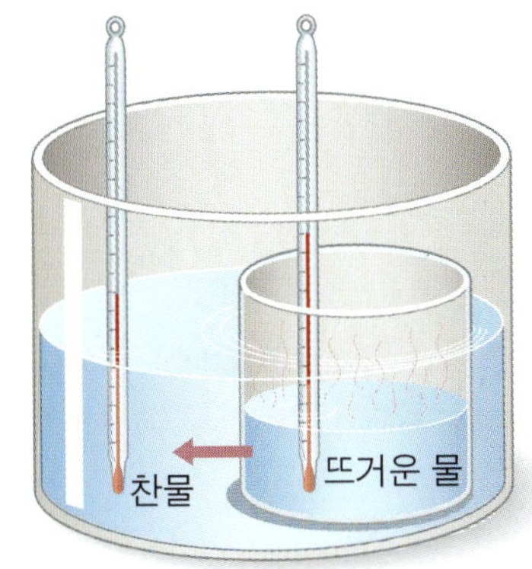

◎ 찬물과 뜨거운 물이 맞닿으면, 뜨거운 물에서
찬물로 열이 이동하지만, 그 반대 방향으로
열이 이동하지는 않는다.

분리된 상태에서 온도가 다른 두 물체를 맞닿게 했을 때 낮은 온도의 물체에 있던 열에너지가 높은 온도의 물체로 이동해서 낮은 온도의 물체는 더 차가워지고 높은 온도의 물체는 더 뜨거워진다. 이 과정에서 양쪽에서 움직이는 에너지의 양이 같다면 열역학 제1법칙(에너지 보존 법칙)에 어긋나지 않는다. 그러나 이론적으로 이런 과정이 가능해 보이지만 실제로는 일어나지 않는다.

열역학 제1법칙(에너지 보존 법칙)은 에너지가 보존된다는 것을 의미할 뿐이다. 이 법칙은 열(에너지)이 움직이는 방향에 대해 전혀 제한을 두지 않는다. 그러므로 자연계에서는 열역학 제1법칙과 다른 자연 현상의 변화를 일으킨 물질이 원래의 상태로 돌아갈 수 없는 일의 진행 방향을 결정하는 법칙이 있다고 가정한다. 이런 방향성을 정의하고 있는 법칙을 우리는 열역학 제2법칙이라고 한다.

열역학 제2법칙은 다양하게 표현할 수 있지만, 본질은 같다.

❶ 열은 높은 온도의 물체에서 낮은 온도의 물체 쪽으로 흘러가며, 자신의 힘으로 낮은 온도에서 높은 온도로 이동하지 않는다(클라우지우스의 표현).

❷ 하나로 정해진 온도의 물체로부터 열을 가져와 남기지 않고 모두 일로 변환하는 장치는 없다(켈빈·플랑크의 표현).

❸ 영구히 일을 계속할 수 있는 가공의 동력 기관(제2종 영구 기관)은 존재하지 않는다.

❹ 분리 상태의 계에서 비가역 변화는 엔트로피가 늘어나는 쪽으로 진행한다.

에너지 보존 법칙의 발견

◎ 줄

영국의 물리학자로, 열역학 제1법칙(에너지 보존 법칙)의 창설자이며, 전류의 발열 작용에 관한 법칙(줄 법칙)을 발견하였다.

다양한 형태(운동 에너지, 위치 에너지, 열에너지, 빛에너지, 소리 에너지, 전기 에너지, 화학 에너지)의 에너지들은 새로 생기지도 않고 없어지지도 않는다. 다만 그 모습이 바뀌어 나타난다. 한 에너지가 다른 형태의 에너지로 바뀔 때, 바뀌기 전과 후의 에너지 총합은 늘 일정하게 보존된다는 것이 에너지 보존 법칙이다. 이는 물리학의 기본 법칙이라고 할 수 있다.

1800년대 이전에는 열 작용과 기계적 작용을 다른 것으로 생각하였다. 열은 플로지스톤(열소)이라는 입자가 움직이는 것으로 생각하였고, 기계적 작용은 접촉하고 있는 물체끼리 힘을 전달하는 것으로 여겼다. 19세기 이후, 마찰열에 대한 연구가 진행되면서 열은 플로지스톤이 움직이는 것이 아니라 마찰을 생기게 하는 운동이 열로 전환된다는 것이 밝혀졌다. 줄(Joule, James Prescott: 1818~1889)은 전류를 기계적 일로 전환하는 법과 일과 열의 관계에 대해 연구하여 1cal는 4.2줄이라는 열의 일당량을 발전기와 증기 기관을 사용하여 측정했다. 1800년대 중반 에너지라는 개념이 생기기 시작했는데, 이는 증기 기관, 발전기, 전동기 등과 같이 열은 운동으로, 운동은 전기로, 전기는 다시 운동으로 바뀌는 현상을 배경으로 대두된 것이다. 1842년 마이어(Mayer, Julius Robert von: 1814~1878)라는 독일의 물리학자는 열에너지와 운동 에너지의 관계에 대한 자신의 연구 논문에서 우주 전체의 에너지 보존에 관해서 이야기하였다. 그때는 불행하게도 과학자들의 인정을 받지 못했다. 약 30년 이후 1870년대에 들어서야 에너지 보존 법칙에 대한 연구가 다시 진행되었고, 마이어의 연구 실적이 빛을 보게 되었다.

열의 이용: 엔진 Engine

엔진은 열이 가지고 있는 에너지를 기계적인 에너지로 변환해 주는 장치이다. 이를 위해 연료를 연소시켜 기계적인 동력을 발생시킨다.

피스톤 엔진 Piston Engine

1903년, 라이트 형제가 인류 최초로 비행기를 만든 이후, 초기 프로펠러식 비행기는 피스톤 엔진을 이용하여 에너지를 얻었다.

실린더 내부의 폭발에 의해 피스톤이 직선으로 왕복 운동을 한 후 크랭크축에 의해서 회전 운동으로 바뀌게 되는 원리로 움직이는 것이 피스톤 엔진이다. 이때 이런 움직임이 연속해서 이루어져야만 엔진의 힘으로 프로펠러가 돌아가고 비행기가 움직이게 된다.

❶ 공기가 실린더 속으로 들어간다(흡입 행정).

❷ 피스톤이 들어온 공기를 압축한다(압축 행정).

❸ 연소시키기 위해 압축 공기에 연료를 분사한다(폭발 행정).

❹ 연소하고 남은 기체를 밖으로 내보낸다(배기 행정).

프로펠러가 계속 돌아가기 위해서는 이러한 4개의 과정을 계속 반복해야 한다. 4행정 사이클 기관이란 이 4개의 과정이 하나의 연결 고리를 이루어 완료되는 엔진을 말한다.

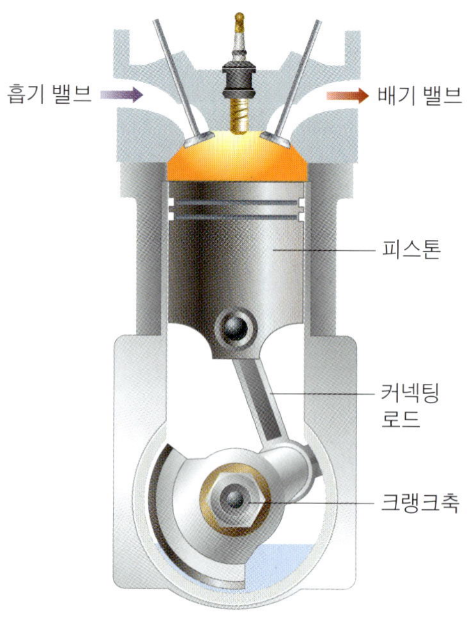

△ 피스톤 엔진의 구조

제트 엔진 Jet Engine

제트 엔진은 1930년부터 개발되어 사용되었다. 제트 엔진은 많은 양의 가스를 빠른 속도로 뒤로 분출한다. 이때 생기는 반동으로 추진력을 얻어 작동한다. 보통 공기 중의 산소를 사용하여 연료를 연소시키는 것을 말한다. 그러므로 제트 엔진은 공기가 없는 대기권 밖에서는 비행할 수 없는 엔진이다. 터보 제트 엔진은 제트 엔진 중에서 우리가 가장 많이 사용하는 것이다.

그러면 터보 제트 엔진의 작동 원리에 대해 알아보도록 하자. 첫째, 엔진 앞부분 흡입구로 공기를 흡입해 압축기를 이용하여 고온 고압의 기체로 바꾼다. 그다음에 연소실로 기체를 보낸다. 연소실에서는 연료를 뿜어 연소시키고 그때 나오는 가스를 사용해서 터빈을 빠르게 회전시킨다. 가스는 터빈을 통과한 후 분사구를 따라 뒤쪽으로 분사된다. 이때 흡입구 쪽의 공기보다 연소 가스의 압력이 커진다. 그 차이에서 추진력이 생긴다.

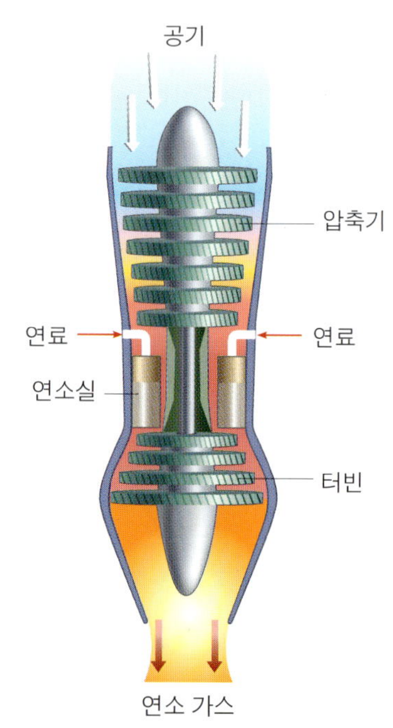

△ 터보 제트 엔진의 구조

로켓 엔진과 비행기 엔진의 차이

우주를 비행할 수 있는 추진 기관에는 로켓 엔진이 있다. 로켓 엔진은 진공 상태인 우주를 비행하기 때문에 비행기 엔진과 구조적으로 다른 점이 있다. 보통 비행기에는 제트 엔진을 쓰는데, 이 엔진은 앞부분 공기를 압축하여 연소실에서 연소시킨 후 연소 가스를 노즐을 통해 내보내며, 그에 따른 반작용을 통해 추진할 수 있는 힘을 얻어 날아간다. 반면, 로켓 엔진은 산화제와 연료를 같이 가지고 있어 엔진 안에서 연료와 산화제가 만나 연소한다. 이 과정에서 높은 온도와 압력의 연소 가스가 만들어지고 노즐로 분출시키면서 이에 대한 공기의 반작용으로 앞으로 나아간다.

🔺 로켓 엔진

우주에서는 산소가 없기 때문에 로켓 속의 연료와 산화제가 만나서 연소된다.

🔺 비행기 엔진

비행기의 연료와 공기 중의 산소가 만나면 연소된다.

로켓 엔진과 비행기 엔진은 연료의 연소를 통해 발생한 연소 가스를 추진체 밖으로 분출시키며 나아가는 작용과 반작용의 원리에 의해 움직인다는 점은 비슷하다. 하지만 비행기 엔진은 공기 속의 산소를 사용하고 로켓 엔진은 산화제를 사용하는 점이 다르다. 대기권 안에서 움직이는 비행기는 연료의 연소에 필요한 산소를 공기 중에서 얻는다. 하지만 로켓은 주로 산소가 없는 우주를 비행한다. 그러므로 우주 공간에서는 연료의 연소에 필요한 산소가 없다. 그래서 우주선 내부에 산화제를 실은 채 비행한다. 공기 대신 산화제를 이용하여 연료를 연소시켜 그때 발생한 연소 가스를 분출해 우주선을 비행시킨다.

냉각 장치

엔진은 매우 뜨겁다. 그래서 엔진 내부에는 냉각 장치가 있다. 엔진 냉각 장치는 구조에 따라 크게 두 가지로 나뉜다. 공랭식과 수랭식이다.

공랭식 냉각 장치는 실린더의 주변에 냉각판을 두고 이를 통해 실린더 속 온도의 일부분을 대기 중으로 발산하게 한다. 공랭식 냉각 장치는 수랭식보다 효율이 떨어지기 때문에 소형 기관에만 사용한다.

수랭식 냉각 장치는 실린더의 주위에 냉각 팬, 라디에이터, 물 재킷, 온도 조절기 등을 설치한다. 공랭식에 비해 복잡한 구조를 가지고 있지만, 냉각 작용 효율이 공랭식에 비해 우수하다. 그러므로 주로 내연 기관의 냉각 장치에 많이 사용된다.

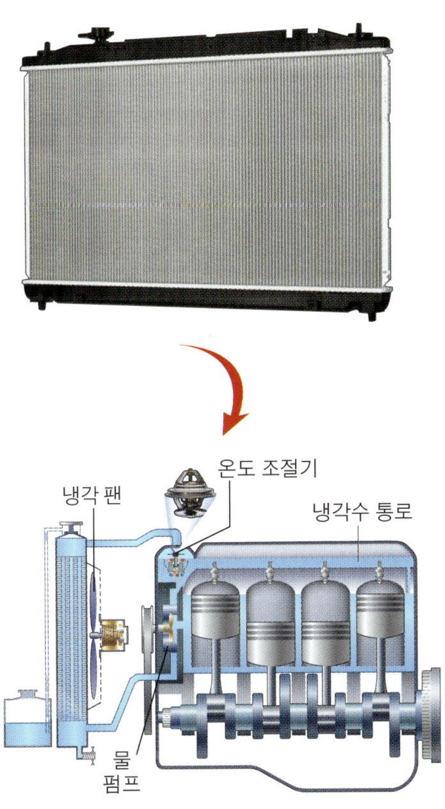

🔺 수랭식 냉각 장치

열전달 Heat Transfer / 熱傳達

열전달이란 열에너지가 이동하는 현상을 의미한다. 좁은 의미로는 유체와 고체의 표면 사이에서 전달되는 열을 가리키고, 넓은 의미로는 전도, 대류, 복사 현상을 모두 가리킨다.

전도 Conduction

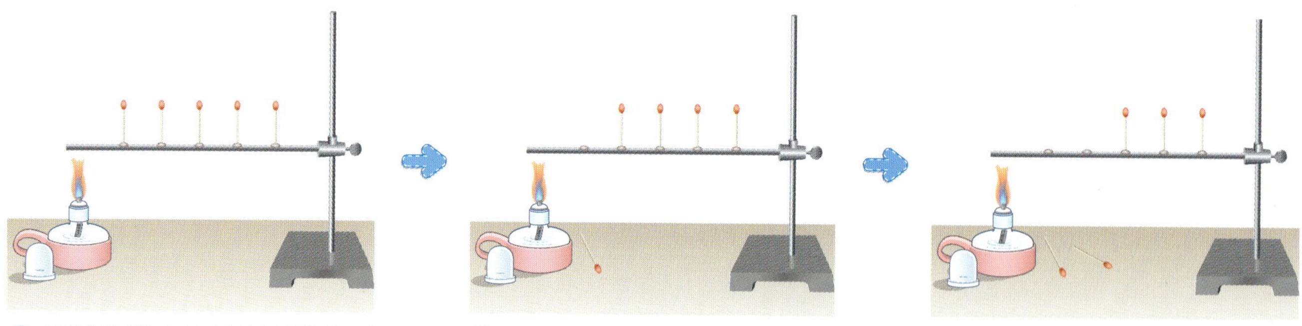

▲ 쇠막대에 촛농으로 성냥을 붙인 후, 쇠막대의 한쪽을 알코올램프로 가열한다.

▲ 촛농이 녹으면서 알코올램프에서 제일 가까운 성냥이 가장 먼저 떨어진다.

▲ 나머지 성냥들도 알코올램프에서 가까운 순서대로 차례로 떨어진다.

위의 그림과 같이 간단한 실험을 해 보자.

긴 쇠막대에 일정한 간격으로 성냥을 촛농으로 고정시켜 붙여 본다. 그런 다음 쇠막대의 끝을 알코올램프로 가열한다. 잠시 후 성냥을 고정시켰던 촛농이 녹으면서 알코올램프에서 제일 가까운 성냥이 떨어지는 것을 볼 수 있다. 그리고 나머지 성냥들도 알코올램프에서 가까운 순서대로 차례로 떨어진다.

이런 현상이 일어나는 까닭은 알코올램프로 가열된 쇠막대 안에 있는 분자들은 아주 빠르게 움직이며 옆에 있는 분자들과 충돌한다. 이 분자는 계속해서 옆의 분자들과 충돌하면서 열에너지가 전달된다. 이렇게 접촉이나 충돌에 의해 열이 전달되는 현상을 전도라고 한다. 전도는 고체 상태의 물질에서 잘 일어나는 열전달 방법이다.

> **실험을 통해 알게 된 점**
>
> 열의 전도는 고체 상태의 물체가 열을 받으면 물체 안의 분자끼리 충돌하면서 열이 전달된다.

실생활

단열 Heat Insulation

단열이란 무엇일까?

바깥 날씨가 추울 때 두꺼운 옷을 입으면 따뜻하다. 그러면 두꺼운 옷에서 열이 발생해서 따뜻해진 것일까? 옷은 열을 내는 물질이 아니다. 단지 우리 몸에서 나오는 열이 다른 곳으로 빠져나가는 것을 막거나 느리게 하는 역할을 해서 따뜻함을 오래도록 유지시킨다. 이렇게 열의 이동을 차단하거나 막아 주는 것을 단열이라고 한다. 우리 주변에서는 집을 지을 때 벽에 사용하는 스타이로폼, 보온병 속의 스타이로폼이나 공기층, 에스키모 인의 이글루 등이 단열의 효과를 내는 것들이다.

겨울옷의 안감과 겉감 사이에는 두꺼운 공기층이 있어 몸의 열이 밖으로 빠져나가는 것을 막아 준다. ◗

대류 Convection

액체인 물이나 기체인 공기에 열을 가하면 부피가 커진다. 왜냐하면 물질에 열을 가하면 물질을 이루는 분자의 운동이 활발해져서 분자 간의 거리가 넓어지기 때문이다. 물(액체)과 공기(기체)가 열을 받아 부피가 커지면 가벼워지기 때문에 위로 올라가려는 성질이 생기고, 비교적 무거운 물질은 아래로 내려와 가벼운 물질이 올라간 빈 공간을 채운다. 이처럼 물질이 직접 움직이면서 열을 전달하는 방법을 대류라고 한다. 물속에 떠다닐 수 있는 가벼운 물체(예 톱밥)를 넣고 물을 가열하면 대류 현상을 잘 관찰할 수 있다. 우리가 라면을 끓이기 위해 스프를 넣고 관찰해도 마찬가지이다. 스프 속에 있는 건조된 야채들은 대류 현상을 따라 위와 아래로 이동하게 된다.

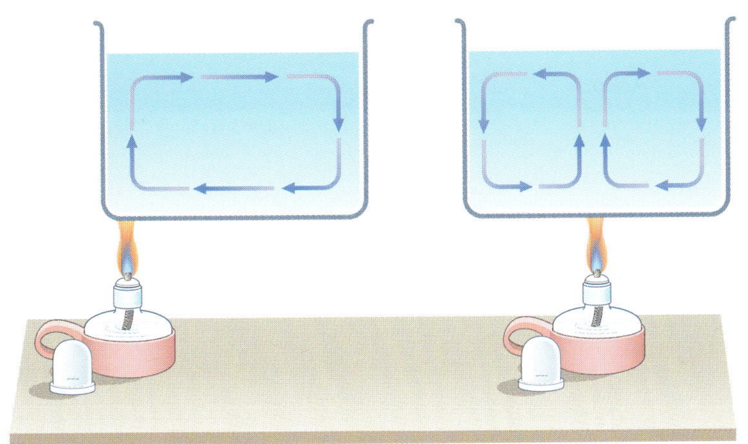

⬆ 물의 대류

물을 가열하면 뜨거워진 물은 위로 올라가고 차가운 물은 아래로 내려가면서 함께 열이 이동한다.

공기에서 열의 이동, 바람

뜨거워져서 부피가 커진 공기는 가벼워져 위로 올라간다. 그리고 비교적 덜 뜨거운 공기는 가벼워져서 올라간 공기를 채우기 위해 내려간다. 이렇게 대류 현상에 의해 공기가 움직이는 것이 바람이다.

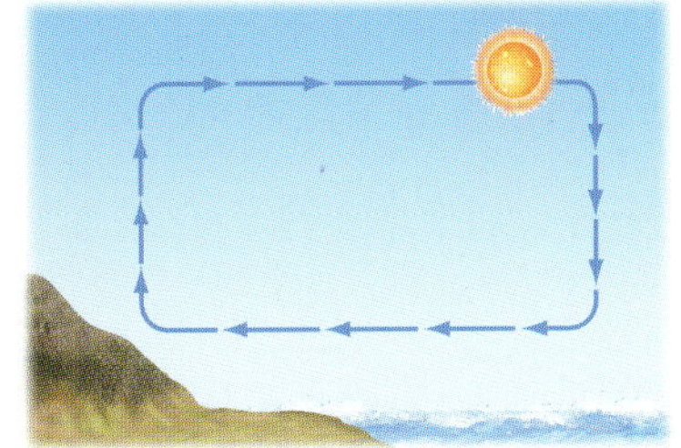

⬆ 낮: 해풍(바다 → 육지)

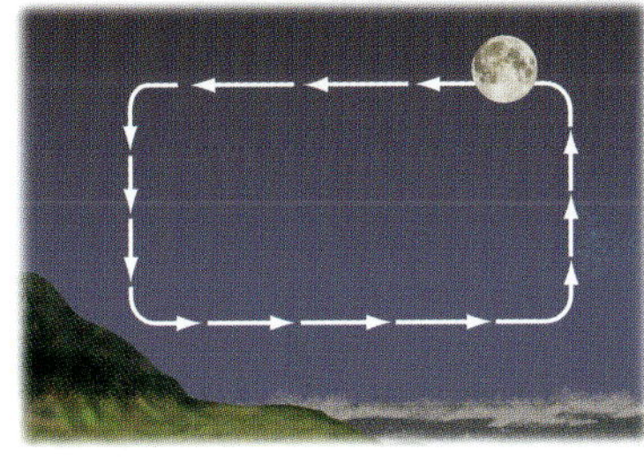

⬆ 밤: 육풍(육지 → 바다)

낮에는 바다 위 공기보다 육지 위 공기가 더 따뜻해서 바다에서 육지로 해풍이 불고, 밤에는 반대로 육지에서 바다로 육풍이 분다.

복사 Radiation

태양열은 태양에서 지구로 보내진다. 하지만 태양과 지구 사이에는 아무런 전달자가 없다. 그래도 지구는 태양으로부터 열을 전달받는다. 이와 같이 태양열은 지구까지 복사를 통해 아무런 전달자 없이 열이 전달되는데, 이 열을 복사열이라고 부른다.

모든 열을 가지고 있는 물체들은 복사열을 방출하고 또 방출하는 복사열 근처에 있는 물체들은 복사열을 흡수한다. 예를 들어 추운 겨울 난로를 켜 놓고 근처에 가면 난로는 복사열을 방출하지만 가까이에 있는 우리 몸은 복사열을 흡수하여 따뜻해지는 것이다. 이 복사열을 전달하는 정도는 물체의 온도가 결정한다. 물체의 온도가 높으면 높을수록 더 많은 복사열을 방출하고 온도가 낮으면 복사열을 덜 방출하게 된다.

⬆ 복사를 통해 전달되는 태양열

온도계 Thermometer / 溫度計

물체나 물질의 따뜻하고 차가운 정도(온도)를 재는 기기이다. 온도에 따라 물체의 부피가 달라지는 점, 전기적 특성이 변하는 점, 복사선 등을 이용한 다양한 온도계가 있다.

온도계 Thermometer

온도계 중 가장 널리 쓰이는 온도계는 알코올 온도계나 수은 온도계처럼 온도가 높아지면 물체의 부피가 팽창하는 원리를 이용한 온도계이다. 알코올 온도계나 수은 온도계는 가느다란 관에 알코올이나 수은을 넣고, 온도에 따라 이 액체들의 부피가 늘어나는 정도를 눈금으로 표시해 놓은 것이다. 또 다른 온도계 중에는 온도에 따라 전기적인 특성이 변하는 점을 이용한 온도계가 있는데, 전도도가 달라지는 것을 이용한 열전 온도계, 전기 저항이 달라지는 것을 이용한 저항 온도계 등이 있다.

또 적외선 온도계나 귀 체온계처럼 고온의 물체에서 나오는 복사선이 물체의 온도에 따라 결정되는 점을 이용한 복사 온도계도 있다.

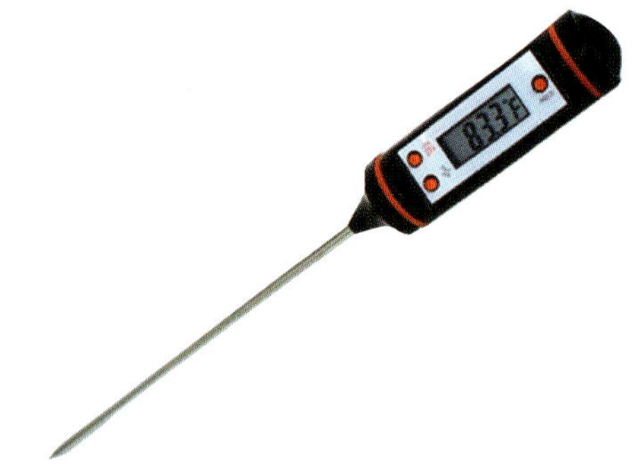

⬢ 조리용 온도계

요리할 때에 사용하는 온도계로 온도계 끝에 스테인리스강으로 된 침이 있다. 침을 음식의 내부에 찔러 온도를 측정할 수 있다.

온도계의 종류

적외선 온도계 온도를 재고 싶은 물체에 레이저를 쏘아 온도를 재는 온도계이다. 이 온도계는 물체에서 나오는 복사 에너지를 통해 표면 온도를 재는 온도계이다. 복사 에너지로 온도를 재기 때문에 직접 접촉하지 않아도 물체의 표면 온도를 잴 수 있다. 산업용으로는 3,000℃ 이상의 고온도 잴 수 있다고 한다.

⬢ 적외선 온도계

귀 체온계 우리 몸의 온도를 잴 때 귀를 통해 잴 수 있는 온도계이다. 우리 귀의 고막과 고막을 둘러싼 피부에서 나오는 적외선이 몸의 온도에 따라 달라지는데, 이를 측정해서 체온을 잴 수 있다.

디지털 온도계 액정 화면에 온도가 숫자로 나타나는 온도계이다. 바이메탈 온도계와 열전 온도계가 여기 속한다. 열전 온도계의 원리는 두 금속 사이에 생기는 온도 차로 생기는 전압을 이용하여 온도를 잰다. 디지털 온도계는 탐침을 온도를 재려는 물체에 접촉하여 온도를 잰다.

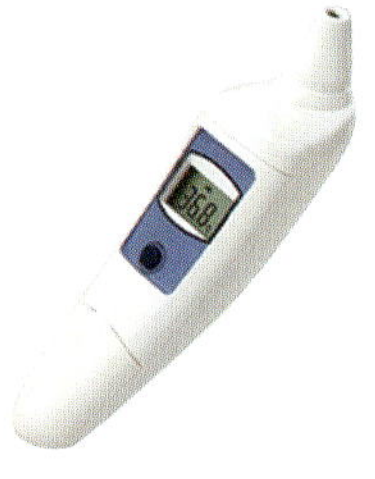

⬢ 귀 체온계

액정 온도계 액정을 이용한 온도계로 액정은 액체와 결정의 중간 상태에 있는데 액정 띠의 색깔 변화로 온도를 읽을 수 있다.

고온 온도계 수은을 사용하여 알코올보다 정밀하게 높은 온도를 잴 수 있는 온도계이다. 360℃까지 잴 수 있다.

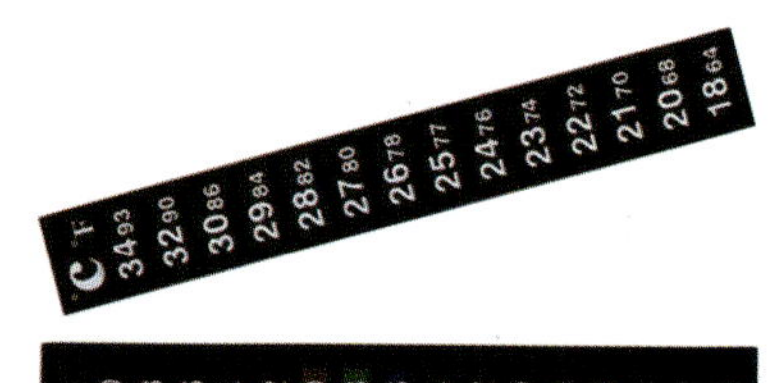

⬢ 액정 온도계

저온 온도계 알코올을 사용하며 저온을 재는 데 쓰는 온도계로 −50℃까지 잴 수 있다.

기온계 공기의 온도인 기온을 재는 온도계이다. 온도계 뒤에 지지대를 만들어 온도 변화 외에 다른 영향을 적게 받도록 만든 온도계이다. −20℃에서 50℃까지의 온도를 잴 수 있다.

바이메탈 온도계 2개의 금속을 맞붙였기 때문에 바이메탈이라고 부르며, 금속마다 온도에 따라 팽창률이 다른 점을 이용하여 만든 온도계이다. 온도 차가 클수록 두 금속의 길이 차이가 커지는 원리를 이용하였다. −50℃에서 500℃ 범위의 온도를 잴 수 있다.

냉장고 온도계 냉장고 안의 온도를 재는 데 사용하며 센서가 케이블로 연결되어 있어 실제 온도를 측정하는 곳과 온도를 표시하는 곳이 분리되어 있다.

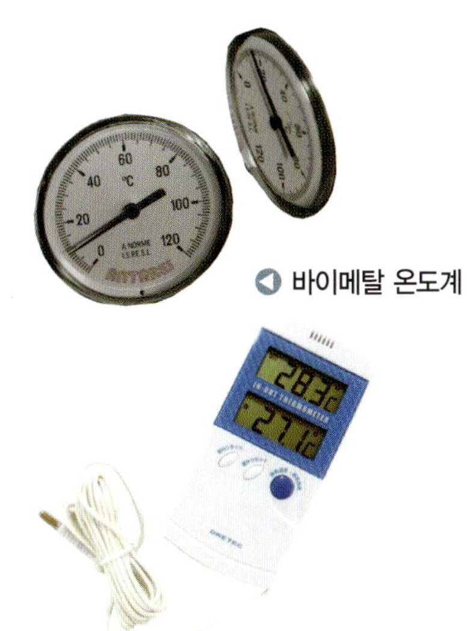

◀ 바이메탈 온도계

▲ 냉장고 온도계

🚀 더 나아가기

온도계의 구조와 사용 방법

온도계의 구조

- 가느다란 관: 온도계에 들어 있는 액체가 올라가거나 내려가는 가느다란 관으로 온도계의 액체샘부터 올라가 있다.
- 눈금: 작은 눈금은 1℃ 간격으로, 큰 눈금은 10℃ 간격으로 매겨져 있다. 하지만 온도계마다 눈금은 다를 수 있으므로 확인해 보아야 한다.
- 담금선: 구부에서 5~6 cm 정도 높이에 있는 둥근 선으로 담금선이 있는 온도계는 재고자 하는 물체나 물질에 온도계의 액체샘부터 담금선까지 담가야 한다. 담금선이 없는 온도계는 재려는 물체에 빨간색 액체가 올라온 곳까지 담가야 한다.
- 액체샘: 온도계 아래에 있는 둥그스름한 부분으로 온도에 따라 부피가 변하는 액체가 들어 있다. 수은 온도계에는 수은이, 알코올 온도계에는 붉은 색소를 넣은 알코올이 들어 있다.

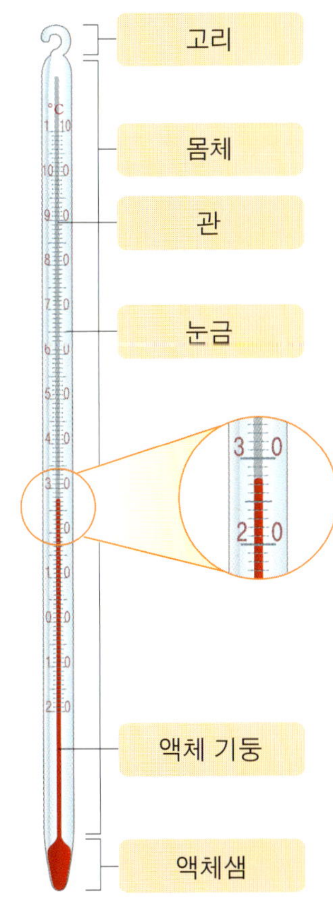

온도계를 사용할 때에 주의할 점

- 온도계를 사용하지 않을 때에는 받침대나 상자에 넣어 둔다.
- 온도계의 빨간색 액체의 움직임이 멈추었을 때 눈금을 읽는다.
- 온도계로 액체를 젓지 않는다.
- 액체샘이 바닥에 닿지 않게 한다.
- 입김이나 콧김으로 불지 않는다.
- 온도계의 눈금을 읽을 때에는 빨간색 액체의 맨 윗부분과 눈높이를 수평이 되게 맞춘다.

적당한 온도

냉장고 안의 온도	0~4℃
공부하는 방 안의 온도	15~17℃
겨울철 실내의 난방 온도	15~20℃
생활하기에 적당한 온도	18℃
여름철 실내의 냉방 온도	25~28℃
수영장의 온도	27~29℃
목욕물의 온도	35~40℃

운동 Motion / 運動

운동은 일정한 기준점에 대한 위치의 변화를 말한다. 어떤 기준점에 대해 시간에 따라 물체의 위치가 변하는 것이기 때문에 운동은 상대적인 것이다.

움직이는 것과 움직이지 않는 것 구분하기

모든 물체는 기준점을 두고 움직임을 판단한다. 그래서 물체의 움직임을 판단할 때는 기준점이 항상 필요하다. 우리는 땅(지면)이나 자신을 기준점으로 움직임을 판단한다. 땅(지면)이나 자신을 기준으로 시간이 지남에 따라 물체의 위치가 바뀌면 물체가 '움직인다.' 라고 하며, 바뀌지 않으면 '움직이지 않는다.' 라고 한다.

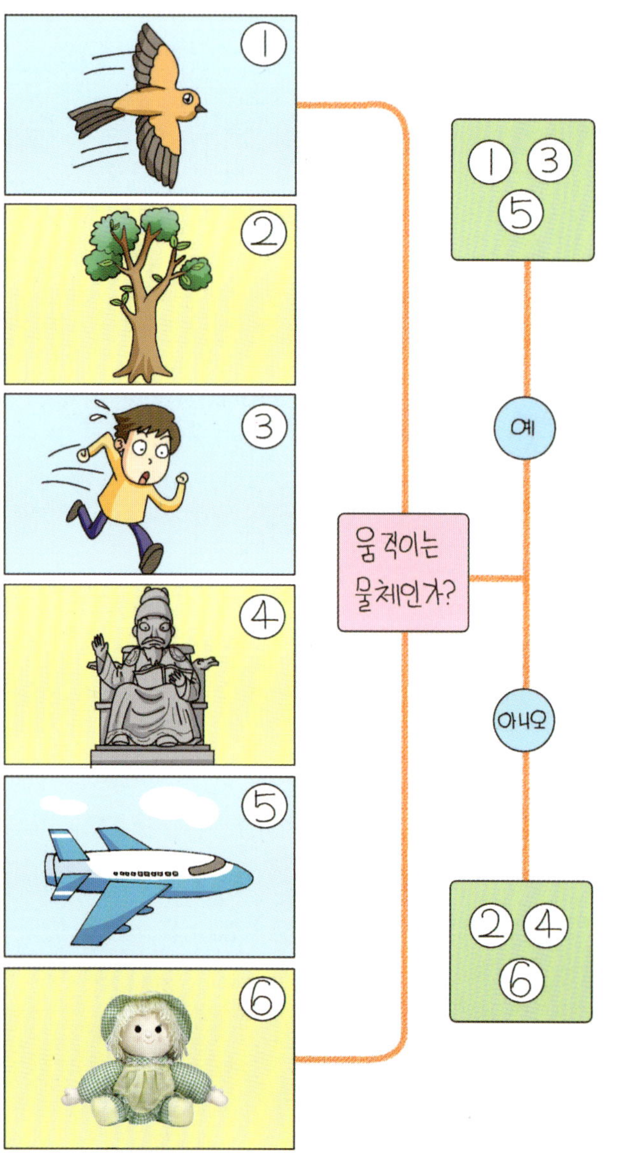

운동이란

(가)

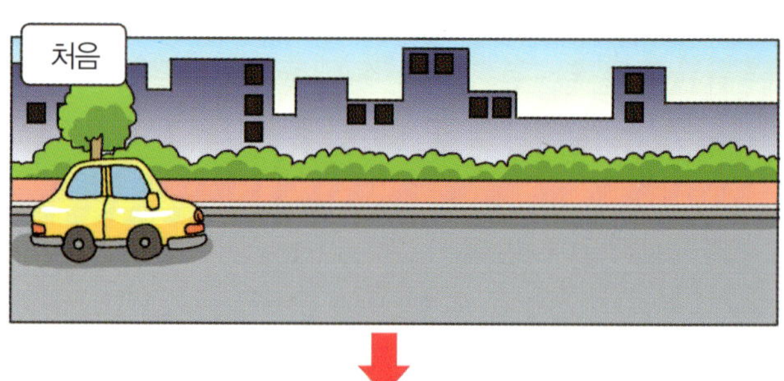

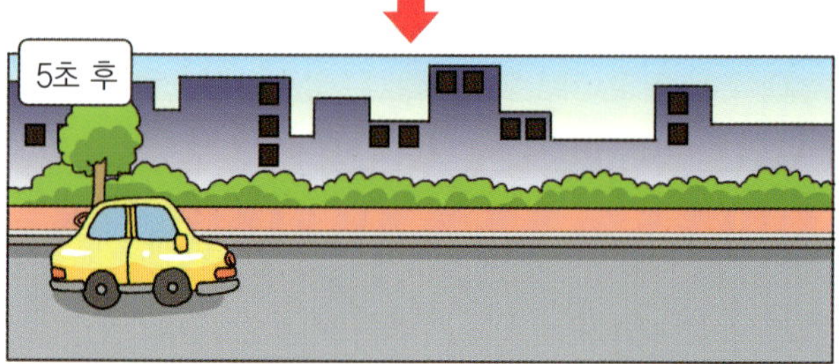

(나)

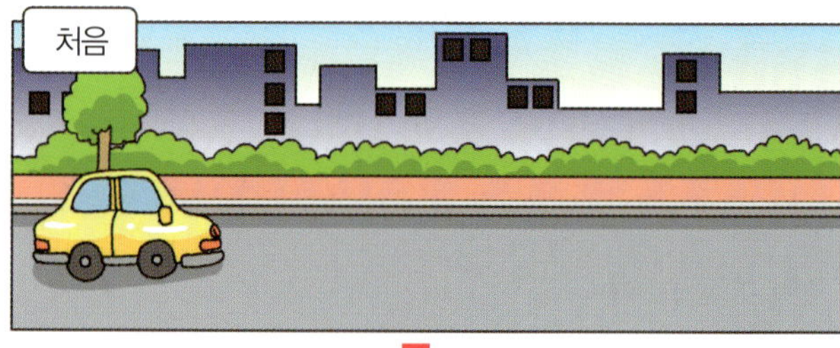

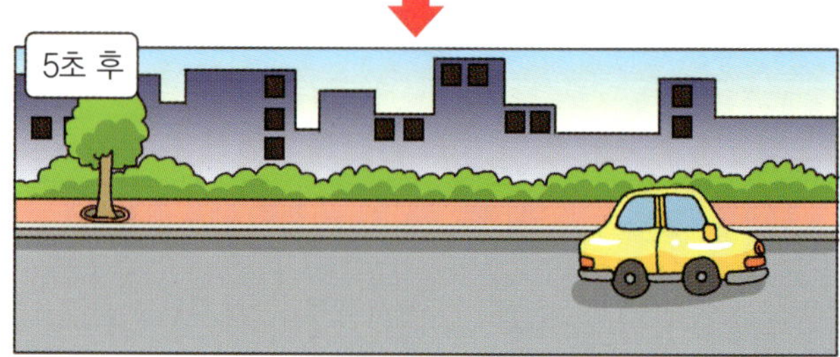

(가) 그림의 자동차는 시간의 변화(5초)에 따라 물체의 위치가 바뀌지 않았으므로 '움직이지 않았다.' 라고 말하고, (나) 그림의 자동차는 시간의 변화(5초)에 따라 물체의 위치가 바뀌었기 때문에 '움직였다.' 라고 한다.
이처럼 물체가 시간의 변화에 따라 위치가 변한 것을 운동이라고 한다.

운동의 기준

운동을 말할 때는 기준이 굉장히 중요하다.

오른쪽 그림을 보면 남자는 가만히 앉아 있고 여자는 오른쪽으로 움직인다. 여자의 입장에서 보면 남자가 뒤로 가는 것처럼 보인다. 남자는 가만히 앉아 있는데 뒤로 움직이는 것처럼 보이는 까닭은 무엇일까? 여자가 움직이고 있다고 말할 수 있지만, 여자의 눈으로는 남자가 뒤로 움직이고 있다고 할 수도 있다. 이렇게 운동을 말할 때에는 누가, 어디가 기준이냐에 따라 달라진다. 그래서 운동을 말할 때에는 기준이 꼭 필요하다.

한 가지의 예를 더 들어 보자. 오른쪽 그림과 같이 정류장에 버스 2대가 서 있다. 남자가 타고 있던 버스가 출발하기 시작하자 옆에 서 있는 버스가 뒤로 가는 것처럼 보인다. 그러나 옆에 서 있는 버스에 타고 있는 여자는 남자가 탄 버스가 앞으로 가는 것처럼 보인다.

버스에 탄 남자는 남자 자신을 기준으로 하여 다른 물체의 움직임을 판단한다. 그래서 옆에 있던 버스는 실제로는 가만히 그 자리에 머물러 있지만 뒤로 가는 것처럼 느끼는 것이다. 그래서 남자는 옆의 버스가 뒤쪽으로 움직인다고 생각할 수 있다. 하지만 반대로 옆의 버스에 타고 있던 여자는 여자 자신을 기준으로 해서 다른 물체의 움직임을 판단한다. 남자가 탄 버스가 멀어져 가기 때문에 남자가 탄 버스가 움직인다고 말할 수 있다. 이렇듯 움직인다는 것은 누가 기준이냐에 따라 달라지는 상대적인 것이다.

만약 정류장에 다른 사람이 서 있었다면 여자와 남자가 탄 버스의 움직임을 어떻게 느꼈을까? 남자가 탄 버스는 움직인다고 말하고, 여자가 탄 버스는 멈춰 있다고 말할 것이다. 왜냐하면 정류장에 서 있는 사람에게는 땅(지면)이 기준이기 때문이다.

🔺 운동의 기준의 필요성
여자의 눈으로는 남자가 뒤로 움직이는 것처럼 보인다.

🔺 운동의 기준
운동은 기준에 따라 달라지는 상대적인 특성이 있다.

개념에 대한 TIP

운동의 상대성

오른쪽 그림과 같이 달리고 있는 버스 안에 승객과 가방이 있다. 그렇다면 이 가방은 멈추어 있는 것일까, 움직이는 것일까? 승객에게는 버스 바닥이 움직임을 판단하는 기준이 되기 때문에 선반 위의 가방이 멈추어 있는 것으로 보인다. 하지만 정류장에 서 있는 사람에게는 땅(지면)이 기준이 되므로 버스 선반 위의 가방이 버스, 승객과 함께 움직이는 것으로 보인다.

우리가 살고 있는 지구도 쉬지 않고 자전과 공전을 하여 계속 움직이고 있다. 우리가 우주로 나가서 우주 공간이나 달에서 보면 승객이 탄 버스뿐만 아니라 지구 위의 모든 물체가 지구와 함께 열심히 움직이고 있는 것처럼 보일 것이다. 우리가 멈추어 있다고 말하는 것들도 이처럼 운동을 관찰하는 기준을 바꾸면 움직인다고 말할 수 있다.

🔺 운동의 상대성
운동을 관찰하는 기준을 바꾸면 멈추어 있는 것도 움직인다고 말할 수 있다.

운동의 측정

운동을 측정하기 위해서는 어떤 것이 필요할까?
오른쪽 그림들을 보자.

대부분의 속력을 다투는 경기에서는 정해진 거리를 얼마나 빠르게 달렸는지를 가려 우승을 결정한다. 예를 들면 육상의 경우 100 m, 400 m, 1,000 m 달리기 등 다양한 경기가 있다. 이렇게 정해진 거리를 육상 선수들이 얼마나 빠른 시간에 결승선까지 도착하는지가 우승의 관건이다.

또는 같은 시간(10초) 동안에 이동한 거리를 비교하여 가장 긴 거리를 이동한 자동차가 우승하는 경우도 있다.

따라서 물체의 운동을 측정하기 위해서는 이동한 거리와 이동하는 데 걸린 시간이 필요하다.

FUN

러닝머신 위에서 뛰고 있는 사람은 운동을 하는 것일까

체육관 등 운동 기구가 많은 곳에서 흔히 러닝머신을 볼 수 있다. 그런데 러닝머신 위에서 뛰는 사람은 위치의 변화 없이 그 자리에서 뛰고 있다. 시간에 따라 물체의 위치가 변하는 것이 운동이라고 하였는데, 그렇다면 러닝머신 위에서 뛰고 있는 사람은 운동을 하고 있는 것일까?

정답은 '운동하고 있다.' 이다.

왜냐하면 물체의 위치가 변화했을 때 가장 먼저 생각해 볼 것이 '기준점으로부터 얼마나 떨어졌는가?' 이다. 밖에서 보기에는 러닝머신 위에서 뛰고 있는 사람의 위치 변화가 없지만 러닝머신 위에 사람이 처음 뛰기 시작했을 때 벨트에 표시했다면 현재 러닝머신을 뛰고 있는 사람이 움직인 거리는 벨트가 움직인 만큼의 거리가 되는 것이다.

"

운동을 어떻게 나타내는지 알아보기

물체의 위치가 시간에 따라 변하는 것을 운동이라고 할 때 운동은 어떤 방식으로 나타낼
수 있을까? 운동은 시간의 경과에 따른 위치의 변화이므로 시간과 위치를 반드시 나타
내야 한다. 아래 그림을 보면 물체의 위치는 기준점으로부터 방향과 거리로 나타낸다.

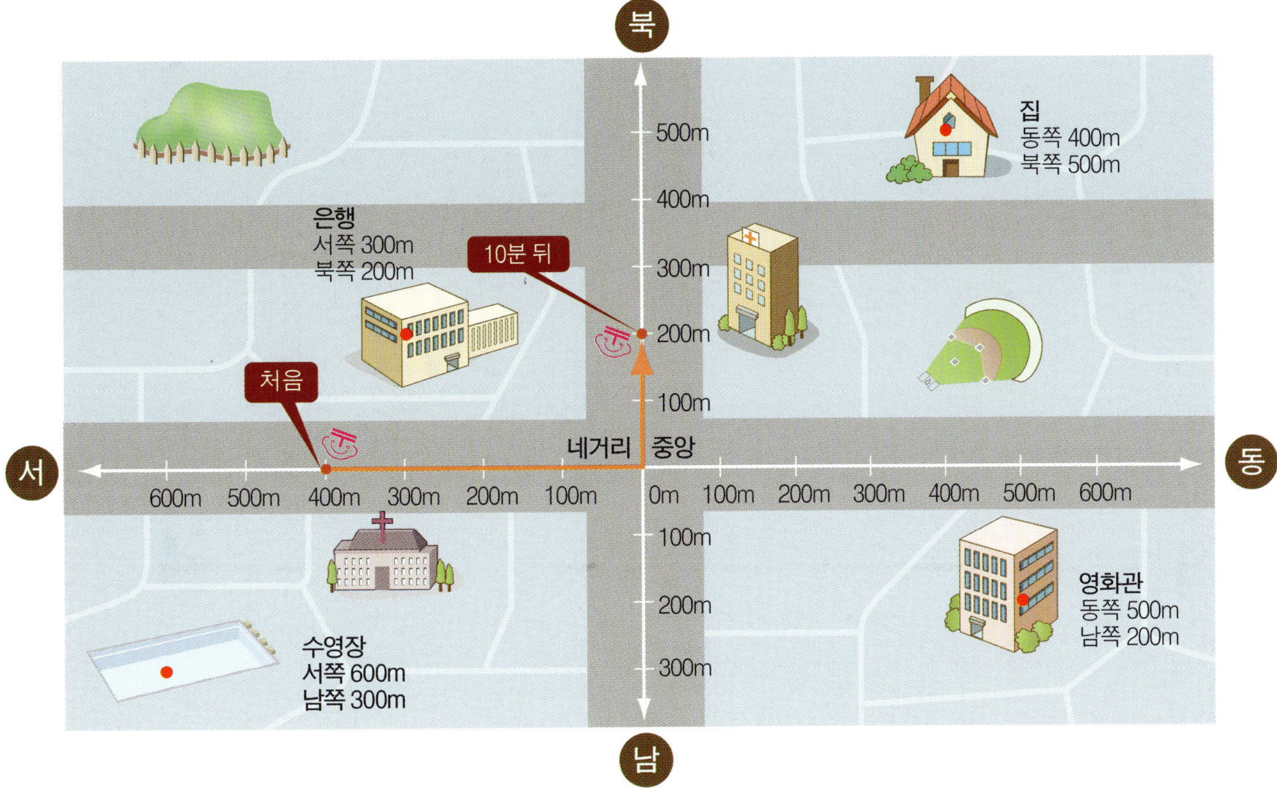

위 그림에서 '태현이는 걸어서 10분 동안 네거리 중앙으로부터 서쪽 400 m인 위치에서
네거리 중앙으로부터 북쪽 200 m인 위치까지 운동하였다.' 라고 표현할 수 있다.

인형극 놀이

인형극을 공연하려고 할 때 인형극에 쓸 인형과 배경도 만들고 연
습을 하는데, 인형을 직접 움직이는 방법 외에 '인형이 움직이는
것처럼 보이게 하는 방법은 없을까?'
인형이 오른쪽으로 움직이고 있는 것처럼 보이게 하려면 어떻게
해야 할까? 힌트는 인형 뒤에 있는 배경이다. 뒤에 있는 인형극
무대 배경을 왼쪽으로 움직이면 인형은 오른쪽으로 움직이는 것
처럼 보인다.
인형에 집중해서 인형극을 본다면 무대 배경을 왼쪽으로 움직일
때 인형은 오른쪽으로 움직이는 것처럼 보이게 될 것이다. 실제로
그렇게 되는지 해 보는 것도 좋다.

일 Work

우리가 일상생활에서 사용하는 일이라는 용어는 육체적, 정신적인 노동을 가리키지만, 과학에서는 물체에 힘을 가한 방향으로 물체가 이동했을 때에 일을 했다고 한다.

일 Work

과학에서 일이란 어떤 물체에 힘을 가하여 물체가 힘의 방향으로 이동했을 때에 일을 했다고 말한다. 즉, 힘을 가하더라도 물체가 이동하지 않으면 한 일은 0이 되는 것이다.

오른쪽 역기를 든 사람은 위에서 설명한 것에 의하면 역기를 들고 전혀 움직이지 않고 있기 때문에 과학에서 정의하는 일을 하지 않은 것이 된다. 왜냐하면 역기를 든 사람은 역기를 드는 방향으로 힘을 가했지만 역기가 그 방향으로 이동하지 않고 있기 때문이다.

육체적 노동으로 따지면 역기를 든 사람은 팔과 다리의 근육에 수축과 이완 등이 일어나면서 일을 한 것이지만, 역기에 대해서는 아무런 일도 하지 않은 것이다. 하지만 역기를 들어 올리는 과정을 봤을 때는 역기를 들어 올리는 방향으로 힘을 주고 역기 또한 그 방향으로 움직였으므로 일을 한 것이 된다.

개념에 대한 TIP

과학에서 일인 것과 일이 아닌 것

무거운 물건이나 움직이지 않는 물건에 아무리 힘을 주어도 물체가 움직인 거리가 0이면 과학에서는 일이 아닌 것이다.

바위를 밀어서 바위는 흔들거리지만 이동 거리가 없다면 일이 아닌 것이다.

박스를 밀었을 때 박스가 힘을 주는 방향으로 이동하면 일이지만, 만약 이동하지 않았다면 그것은 일이 아닌 것이다. 땅에 꽂혀 있는 검을 뽑으려고 큰 힘을 주었지만 검이 꼼짝하지 않았다면, 다시 말해 힘의 방향으로 이동하지 않았다면 과학적으로 보았을 때에 일을 한 것이 아니다.

지구 주위를 돌고 있는 인공위성에 작용하는 중력은 운동 방향과 수직을 이룬다. 이 경우에 위성이 힘의 방향으로 이동하지 않았으므로 과학적 의미에서 일을 한 것이 아니다.

일의 크기

한 일의 양은 어떻게 계산할까? 무게가 있는 상자를 들고 나르면 이때 한 일을 수치로 나타낼 수 있을까? 일반적으로 생각했을 때 상자를 더 높이 들면 들수록 더 많은 힘이 들어가므로 더 많은 일을 할 것이고, 상자 1개보다는 2개, 3개를 옮길 때 더 많은 일을 할 것이다. 여기에서 알 수 있듯이 한 일의 양은 작용한 힘의 크기와 물체의 이동 거리에 비례한다. 따라서 일(W)은 물체에 작용한 힘의 크기(F)와 작용한 힘의 방향으로 물체가 이동한 거리(s)의 곱으로 나타낸다.

$$W = F \times s$$
$$(일) = (힘) \times (이동\ 거리)$$

이때 물체에 작용한 힘의 크기를 나타내는 단위는 뉴턴(N)이고, 물체가 움직인 거리를 나타내는 단위는 미터(m)이다. 따라서 일의 단위는 뉴턴미터(Nm)라고 한다. 뉴턴미터는 줄(J)이라는 단위로 나타낼 수 있다.

1J은 1N의 힘을 사용해서 물체를 1m 이동시킬 때 한 일의 양이다.

1J의 크기는 100g 정도 되는 물체를 1m 이동시킨 일의 양과 같다.

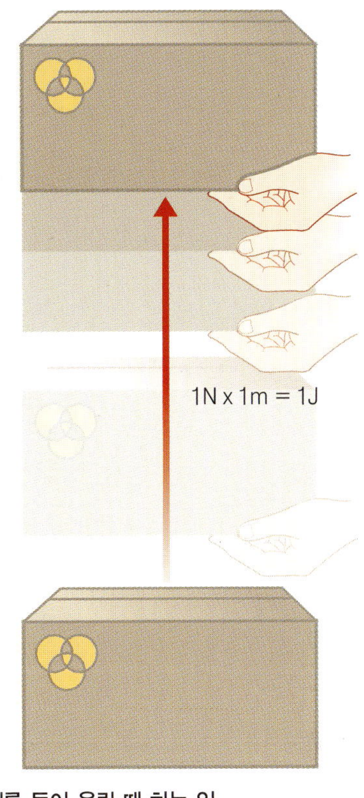

🔺 **물체를 들어 올릴 때 하는 일**
약 100g의 물체를 들어 올리는 데 필요한 힘의 크기는 약 1N이다. 즉, 이 물체를 1m 들어 올릴 때 하는 일은 1N× 1m=1 J이다.

일률 Power

"너는 일을 참 능률적으로 하는구나."

"효율적으로 일을 할 수 있도록 해요."

위와 같은 말에서 나오는 능률, 효율 등의 표현은 과학에서의 일에 있어서 어떻게 나타낼 수 있을까?

만약 A와 B라는 사람이 있는데 똑같이 상자를 1층에서 2층으로 옮겼지만 A는 10분, B는 20분 걸렸다고 가정해 보자.

A와 B가 든 힘과 이동 거리가 같기 때문에 두 사람이 한 일의 양을 계산하면 같다. 그렇지만 능률은 알 수 없다. 이런 경우에 일을 하는 데 걸린 시간을 포함하는 다른 개념이 필요하다. 이때 필요한 것이 바로 일률이다. 일률은 일의 능률을 나타내고, 일의 양을 그 일을 하는 데 걸린 시간으로 나눈 값을 말한다. 그러므로 일률이 크다는 것은 좀 더 효율적으로 일을 한다는 뜻이다.

일의 단위가 줄(J)이고, 시간의 단위가 초(s)일 때 일률의 단위는 줄/초(J/s)이다. J/s의 다른 이름이 와트(W)이므로 1J/s는 1W와 같다. 1W는 대략 물 한 컵을 1초 동안에 1m 들어 올리는 경우의 일률이다.

$$P = \frac{W}{t}$$
$$(일률) = \frac{(일)}{(시간)}$$

$$1J/s = 1W$$
$$(1줄/초 = 1와트)$$

자기장 Magnetic Field /磁氣場

자석 주변에 자기력이 미치는 공간을 자기장이라고 한다. 자기장의 방향은 N극에서 S극으로 향하고, 철이나 철 가루 등을 끌어당기는 힘은 자석의 양끝이 가장 강하고 자석에서 멀어질수록 약해진다.

자기장 Magnetic Field

자석 주변에 철 가루를 뿌려 놓으면 철 가루들이 특정한 방향으로 늘어서는 것을 볼 수 있다. 이것은 자석에 의해 형성된 자기력의 영향 때문이며, 자기력이 영향을 미치는 공간을 자기장이라고 한다. 자기장 내에 나침반을 놓으면 나침반의 바늘 역시 일정한 방향을 가리키는데, 나침반의 N극은 인력에 의해 자석의 S극으로 끌린다. 과학자들은 자기력이 자석과 자석 사이에서 직접 작용하는 것이 아니라고 생각한다. 어떤 곳에 자석을 놓으면 우선 그 주위에 자기장을 만들고, 이 자기장이 다른 자석에 자기력을 작용한다는 것이다. 이와 같이 자석의 힘이 미치는 공간을 자기장이라고 한다.

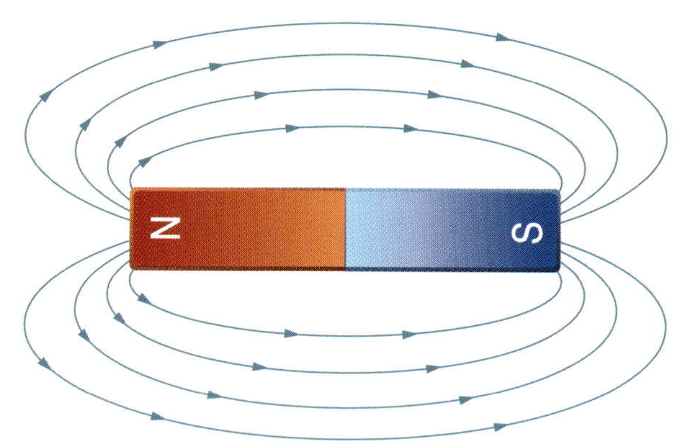

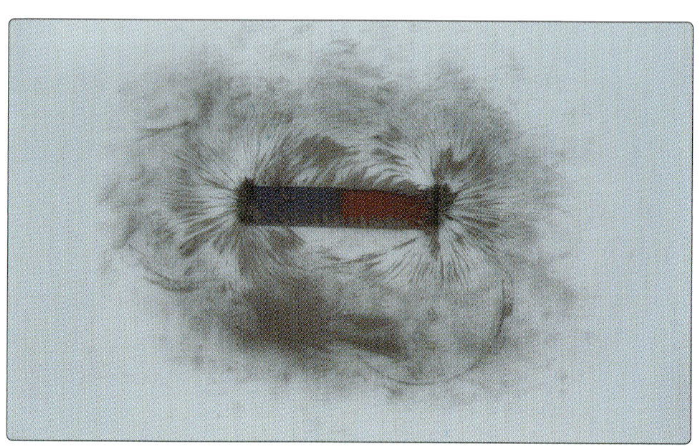

자석 주위의 자기장 ▶

철 가루가 늘어선 모양은 자석 주위에 형성되는 자기장의 모양을 보여 준다. 자기장의 근원은 자석을 이루고 있는 철 원자 내의 전자 운동이다.

지구의 자기장

지구는 하나의 커다랗고 강력한 자석이라고 할 수 있다. 그 강력한 자기장은 자기권이라고 불리며 우주로 수만 km씩 퍼져 나간다. 행성의 자기장은 각자의 외핵 안에 있는 액체 상태의 금속 때문에 생긴다. 아직 밝혀지지 않은 어떤 까닭으로 지구 자기장의 방향이 약 백만 년마다 한 번씩 갑자기 바뀐다.

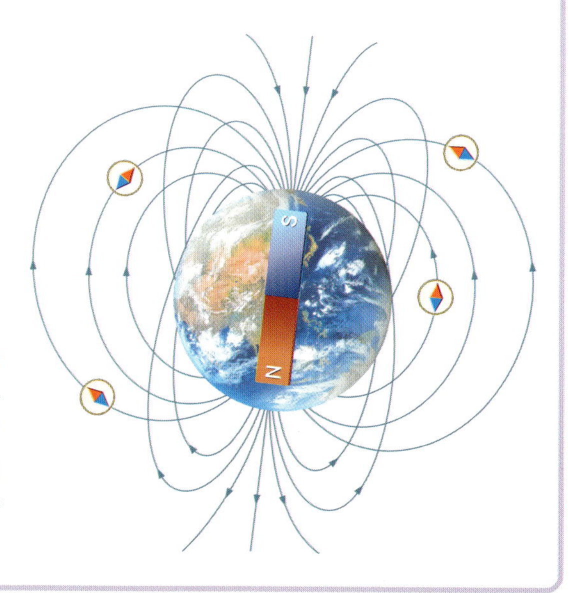

지구 자기장의 방향 ▶

나침반의 N극은 항상 지구의 북쪽을 가리키고, 나침반의 S극은 항상 지구의 남쪽을 가리킨다. 그러므로 지구의 북쪽은 S극의 성질을, 지구의 남쪽은 N극의 성질을 나타낸다. 그러므로 지구의 자기장은 지구의 남쪽에서 나와 지구의 북쪽으로 들어가는 방향으로 형성된다.

앙페르의 오른나사의 법칙

오른손을 사용하여 엄지손가락이 전류의 방향을 향하게 펴고 나머지 네 손가락으로 도선을 감아쥘 때, 네 손가락이 감아쥐는 방향이 도선 주위에 생기는 자기장의 방향이 된다.

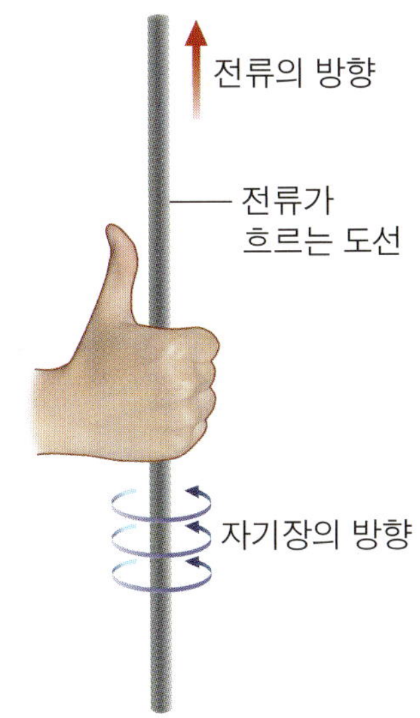

플레밍의 왼손 법칙

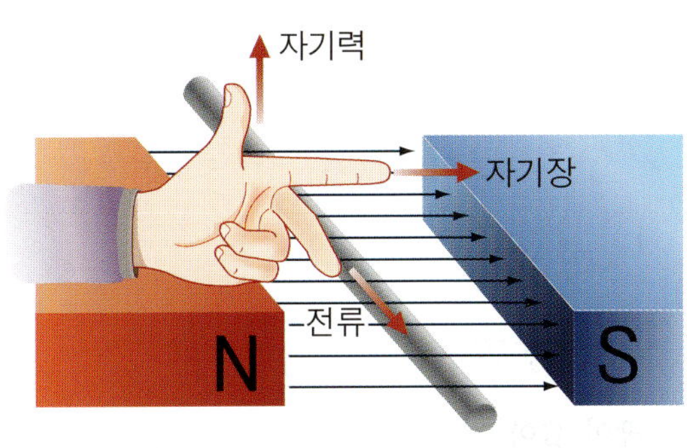

왼손의 첫째, 둘째, 셋째손가락을 서로 수직이 되게 폈을 때 둘째손가락이 가리키는 방향이 자석에 의한 자기장의 방향이 되고, 셋째손가락이 가리키는 방향이 전류가 흘러가는 방향이 되며, 이때 첫째손가락이 가리키는 방향이 자기력의 방향이 된다.

전자석 Electromagnet

전자석은 일반적으로 우리가 알고 있는 영구 자석과는 달리 전류가 공급되어야만 자석이 된다. 영구 자석은 전류의 공급과는 상관없이 항상 자석의 성질을 유지하지만 전자석은 도선에 전류가 흘러야 도선 주위에 같은 원 모양의 자기장이 형성된다. 이러한 원리를 이용하여 영구 자석으로는 얻을 수 없는 매우 강력한 자기장을 얻을 수 있다.

전자석은 전류가 흐르면 자석이 되고 전류의 세기를 조정해서 자기장의 세기를 바꿀 수 있는 성질이 있다. 이러한 전자석의 성질을 이용해서 통신기의 계전기부터 1톤(t) 이상의 무거운 재료를 끌어올리는 전자석 기중기까지 널리 이용되고 있다.

🔷 전자석 기중기

솔레노이드 Solenoid

스피커나 전동기 내부를 보면 도선을 원형으로 여러 번 감은 코일을 볼 수 있다. 앙페르(Ampère, André Marie: 1775~1836)는 원형 코일을 한 번 감았을 때보다 여러 번 감을수록 같은 세기의 전류가 흐르더라도 자기장의 세기가 더 강해지는 현상을 발견하였다.

솔레노이드는 촘촘하고 균일하게 원통형으로 감은 도선인데, 가장 간단한 형태의 전자석이다. 원통형으로 감은 코일에 전류가 흐르면 자기장이 형성되며, 그 속에 철심을 넣으면 더 강한 자기장을 얻을 수 있다. 솔레노이드는 제조 과정이 간단하고 경제성이 있어 생활용품, 사무용품, 자동차 부품 등 다양한 분야에 쓰인다.

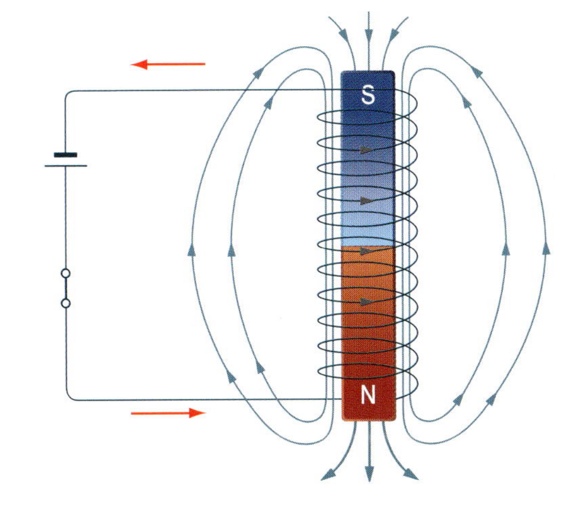

자석 Magnet /磁石

자석은 철을 끌어당기는 성질을 지닌 물체이다. 자석은 철로 된 물체를 끌어당겨 자석에 달라붙게 한다. 이렇게 철을 끌어당기는 자석의 성질을 자성이라고 한다.

자석에서 클립이 많이 붙는 곳

클립을 많이 깔아놓고 자석을 가까이 가져가 보자. 어떻게 되는가? 클립이 자석에 붙은 모습을 보면 자석의 가운데에는 클립이 거의 붙지 않는다. 그리고 자석의 양쪽 끝 부분에만 몰려서 붙어 있는 것을 볼 수 있다. 클립이 양쪽 끝에 많이 달라붙는 까닭은 양쪽 끝이 자석에서 가장 자성이 센 곳이기 때문이다. 이곳을 자석의 극이라고 한다.

클립이 자석의 양쪽 끝의 두 군데에만 달라붙으므로 자석의 극은 2개이다. 이 두 극에는 각각 이름이 있는데, 막대자석에 쓰여 있는 N과 S가 그것이다. N이 쓰여 있는 부분은 '엔극' 이라고 읽고, S가 쓰여 있는 부분은 '에스극' 이라고 읽는다.

◮ 자석의 극

자석에서 가장 힘이 센 곳이 두 곳 있는데, 이 곳을 자석의 극이라고 한다. 이 두 극을 N극과 S극이라고 한다.

척력과 인력 Repulsion and Attraction

서로 밀어내는 힘을 척력, 서로 끌어당기는 힘을 인력이라고 한다. 막대자석 2개를 가지고 실험하면 척력과 인력을 관찰할 수 있다.

오른쪽 그림과 같이 해 보자.

한번은 같은 극끼리 가까이 가져가 보고, 한번은 다른 극끼리 가까이 가져가 보자. 같은 극끼리는 밀어내고, 다른 극끼리는 서로 끌어당기게 된다. 같은 극인 N극과 N극, S극과 S극은 서로 밀어내고, 다른 극인 N극과 S극은 서로 끌어당긴다.

밀어내는 척력과 끌어당기는 인력의 크기는 거리가 멀어질수록 약해진다. 막대자석 2개를 멀리 떨어뜨려 놓으면, 척력과 인력의 크기가 아주 작아져서 밀거나 끌어당기는 현상이 나타나지 않는다.

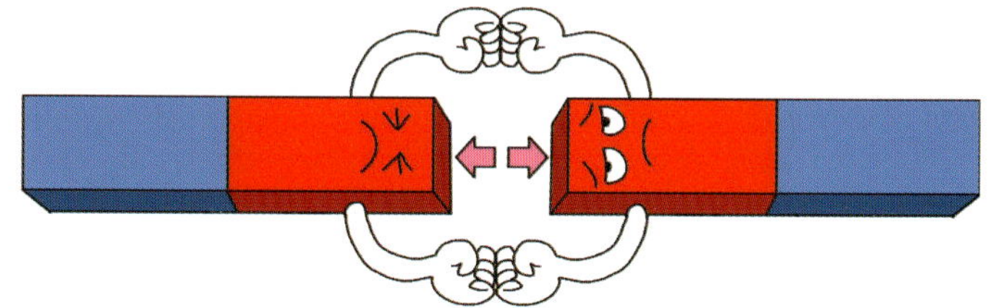

◮ 같은 극끼리는 서로 밀어내는 척력이 작용한다.

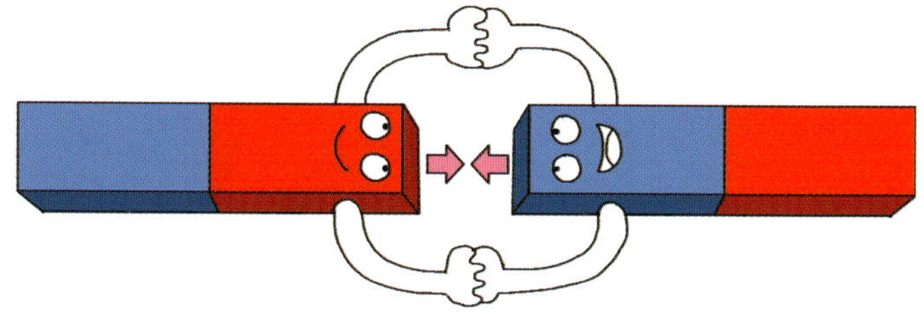

◮ 다른 극끼리는 서로 끌어당기는 인력이 작용한다.

◮ 두 자석이 너무 멀리 떨어지면 척력이나 인력이 작용하지 않는다.

나침반 Compass

지구는 거대한 자석과 같다. 이를 이용해서 나침반을 사용한다. 나침반의 N극이 가리키는 곳은 북쪽이고, S극이 가리키는 곳은 남쪽이다. 바다를 항해하는 배나 하늘을 나는 비행기는 나침반으로 길을 찾는다. 우리가 낯선 곳을 여행할 때도 지도와 함께 나침반을 챙겨 가면 아주 유용하게 이용할 수 있다. 또 나침반을 막대자석 가까이 놓으면 오른쪽 그림처럼 나침반의 S극은 막대자석의 N극을 향하고, 나침반의 N극은 막대자석의 S극을 향한다. 이와 같이 나침반의 바늘과 막대자석 사이에도 척력과 인력이 작용하는 것을 확인할 수 있다.

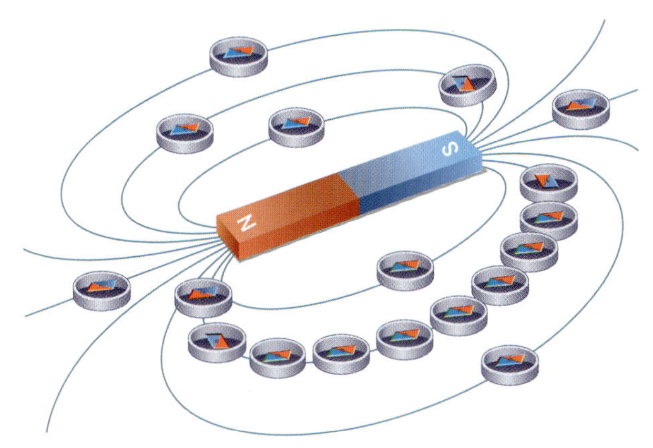

탐구 실험

물질의 자성 알아보기

폐기물 처리장에서 보면 전자석을 이용하여 자석에 붙는 물질을 분류하는 것을 볼 수 있다. 같은 금속이라도 철, 니켈, 코발트 성분이 있는 것은 자석에 붙지만 알루미늄, 구리 등은 자석에 붙지 않는 성질을 이용하는 것이다. 다음 실험을 통해 물질이 자석에 어떻게 반응하는지 알아보자.

| 준비물 | 막대자석, 철 클립, 플라스틱 조각, 유리 막대, 네오디뮴 자석

| 실험 과정 |

❶ 막대자석을 철 클립과 플라스틱 조각에 가까이 가져가 본다.

❷ 잘 움직일 수 있도록 플라스틱 빨대 위에 올려놓은 유리 막대에 네오디뮴 자석을 가까이 가져가 본다.

| 실험 결과 |

자석을 가까이 가져갔을 때 철 클립은 자석에 잘 붙지만 플라스틱 조각은 붙지 않는다. 그런가 하면 유리 막대는 강한 자석에 밀리는 것을 볼 수 있다. 각 물질은 외부 자기장에 대해 반응하는 자기적 특성을 가지고 있다. 어떤 물질은 외부 자기장이 주어졌을 때 강한 자성을 띠기도 하지만, 어떤 물질은 외부 자기장에 대해 거의 반응하지 않는다.

북극 North Pole

지리상의 북극과 자석이 가리키는 북극은 다르다. 이때 자석이 가리키는 북극을 자북극이라고 부른다. 따라서 나침반의 N극이 가리키는 북쪽은 지도의 북극이 아니라 지구 자기장의 북극인 자북극이다. 자북극은 항상 같은 곳이 아니고 조금씩 변하는데, 여러 지층의 자기적 성질을 분석한 결과 지구 자기장이 약해지기도 하고 방향이 바뀐 적도 있다고 한다. 그래서 요즘은 정확한 위치 정보가 필요한 곳에는 GPS 장치를 사용하기도 한다. 현재의 자북극은 지리상 북극에서 약 1,800km 떨어진 캐나다 북부로, 대략 북위 78°, 서경 69° 지점이다.

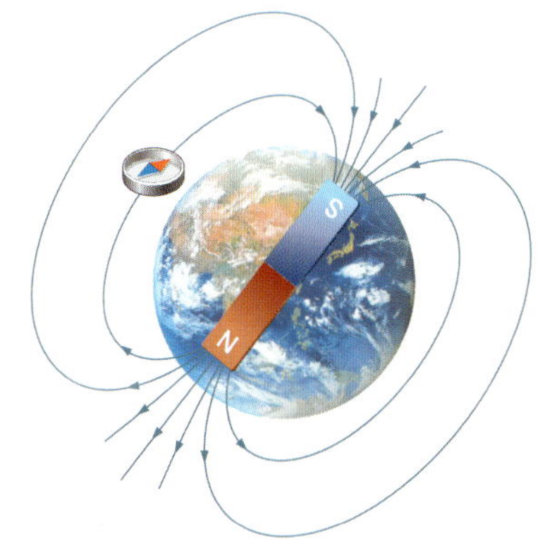

자성 Magnetism

자석에 철을 갖다 대면 잘 붙는다. 그래서 모든 금속은 자석에 잘 붙을 것처럼 보이는데 과연 그럴까?

일반적으로 금속은 광택이 나고, 열과 전기를 잘 전달하며, 얇게 펴지고 늘어나는 성질이 있는 고체 물질의 무리를 일컫는 말이다. 그런데 모든 금속이 자석에 잘 붙는 것은 아니다.

철처럼 자석에 잘 붙는 것을 강자성체라고 하는데, 이에는 니켈, 코발트 등이 있다. 반대로 자석에 잘 붙지 않는 것을 비자성체라고 하는데, 이에는 알루미늄, 구리, 백금 등이 있다.

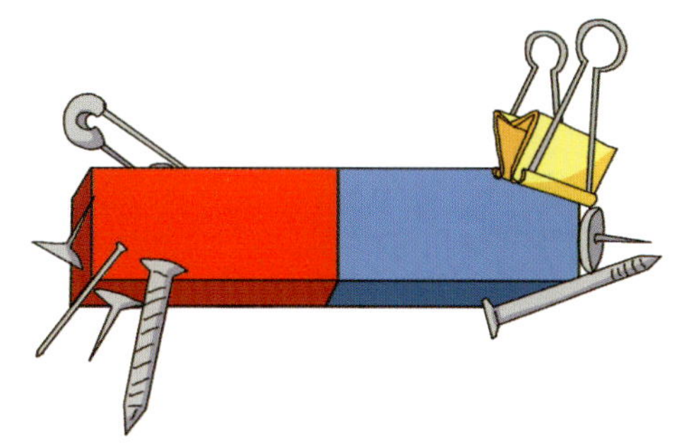

🔺 자석은 철, 니켈, 코발트로 된 물체를 끌어당긴다. 이렇게 자석에 잘 붙는 물질로 된 물체를 강자성체라고 한다.

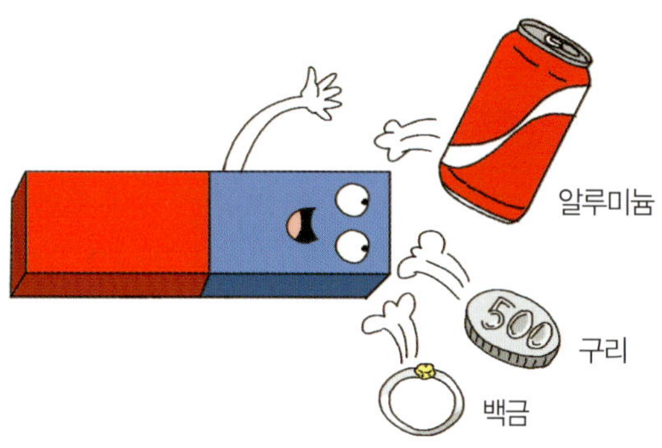

🔺 같은 금속이어도 알루미늄 캔이나 구리가 포함된 동전은 자석에 붙지 않는다. 이런 물질을 비자성체라고 한다.

자석의 자성을 일시적으로 없애거나 약화하는 가장 좋은 방법은 열을 가하는 것이다. 열을 가하면 물질을 이루는 가장 작은 단위인 원자들이 무질서하게 움직이면서 자성을 잃게 된다. 자석의 자성을 없애기 위해 큰 충격을 주는 방법도 있다. 자석을 망치로 두드리면 일시적으로 자성을 잃게 된다. 하지만 열이 식거나 충격이 사라지면 자성이 다시 되살아난다.

자화 Magnetization

철, 니켈, 코발트 등과 같은 강자성체는 원자 하나하나가 모두 자석과 같은 성질을 갖고 있다. 그런데 평소에는 원자 배열이 불규칙해서 실제 자석과 같은 효과를 낼 수 없다. 하지만 여기에 자석을 가까이 가져가면 원자들이 규칙적으로 늘어서면서 자석에 달라붙게 된다. 한편, 철로 된 못이나 바늘을 자석으로 문지르면 잠깐 동안이지만 자석처럼 철을 끌어당기게 할 수 있다. 이렇게 자석의 성질을 띠게 하는 것을 자화라고 한다.

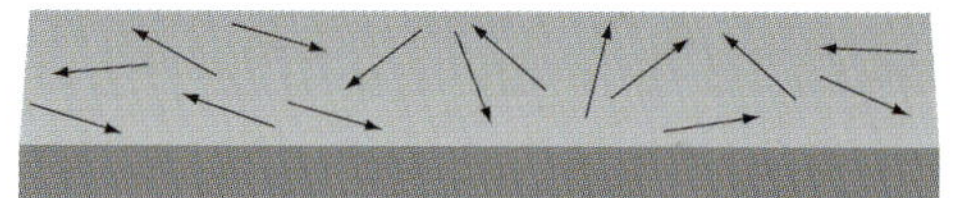

🔺 평소에는 철의 원자들이 불규칙하게 배열한다.

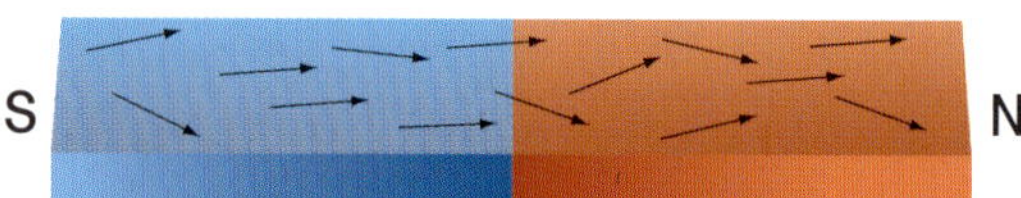

🔺 철에 자석을 가까이 가져가면 철의 원자들이 규칙적으로 배열되면서 자석에 달라붙는다.

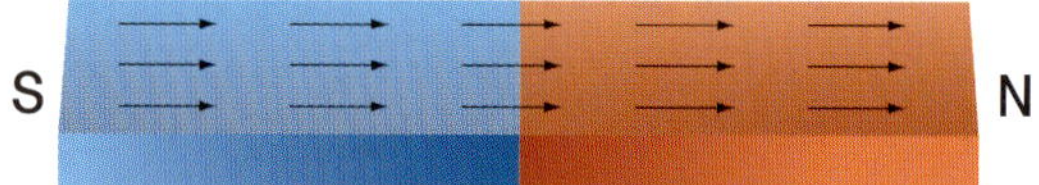

🔺 철을 자석으로 문지르면 철이 자석의 성질을 띠는 자화가 일어난다.

탐구 실험

나침반 만들기

| 실험 방법 |

❶ 철로 된 머리핀을 자석으로 문지른다.

❷ 자석으로 문지른 머리핀을 우드록 조각에 올려 물이 든 수조에 띄운다.

❸ 물 위의 머리핀은 어떻게 되는지 관찰한다.

| 실험 결과 |

머리핀은 남쪽과 북쪽을 가리킨다.

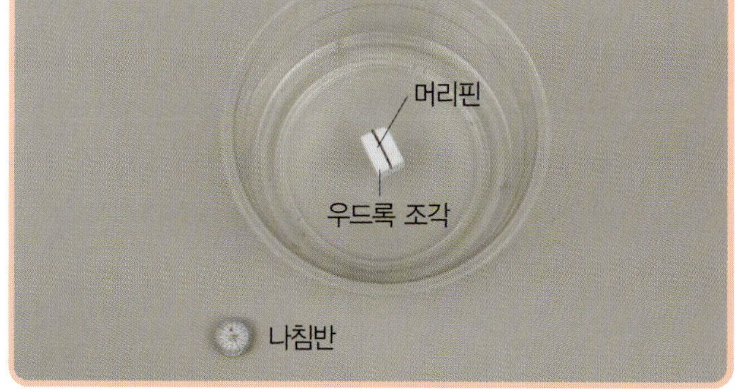

자성체와 자기 기록

각종 플라스틱 카드에는 자기 기록 띠가 있어서 카드에 대한 정보를 기록해 두고, 카드 판독기를 통해서 읽어 낸다. 이들 자기 기록 띠에 정보가 기록되는 원리는 무엇일까? 자석 주위에 형성된 자기장 속에 물질들이 들어갈 때 외부 자기장과 같은 방향으로 내부 자기장을 형성하는 물질들을 자성체라고 한다. 자성체는 자석에 끌리는 특징을 가진다. 내부에 형성된 자기장이 약해서 자석에 끌리는 정도가 작은 알루미늄과 같은 물질을 상자성체라 하고 자석에 끌리는 정도가 큰 철, 니켈, 코발트와 같은 물질을 강자성체라고 한다. 강자성체는 자석에 강하게 달라붙는 성질이 있고, 외부 자기장이 없어져도 내부에 형성된 자성이 남아 있다. 자기 기록 띠 위에 얇은 강자성체 막을 입히면 신호를 저장하는 자기 기록 장치를 만들 수 있다. 자성체가 외부 자기장에 의해 자성을 띠는 것을 자화라고 한다.

강자성체를 테이프와 같은 매체의 표면에 바르고 표면의 어느 영역에 자기장을 걸어 주면, 그 영역에 형성된 자성은 외부 자기장이 없어져도 남게 된다. 테이프에 정보가 기록되는 원리는 오른쪽 그림과 같은데, 여기에서 헤드의 역할은 자기장을 발생시키는 일이다. 헤드는 기록되는 정보에 따라 0 또는 1에 해당되는 방향의 자기장을 발생시키고, 테이프 영역이 그 방향으로 자화된다. 이와 같은 방식에 의해 매체에 정보가 기록된다. 반대로, 정보를 재생할 때에는 헤드는 각 영역의 자화 방향을 감지하는 역할을 하는데, 이 경우 자성체의 자기장에 의해 헤드에 유도 전류가 발생되는 원리가 사용된다.

카드 판독기를 통해 자기 기록 띠에 저장된 정보를 읽어 낸다.

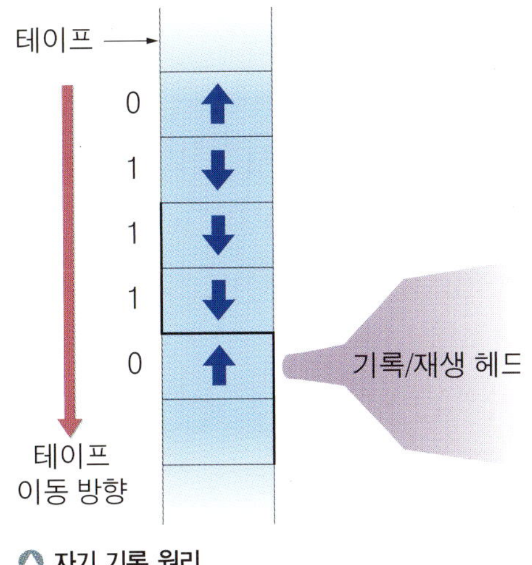

자기 기록 원리

탐구 실험

자화 실험

| 준비물 | 플라스틱 시험관, 네오디뮴 자석, 자석 가루, 클립

| 실험 과정 |

❶ 자석을 잘게 부수어 만든 자석 가루를 시험관에 넣고 자석 가루가 잘 섞이도록 흔든다.

❷ 잘 흔든 시험관을 클립에 가까이 가져가 본다.

❸ 시험관 벽을 네오디뮴 자석으로 문지르는 동안 자석 가루가 어떻게 움직이는지 관찰한다.

❹ 네오디뮴 자석으로 문지른 시험관을 클립에 가까이 가져가 본다.

| 실험 결과 |

• 자석 가루가 들어 있는 시험관에 클립을 가까이 가져가면 잘 붙지 않는다. 자기력이 서로 상쇄되기 때문이다.

• 시험관 벽을 네오디뮴 자석으로 문지르면 자석 가루가 자석 방향으로 정렬한다. 즉, 자화된다.

• 네오디뮴 자석으로 문지른 시험관에 클립을 가까이 가져가면 클립이 달라붙는다. 시험관의 자석 가루가 자화되었기 때문이다.

저울 Scale

물체의 무게나 질량을 재는 기구 또는 기계를 말한다. 얼마나 무거운지 알아보고 싶다면 무게나 질량을 재야 하므로 저울이 필요하다. 어떤 것을 재는지에 따라 필요한 저울의 종류는 달라진다.

양팔저울 Balances

물질의 양을 나타낼 때에는 무게나 질량을 많이 사용한다. 무게는 보통 용수철저울을 사용하여 측정하고, 질량은 윗접시저울이나 양팔저울을 사용하여 측정한다.

전자저울은 무게뿐만 아니라 영점을 조절하면 질량도 측정할 수 있다.

양팔저울은 양쪽에 접시가 달려 있어서 접시에 물체를 올려놓고 무게나 질량을 비교할 수 있다. 또 중심에서의 거리를 정확히 알 수 있는 자가 달려 있어서 정확히 비교할 수 있다. 중심으로부터 같은 거리에 있는 두 물체 중 한 물체 쪽으로 저울이 기울어지면 기울어진 쪽의 접시에 있는 물체가 더 무겁다.

중심에서 접시 사이의 거리를 조절하면 무게나 질량이 달라도 양팔저울이 수평이 되게 만들 수 있다. 이렇게 서로 다른 거리에서 수평이 이루어지면 중심에서 거리가 가까운 물체가 더 무겁다고 할 수 있다.

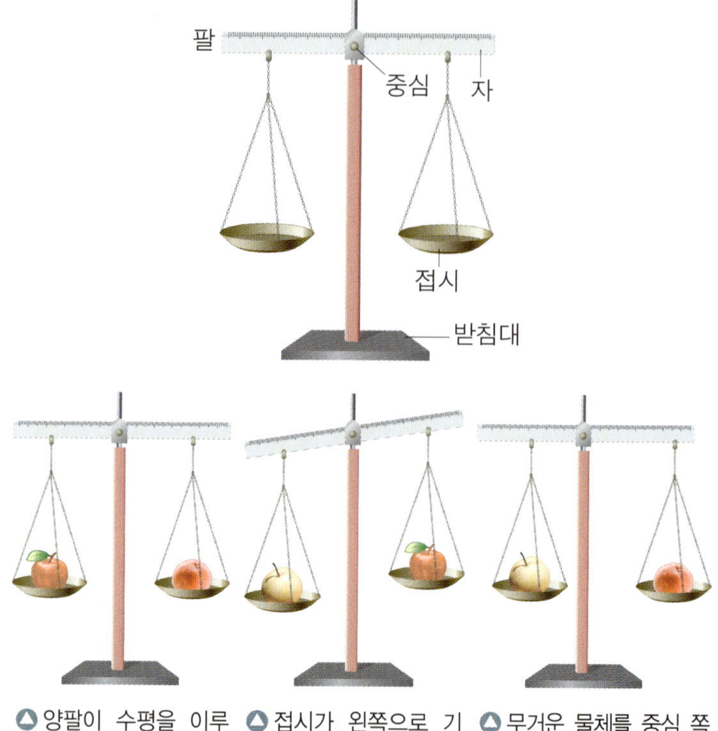

⬆ 양팔이 수평을 이루고 있으므로 양쪽의 질량은 같다.

⬆ 접시가 왼쪽으로 기울었으므로 왼쪽의 물체가 더 무겁다.

⬆ 무거운 물체를 중심 쪽에 가깝게, 가벼운 물체를 중심에서 멀어지게 옮기면 수평이 되게 할 수 있다.

용수철저울 Spring Balance

용수철저울은 지구의 중력이 물체를 지구의 중심 방향으로 끌어당기는 힘을 이용해서 만든 것이다. 무게가 무거울수록 지구가 끌어당기는 힘이 세므로 용수철은 더욱 많이 늘어나게 된다.

용수철로 만든 용수철저울에 물체를 매달면 용수철이 늘어난다. 용수철에 매단 추의 개수가 늘어날 때마다 용수철의 늘어난 길이도 일정하게 늘어난다. 이 원리를 이용하여 물체의 무게를 잴 수 있다.

이 용수철저울을 달에 가지고 가서 같은 물체를 재면, 용수철의 늘어나는 길이는 $\frac{1}{6}$로 줄어들 것이다. 그래서 용수철저울은 무게를 잴 때에 사용하고, 질량을 잴 때에는 분동이나 다른 물체와 비교가 가능한 양팔저울이나 윗접시저울을 사용한다.

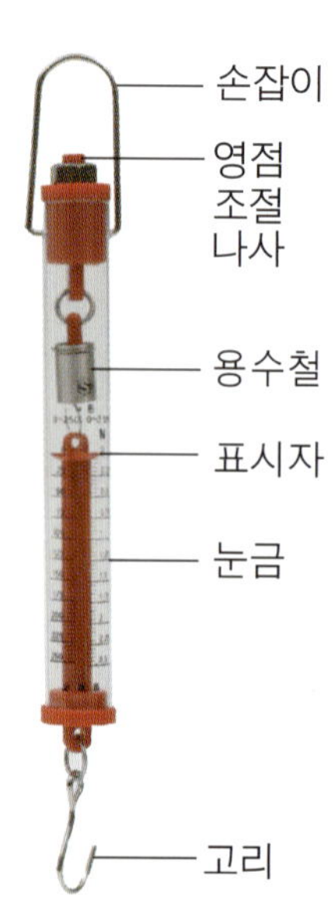

여러 가지 저울

양팔저울, 윗접시저울, 대저울은 수평 잡기의 원리를 이용한 저울이고, 용수철저울, 판지시 저울, 가정용 저울, 체중계는 용수철의 성질을 이용한 저울이다. 전자저울은 물체의 무게를 정확하게 숫자로 표시해 준다.

저울의 원리를 이용한 수평 잡기

양팔저울처럼 시소도 몸무게가 다른 두 사람을 수평이 되게 할 수 있다. 예를 들어 무거운 사람은 중심 가까이로 점점 이동하고 비교적 가벼운 사람은 중심에서 점점 멀리 이동하면 시소가 수평이 되는 지점을 찾을 수 있다.

무거운 사람은 시소 중심에서 가까운 곳에, 가벼운 사람은 시소 중심에서 먼 곳에 앉아야 시소의 수평을 잡을 수 있다.

킬로그램 원기

미터법에서 질량의 단위인 킬로그램의 기준이 되는 물체를 말한다. 높이와 지름이 모두 39 mm인 원기둥 모양의 백금과 이리듐의 합금으로 질량이 1 kg이다.

1875년 5월 20일, 파리에서는 미터법에 의해 도량형의 표준을 만드는 것을 목적으로 한 미터 조약이 체결되었다. 미터법은 미터(m) 및 킬로그램(kg)을 기본으로 한 십진법의 국제적인 도량형 단위를 말한다. 미터 조약이 체결된 후 여러 원기(길이나 질량과 같이 측정량의 단위를 규정하는 기준이 되는 물체 또는 장치)들 중 하나로 국제 킬로그램 원기를 만들었다.

전기 | Electricity / 電氣

(+)와 (−)의 부호를 가진 두 종류의 전하가 나타내는 여러 가지 자연 현상을 전기라고 한다. 일상생활에서 자주 사용하는 텔레비전, 냉장고, 세탁기와 같은 가전제품을 사용할 수 있는 것은 바로 전기가 있기 때문이다.

정전기 Static Electricity

어떤 물체가 과도한 전자를 포함하고 있을 때 (−)전하라고 부른다. 이 물체는 다른 (−)전하를 띤 물체를 쫓아내 버린다. 또 어떤 물체는 (−)전하를 많이 잃어버린 원자들을 가지고 있을 것이다. 이러한 물체들은 (−)전하를 띤 물체들은 끌어들이고 (+)전하를 띤 다른 물체들은 내쫓을 것이다. 전자들은 이러한 물체들을 향해서 흐르거나 물체들로부터 흘러나오지 않고 물체에 머물러 있는 정지 상태로 있기 때문에 정전기라고 한다. 정전하를 띤 물체들은 중립 상태의 물체들을 끌어당기고 (+)전하의 상태로 남기 위해서 전자를 쫓아 버린다.

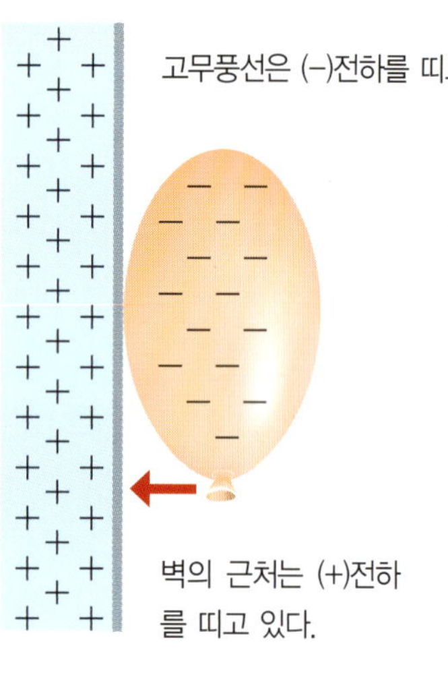

◀ 털가죽에 문지른 고무풍선은 (−)전하로 채워질 것이다. 이것을 벽에 대면 표면 근처에 있는 (−)전하를 쫓아내고 남아 있는 (+)전하를 띤 부분을 끌어당길 것이다. 그렇게 고무풍선을 지탱한다.

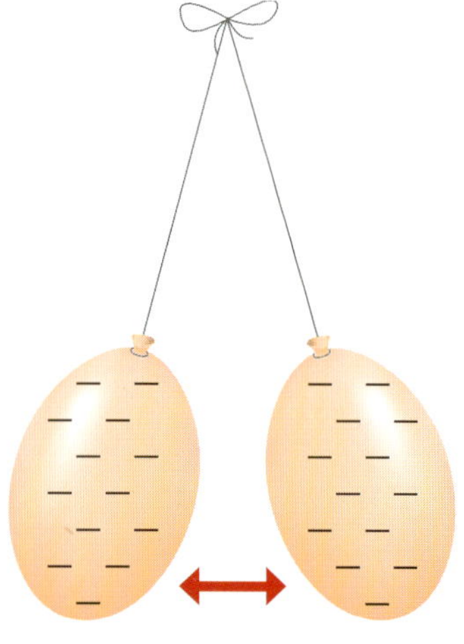

◀ 만약에 2개의 고무풍선이 (−)전하로 채워져 있다면 그들은 서로 밀어낼 것이다. 전하를 띤 물체들은 전기장으로 둘러싸여 있다.

방전 Electric Discharge

폭풍우가 치는 날씨에 전자들은 점차적으로 지구에서 낮은 구름 쪽으로 이동할 것이다. 전하들도 구름 내에서 분리된다. 땅과 구름의 윗부분은 강한 (+)전하를 띠게 되고, 그동안에 구름의 아랫부분은 (−)전하를 띠게 된다. 결국에 구름은 전하들이 서로 중성이 되는 것처럼 방전이 된다. 구름 안에서의 방전은 마치 번개가 치는 것처럼 보인다. 한쪽 끝이 갈라진 두 갈래의 번개는 기상학적으로 구름·땅 방전이다. 이러한 번개는 큰 충격으로 16만 km/s의 속력으로 이동하고 30만 볼트의 전류를 가지고 다닌다.

🔺 번개가 칠 때 위험한 장소

번개가 칠 때 번개는 땅으로 가는 가장 짧은 경로를 이용한다. 혼자 서 있는 나무는 번개에 공격당한다. 고층 빌딩은 자주 공격당하므로 번개가 안전하게 땅속으로 이동하도록 건물 꼭대기에 피뢰침을 설치한다.

개념에 대한 TIP

번개는 주변 공기의 온도를 태양 표면의 다섯 배 더 뜨겁게 데울 수 있다.

전류 Electric Current

전하가 한 물질을 통해 흐를 때 이를 전류라고 한다.

전류는 도체인 어떤 물질에 전자들이 흐르는 것을 말한다. 전기 회로에서 전지와 같은 에너지원은 전자가 (−)극의 단자에서 (+)극의 단자까지 흐르도록 한다. 흐름은 전기 회로가 공백 없이 완전할 때만 흐른다. 회로에서 개별적인 전자들은 실제적으로 천천히(1초에 1 mm 이하로) 흐른다. 왜냐하면 그들은 서로 1초에 1억 m보다 더 많이 가는 회로 주변의 전기 에너지를 지나갈 수 있게 되어 있기 때문이다.

구리는 전기의 아주 좋은 도체이므로 가정에서 쓰이는 다양한 기구, 뜨거운 물을 운반하는 관 등 가정이나 산업에 유용하게 사용된다.

끊어진 도체 ▶
전선이 전지에 연결되지 않으면 그 속에 들어 있는 자유 전자들이 모든 방향으로 돌아다닌다.

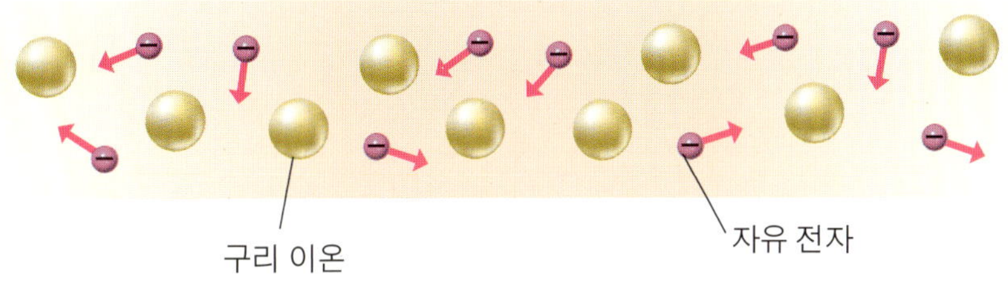

연결된 도체 ▶
전선이 전지에 연결되면 그 속에 들어 있는 자유 전자들은 전지의 (+)극을 향해서 흐른다.

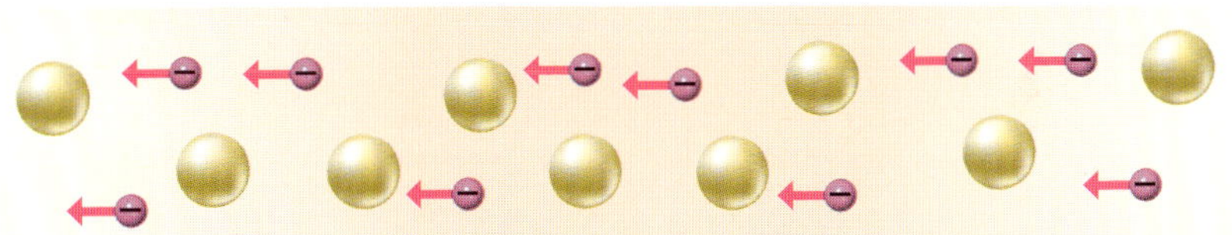

전기 케이블

전기 케이블은 전기가 구리선을 따라 쉽게 흐를 수 있도록 만들어져 있다. 각각의 전선은 플라스틱 튜브에 의해 분리되어 있다. 튜브의 색깔은 나라별로 다양하다.

활선은 전압(전기)이 살아 있는 선이고, 중성선은 전압이 0인 선이다. 전기는 전압이 살아 있는 활선에서 전기 기구로 흘러 들어가 일을 하고 중성선을 통해 **빠져나간다.** 접지선은 전기가 누전되었을 때 누전된 전류를 땅속이나 다른 금속 물질을 통해 **빠져나가게** 하는 역할을 한다.

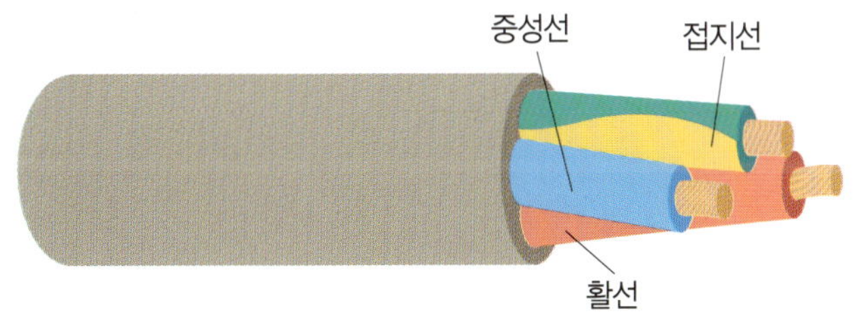

앰버(호박) Amber

앰버(호박)는 특정한 나무들의 진액이 건조된 것으로, 이 것으로 문지를 때 빠르게 정전하를 모을 수 있다. 고대 그리스인들은 전하를 띤 앰버(호박)의 조각이 깃털과 같은 가벼운 물체를 끌어당기는 성질이 있음을 발견했다. 이러한 효과 때문에 앰버(호박)를 의미하는 그리스어의 'electron'에서 '전기(electricity)'라는 말이 유래된 것으로 전해진다.

전기 회로 Electric Circuit / 電氣回路

전기 회로는 전기를 사용하기 위하여 필요한 부품인 전지, 전선, 전구, 스위치 등을 연결하여 전류가 흐를 수 있도록 한 것이다.

전기 회로 Electric Circuit

전기 회로를 만들기 위해서는 전류가 흐를 수 있는 길을 잘 만들어야 한다. 전류가 끊어지지 않도록 잘 연결된 회로를 닫힌 회로라고 하고, 스위치 등의 부품에 의해 전류의 통로가 끊긴 회로를 열린 회로라고 한다.

전기 회로를 만들기 위해서는 전지와 같은 전원 장치, 전구나 전동기 등과 같은 출력 장치, 전선이나 스위치 등과 같은 연결 장치가 필요하다.

전기 회로는 전원 장치에서 출발한 전류가 출력 장치를 거쳐 다시 전원 장치로 돌아올 수 있도록 중간에 끊어짐 없는 닫힌 회로를 만들어야 한다. 즉, 오른쪽과 같은 전기 회로에서 전지의 (+)극과 (−)극, 전구의 꼭지와 꼭지쇠가 끊어지지 않고 연결되어 전구에 불이 켜지면 닫힌 회로가 된다.

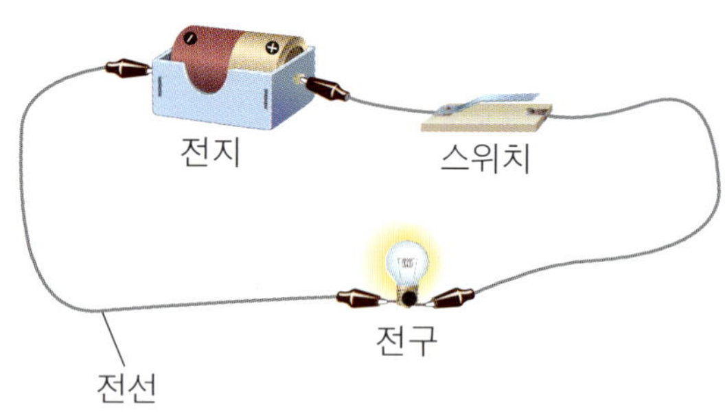

🔵 전기 회로 꾸미기
전원 장치(전지), 출력 장치(전구), 연결 장치(전선, 스위치)가 필요하다.

전원 장치−전지 Battery

전지는 보통 화학 반응을 이용한 화학 전지를 의미한다. 화학 전지는 크게 1차 전지와 2차 전지로 나눌 수 있다. 1차 전지는 한 번 사용하면 전지의 수명이 다해서 다시 쓸 수 없는 전지를 말하고, 2차 전지는 한 번 사용한 후에도 충전하면 다시 쓸 수 있는 전지이다.

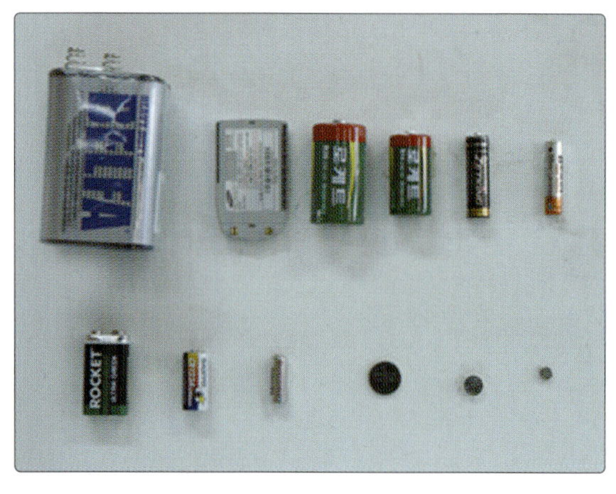

출력 장치−전구 Electric Bulb

일상생활 속에 쓰이는 전구는 크기와 종류가 다양하다. 하지만 내부를 보면 다음과 같이 공통된 구조로 되어 있다. 전지의 두 극이 각각 전구의 꼭지와 꼭지쇠에 연결되어 있어야 전구에 불이 켜진다. 전지가 연결되면 전구의 필라멘트 부분에서 빛이 나오게 된다.

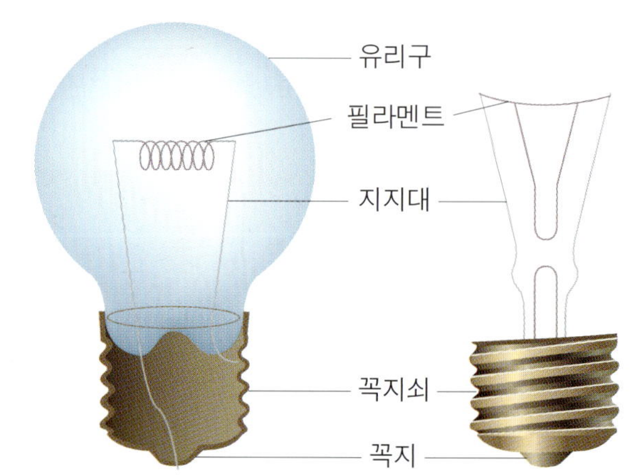

전기 회로도 기호

전기 회로도는 복잡한 내부 구조물을 간단한 기호나 그림으로 그리는 건축 설계도처럼 복잡한 전기 회로를 여러 가지 간단한 기호를 사용하여 이해하기 쉽도록 그린 그림을 말한다.

⊖	전구	⌇	저항	◯	교류 전원	⊣⊢	전지
⊣⊢	콘덴서	Ⓥ	전압계	⚬⚬	스위치	⎍⎍⎍	코일
Ⓐ	전류계	Ⓜ	전동기	⏚	접지	⚬⚬	퓨즈

🔺 전기 회로도 기호

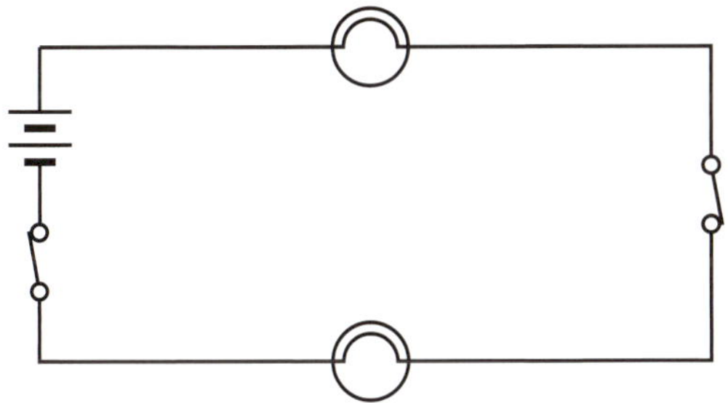

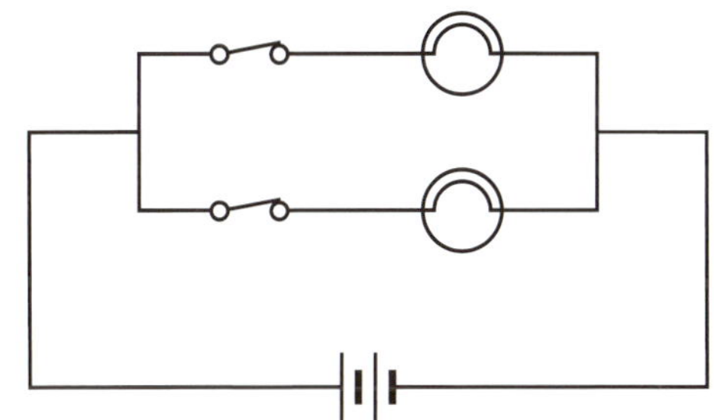

전기 회로도의 용도

전기 회로도는 크게 두 가지 까닭 때문에 사용한다. 먼저 복잡한 전기 회로를 회로도로 그려 쉽게 이해할 수 있도록 하는 용도이고, 두 번째로는 전기 회로를 만들기 전에 먼저 회로도를 그려 회로의 작동 여부를 판단하는 용도이다.

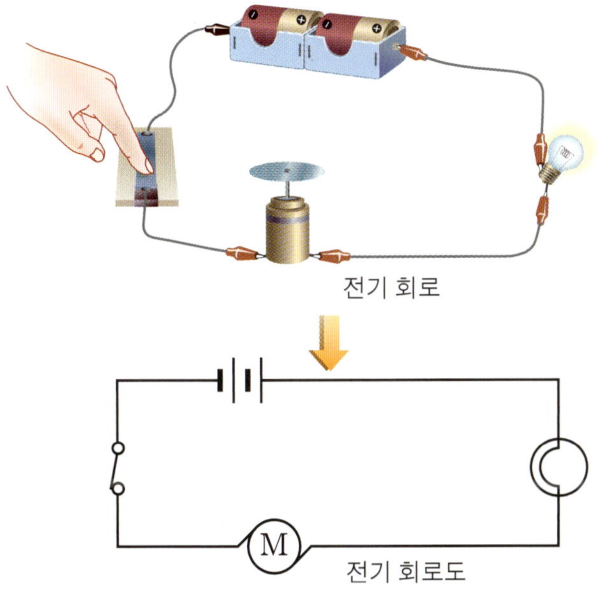

전기 회로

전기 회로도

카메라 플래시 Camera Flash

어떤 콘덴서들은 그들 전체의 전하를 한 순간에 방출할 수 있다. 대부분의 디지털 카메라들은 플래시 기능을 높이기 위해서 카메라 전지로부터 충전되는 콘덴서를 사용한다. 콘덴서는 거의 순간적으로 플래시를 일으켜 밝게 빛나게 하기 위해 모든 전하를 내놓아서 사진을 찍을 때 흐릿한 장면을 보다 더 밝게 만든다.

전기의 사용

전기는 생활을 편리하게 해 주는 소중한 자원이다. 전기를 만드는 다양한 방법과 안전하게 사용하는 방법을 알아보자.

레몬 전지 만들기

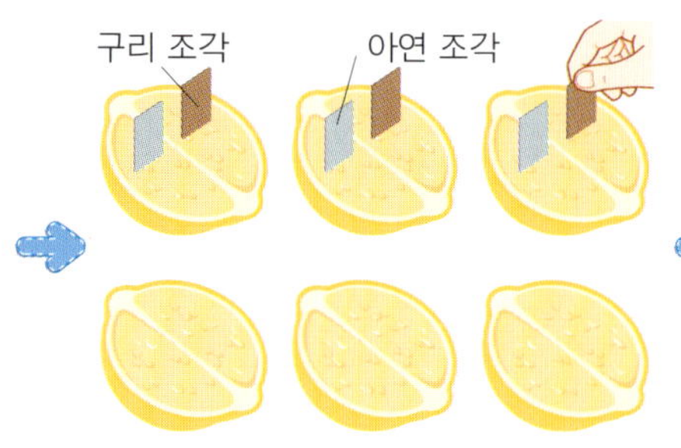

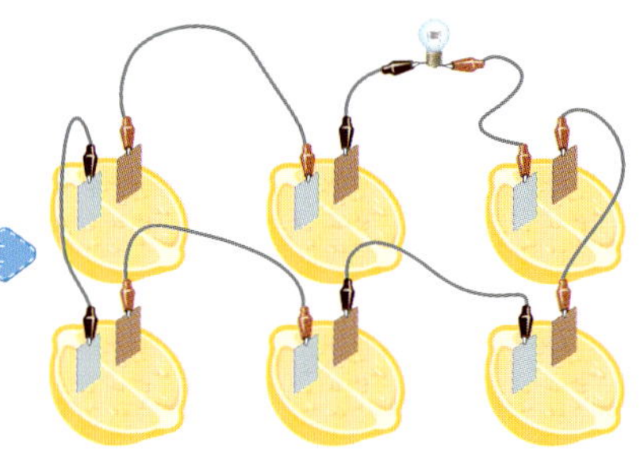

🔺 아연과 구리를 레몬에 꽂을 폭과 길이로 적당히 자른다.

🔺 사포를 이용해서 아연 조각과 구리 조각을 문지른다.

🔺 3개의 레몬을 반씩 잘라 6조각을 만든다.

🔺 반씩 자른 레몬에 아연 조각과 구리 조각을 1개씩 꽂는다.

🔺 아연 조각과 구리 조각을 꽂은 레몬을 나란하게 놓는다.

🔺 집게 달린 전선으로 아연 조각과 구리 조각이 연결되도록 한다. 마지막 남은 집게 달린 전선 끝에는 전구를 연결한다.

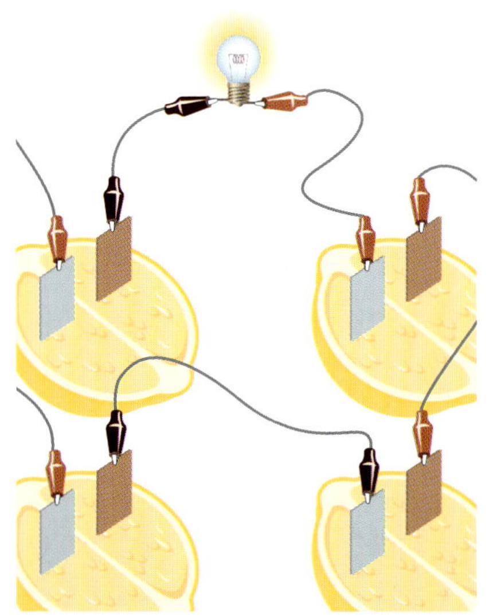

🔺 전구에 불이 켜진 레몬 전지

| 실험 결과 |

전구에 불이 켜진다. 아연 조각과 구리 조각에 전선을 직렬로 연결하면 레몬즙 속에 시트르산이 있기 때문에 두 전극 사이에서 전류가 흐른다. 이 전류가 전구에 불이 켜지도록 한다. 하지만 레몬 1개로는 전구에 불이 켜질 만큼의 전류가 생기지 않으므로 여러 개를 연결하는 것이 좋다. 아연 대신에 은이나 마그네슘을 사용해도 좋다.

 IF

레몬만 전지가 가능한 것일까

전류를 흐르게 하는 레몬즙 속의 시트르산이 전해질 역할을 하여 아연 조각과 구리 조각을 통해 전류를 흐를 수 있게 만든다. 이렇게 과일 속에 들어 있는 산성분만 있으면 전지를 만들 수 있기 때문에 산성 성질을 내는 오렌지, 포도, 자몽 등의 과일로 대체할 수 있다.

전기를 안전하게 사용하기

전기는 우리 생활에서 가장 중요한 자원이다. 일상생활의 편리뿐만 아니라 산업 현장에서도 반드시 필요하다. 그러나 올바른 사용법으로 전기를 쓰지 않아 많은 감전 사고, 화재 등이 발생한다. 오른쪽 그림을 보며 전기를 안전하게 사용하는 방법을 배워서 일상생활에서 실천하는 습관을 길러야 한다.

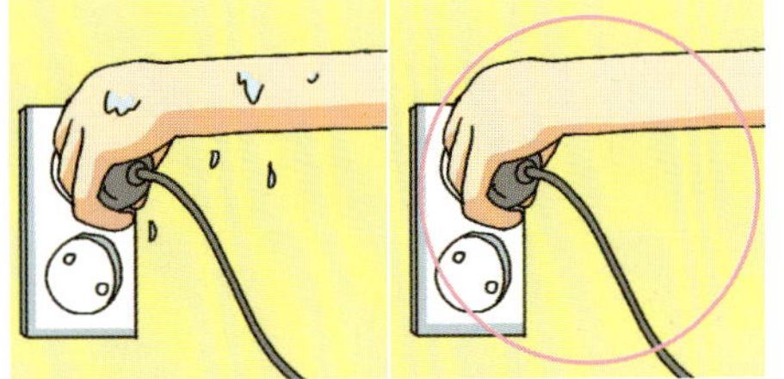

▲ 젖은 손으로 전기 기구를 만지지 않는다.

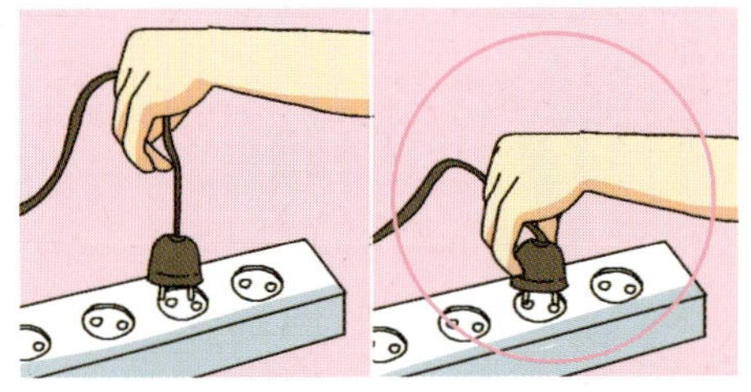

▲ 플러그를 뽑을 때에는 플러그 머리를 손으로 잡고 살짝 당긴다.

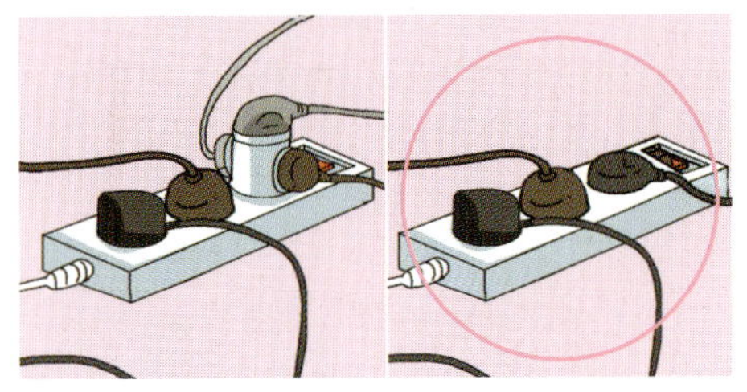

▲ 멀티탭에 콘센트를 한꺼번에 많이 꽂아 사용하지 않는다.

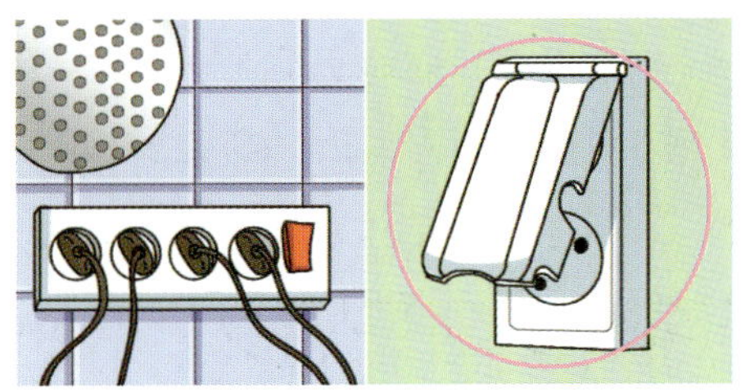

▲ 물기가 있는 화장실이나 주방에서는 콘센트 커버가 있는 것으로 사용한다.

FUN

전기를 만드는 동물들

전기를 만들어 내는 신기한 동물들이 있다. 전기뱀장어, 전기메기, 전기가오리와 같은 물고기들이 대표적인 예이다. 이 물고기들은 몸에서 전기를 만들어 사용한다.

전기뱀장어를 예를 들어 살펴보자.

전기뱀장어가 만들어 내는 전기는 사람을 기절시키거나 사망에 이르게 할 수 있을 정도로 매우 강력하고 위험하다. 그러나 전기뱀장어 자신은 전기에 의해 충격을 받지 않는다. 그 까닭은 무엇일까?

전기뱀장어 꼬리 근육에는 전기판이라는 전기를 만들어 내는 기관이 있다. 같은 방향으로 일렬로 늘어선 전기판은 많은 전지를 직렬로 연결한 것과 같은 효과를 낸다. 그리고 일렬로 늘어선 전기판은 140줄이 나란하게 병렬로 연결되어 꼬리 근육을 이루고 있다. 바로 이러한 일렬로 늘어선 전기판이 140줄 병렬연결로 되어 있는 전기 배열 덕분에 전기뱀장어의 몸에 흐르는 전류는 물에 흐르는 전류의 $\frac{1}{140}$ 정도밖에 되지 않는다. 따라서 전기뱀장어는 다른 동물들을 위협할 강력한 전기를 만들고도 자신은 감전되지 않는 것이다.

▲ 전기가오리

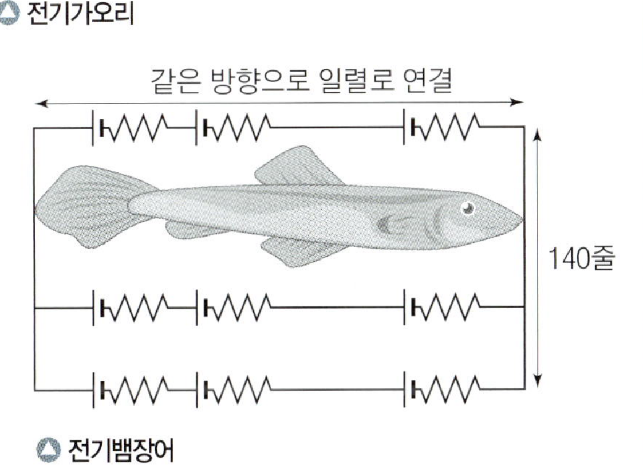

▲ 전기뱀장어

전동기 Electric Motor / 電動機

자기장 속에서 전류가 받는 힘을 이용하여 전기 에너지를 물리적, 기계적 에너지로 바꾸는 장치이다. 대부분의 전동기는 회전 운동을 통해 동력을 만든다.

전동기 Electric Motor

전류가 흐르는 도체를 자기장 속에 놓으면 로렌츠 힘이 생긴다. 로렌츠 힘이란 자기장의 방향에 수직한 방향으로 생기는 전자기적인 힘을 말한다. 먼저 전동기 내부에 자석을 놓는다. 그러면 자기장이 만들어진다. 그런 다음에 축에 연결된 도선에 전류를 흘리면 전자력이 발생하여 플레밍의 왼손 법칙에 의해 회전하게 되어 동력이 만들어진다.

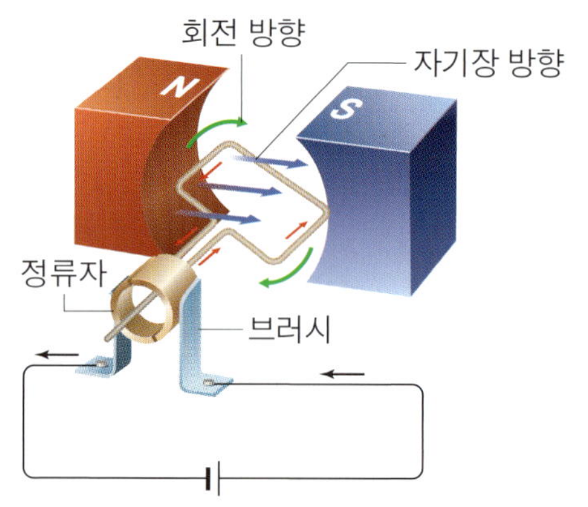

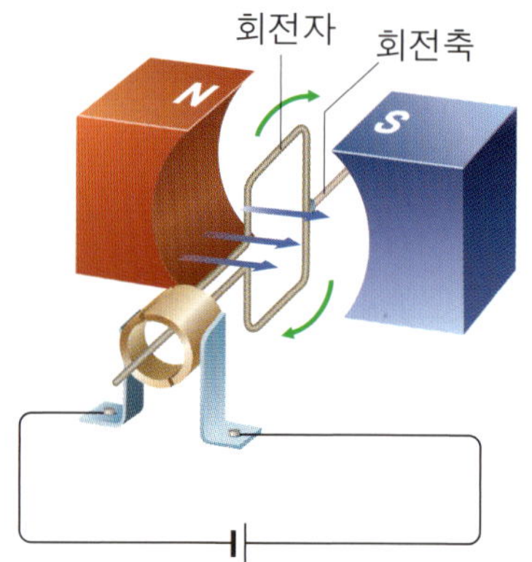

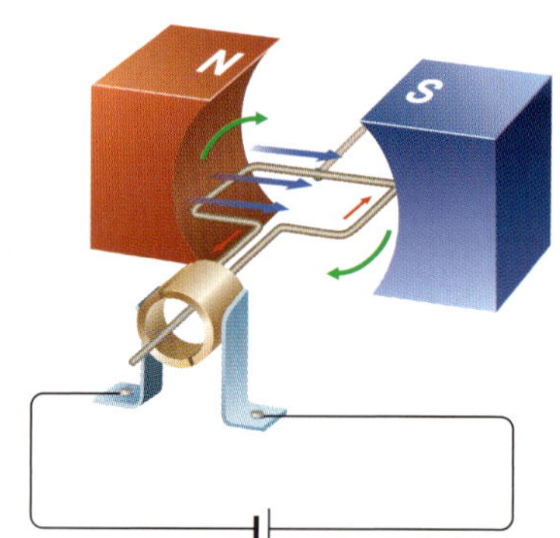

🔺 직류 전동기의 회전 원리

탐구 실험

전자석을 이용해 간이 전동기 만들기

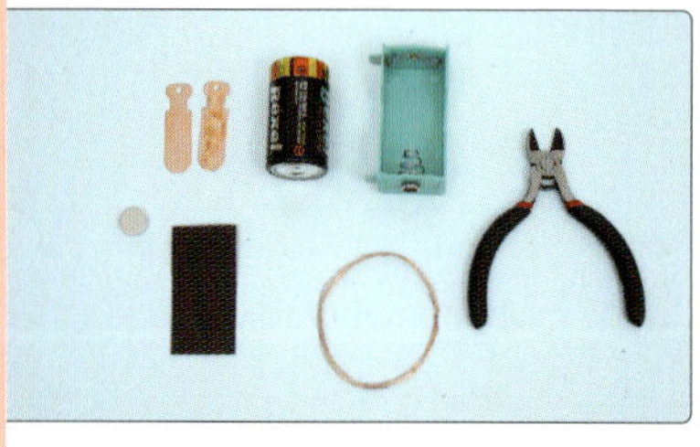

🔺 에나멜선, 전지, 전지 끼우개, 네오디뮴 자석, 펜치, 사포를 준비한다.

🔺 에나멜선을 전지에 5~10회 정도 감아 둥근 모양으로 만든다.

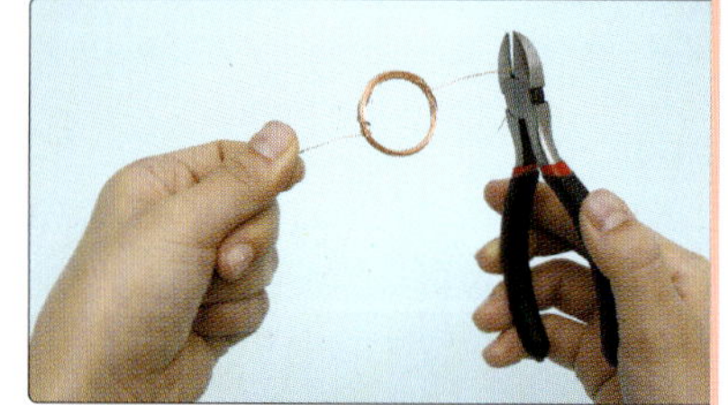

🔺 에나멜선이 풀리지 않도록 양쪽 끝을 2~3번 정도 감은 후 자른다.

🔺 둥근 모양으로 만든 에나멜선 고리를 구리 기둥에 걸고 손으로 가볍게 돌린다.

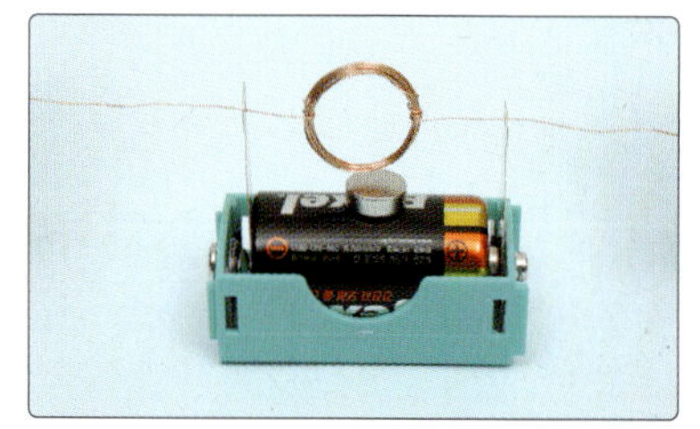

🔺 전지 끼우개에 구리 기둥을 세우고 네오디뮴 자석을 전지 위에 올려놓는다.

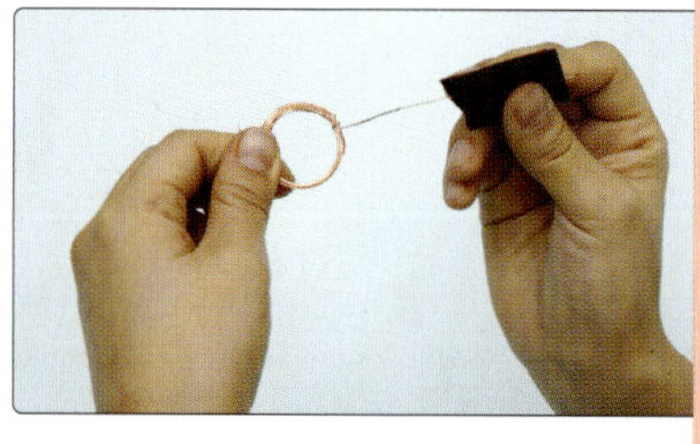

🔺 사포를 이용해서 에나멜선의 한쪽 끝은 완전히 벗기고 다른 끝은 절반만 벗긴다.

간이 전동기를 만드는 실험을 통해 알게 된 내용

자석과 전류가 흐르는 전선을 이용하면 전동기를 만들 수 있다. 전동기는 자석이 전류가 흐르는 전선을 밀거나 당기는 힘을 이용하여 고리가 계속 회전하게 만든 것이다. 전동기가 계속해서 작동하기 위해서는 에나멜선의 한쪽 끝은 반만 벗겨야 한다.

전동기의 원리

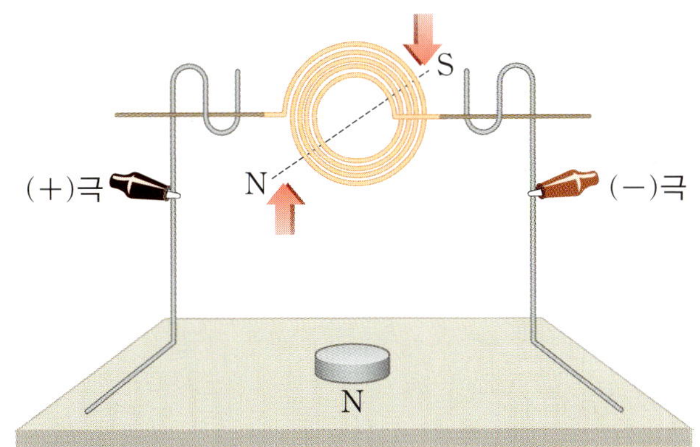

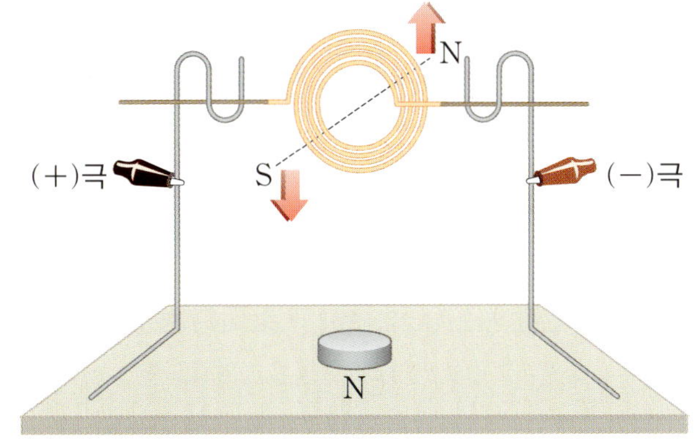

전동기에 생기는 척력과 인력

에나멜선에 전류가 흐르면 자기장이 생긴다. 그래서 한쪽은 N극, 다른 쪽은 S극인 전자석이 되는데, 이때 전자석과 자석 사이에 같은 극끼리는 밀어내고(척력) 다른 극끼리는 끌어당기는 힘(인력)에 의해 에나멜선 고리가 회전하기 시작한다.

에나멜선의 한쪽 끝을 절반만 벗긴 까닭

에나멜선 양쪽 끝을 모두 벗기면 고리가 반 바퀴 돌았을 때 전류가 흐르므로 전자석의 극이 반대가 된다. 이때 반대 방향으로 돌게 만드는 힘이 생겨서 고리는 계속 돌아가지 못하는데 한쪽 에나멜선을 절반만 벗기면 전류가 흐르지 않아 고리를 반대 방향으로 돌리려는 힘이 생기지 않는다. 따라서 고리는 처음 회전하는 방향으로 계속 돌아가게 된다.

과학자

패러데이 (Faraday, Michael: 1791~1867)

영국의 화학자이며 물리학자이다. 런던 근교에서 출생하여 12세 때부터 서점 겸 제본업자 밑에서 일하며 틈틈이 읽은 책에서 과학에 흥미를 가지게 되었고, 일반 강연을 들으면서 화학 실험을 시도하였다. 19세 때 왕립연구소의 실험 조수가 되면서 본격적인 연구를 할 수 있게 되었다. 물리학 특히 전자기학에 흥미를 가져 외르스테드가 발견한 전류의 자기 작용을 조사하여, 연쇄적 회전(전자기 회전)을 만들어 내는 데 성공하였다(1821). 그 역현상인 자기의 작용에 의한 전류를 만들어 내는 연구에 착수하여, 회로의 개폐에 의하여 제2의 회로에 발생하는 전류, 전자석, 자석에 의한 똑같은 전류를 검토하여 전자기 유도를 발견하였다(1831).

전류, 전압, 저항

이들은 어떻게 전기가 회로를 통해 흐르는지 결정하는 요소들이다. 전기 회로를 흐르는 전류의 양을 조절하는 요인에는 전압과 저항이 있다.

전압 Voltage

물은 높은 곳에서 낮은 곳으로 흐른다. 이와 같이 전하(전기)도 전기적인 위치 에너지(전위)가 높은 곳에서 낮은 곳으로 이동한다. 이때 전기적인 위치 에너지의 차이를 전압이라고 한다. 높은 곳에서 떨어지는 물이 낮은 곳에서 떨어지는 물보다 더 많은 위치 에너지를 가지고 있듯이, 전압이 클수록(전위차가 클수록) 더 많은 전기 에너지를 가지고 있다. 그리고 높이 차이가 없으면 물이 흐르지 않듯이 전압이 0이면 전류가 흐르지 않는다. 전압의 크기를 나타내는 단위는 V(볼트)이다. 보통 가정에서 사용하는 전압은 220V이고, 일반 전지는 1.5V이다. 전지를 직렬로 연결하면 연결한 전지의 개수만큼 전압이 강해진다. 이것은 물통을 위로 높이 올려 물을 떨어뜨리면 수압이 세지는 것과 같다.

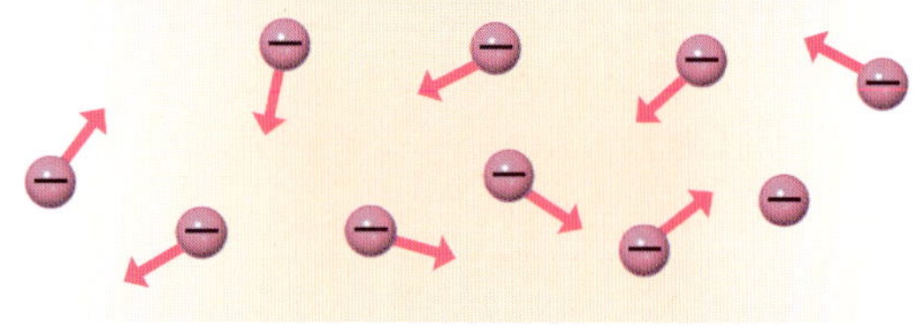

전자들은 서로 다른 방향으로 이동한다.

⬢ **전압이 없을 때**
만약에 도체의 끝이 전원이나 전지에 연결되지 않았다면 자유 전자는 사방팔방의 방향으로 자유롭게 흐를 것이다

전압이 생긴다.

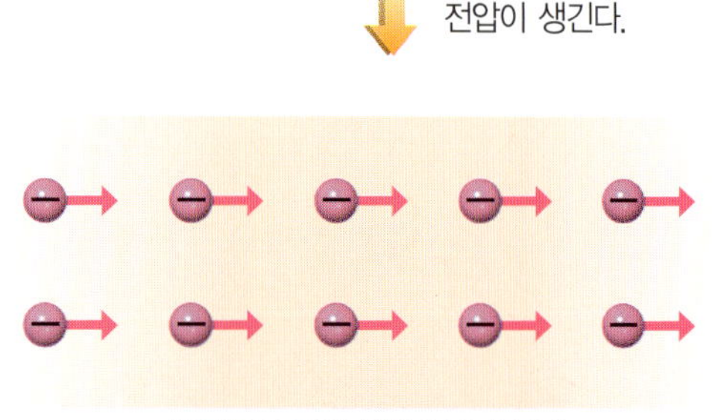

전자들이 같은 방향으로 흐른다.

⬢ **전압이 있을 때**
만약에 도체의 끝이 전원이나 전지에 연결되었다면 전지의 전압은 전자를 한 방향으로 흐르게 하고 전류를 만들게 한다.

저항 Resistance

전기 회로에서 전선의 어느 부분과 부속품들은 전자의 흐름을 방해하기도 한다. 이것은 물질의 이온에 의해서 흩어지는 회로 주변의 전자들 때문에 일어난다. 이는 전자들의 속력을 낮추고 그들이 에너지를 잃도록 한다. 이것을 전기적 저항이라고 부른다. 잃어버린 에너지는 열, 소리, 빛으로 전환된다. 전선에서의 저항은 그 전선의 길이와 반지름에 따라 달라진다.

저항의 크기를 나타내는 단위는 Ω(옴)이다. 1Ω은 1V(볼트)의 전압으로 1A(암페어)의 전류가 흐를 때의 저항이다.

전선의 길이 짧은 전선은 같은 반지름의 긴 전선보다 작은 저항을 가지고 있다. 왜냐하면 전자들이 흐르는 거리가 짧고 충돌하는 경우가 적어 에너지 손실이 적기 때문이다. 긴 전선에서는 전자가 흐르는 거리가 길며 더 많은 충돌을 하게 되어 에너지 손실을 더 많이 하게 된다.

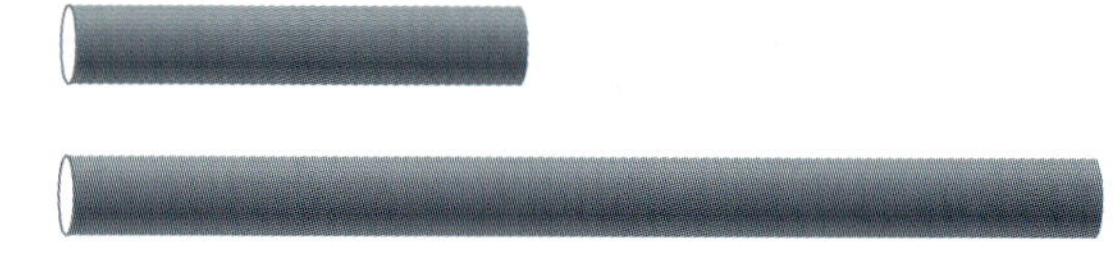

⬢ 전선의 길이가 길수록 저항이 커진다.

전선의 반지름 가는 전선은 같은 길이의 굵은 전선보다 큰 저항을 가지고 있다. 이는 전자가 이동할 공간이 작기 때문이다. 굵은 전선에서 많은 전자들은 서로 다른 방향으로 이동할 수 있어서 전자들의 흐름이 더 자유롭다.

⬢ 전선이 가늘수록 저항이 커진다.

옴의 법칙 Ohm's law

저항 R인 금속선에 전압 V인 전지를 연결하면 전기 회로에 전류 I가 흐른다. 이때 금속선에 걸어 주는 전압을 점점 증가시키면 도선에 흐르는 전류도 비례하여 증가한다. 이러한 실험을 통해 옴(Ohm, Georg Simon: 1789~1854)은 전기 회로에 흐르는 전류 I는 전압 V에 비례하고, 저항 R에 반비례한다는 사실을 알아냈다.

$$전류 = \frac{전압}{저항}$$

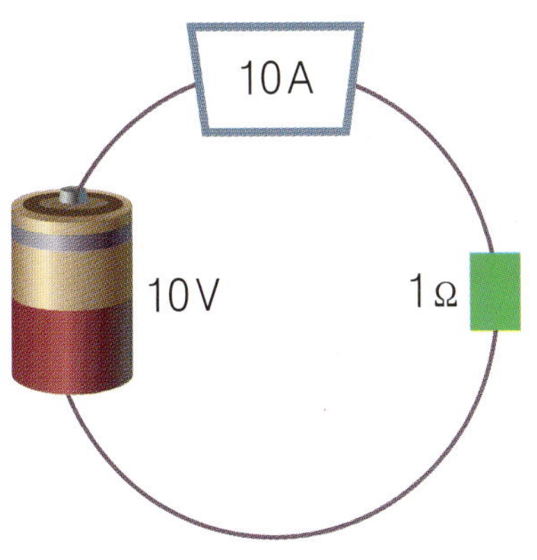

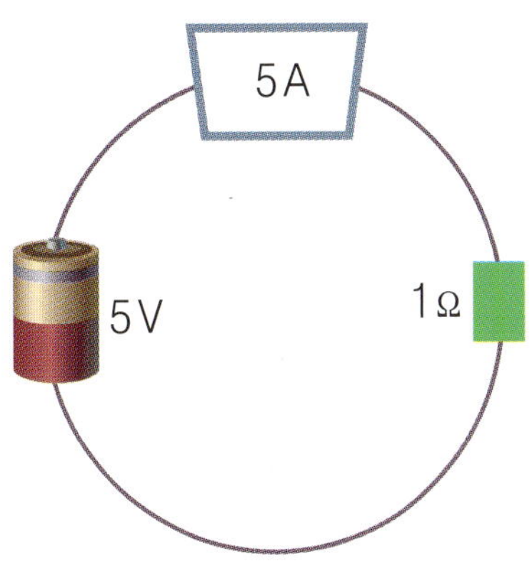

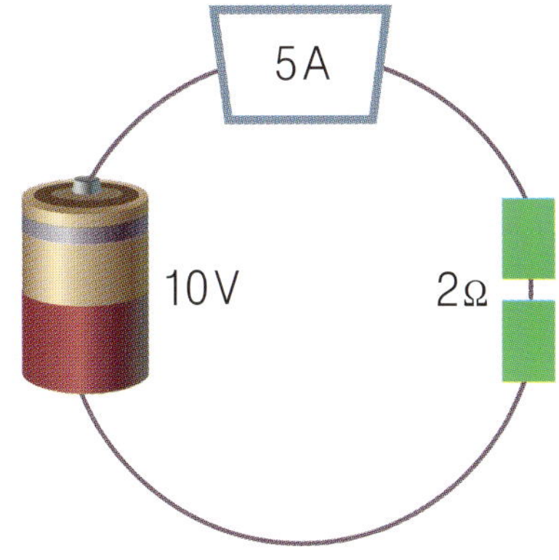

🔺 위 전기 회로에서는 전지는 10V이고, 저항은 1Ω이다. 그래서 전류는 10A이다.

🔺 위 전기 회로에서는 1Ω의 저항이 있지만 전압이 절반으로 줄어 전류가 5A로 줄었다.

🔺 위 전기 회로에서는 전압은 다시 10V이지만 1Ω의 저항이 추가되어 전류가 5A로 줄었다.

전열과 빛

전기가 도체를 따라 흐를 때 발생되는 저항은 일부가 열로 전환되고 저항이 충분히 크면 빛이 된다. 생산된 저항과 열의 양은 고저항선을 사용하면 증가시킬 수 있다. 단단하게 감겨진 가는 전선은 전기 에너지에서 열에너지로 전환시킨다.

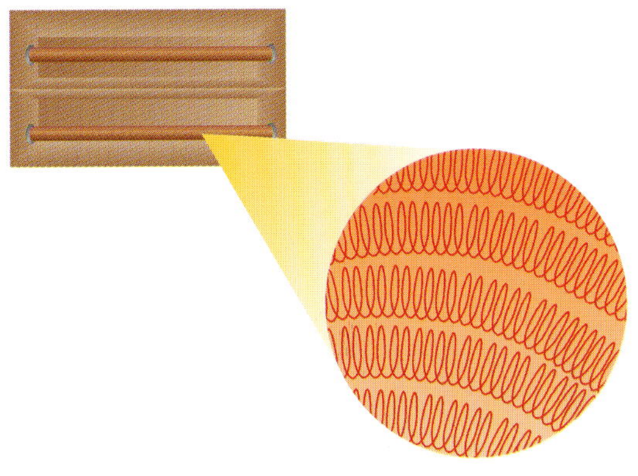

🔺 전열기

전열기는 단단하게 감겨진 기다란 고저항선을 사용한다. 그리하여 더 많은 전선이 전열기 안에 고정될 수 있고 더 많은 열을 발생한다.

초전도체 Superconductor

어떠한 물질들은 아주 낮은 온도에서 모든 전기적 저항을 잃어버린다. 초전도성이라고 불리는 이러한 현상은 아주 효율적인 전자석을 만드는 데 사용된다.
이러한 강력한 초전도체 전자석들은 의학에 있어서 MRI 스캐너, 거대한 충돌형 가속기, 자기 부상 열차 등에서 사용된다.

전자석 Electromagnet / 電磁石

기중기와 스피커, 로봇 청소기와 같은 전기 기구에 사용되는 전자석은 어떤 성질을 가지고 있으며, 전자석의 세기를 조절하려면 어떻게 해야 할까?

전자석 만들기

| 준비물 | 볼트(지름 10 mm, 길이 15 cm), 양 끝의 피복이 벗겨진 전선(170 cm), 철심 끈 4개, 전지(1.5 V), 스위치, 전지 끼우개, 집게 달린 전선 3개

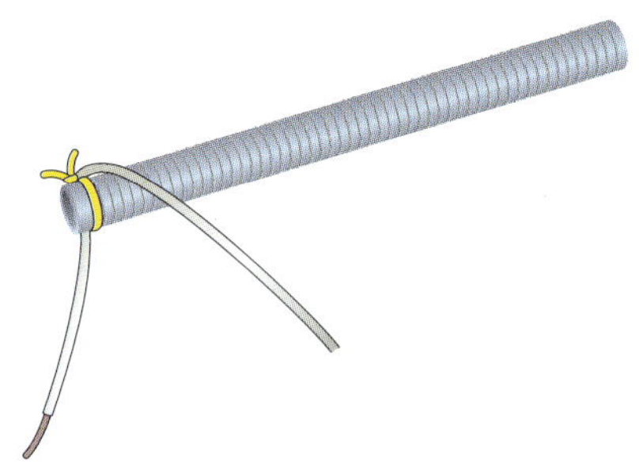

❶ 전선의 한쪽을 약 10 cm 정도 남기고 철심 끈으로 볼트의 한쪽 끝에 전선을 고정한다.

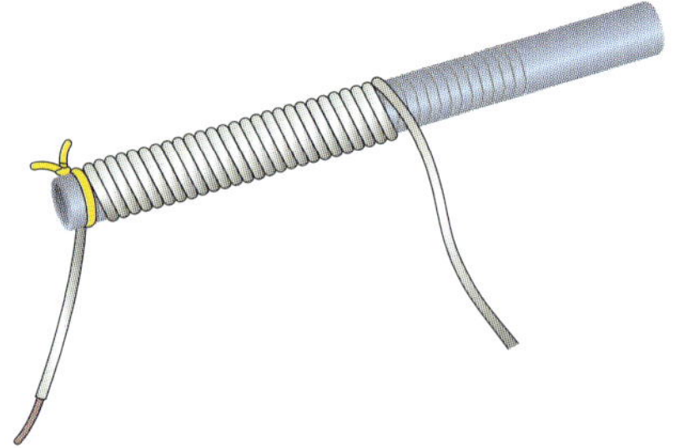

❷ 볼트에 전선을 촘촘하게 감는다.

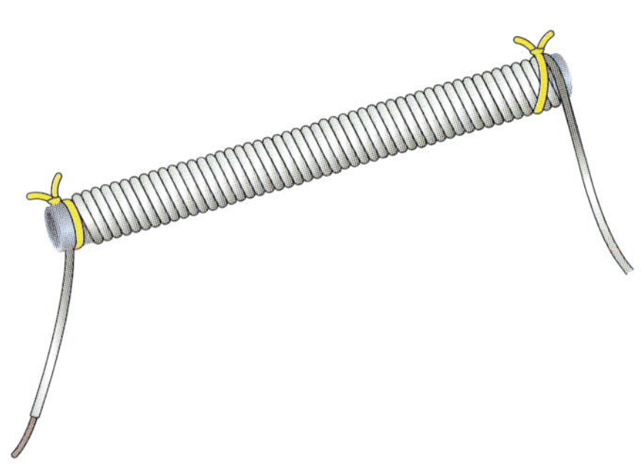

❸ 전선의 다른 쪽 끝을 약 10 cm 남기고 철심 끈으로 볼트에 전선을 고정한다.

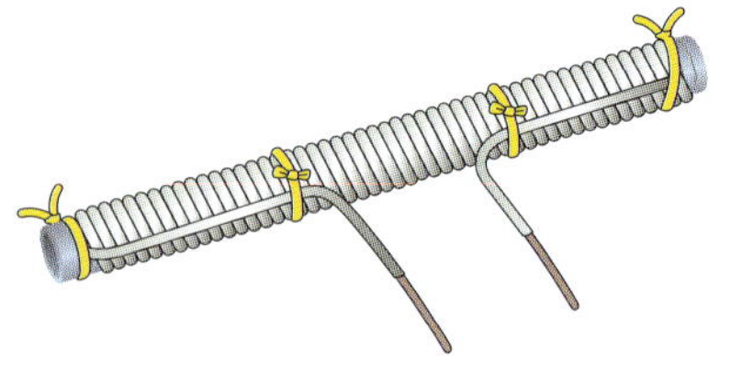

❹ 전선의 양쪽 끝 부분을 볼트의 중심부로 모아서 철심 끈으로 전선의 끝 부분을 고정한다.

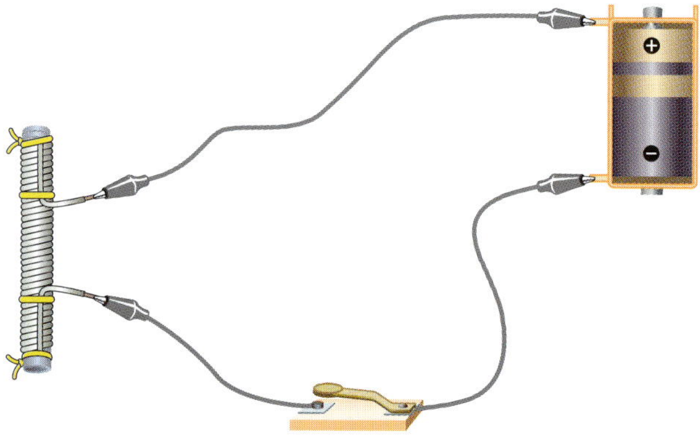

❺ 전선을 감은 볼트와 전지, 스위치, 집게 달린 전선을 연결하여 전자석을 완성한다.

전자석의 성질

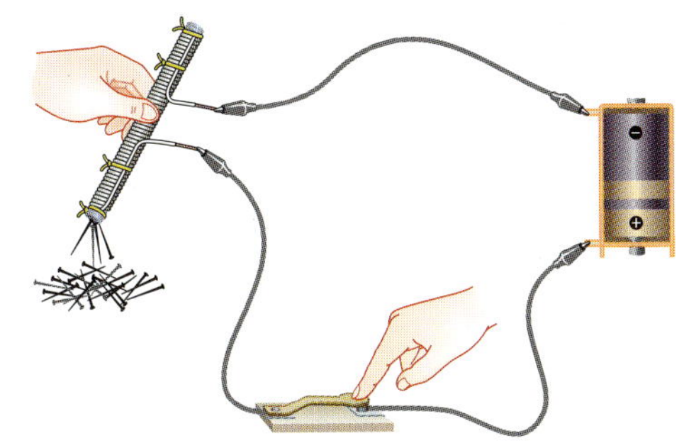

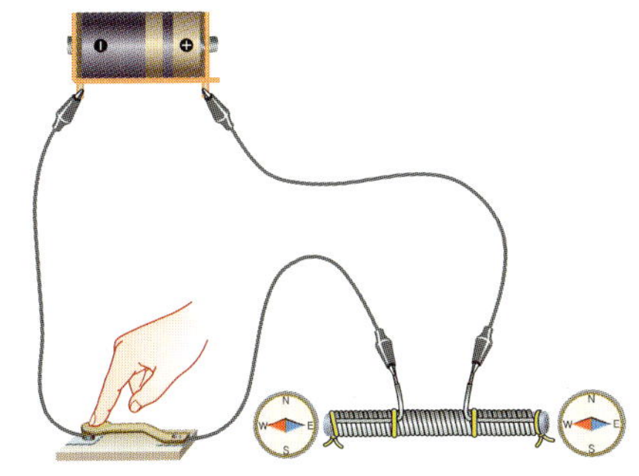

🔺 스위치를 닫을 때, 전자석 주위의 시침바늘이 전자석에 붙는지를 관찰한다.

🔺 스위치를 닫을 때 나침반의 바늘이 가리키는 방향과, 전류의 방향을 반대로 하였을 때 나침반의 바늘이 가리키는 방향을 비교한다.

- 스위치를 닫으면 시침바늘이 붙고 스위치를 열면 시침바늘이 떨어진다.
- 전류의 방향을 반대로 하면 바늘이 가리키는 방향도 반대로 변한다.
- 전류가 흐르면 자석의 성질을 나타내고, 전류가 흐르지 않으면 자석의 성질을 나타내지 않는 자석을 전자석이라고 한다.
- 전자석은 전류의 방향이 달라지면 자기장의 방향도 달라진다.

🧪 탐구 실험

전자석의 세기를 조절하는 방법 알아보기

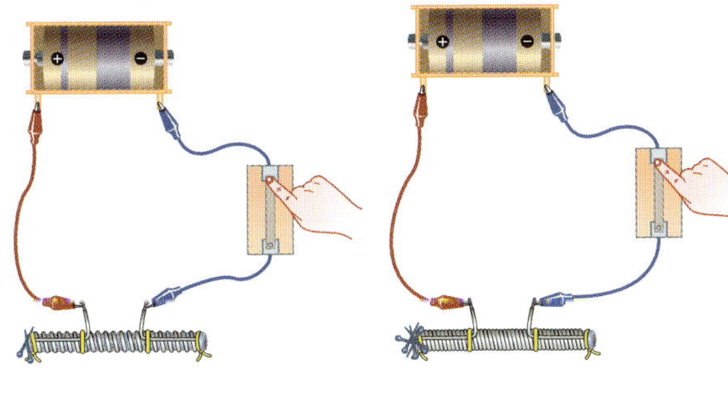

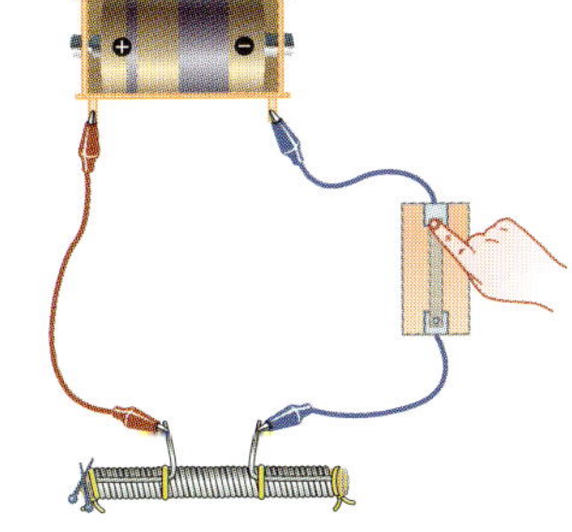

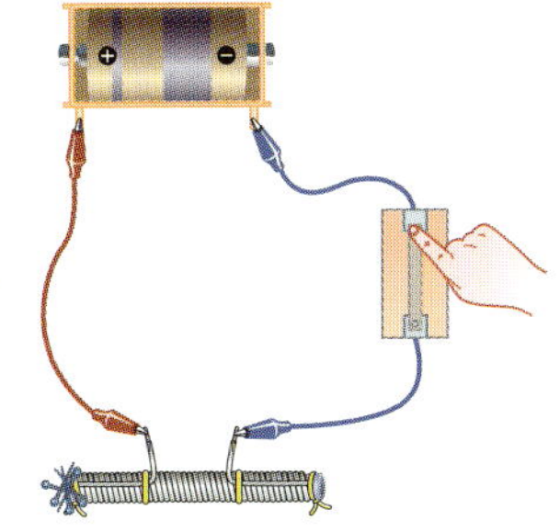

🔻 전선을 엉성하게 감은 전자석   🔻 전선을 촘촘하게 감은 전자석   🔻 나무 막대에 전선을 감은 전자석   🔻 철심에 전선을 감은 전자석

| 실험 방법 |

❶ 전선을 감은 수에 따라 전자석에 붙은 시침바늘의 수를 비교한다.
❷ 전선 속의 막대의 종류에 따라 전자석에 붙은 시침바늘의 수를 비교한다.
❸ 전자석에 전지 2개를 직렬연결하였을 때와 전지 3개를 직렬연결하였을 때에 각각 전자석에 붙은 시침바늘의 수를 비교한다.

| 실험 결과 |

- 전선을 촘촘하게 감은 전자석이 전선을 엉성하게 감은 전자석보다 세다.
- 철심에 전선을 감은 전자석이 나무 막대에 전선을 감은 전자석보다 세다.
- 전지 3개를 직렬연결한 전자석이 전지 2개를 직렬연결한 전자석보다 세다.

전자 장치 Electronic Device / 電磁裝置

전자관, 트랜지스터, 반도체를 응용한 다양한 장치를 전자 장치라고 한다. 전자 장치 속의 시스템은 전기 회로 속에서 전기적 신호로 정보를 전달한다. 이러한 전자 장치는 컴퓨터, 휴대 전화, 자동차 등 거의 모든 기계에 들어 있다.

전자 부품

전자 부품은 전자 제품의 전기 회로에서 흐르는 전류의 양을 조절하기 위해 사용된다. 전자 부품이 처음 발명되었을 때에는 부피가 컸으나, 오늘날에는 매우 소형화되어서 한 개의 실리콘 마이크로 칩에 수천 개의 전자 부품이 설치될 수 있게 되었다. 이러한 전자 부품은 누구나 알아보기 쉽게 오른쪽 그림과 같이 픽토그램 형식으로 단순화하여 전기 회로도에 나타낸다.

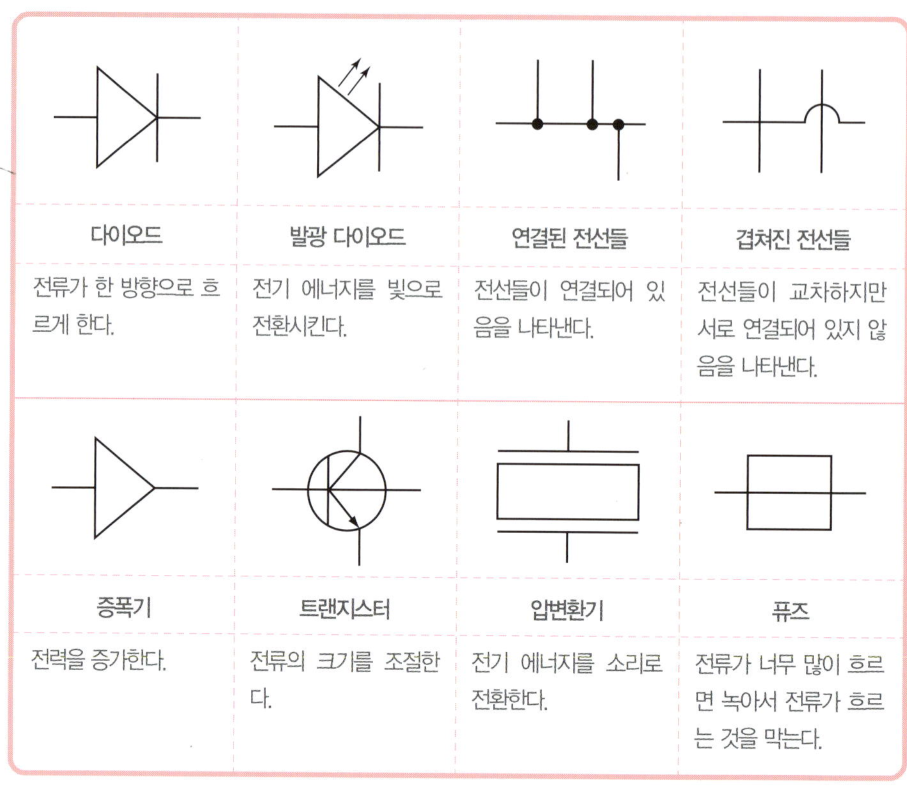

집적 회로

집적 회로는 다이오드나 트랜지스터 같은 반도체 소자 여러 개가 하나의 작은 판 위에 모여 있는 초소형 전자 회로를 말한다. 현대의 집적 회로는 매우 작은 크기에 수십억 개의 전자 부품이 들어갈 수 있도록 정밀하게 만들어진다. 집적 회로의 발전은 전자 공학에 혁신을 가져다 주었으며, 오늘날 사용되는 거의 대부분의 전자 장비에 사용되고 있다.

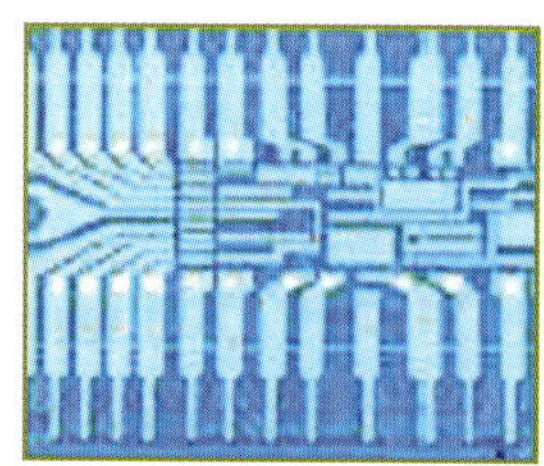

🔺 집적 회로
전자 부품들은 너무 작아서 현미경으로만 볼 수 있다.

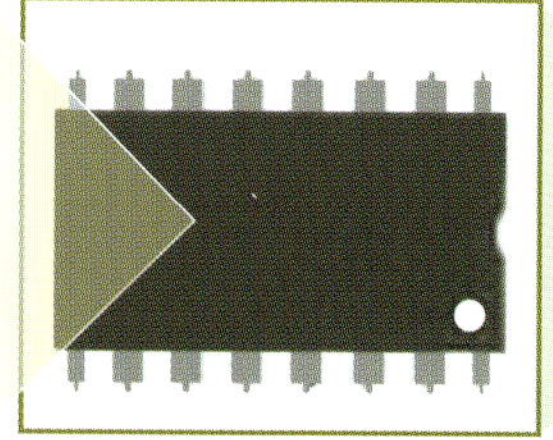

🔺 마이크로칩
실리콘의 미세한 층으로 구성되어 많은 집적 회로를 포함할 수 있다.

🔺 전기 회로판
많은 마이크로칩과 부품들을 포함하고 있다.

코드 이용하기

우리는 일상생활에서 0에서 9까지의 10개의 숫자로 이루어진 십진법을 사용하지만, 컴퓨터는 2개의 수 0과 1만 사용한다. 컴퓨터 회로는 스위치의 형태로 정보를 저장하기 때문이다. 각각의 스위치는 비트라는 하나의 정보를 가진다. 만약에 스위치가 켜져 있다면 이 정보는 1이 되고, 꺼져 있다면 0이 된다. 컴퓨터가 0과 1로 코드화되어 있기 때문에 컴퓨터를 이용한 모든 정보들은 코드화되어야 된다.

10진법	2진법	16진법
0	0000	0
1	0001	1
2	0010	2
3	0011	3
4	0100	4
5	0101	5
6	0110	6
7	0111	7
8	1000	8
9	1001	9
10	1010	A
11	1011	B
12	1100	C
13	1101	D
14	1110	E
15	1111	F

 10진법의 수를 2진법과 16진법으로 전환한 표이다.

논리 게이트

컴퓨터와 같은 전기적 장치는 많은 논리 게이트가 서로 연결되어 복잡한 회로를 이룬다. 논리 게이트는 간단한 결정을 위해 사용되며, 전기적 신호를 입력하여 on 또는 off로 출력한다. 아래의 그림은 보편적인 논리 게이트이며 그 예를 보여 준다.

AND 게이트

AND 게이트		
A	B	C
0	0	0
0	1	0
1	0	0
1	1	1

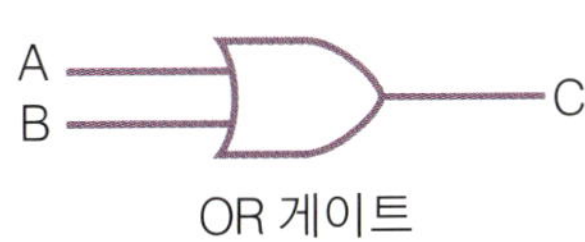
OR 게이트

OR 게이트		
A	B	C
0	0	0
0	1	1
1	0	1
1	1	1

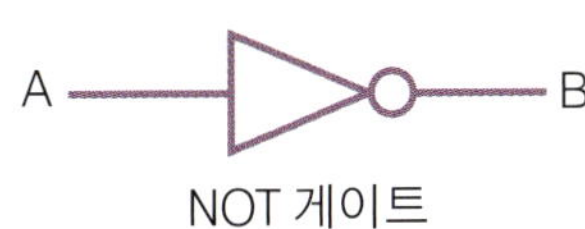
NOT 게이트

NOT 게이트	
A	B
0	1
1	0

AND 게이트
- 2개의 입력이 모두 켜지면 게이트로부터 하나의 출력이 나타난다.
- 2개의 잠재적 입력이 있다. 입력은 AND 게이트를 통과하여 지나간다. 2개의 입력이 켜져 있다면 1개의 출력을 가진다.

OR 게이트
- 1개나 2개 모두 다 입력이 켜지면 하나의 출력이 나타난다.
- 2개의 잠재적 입력이 있다. 입력은 OR 게이트를 통과하여 지나간다. 1개나 2개의 입력이 켜져 있다면 1개의 출력을 가진다.

NOT 게이트
- 1개의 입력이 꺼지면 출력이 일어나고, 입력이 켜지면 출력이 꺼진다.
- 오직 하나의 잠재적 입력이 있다. 입력이 NOT 게이트를 통과하여 지나간다. 출력은 입력이 꺼져 있을 때만 켜진다.

실생활

망막 이식

최첨단 전자 장치들은 기능이 우수하면서 매우 작게 개발되고 있다. 예를 들어 전자 장치를 사람의 망막에 이식하여 앞을 볼 수 없는 사람에게 볼 수 있는 능력을 줄 수 있다. 망막에 삽입된 전자 장치는 햇빛을 전기적 신호로 전환하여 시신경에 자극을 준다. 뇌는 이러한 신호들을 명암의 패턴들로 해석하여 물체를 볼 수 있게 한다.

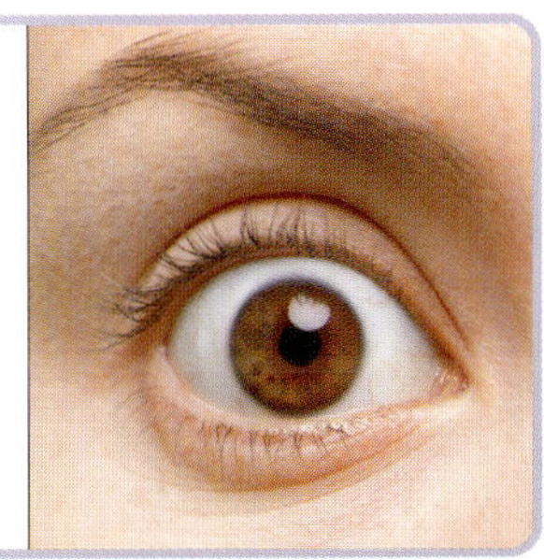

정전기 유도 Electrostatic Induction

물체에 대전체를 가까이 가져가면 대전체와 가까운 쪽에는 대전체와 반대 종류의 전하가 모이고, 먼 쪽에는 대전체와 같은 종류의 전하가 모이는 현상이다.

마찰 전기

서로 다른 종류의 물체를 마찰시킬 때, 각각의 물체가 띠는 전기를 마찰 전기라고 한다.

서로 다른 두 물체를 마찰시키면 한 물체는 (+)전기, 다른 물체는 (−)전기를 띤다. 이와 같이 물체가 전기를 띠는 현상을 대전이라고 하고, 전기를 띤 물체를 대전체라고 한다.

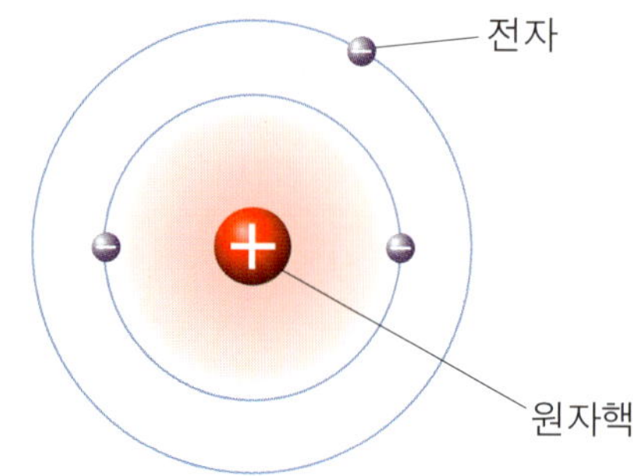

물질은 원자라는 작은 알갱이로 이루어져 있다. 원자는 (+)전기를 띤 원자핵 주위에 (−)전기를 띤 전자가 분포되어 있다. 원자핵의 전하량은 주위에 분포한 전자의 전하량과 같아서 원자는 전기적으로 중성이다. 하지만 중성인 두 물체를 마찰하면 한쪽 물체 속에 있던 전자가 다른 물체로 이동한다. 그러면 전자를 잃은 물체는 (+)전기를, 전자를 얻은 물체는 (−)전기를 띠게 된다.

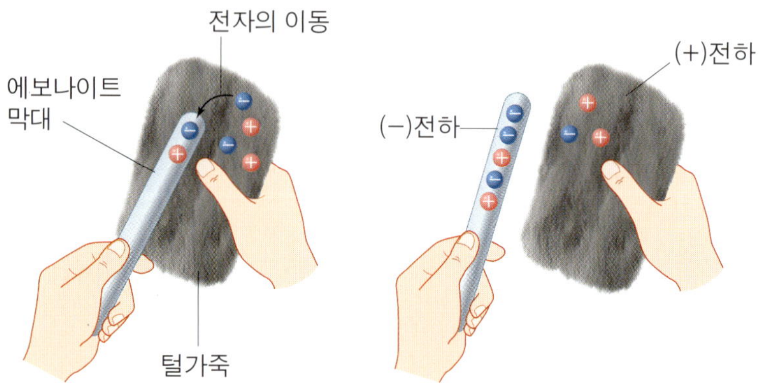

예를 들어 털가죽과 에보나이트 막대를 마찰하면 전자가 털가죽에서 에보나이트 막대로 이동한다. 이때 전자를 잃은 털가죽은 (+)전기를 띠고, 전자를 얻은 에보나이트 막대는 (−)전기를 띤다. 마찰에 의해 털가죽이 잃은 전자가 에보나이트 막대로 이동하므로, 털가죽과 에보나이트 막대가 띠는 전기의 종류는 다르지만 전체 전하의 양은 그대로이다.

마찰 전기의 발생 원리

원자의 가장 바깥쪽을 돌고 있는 전자는 원자핵과의 인력이 작아서 외부의 영향을 받으면 떨어져 나가 원자들 사이를 자유롭게 돌아다닐 수가 있다. 이러한 전자를 자유 전자라고 하는데, 금속과 같은 물체는 자유 전자가 많고, 금속이 아닌 종이, 유리 등과 같은 물체는 자유 전자가 적다. 어떤 물체가 자유 전자를 잃으면 (+)전기의 성질을 나타내므로 (+)로 대전되었다고 하고, 자유 전자를 얻으면 (−)전기의 성질을 나타내므로 (−)로 대전되었다고 한다.

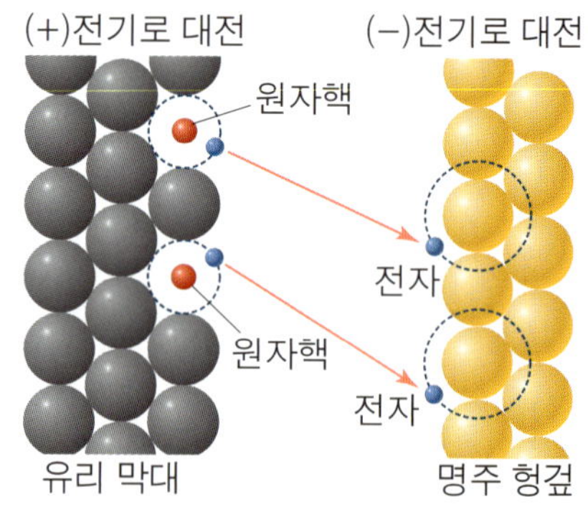

서로 다른 두 물체를 마찰시키면 그 부분에 있는 원자들이 자극을 받게 되고 원자 속의 전자들 가운데 원자핵에서 가장 멀리 있는 전자들이 다른 쪽 물체로 이동하게 된다. 이때 전자를 잃은 물체는 (+)전하를 띠고, 전자를 얻은 물체는 (−)전하를 띤다. 전자를 잃은 물체는 (잃은 전자의 수)×(전자 1개가 가지는 전하량)만큼의 (+)전하를 띠게 되고, 전자를 얻은 물체는 (얻은 전자의 수)×(전자 1개가 가지는 전하량)만큼의 (−)전하를 띠게 된다.

정전기 유도 Electrostatic Induction

대전된 물체에 대전되지 않은 물체를 가져가면 어떤 현상이 일어날까? 전기를 띠지 않는 금속은 (+)전하인 원자핵과 (−)전하인 전자가 고르게 섞여 있다. 금속에서 전자는 전기력에 의하여 쉽게 이동하지만 원자핵은 무겁기 때문에 거의 이동하지 않는다.

다음 그림과 같이 (−)전하로 대전된 에보나이트 막대를 금속 막대에 가까이 가져가면 서로 밀어내는 전기력에 의해 금속 막대에 있는 전자가 밀려간다. 따라서 금속 막대에서 에보나이트 막대와 가까운 곳에는 (+)전하가 더 많아지고, 먼 곳에는 (−)전하가 더 많아지게 된다. 이와 같이 금속 막대에 대전체를 가까이 가져갈 때 대전체와 가까운 곳은 대전체와 반대 종류의 전하로, 대전체와 먼 곳은 대전체와 같은 종류의 전하로 대전된다. 이러한 현상을 정전기 유도라고 한다.

정전기 유도와 검전기

검전기는 1787년 영국의 베넷이 처음으로 만든 기구로 물체의 대전 여부나 대전된 전하의 종류와 양을 알아내는 데 사용되는 기구이다. 이 기구는 금속판, 금속 막대, 금속박 등으로 이루어져 있으며, 외부의 영향을 피하기 위해 유리병 속에 금속박을 넣은 구조로 되어 있다.

(−)전하로 대전된 물체를 검전기의 금속판에 접촉하면 검전기는 (−)전하로 대전되고, 금속박의 (−)전하 사이에는 서로 밀어내는 전기력이 작용하여 금속박은 벌어진다. 잠시 후 (−)전하로 대전된 물체를 금속판에서 떼면, 검전기의 금속박이 다시 오므라든다.

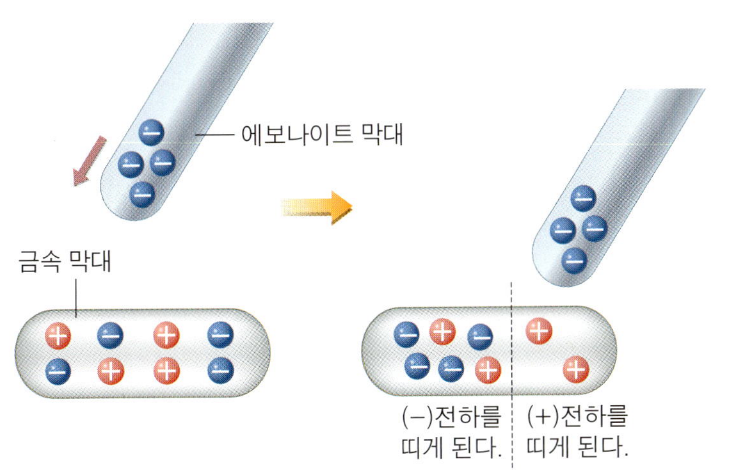

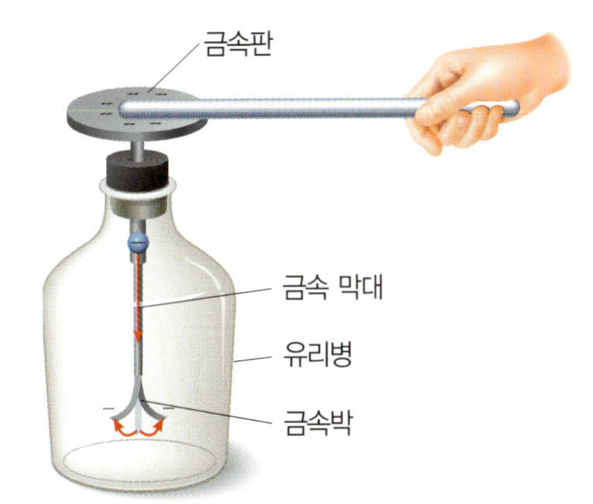

더 나아가기

도체와 부도체에서의 정전기 유도

도체에 (+)대전체를 가까이 가져가면 도체 내에 있는 자유 전자는 대전체의 (+)전하로부터 인력을 받아 대전체 쪽으로 끌려가므로 대전체에 가까운 쪽에는 (−)전하가 많아져 (−)전기가 유도되고, 먼 쪽에는 (+)전하가 많아져 (+)전기가 유도된다.

부도체는 자유 전자가 없지만 정전기 유도 현상이 나타난다. 부도체에 대전체를 가까이 하면 원자 내의 전자가 대전체로부터 힘을 받아 정상 위치에서 조금 벗어나게 된다. 이렇게 정상 위치에서 벗어난 전자는 원자에서 정전기 유도와 같은 분극을 일으키고 극성을 띠게 된다.

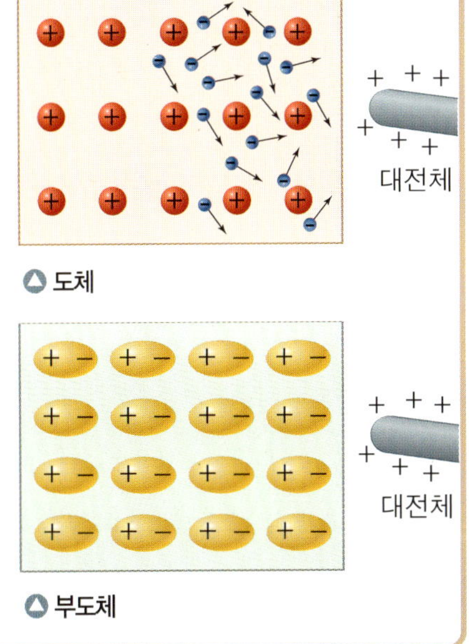

지레 Lever

긴 막대의 한 점을 받치고 그 받침점을 중심으로 물체를 움직이는 장치로, 작은 힘을 들여 더 큰 힘을 내게 할 때 사용한다.

지레의 원리

지레는 막대의 한 점을 받치고, 그 받침점을 중심으로 물체를 움직이는 장치이다.

힘을 주는 곳을 힘점, 지레를 받치는 곳을 받침점, 물체에 힘이 작용하는 곳을 작용점이라고 한다. 고대 그리스의 수학자이며 과학자인 아르키메데스는 지레의 원리를 최초로 발견한 사람으로 알려져 있다. 시라쿠사의 왕 히에론왕 앞에서 충분히 긴 지렛대와 받침대만 있으면 지구도 들어 올릴 수 있다고 이야기한 것은 유명한 일화이다.

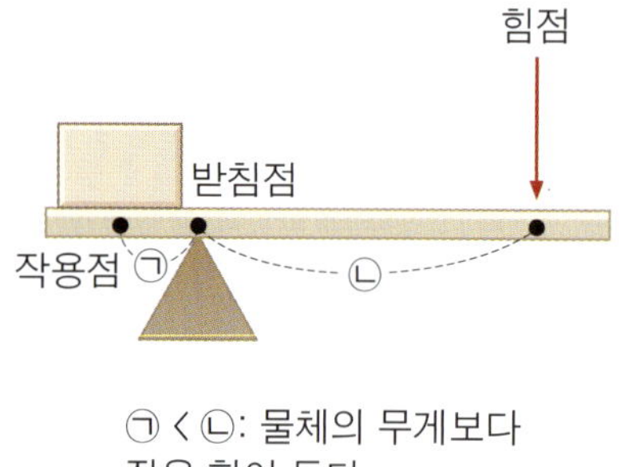

㉠ < ㉡: 물체의 무게보다 작은 힘이 든다.

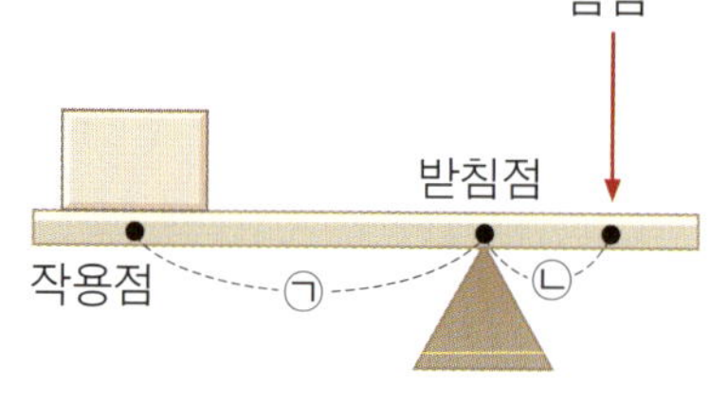

㉠ > ㉡: 물체의 무게보다 큰 힘이 든다.

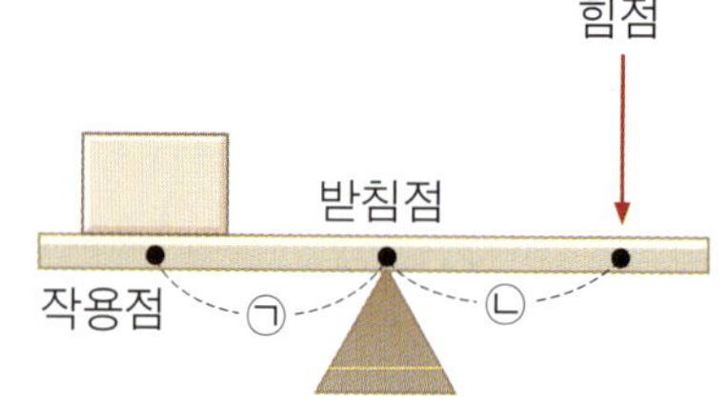

㉠ = ㉡: 물체의 무게와 같은 크기의 힘이 든다.

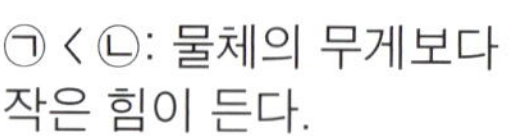
🔺 지레의 원리

여러 가지 지레의 원리

지레는 힘점, 받침점, 작용점의 위치에 따라, 1종 지레, 2종 지레, 3종 지레로 분류된다. 1종 지레는 받침점이 힘점과 작용점 사이에 있는 지레이며, 2종 지레는 작용점이 받침점과 힘점 사이에 있는 지레이다. 3종 지레는 힘점이 작용점과 받침점 사이에 있는 지레를 말한다.

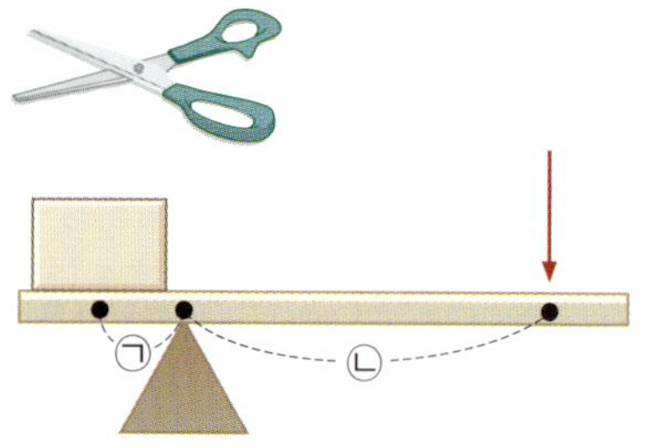

🔺 1종 지레(㉠ < ㉡)
힘이 적게 든다. 예) 펜치, 가위, 전정가위 등

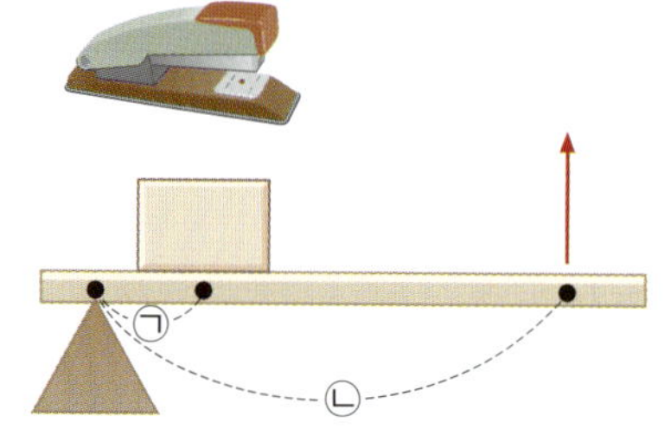

🔺 2종 지레(㉠ < ㉡)
힘이 적게 든다. 예) 병따개, 펀치, 스테이플러 등

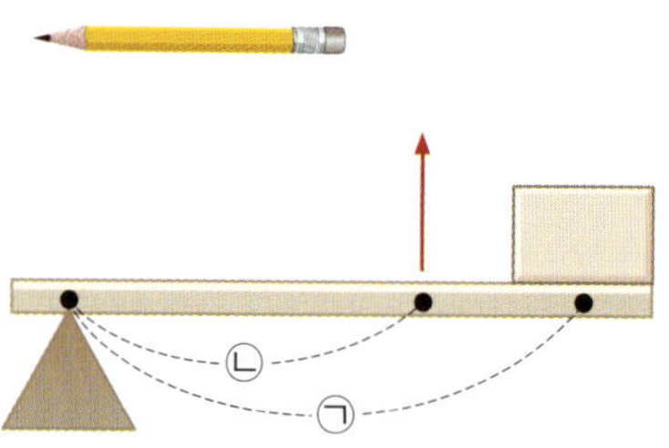

🔺 3종 지레(㉠ > ㉡)
힘이 더 들지만 세밀한 작업에 사용할 수 있다. 예) 젓가락, 핀셋, 족집게, 연필 등

지레의 원리를 이용한 다양한 생활 도구

힘점과 받침점 사이의 거리 > 받침점과 작용점 사이의 거리

힘점과 받침점 사이의 거리가 작용점과 받침점 사이의 거리보다 멀어 철사, 종이, 나뭇가지를 작은 힘으로 자를 수 있다.

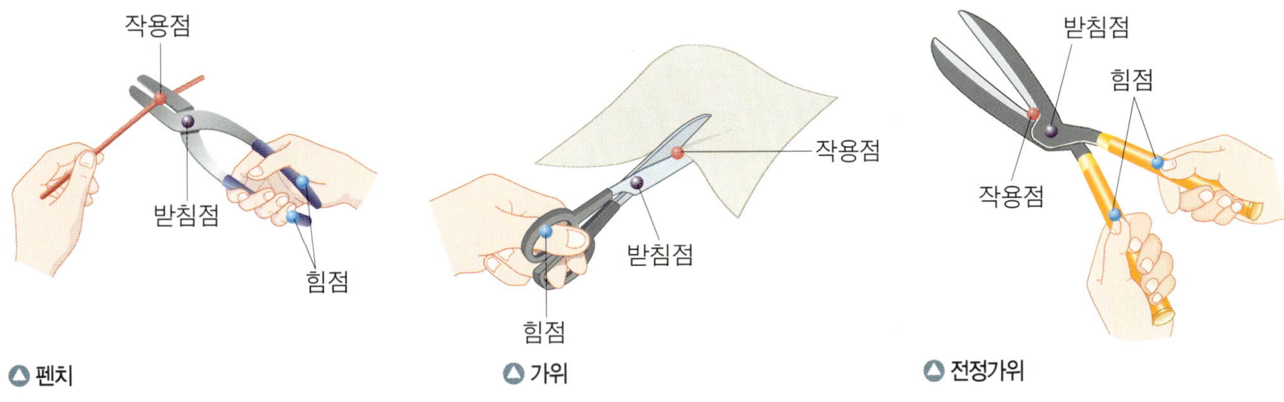

▲ 펜치   ▲ 가위   ▲ 전정가위

힘점과 받침점 사이의 거리가 작용점과 받침점 사이의 거리보다 멀어 작은 힘으로 병뚜껑을 따거나, 종이에 구멍을 뚫거나, 종이에 철심을 박을 수 있다.

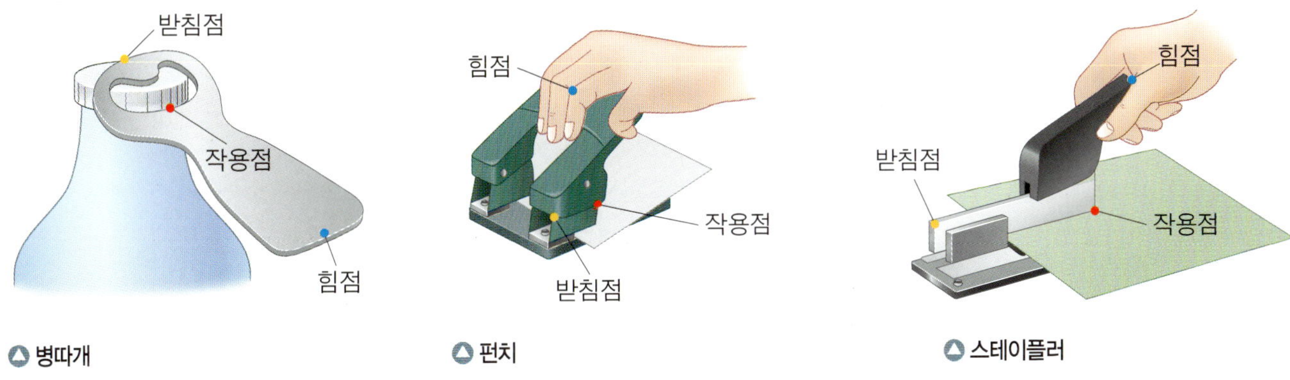

▲ 병따개   ▲ 펀치   ▲ 스테이플러

힘점과 받침점 사이의 거리 < 받침점과 작용점 사이의 거리

젓가락, 핀셋, 족집게는 힘점과 받침점 사이의 거리가 작용점과 받침점 사이의 거리보다 가까워서 더 큰 힘이 필요하지만 작은 물체를 잡는 정교한 일을 할 수 있다.

연필은 힘점과 받침점 사이의 거리가 작용점과 받침점 사이의 거리보다 가까워서 큰 힘이 들지만 글씨를 쓰는 정교한 일을 할 수 있다.

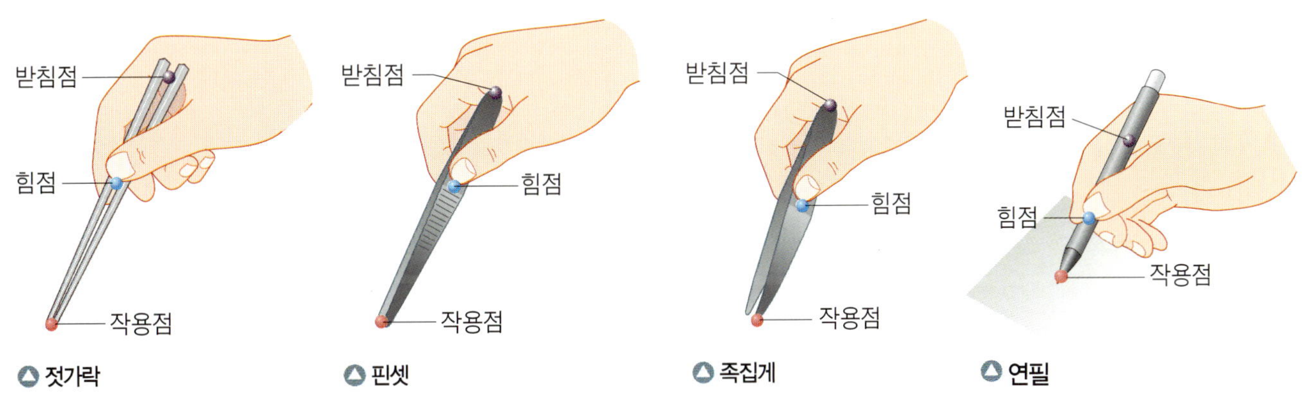

▲ 젓가락   ▲ 핀셋   ▲ 족집게   ▲ 연필

직렬연결과 병렬연결

우리 생활에서 사용되는 전기 제품은 그 목적에 알맞게 다양한 방법으로 전기 회로가 연결되어 있다. 왜 전지와 전구의 연결을 다르게 하는지 알아보자.

전지의 연결 방법에 따라 전구의 밝기 비교하기

2개의 전지를 다양한 방법으로 연결하여 보고, 전구의 밝기 비교하기

전기 제품에 전지를 여러 개 사용하는 경우 전지의 연결 방법이 제품에 따라 다르다.

전지의 연결 방법을 다르게 하는 까닭은 전지의 연결 방법에 따른 전구의 밝기가 다르기 때문이다. 아래의 그림처럼 여러 가지 방법으로 전지를 연결하여 각각의 전구의 밝기를 비교하여 본다. 전구의 밝기가 전지 1개를 연결하였을 때와 비슷한 경우는 어느 것이고,

전지 1개를 연결했을 때보다 더 밝은 경우는 어느 것인지 찾아본다.

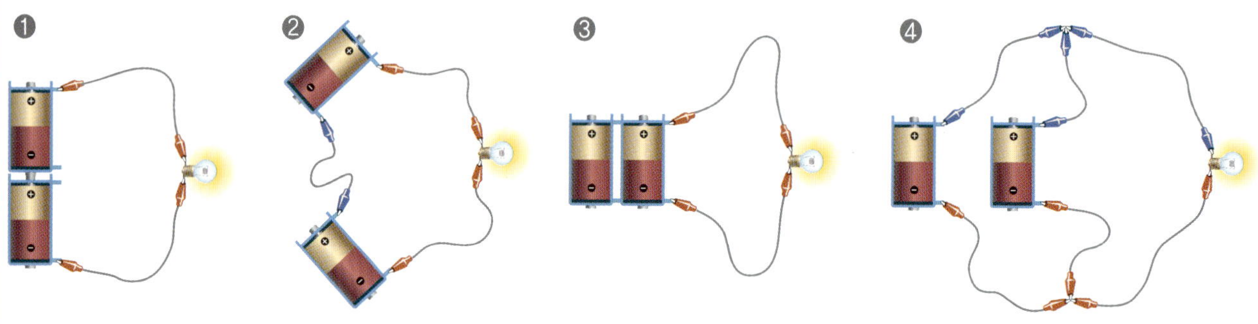

분류된 두 종류의 전기 회로에서 전지 1개씩 빼고 전구의 불 관찰하기

전구의 밝기에 의해 분류된 두 종류의 전기 회로에서 전지 1개씩을 빼내었을 때, 전구의 불이 켜지는지 그렇지 않은지를 살펴본다.

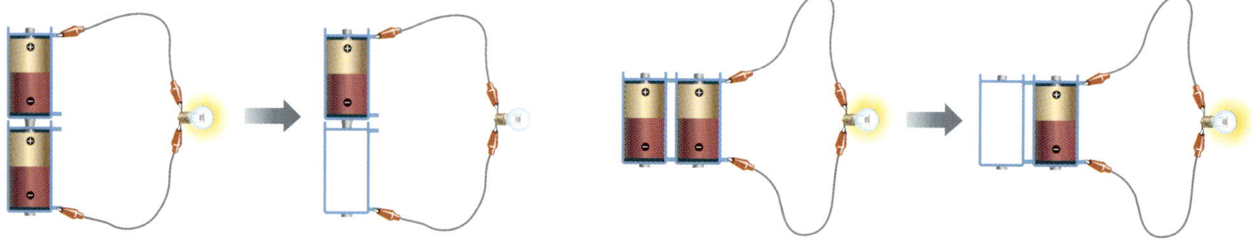

| 실험 결과 |

- 전지를 서로 다른 극끼리 1줄로 연결한 것(❶, ❷)을 전지의 직렬연결이라고 하고, 전지를 같은 극끼리 나란하게 연결한 것(❸, ❹)을 전지의 병렬연결이라고 한다.
- 전구의 밝기가 전지 1개를 연결하였을 때와 비슷한 경우는 ❸, ❹이고, 전지 1개를 연결했을 때보다 더 밝은 경우는 ❶, ❷이다.
- 전지를 직렬연결한 경우 연결된 전지 하나를 빼내면 전구의 불이 켜지지 않지만, 전지를 병렬연결한 경우 연결된 전지 하나를 빼내어도 전구의 불이 계속 그대로 켜진다.

전구의 연결 방법에 따라 전구의 밝기 비교하기

2개의 전구를 직렬과 병렬로 연결하여 보고, 전구의 밝기 비교하기

전구 1개를 연결하였을 때와 비슷한 밝기를 가지는 경우는 어느 것이고, 전구 1개를 연결했을
때보다 더 어두운 경우는 어느 것인지 찾아본다.

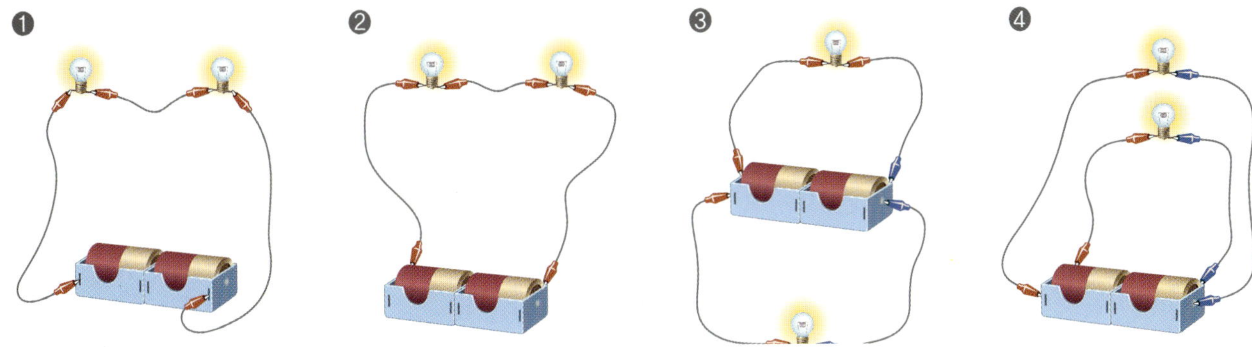

분류된 두 종류의 전기 회로에서 전구 1개씩 빼고 전구의 불 관찰하기

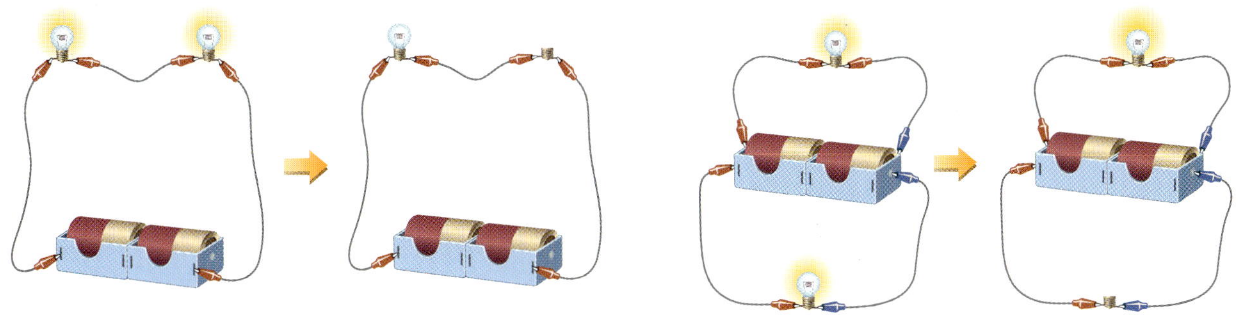

| 실험 결과 |

- 전선 1개에 전구 2개 이상을 이어 연결한 것(❶, ❷)을 전구의 직렬연결이라고 하고, 전선을 여러
  개로 나누어 각각의 전선에 전구를 1개씩 연결한 것(❸, ❹)을 전구의 병렬연결이라고 한다.
- 전구 1개를 연결했을 때와 비슷한 밝기를 나타낸 것은 ❸, ❹이고, 전구 1개를 연결했을 때보나
  더 어두운 경우는 ❶, ❷이다.
- 전구를 직렬연결한 경우 하나의 전구를 빼내면 나머지 전구의 불도 꺼지지만, 전구를 병렬연결한
  경우 하나의 전구를 빼내어도 나머지 전구의 불은 켜진다.

전지와 전구의 연결 방법에 따라 전구의 밝기 비교하기

전지의 직렬연결	• 전지 2개 이상을 서로 다른 극끼리 연결하여 전류를 흐를 수 있게 하는 방법이다. • 전구의 밝기가 전지 1개를 연결했을 때보다 더 밝다.	**전구의 직렬연결**	• 전류가 흐르는 전선 1개에 전구를 2개 이상 이어 연결하는 방법이다. • 전구의 밝기가 전구 1개를 연결했을 때보다 어둡다.
전지의 병렬연결	• 전지 2개 이상을 서로 같은 극끼리 연결하여 전류를 흐를 수 있게 하는 방법이다. • 전구의 밝기가 전지 1개를 연결했을 때와 비슷하다.	**전구의 병렬연결**	• 전류가 흐르는 전선을 여러 개로 나누어 각각의 전선에 전구를 1개씩 연결하는 방법이다. • 전구의 밝기가 전구 1개를 연결했을 때와 비슷하다.

질량과 무게 Mass and Weight

질량은 물체가 가지고 있는 물체 고유의 양이고 장소가 달라져도 항상 일정하지만, 무게는 지구가 물체를 잡아당기는 힘을 말하며 장소가 달라지면 값이 달라진다.

질량과 무게

질량은 물체가 가지고 있는 고유한 속성으로 물질의 양을 의미한다. 모든 물체는 물질의 종류와 관계없이 질량 1kg은 같은 양이 된다. 질량은 영어로 'mass'라고 하는데, 이는 '덩어리'라는 뜻이다. 어떤 물체가 10kg이라는 것은 그 물체가 모여 있는 정도가 1kg짜리 물체의 10배라는 것을 의미한다. 질량이 고유한 값이라면 무게는 측정 장소에 따라 달라지며 그 크기가 변하는 것이다.

무게는 중력장 내에서 물체가 중력에 의하여 끌어당겨지는 힘을 의미한다. 예를 들어 손에 쥐고 있던 연필을 놓으면 아래로 떨어지고, 높이 던져진 야구공도 아래로 떨어진다. 이러한 현상은 지구가 물체를 당기는 힘 때문에 나타난다. 이러한 힘을 중력이라고 하는데, 무게는 물체에 작용하는 중력의 크기를 의미한다.

달의 중력이 지구의 중력의 약 $\frac{1}{6}$이므로 달에서 측정한 물체의 무게는 지구에서 측정한 물체의 무게의 약 $\frac{1}{6}$이 된다. 어떤 물체를 달로 가져가면 무게는 줄어들지만 물체의 고유한 양인 질량은 변하지 않는다. 그러므로 지구에서 윗접시저울로 측정한 물체의 질량은 달이나 다른 장소에 가서 측정해도 변하지 않는 것이다.

질량의 단위는 킬로그램(kg)을 사용하고, 무게의 단위는 킬로그램힘(kgf) 또는 뉴턴(N)을 사용한다.

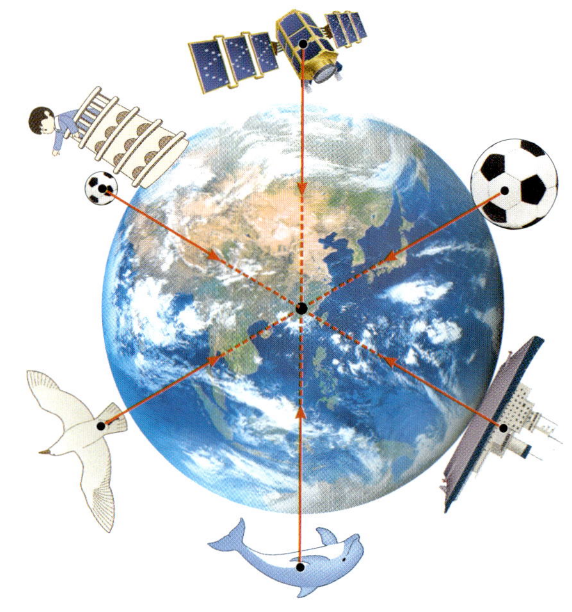

지구와 달에서 측정한 무게

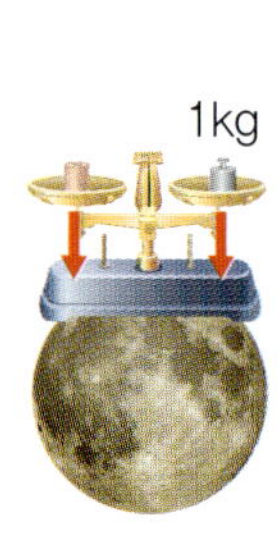

지구와 달에서 측정한 질량

용어 풀이

kg과 kgf, N의 관계

질량의 단위는 킬로그램(kg)을 사용하고, 무게의 단위는 킬로그램힘(kgf) 또는 뉴턴(N)을 사용한다. 질량 1kg의 물체에 작용하는 지구 중력의 크기를 1kgf이라고 하며, 1kgf은 약 9.8N이다. 지구에서 질량 60kg인 사람의 무게는 60kg×9.8N/kg=588N이 된다.

무중력 상태

물체의 무게를 느낄 수 없는 상태를 무중력 상태라고 한다. 지구 주위를 돌고 있는 국제 우주 정거장과 인공위성 내부에서는 지구의 중력을 느낄 수 없으므로 사람이 떠다니고, 물이 든 컵을 기울여도 쏟아지지 않는다. 인공위성에서는 지구에서의 중력이 거의 미치지 않기 때문에 우주인은 지구에서 생활하는 것보다 혈액이나 체액이 다르게 퍼져 얼굴이 붓거나 관절 간격이 넓어져 키가 커진다.

그렇다면 지상에서 무중력 상태를 만들 수는 없을까? 실제 지구에서는 우주 비행사의 훈련을 위해 무중력 상태를 만들기도 한다. 특수 설계된 항공기를 높은 고도까지 올라가게 한 다음 중력 가속도와 동일한 속도로 수직 낙하하면 그 안의 사람은 무게감을 느끼지 못해 무중력 상태와 비슷한 경험을 하게 된다.

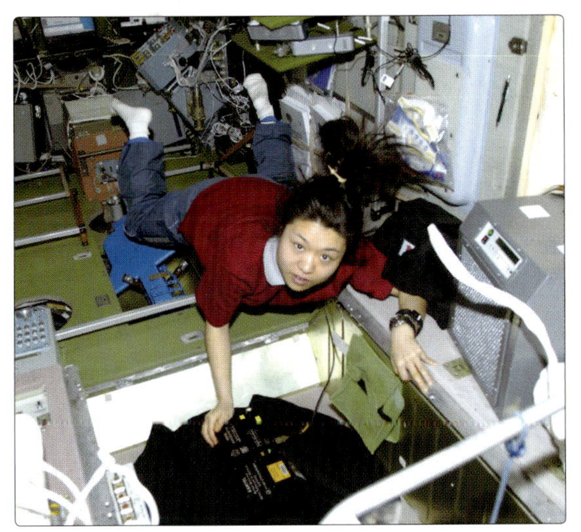

블랙홀 Black Hole

질량이 있는 모든 물체 사이에는 서로 끌어당기는 만유인력이 작용한다. 특히 지구가 물체를 잡아당기는 힘을 중력이라고 하는데, 이 중력 때문에 인간은 공중에 떠다니지 않고 지표면에서 생활할 수 있다.

그런데 이 중력이 매우 강해서 빛조차 빠져나올 수 없는 검은 구멍 혹은 검은 별로 불리는 천체가 있다. 이것이 블랙홀이다. 이것은 별이 극단적인 수축을 일으켜 밀도가 매우 증가하고 중력이 굉장히 커진 천체를 말한다. 물질이 극단적으로 수축하면 그 안의 중력은 빛, 에너지, 물질, 입자 등의 어느 것도 탈출하지 못할 만큼 강해진다. 라플라스(Laplace, Pierre Simon: 1749~1827)가 빛조차도 빠져나올 수 없는 별의 존재를 주장하였으나 크게 주목받지 못하였고, 1916년 슈바르츠실트(Schwarzschild, Karl: 1873~1916)가 이론적으로 블랙홀의 존재를 밝혔다. 블랙홀에서는 빛조차도 빠져나올 수 없지만, 다음과 같이 물질들이 빨려 들어갈 때 나오는 X선을 관측하여 그것의 존재를 확인할 수 있다.

몸무게를 정확하게 말하려면

우리는 일상생활에서 자신의 몸무게를 말하거나 물체의 무게를 말할 때 kg의 단위를 사용한다. 하지만 kg은 질량을 나타내는 단위이지 무게를 나타내는 단위는 아니다. 무게를 나타내는 단위는 따로 있는데, kgf 또는 N이다. 무게는 중력이 물체를 끌어당기는 힘을 통해 표현되기 때문에 질량의 단위에 'f'자를 붙이게 되었다. 이러한 사실을 알았다면 이제부터 무게를 말할 때는 'kgf'를 붙여 말해 보자.

질량 보존 법칙 Law of Mass Conservation

이 법칙은 화학 반응이 일어날 때, 반응하는 물질의 질량의 합과 반응 후 생기는 물질의 질량의 합이 서로 같다는 것을 증명하고 있다. 질량 불변 법칙이라고도 한다.

질량 보존 법칙 Law of Mass Conservation

질량은 어떤 물체가 가진 물질의 고유한 양을 말한다. 물질의 총 질량은 화학 반응이 일어난 후에도 변하지 않는다. 이러한 법칙을 질량 보존 법칙 또는 질량 불변 법칙이라고도 한다.

프랑스의 화학자인 라부아지에는 1772년에 여러 가지 실험을 통하여 '화학 반응이 일어날 때에는 반응물의 질량의 합과 생성물의 질량의 합이 항상 같다.'라는 질량 보존 법칙을 처음 발표하였으며, 그 후 란돌트(1908)와 외트뵈시(1909)에 의해 실험적으로 검토되어, 실험 오차의 범위 내에서 이 법칙이 충분히 성립된다는 것을 증명하였다.

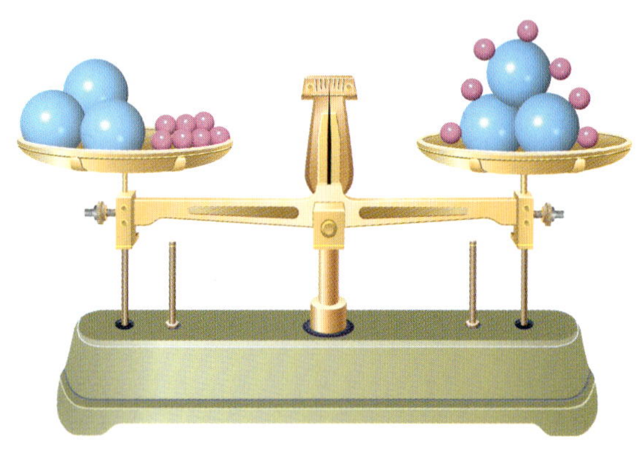

◐ 질량 보존 법칙

즉, 화학 반응이 일어나기 전과 일어난 후에 물질을 구성하는 성분은 모두 원래의 물질을 구성하던 성분이 변하였을 뿐이며, 성분이 없어지거나 또는 새로운 성분이 생기지 않는다는 것을 의미한다.

다만, 아인슈타인의 상대성 이론에 의하면, 반응열의 출입에 따르는 반응계의 에너지 증가와 감소에 의해서 극히 작지만 반응계의 질량은 변화되므로, 엄밀히 말하자면 이 법칙은 성립하지 않으며, 이런 뜻에서 이 법칙은 근사적인 법칙이라고 말할 수 있다. 하지만 엄청난 양의 반응 에너지의 출입을 일으키는 원자핵 반응과는 다르게 보통의 화학 반응에서는 계 전체의 질량에 비해서 그 변화의 정도가 무시할 수 있을 정도로 적으므로 이 법칙은 성립되는 것으로 생각해도 괜찮다. 사실상 란돌트의 실험에서는 항상 $2 \times 10^{-7} \sim 10^{-8}$ 정도의 오차 범위 내에서 성립된다는 것이 확인되었다. 질량 보존 법칙은 화학에서 정량 분석의 기본이 되는 중요한 법칙이다.

고대의 물질관

우리가 살고 있는 세상을 이루고 있는 모든 물체의 기본 물질이 무엇인지에 대한 논쟁은 고대부터 시작되었다. 동양에서는 정신적인 면으로 연구하려 하였지만, 서양은 물질적인 것으로 연구하였다.

그리스의 철학자 탈레스(Thales: B.C. 624?~B.C. 545?)는 만물의 근원이 물이라는 '일원소설'을 주장했고, 엠페도클레스는 만물은 물, 불, 흙, 공기라는 '4원소설'을 주장했다. 데모크리토스는 만물은 더 이상 쪼개지지 않는 입자인 '원자'로 이루어져 있다는 '입자설'을 주장했다.

기원전 4세기 아리스토텔레스는 사물은 물, 불, 공기, 흙의 4원소로 되어 있는데, 차갑고, 뜨겁고, 건조하고, 습한 정도에 따라 원소의 종류가 결정된다는 '4원소 가변설'을 주장했다.

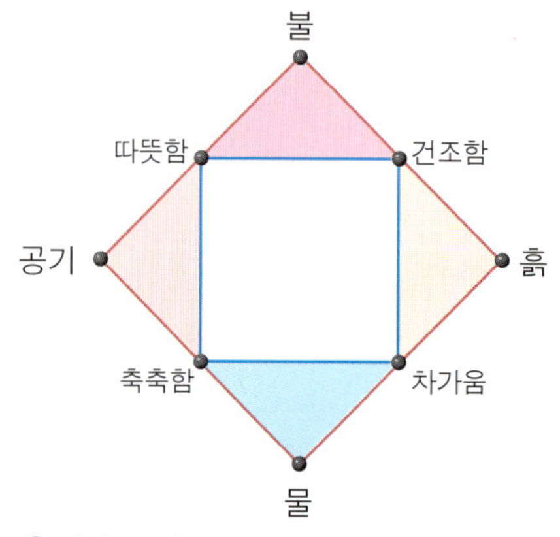

◐ 아리스토텔레스의 4원소 가변설

중세의 물질관

중세의 물질관은 연금술을 통해 주로 이루어졌다. 아리스토텔레스의 4원소 가변설에 힘을 실어 수은, 황, 소금을 적당한 조건에서 반응을 시키면 새로운 물질을 만들 수 있다고 생각하였다. 연금술은 모두 실패로 돌아갔지만, 실험 과학 분야에서 많은 진전을 가져오는 계기가 되었다.

△ 연금술사

근대의 물질관

근내로 와서 물질관은 많이 변화한다. 가장 대표적인 과학자는 보일과 라부아지에를 들 수 있을 것이다.

보일은 원소의 개념을 기존 아리스토텔레스의 4원소설을 부정하고 '어떠한 방법으로도 더 이상 분해할 수 없는 물질' 이라고 정리했다.

라부아지에는 보일의 원소 개념을 따라서 물을 분해하여 물이 원소가 아니라는 것을 실험으로 증명하였다. 그리고 연소 실험을 통하여 '반응 전과 후의 물질의 총 질량은 같다.' 는 질량 보존 법칙을 발견하였다.

라부아지에 (Lavoisier, Antoine Laurent: 1743~1794)

라부아지에는 1743년 프랑스의 부유한 법률가의 아들로 태어나 아버지의 권유로 법과 대학을 졸업하여 법학사가 되었으나, 천문학 강의를 들은 후 과학에 심취하여 평생 실험과 연구를 계속하였다.

그는 1767년 25세 나이에 아리스토텔레스의 '4원소 가변설'에 대한 의문을 품고, 질량을 측정한 용기에 물을 담아 밀폐시켜 100일 동안 끓여서 확인하여 그리스 시대부터 내려오던 4원소 가변설이 잘못되었음을 밝혀냈다. 이는 보다 정밀한 저울을 사용하는 일이 과학 연구에 중요한 수단임을 인식하고 있었기 때문에 가능한 것이었다.

또한 물 분해 실험을 통해 물이 산소와 수소로 구성되어 있음을 밝혔으며, 동물의 호흡도 하나의 연소 과정으로 '음식물과 산소의 연소 현상' 으로 파악하였다.

△ 라부아지에

"우리는 사실에만 의존해야 한다. 사실이란 자연이 준 것이라서 속이지 않기 때문이다. 우리는 어떠한 경우에도 실험 결과에 따라 판단해야 한다. 억지로 진리를 찾으려고 하지 말고, 실험과 관찰이 주는 자연적인 길을 따라야 한다."라고 말했다.

라부아지에는 플로지스톤설에 의문을 갖고 밀폐된 유리 용기에 금속을 태워 정량적으로 측정함으로써 연소가 공기 중의 산소와 결합하는 과정이라는 연소설을 확립하고 반응 전후에 질량이 보존된다는 질량 보존 법칙도 밝혀냈다.

연소의 개념, 산소의 발견, 질량 보존 법칙, 호흡, 원소의 개념 확립, 화합물의 명명법 등을 통해 근대 화학을 이끈 선구자로서 라부아지에는 화학을 체계화하는 데 큰 공헌을 한 과학자이다.

초전도체 Superconductor / 超傳導體

매우 낮은 온도에서 전기 저항이 0에 가까워지는 초전도 현상이 나타나는 도체이다. 초전도 현상이란 어떤 물질이 특정 온도 이하로 내려가면 전기 저항이 갑자기 사라지는 현상이다.

초전도체 Superconductor

1911년, 네덜란드 레이던 대학교의 물리학자 카메를링오너스는 아주 낮은 온도인 −269.2℃(절대 온도 4.2K)에서 수은의 저항이 갑자기 사라지는 현상을 발견하였다. 이를 초전도 현상이라고 하고, 초전도 현상이 일어나는 물체를 초전도체라고 하며, 이 현상이 나타나기 시작하는 온도를 임계 온도라고 한다.

저항이란 물체에 전류가 흐르는 것을 방해하는 성질을 말하는 것으로, 저항이 크면 물질에 전류가 잘 흐르지 못한다. 초전도체는 저항이 없으므로 전류가 흘러들어도 전력 손실이 발생하지 않는다. 따라서 대량의 전기를 손실 없이 저장하거나 송전할 수 있게 된다.

그리고 초전도체를 이용하면 에나멜선이나 철심을 이용하여 만든 전자석보다 매우 강력한 세기의 전자석을 만들 수 있어 자기 부상 열차 등과 같은 과학 기술 발전에 큰 가능성을 열어 주고 있다.

하지만 현재의 초전도체 기술로는 낮은 온도에서만 초전도 현상을 유지시킬 수 있고, 쉽게 사라질 수 있다는 단점이 있어 과학 기술자들의 계속적인 연구가 이뤄지고 있는 단계이다.

카메를링오너스 (Kamerlingh Onnes, Heike: 1853~1926)

네덜란드 레이던 대학교의 저온연구소에서 1904년에 액체 공기를, 1906년에는 액체 수소를 제조하였다. 1908년 처음으로 헬륨의 액화에 성공하여 절대 영도에 가까운 −269℃의 극저온을 얻어 냈다.

이후 계속 저온 영역에서의 물질의 성질을 조사하여, 금속의 저온에 있어서의 초전도 현상을 발견하는 극저온 물리학을 개척하였다. 이러한 업적으로 1913년 노벨물리학상을 받았다.

초전도체와 자석

초전도체는 직류 전류에 대해 저항이 없는 완전 도체이다. 외부에서 자기장을 걸어 주면 초전도체 내부의 자속 밀도가 0이 되는 완전 반자성체가 된다. 이러한 반자성체는 자기장을 초전도체 밖으로 밀어내는 효과를 나타내게 되는데, 이를 발견자의 이름을 따서 마이스너 효과라고 한다.

마이스너 효과는 외부에서 가해진 자기장을 상쇄시키기 위한 전류가 초전도체에 흘러서 외부의 자석과 반대되는 자극을 만들기 때문에 자기장을 밀어내는 자기 부상 효과를 가져올 수 있다.

자기 부상 원리를 이용한 대표적인 사례가 자기 부상 열차이다. 초전도체와 자석을 이용하여 자기 부상 열차의 원리를 쉽게 관찰할 수 있다. 초전도체의 온도를 아주 낮은 온도로 유지하면서 초전도체 위에 자석을 올리면 자석의 자기장과 초전도체가 만드는 자기장 사이에 서로 밀어내는 힘이 생기면서 자석이 공중에 뜨게 된다.

⬆ 초전도체 위에 놓은 자석이 공중에 떠 있다.

자기 부상 열차

자기 부상 열차란 아주 낮은 온도에서 일어나는 초전도 현상을 이용하여 강력한 전자석을 만들고 그 전자석의 힘으로 기차를 공중에 뜨게 하여 열차를 움직이게 하는 것을 말한다.

열차의 밑바닥에 초전도체로 만든 고리가 달려 있으며, 열차가 움직이면 이 고리는 철로 속에 있는 전선 고리에 전류가 흐르게 만드는데, 이때 두 고리 사이에 서로 밀어내는 힘이 작용하게 되어 열차를 뜨게 한다. 열차가 철로에서 몇 cm 정도 뜨게 되면 열차의 속력을 줄이는 마찰력이 매우 작아져서 같은 연료를 이용하여도 훨씬 더 빠르고 더 먼 거리를 이동할 수 있게 된다. 또 열차가 철로 위를 뜬 채로 움직이면 마찰이 없으므로 매우 고속으로 달릴 수 있다. 그러나 수백 톤이 넘는 열차를 띄우려면 엄청나게 강한 자석이 필요하다. 이렇게 강한 자석을 만들려면 쇠막대를 코일로 감아서 높은 전류를 흘려보내야 한다. 그러나 이렇게 높은 전류를 흘려보내면 코일이 모두 녹아 버린다. 이러한 문제를 해결하기 위하여 사용하는 것이 초전도 자석이다. 초전도 자석에 사용된 코일은 저항이 거의 0에 가깝다. 아무리 높은 전류를 흘려보내도 저항이 거의 없으므로 코일에 열이 발생하지 않고 이 때문에 기차를 띄울 수 있는 강한 전자석을 만들 수 있다.

▲ 대한민국의 자기 부상 열차

▲ 중국의 자기 부상 열차

▲ 독일의 자기 부상 열차

▲ 일본의 자기 부상 열차

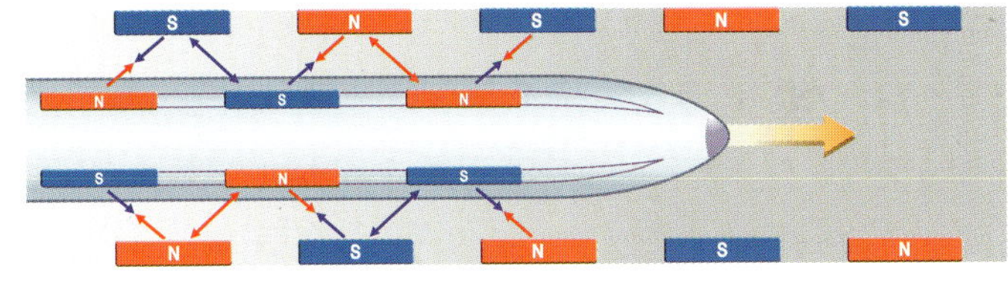

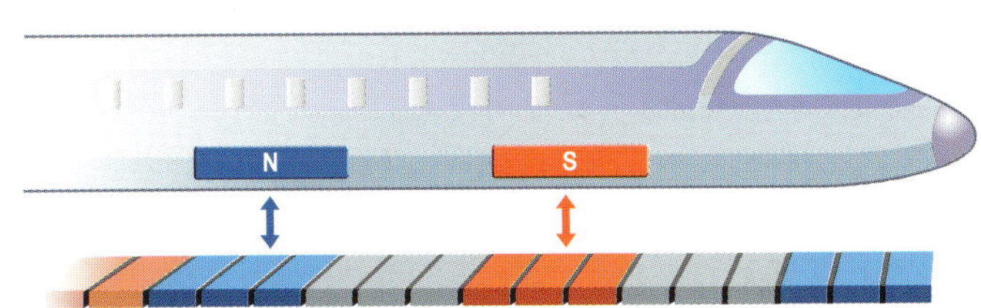

▲ 초전도 자기 부상 열차의 원리

자기 부상 열차의 바닥에는 초전도 코일이, 철로에는 전자석이 설치되어 있다. 초전도 코일에 철로의 자석을 밀어내는 방향으로 자기장이 생겨 기차가 뜨게 되는 것이다. 또한 초전도 코일은 저항이 0에 가깝기 때문에 강한 전류를 흘려보내도 열이 발생하지 않아 강한 전자석을 만들 수 있다.

자기 공명 영상 장치(MRI)

병원에서 많이 사용하고 있는 자기 공명 영상 장치(MRI)의 내부에는 나이오븀·타이타늄 초전도선으로 만든 대형 초전도 자석이 들어 있다. 이 초전도선으로 초전도 자석을 만들면 전자석과 영구 자석보다 훨씬 안정되고 강력한 자기장을 발생시킬 수 있기 때문이다. 자기 공명 영상 장치 안에서는 네 겹으로 이루어진 초전도 자석이 환자를 꽁꽁 둘러싸고 있다. 자석이 자기장을 형성하면 환자의 몸에 있는 수소 이온((+)전하를 띠고 있다.)이 자성을 띤다. 인체 세포 내의 수소 원자에 자기 공명 현상을 일으켜 원자의 밀도와 물리화학적 특성을 영상화하여 고화질의 영상 정보를 제공받을 수 있게 되는 것이다.

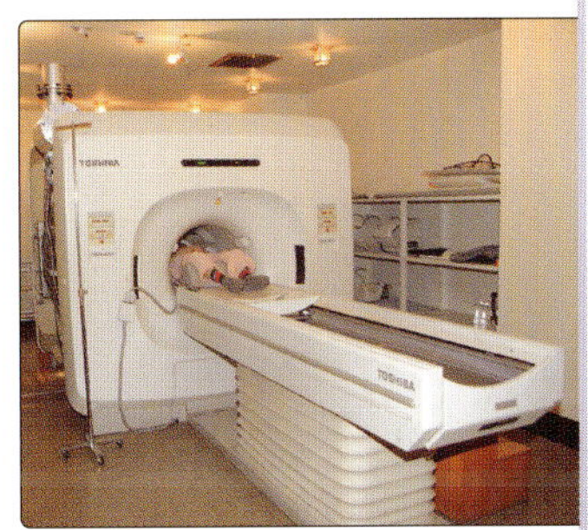

▲ 자기 공명 영상 장치

측정 Measure / 測定

일정한 기준을 가지고 관찰을 수치화하는 과정을 말한다. 측정의 대상이 되는 양을 측정량, 측정에 의해 얻어지는 수치를 측정치라고 한다.

측정

측정은 자연 현상에 대한 과학적 설명과 모형을 구성하는 데 바탕이 되는 증거를 수집하는 과정이다.

수집한 실험적인 정보들이 자연 현상을 설명하고 모형을 구성하는 것을 납득하기 위해서는 측정을 통해 얻어진 증거가 신뢰할 수 있는 것이어야 한다.

과학에서 탐구가 경험, 관찰, 사고, 추리, 연구 등을 통해 과학적 진리를 추구하는 활동으로 자연 세계에 대한 질문을 던지고 자연 현상을 조사하는 과정이라고 본다면, 그 탐구 과정을 통하여 자연 현상에 대한 과학적 설명과 모형을 구성하기 위해서는 증거가 바탕이 되어야 하는데, 이 증거를 수집하는 과정을 탐구 활동 측면에서의 측정이라고 할 수 있다.

처음 물건을 재기 위한 기구나 단위가 생겨난 시기는 물물교환이 시작되었을 쯤으로 추정된다. 하지만 그 당시 사람들은 물체를 측정하기 위해 정밀한 기구나 통일된 단위를 사용하였다기보다는 사람의 몸 일부를 기준이나 단위로 삼았다. 예를 들어 손가락이나 손바닥을 이용하여 한 뼘, 두 뼘을 길이의 단위로 사용하였고, 양 손바닥을 모아 가득 담을 수 있는 한 줌, 두 줌을 부피의 단위로 사용하였다. 하지만 사람마다 신체의 길이가 달라 정확하게 물건의 길이를 잴 수는 없어도 측정 도구가 없었던 시절에는 신체가 훌륭한 측정 도구의 역할을 하였을 것이다.

국제 단위계 SI unit

1960년 제11회 국제 도량형 총회에서 미터계의 국제 단위계를 선택하여 쓰게 되었다.

미터계의 단위는 점차 국제 단위계로 통일되어 가고 있다. SI 단위계는 미터계의 단위를 더 확장시킨 것인데 미터계의 단위계란 길이 m, 질량 kg, 시간 s, 전류 A의 4개의 기본 단위를 말한다. 여기에 열역학적 온도 K, 광도 cd, 물질량 mol을 합쳐 7개의 단위를 SI 기본 단위로 정하였다. 그 외에 SI 유도 단위가 있다.

기본량	명칭	기호
길이	미터	m
질량	킬로그램	kg
시간	초	s
전류	암페어	A
열역학적 온도	켈빈	K
광도	칸델라	cd
물질량	몰	mol

[SI 기본 단위]

유도량	명칭	기호
넓이	제곱미터	m^2
부피	세제곱미터	m^3
속력, 속도	미터매초	m/s
가속도	미터매초제곱	m/s^2
파동 수	매미터	1/m
밀도, 질량 밀도	킬로그램매세제곱미터	kg/m^3
비(比) 부피	세제곱미터매킬로그램	m^3/kg
전류 밀도	암페어매제곱미터	A/m^2
자기장의 세기	암페어매미터	A/m
(물질량)의 농도	몰매세제곱미터	mol/m^3
광휘도	칸델라매제곱미터	cd/m^2
굴절률	하나(숫자)	l

[SI 유도 단위]

미터법

미터법이란 길이는 미터(m), 무게는 킬로그램(kg), 부피는 리터(L)를 기본으로 하는 국제적인 도량형 단위 체계를 말한다. 미터법은 1790년 프랑스의 탈레랑이 "미래에도 영원히 바뀌지 않을 것을 기초로 해서 새로운 단위를 만들자."라고 제안한 것이 시작이었다. 프랑스 과학 아카데미에서는 '어떠한 국민도 자기들이 마음대로 정한 도량을 다른 국민에게 강요할 권리는 없다.'는 생각으로 인류가 공유할 수 있는 지구의 자오선을 기준으로 미터법을 정하기로 하였다. 이때의 1m는 적도에서 프랑스 파리를 거쳐서 북극까지의 거리(프랑스 자오선)를 천만분의 일로 나눈 값이었다. 하지만 실제로 북극에서 적도까지의 거리를 잰 것은 아니고 그 거리의 일부분인 프랑스의 딩케르크에서 스페인의 바르셀로나까지의 거리만 재고, 그것을 기준으로 프랑스 자오선의 거리를 구한 것이다. 프랑스는 1799년에 이 미터법을 정식으로 채택하였으며, 그 후 나폴레옹이 자신이 정복한 유럽의 모든 나라에 미터법을 사용할 것을 강요하기도 하였다.

미터법이 쉽고 우수하다는 점이 인정되어 1875년에는 프랑스 파리에서 17개국이 모여서 국제적인 미터협약을 체결하였다. 1889년 제1회 국제 도량형 총회에서 백금과 이리듐의 합금으로 미터원기를 만들고 이를 토대로 하여 미터법이 확립되었다. 1905년에 우리나라도 미터법을 사용하기 시작하였다.

그러나 미터원기도 초고온이나 초저온에서 변형될 우려가 있어 크립톤 원자가 방사하는 스펙트럼 파장을 이용하여 1m를 정하게 되었고, 1983년에 제17회 국제 도량형 총회에서는 1m를 '빛이 진공 중에서 $\frac{1}{299792458}$초 동안 진행한 거리'로 새롭게 정의하였다.

🔺 미터법의 역사

나라마다 다른 길이 단위

세계 각국의 측정 단위는 각 나라의 문화가 다르듯이 큰 차이가 있다.

중국의 영향을 받던 우리나라와 일본에서는 '자'나 '치' 등의 단위를 사용했고, 고대 이집트에서는 '큐빗', 영국에서는 '인치'나 '피트', '야드', 프랑스에서는 '피에'라는 단위를 사용했다.

서로 다른 단위를 사용하는 나라끼리 무역을 할 때는 많은 불편이 따른다. 따라서 인류는 현명하게도 측정 단위를 통일하는 방향으로 변화하고 있다.

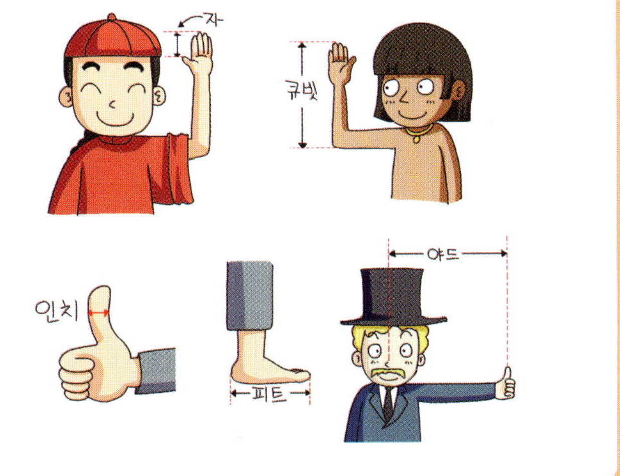

탄성 Elasticity / 彈性

외부 힘에 의하여 변형된 물체가 힘이 없어졌을 때 원래의 모양으로 되돌아가려는 성질로 일상생활에서는 고무나 용수철 등에서 쉽게 볼 수 있다.

체적 탄성과 형상 탄성

외부에서 물체에 힘을 가하면 변형하지만 외부의 힘을 제거하였을 때 원래의 형태로 되돌아가는 성질을 탄성이라고 한다. 외부의 힘에 의해서 일정한 응력이 발생함과 동시에 그에 대응하여 일정한 변형이 나타나는데, 응력을 제거하면 순간적으로 변형도 없어지는 경우를 이상 탄성이라고 한다.

탄성은 크게 부피가 변화하는 체적 탄성과 모양이 변화하는 형상 탄성으로 나눌 수 있다.

고무공에 힘을 주었다가 빼면 원래 상태로 돌아가는 것은 고무공 내의 기체의 체적 탄성에 의한 것이다. 반면에 용수철과 같은 탄력은 형상 탄성에 의해 생긴다. 기체나 액체는 일정한 모양이 없으므로 형상 탄성이 나타나지 않지만, 고체의 경우는 체적 탄성과 형상 탄성이 함께 일어나는 경우가 많다.

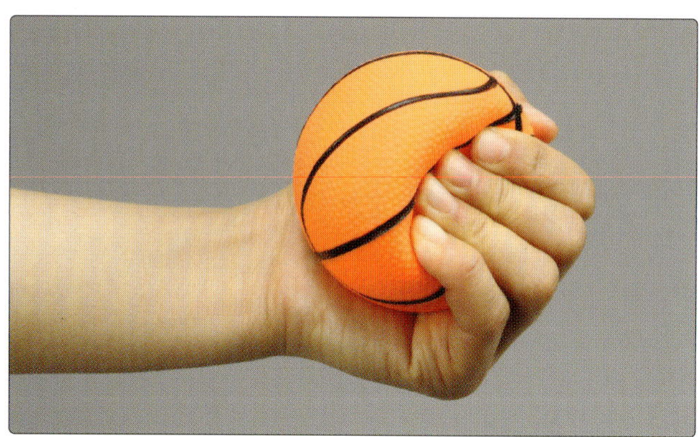

⬣ 체적 탄성은 부피가 변화하는 탄성이다.

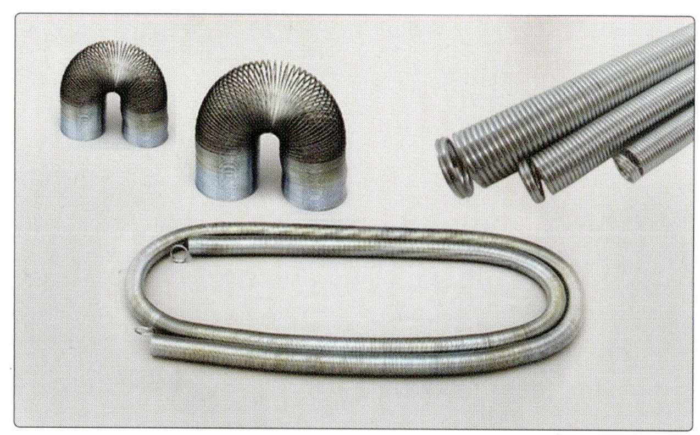

⬣ 형상 탄성은 모양이 변화하는 탄성이다.

탄성 한계 Elastic Limit

용수철과 같은 탄성이 있는 물체가 외부의 힘에 의해 늘어나거나 줄어들 때 자신의 원래 모습으로 돌아오려고 반항하는 복원력의 크기와 변형 정도의 관계를 나타내는 법칙을 훅의 법칙이라고 한다. 즉, 힘을 많이 줄수록 변형이 많이 일어나게 된다. 액체나 기체 물질에 비해 고체 물질의 경우에는 힘이 어느 한계를 넘으면 탄성이 없어져 힘을 제거해도 변형이 남는다. 이렇게 탄성을 유지할 수 있는지 없는지의 경계가 되는 힘의 크기를 그 물체의 탄성 한계라고 한다.

용수철에 탄성 한계보다 큰 힘을 가하면 가하던 힘을 없애더라도 본래의 모습으로 돌아가지 못한다.

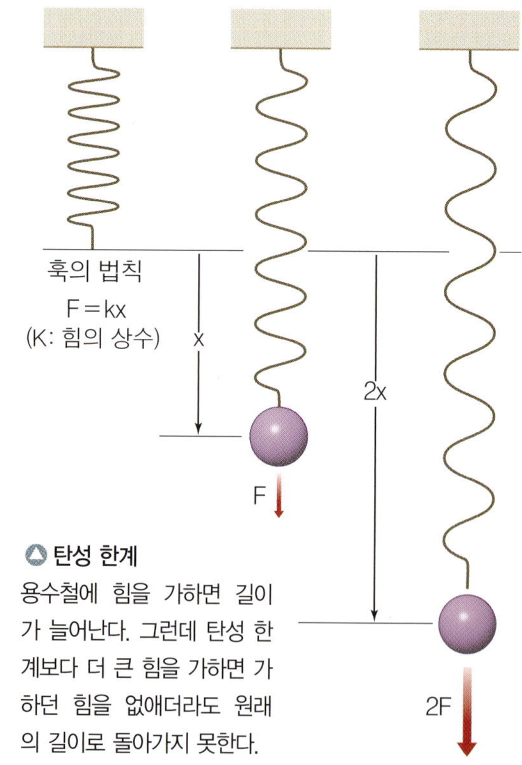

⬣ 탄성 한계
용수철에 힘을 가하면 길이가 늘어난다. 그런데 탄성 한계보다 더 큰 힘을 가하면 가하던 힘을 없애더라도 원래의 길이로 돌아가지 못한다.

탄성 에너지 Elastic Energy

탄성체가 외부에서 힘을 받으면 변형을 하기 때문에 외부의 힘은 일을 하게 되고 이 일의 양은 전부 탄성체 안에 저장되는데, 이를 탄성 에너지 혹은 탄성 위치 에너지라고 한다.

예를 들면 활의 시위를 당기면 그 힘에 의해 탄성 에너지가 활의 시위에 축적되고, 그 힘을 갑자기 제거하면 에너지가 한 번에 밖을 향한다. 용수철의 경우 압축되거나 늘어나면 본래의 상태로 되돌아가려는 힘이 생긴다. 이러한 탄성력에 의한 위치 에너지를 탄성 위치 에너지라고 한다.

탄성체 Elastic Body와 소성체 Plastic Material

용수철에 추를 매달면 용수철이 늘어나고 추를 더 매달면 용수철은 더 늘어난다. 매달았던 추를 치우면 용수철은 다시 원래의 길이로 돌아가는데, 이러한 용수철을 탄성체라고 말한다. 우리 생활에서 탄성체는 매우 다양한 곳에 사용된다.

우리가 사용하는 축구공은 탄성체이기 때문에 우리의 머리나 발이 공과 충돌할 때 공이 변형되어 충격을 완화시켜 준다. 그러므로 마음 놓고 발로 차거나 헤딩을 할 수 있다.

탄성과 반대로 외부에서 힘을 가하고 나서 그 힘이 없어졌을 때에도 물체가 원래의 모양으로 돌아가지 않는 성질을 소성이라고 하며, 그러한 성질을 가진 물질이나 물체를 소성체라고 한다. 찰흙, 접합체, 밀가루 반죽은 소성체라고 할 수 있다.

🔺 탄성체(축구공)
외부의 힘이 없어지면 원래의 모양으로 되돌아간다.

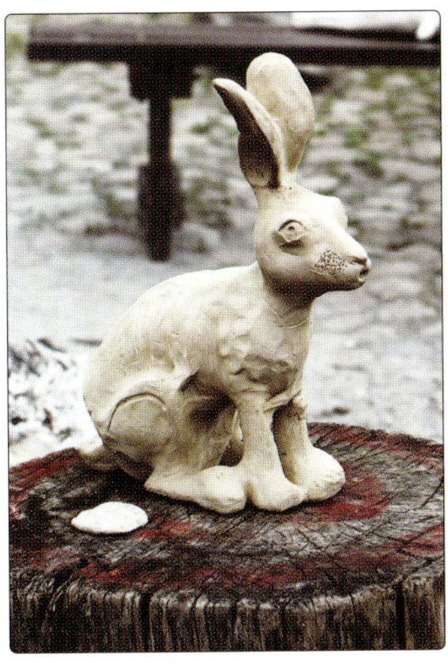

🔺 소성체(찰흙)
외부의 힘이 없어져도 원래의 모양으로 돌아가지 않는다.

🚀 더 나아가기

점탄성 Viscoelasticity

물체에 힘을 가하면 물체에서는 탄성과 점성이라는 2가지의 성질이 나타난다. 가한 힘을 제거하면 원래 형태로 완전히 돌아가는 특성을 탄성이라고 한다. 이러한 특성을 가지는 물질을 이상 고체라고 하며 훅의 법칙을 따른다. 탄성은 흔히 용수철의 운동을 떠올리면 된다. 반면에 가한 힘이 흐르는 데 모두 사용되어 전혀 복원되지 않는 특성을 점성이라고 부르고 이러한 물질을 이상 액체라고 부른다. 이러한 물질들은 뉴턴의 법칙을 따른다. 하지만 어떤 물질은 고체와 액체의 중간 성질을 보이기 때문에 점성과 탄성이 모두 나타난다. 이러한 성질을 점탄성이라고 한다. 일정한 비율로 옥수수 전분에 물을 섞은 반죽은 꽉 잡으면 고체가 되고 그대로 두면 줄줄 흘러내리는 액체가 되는, 즉 고체와 액체로 자유롭게 성질이 변하는 점탄성을 나타낸다.

🔺 점탄성(옥수수 전분과 물의 반죽)

파동 Wave / 波動

한 곳에서 생긴 진동이 차츰 주위로 퍼져 나가는 것을 파동이라고 한다. 공간이나 물질의 한 부분에서 생긴 주기적인 진동이 시간의 흐름에 따라 주위로 멀리 퍼져 나가는 현상을 말한다.

파동

우리 주변의 물체들은 크거나 작게 흔들리고 있다. 우리 눈으로 볼 수 없는 원자처럼 매우 작은 것들도 계속해서 진동하면서 움직이고 있다. 물체가 하나의 점을 중심으로 흔들리는 것을 진동이라고 한다. 잔잔한 호수에 돌을 던지면 돌이 떨어진 곳에 진동이 생기고 그곳을 중심으로 동그라미 모양의 진동이 퍼져 나간다. 이와 같이 한 곳에서 생긴 진동이 주위로 퍼져 나가는 현상을 파동이라고 한다. 파동은 한 장소에 존재할 수가 없고 한 장소에서 다른 장소로 퍼져 나가야 한다. 우리 주위에는 여러 가지 파동이 있다. 눈으로 직접 진동을 볼 수 있는 물결파, 귀로 들을 수 있는 파동인 음파, 송수신 안테나를 이용하여 확인할 수 있는 파동인 전자기파 등이 있다.

🔺 물결파(물)

🔺 음파(소리)

🔺 전자기파(빛)

횡파와 종파

파동이 진행하는 방향과 매질이 진동하는 방향이 수직인 파동을 횡파라고 하고, 파동이 진행하는 방향과 매질이 진동하는 방향이 나란한 파동을 종파라고 한다. 용수철을 한쪽 벽에 고정시킨 뒤, 위아래로 흔들 때와 앞뒤로 흔들 때 모양을 살펴보면 서로 다르게 나타난다. 용수철을 위아래로 흔들 때 나타나는 모양은 횡파이고, 앞뒤로 흔들 때 나타나는 모양은 종파이다. 용수철을 앞뒤로 흔들면 용수철 간격이 촘촘한 부분(밀)과 용수철 간격이 듬성듬성한 부분(소)이 용수철을 따라 이동하는 것을 볼 수 있다. 횡파에는 물결파, 전자기파, 지진파의 S파 등이 있으며, 종파에는 소리와 초음파, 지진파의 P파 등이 있다.

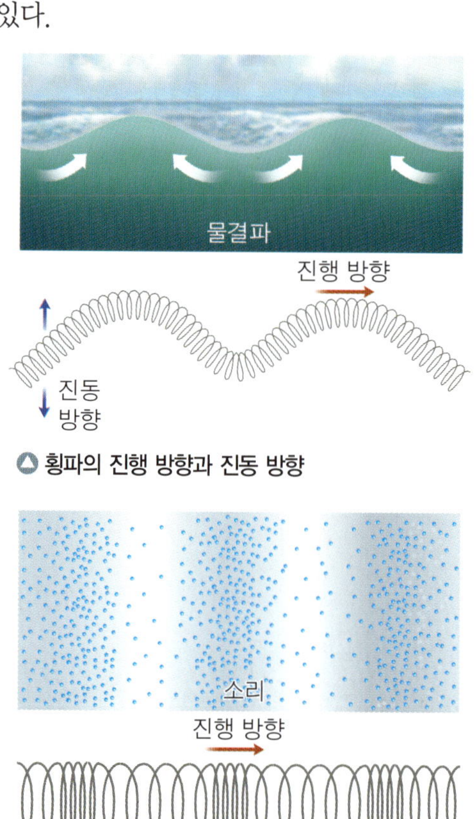

파동 측정

파동은 파장, 진동수, 진폭, 주기로 측정할 수 있다.

파장 파장은 하나의 완전한 파동 주기의 길이를 말한다. 마루에서 이웃한 마루까지, 또는 골에서 이웃한 골까지의 거리, 즉 파동의 한 지점에서 다음 파동의 같은 지점 사이의 거리를 측정한 것이다.

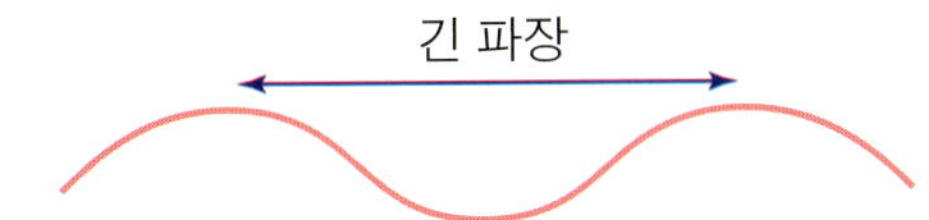

🔺 긴 파장은 완성되는 데 더 오랜 시간이 걸린다.

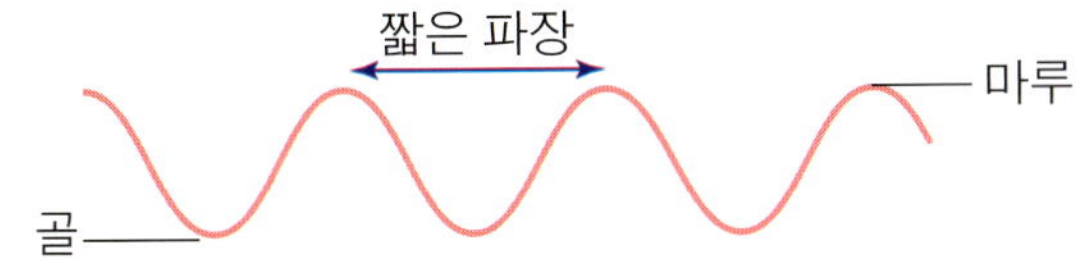

🔺 짧은 파장은 완성되는 데 더 짧은 시간이 걸린다.

진동수 진동수는 1초 동안에 진동하는 횟수를 측정한 것이다. 진동수의 단위는 헤르츠(Hz)이다.

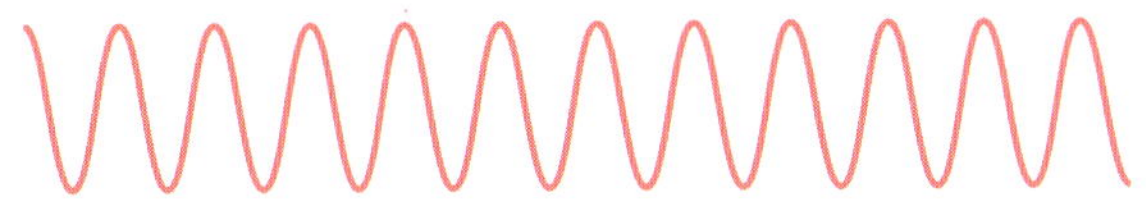

🔺 짧은 파장의 파동은 긴 파장의 파동보다 진동수가 많다.

🔺 긴 파장의 파동은 짧은 파장의 파동보다 진동수가 적다.

진폭 진폭은 파동의 중앙에서부터 마루 또는 골 사이의 높이를 측정한 것이다.

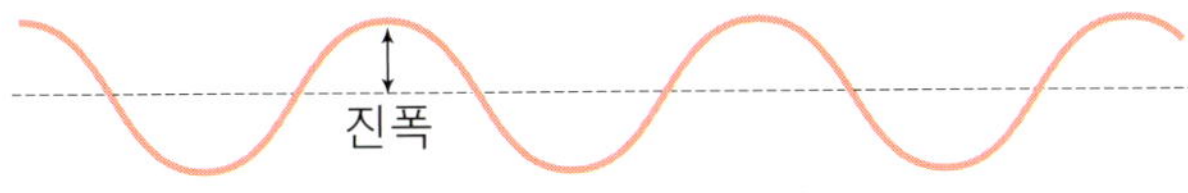

🔺 약한 빛의 파동은 작은 진폭을 가진다.

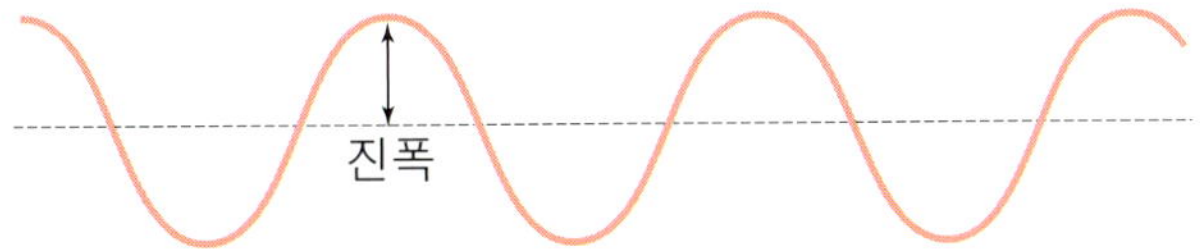

🔺 밝은 빛의 파동은 큰 진폭을 가진다.

주기 주기는 한 번 왕복하는 데 걸리는 시간을 나타내며, 단위로는 초를 사용한다. 예를 들어, 주기가 3초라면 한 번 왕복하는 데 3초가 걸린다는 의미이다. 이때 진동수가 많으면 주기는 짧고, 진동수가 적으면 주기는 길어진다.

파속 Wave Speed

파동의 진행 속도는 파장과 진동수와 관련이 있으며, 이들은 다음과 같은 등식으로 연결되어 있다.

파속을 구하는 공식

$$\text{파속} = \text{파장} \times \text{진동수}$$

파속 계산하는 방법 아래의 파동은 물을 건너 이동하고 있다. 파속을 알기 위해 파장에 진동수를 곱한다.

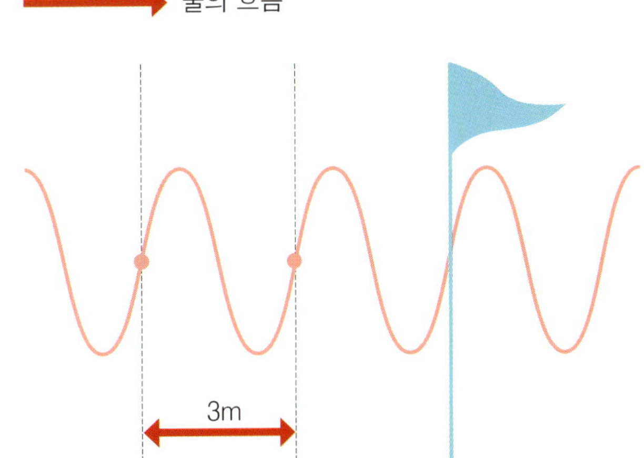

🔺 파장이 3m인 파동이 진행하고 있다. 깃발은 초당 파장의 수를 세기 위해 사용된다.

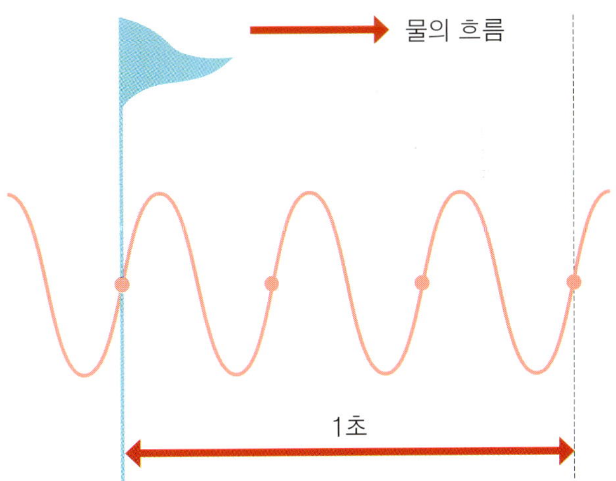

🔺 1초 동안에 3개의 파동이 깃발을 지났으므로 진동수는 3Hz이다.

파속을 계산하면 다음과 같이 된다.

$$3\text{m} \times 3\text{Hz} = 9\text{m/s}$$

이때 진동수는 $\dfrac{1}{\text{주기}}$ 이므로, 파속 $= \dfrac{\text{파장}}{\text{주기}}$ 으로 구할 수도 있다.

힘 Force

물체에 작용하여 물체의 모양을 변형시키거나 물체의 운동 상태를 변화시키는 원인을 힘이라고 하며 힘은 크기와 방향을 갖는다.

힘의 3요소

손수레를 밀면 미는 힘의 크기나 방향에 따라 손수레의 빠르기나 운동 방향이 달라진다. 또 같은 방향으로 손수레를 밀더라도 손잡이를 잡는 부분에 따라 손수레의 움직임이 달라진다. 따라서 힘의 효과는 힘의 크기와 방향 및 작용점에 따라 다르게 나타난다.

힘의 크기

물체에 힘을 가할 때 작용한 힘의 크기에 따라 물체의 모양이나 운동 상태가 달라진다. 용수철에 큰 힘을 주면 용수철은 많이 늘어나고, 작은 힘을 주면 조금 늘어난다. 즉, 힘의 효과는 힘의 크기에 따라 달라진다.

힘의 방향

힘을 주는 방향에 따라 물체의 운동 방향이 달라진다. 용수철을 잡아당기면 그 길이는 늘어나지만, 용수철을 같은 크기의 힘으로 반대 방향으로 밀면 용수철은 오므라든다. 즉, 힘의 효과는 힘의 방향에 따라 달라진다.

힘의 작용점

힘이 물체에 작용하는 위치를 힘의 작용점이라고 한다. 작용점이 다르면 힘의 효과도 달라진다. 크기와 방향이 같은 힘을 물체에 주더라도 물체의 어느 부분에 힘을 주는가에 따라 물체의 움직임이 다르게 나타난다. 즉, 힘의 효과는 힘의 작용점에 따라 달라진다. 그림과 같이 물체를 놓고 왼쪽 그림과 같이 손으로 물체를 밀면 물체는 힘이 작용한 방향으로 움직일 것이고, 오른쪽 그림과 같이 손으로 물체에 힘을 작용하면 물체는 오른쪽으로 회전하게 될 것이다.

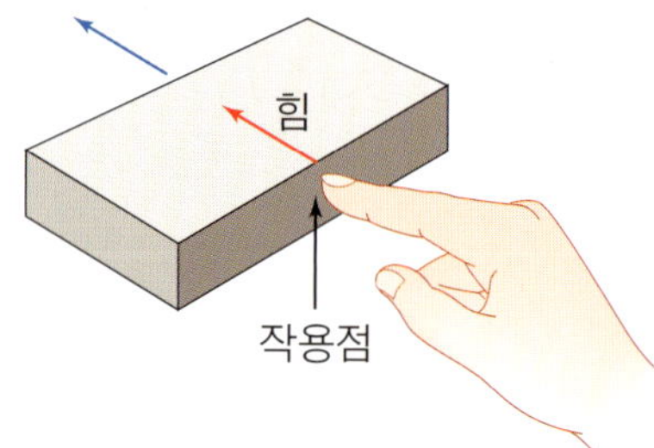

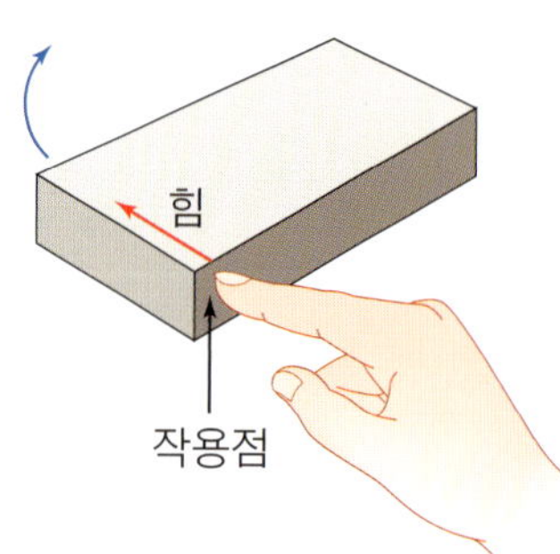

△ 힘의 작용점과 힘의 효과

🚀 더 나아가기

힘의 표시

물체에 작용하는 힘은 크기와 방향 및 작용점을 함께 나타내어야 한다. 따라서 화살표로 표시하면 편리하다.

- 힘의 크기는 화살표의 길이로 나타낸다.
- 힘의 방향은 화살표의 방향과 일치하게 한다.
- 힘의 작용점은 화살표의 출발점에 나타낸다.

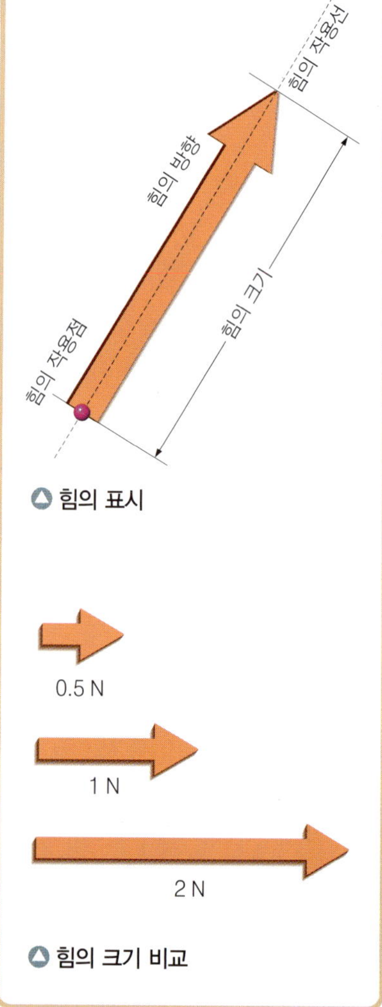

△ 힘의 표시

△ 힘의 크기 비교

힘의 합성

무거운 해상 크레인을 이동시키기 위해서는 양쪽에서 2척의 예인선이 크레인에 줄을 매어 끌고 간다. 이때 크레인은 두 척의 예인선이 끌고 가는 방향의 중간 방향으로 이동한다. 또, 무거운 책상을 옮길 때 혼자 힘으로는 옮기기 힘들지만, 다른 사람과 맞들면 쉽게 옮길 수 있다. 이것은 두 사람의 힘이 합쳐져서 더욱 큰 힘이 책상에 작용하기 때문이다. 이와 같이 한 물체에 두 힘이 작용할 때 같은 효과를 내는 하나의 힘을 합력 또는 알짜힘이라 하며, 합력을 구하는 것을 힘의 합성이라고 한다.

오른쪽 그림과 같이 한 물체에 두 힘이 같은 방향으로 작용하면 합력의 크기는 두 힘의 크기를 더한 값이며, 합력의 방향은 두 힘의 방향과 같다. 합력 F는 $F_1 + F_2$로 구할 수 있다.

$$F = F_1 + F_2$$

오른쪽 그림과 같이 한 물체에 두 힘이 서로 반대 방향으로 작용하면, 합력의 크기는 큰 힘에서 작은 힘을 뺀 것과 같고, 합력의 방향은 큰 힘의 방향과 같다. 이때 합력 F는 $F_2 - F_1$(큰 힘 − 작은 힘)으로 구할 수 있으며, 이때 운동 방향은 F_2 방향(큰 힘의 방향)이 된다.

$$F = F_2 - F_1$$
$$(합력 = 큰 힘 - 작은 힘)$$

무거운 해상 크레인은 2척의 예인선이 끌고 가는 방향의 중간 방향으로 이동한다. 이와 같이 한 물체에 두 힘이 작용할 때 같은 효과를 내는 하나의 힘을 합력 또는 알짜힘이라고 한다.

같은 방향으로 작용하는 두 힘의 합력

반대 방향으로 작용하는 두 힘의 합력

더 나아가기

힘의 평형

정지해 있는 한 물체에 같은 크기의 두 힘이 서로 반대 방향으로 작용하면, 그 물체에 작용한 두 힘의 합력은 0이 된다. 이때 두 힘은 서로 힘의 평형을 이룬다고 한다. 평형을 이루는 두 힘은 물체의 운동 상태에 아무런 영향을 주지 않는다. 지구가 사과나무에 달린 사과를 아래로 당기는 힘과 나뭇가지가 사과를 위로 당기는 힘이 서로 평형을 이루고, 고인돌에서 덮개돌을 아래로 당기는 힘과 굄돌이 덮개돌을 위로 받쳐 주는 힘이 서로 평형을 이루기 때문에 물체는 정지 상태로 가만히 있게 된다.

사과나무

고인돌

소싸움

나란하지 않은 두 힘의 합력

나란하지 않은 두 힘이 한 물체를 동시에 당길 때

두 힘의 합력은 그림과 같이 두 힘의 화살표를 이웃 변으로 하는 평행사변형의 대각선으로 구할 수 있다. 이때 대각선의 길이는 합력의 크기, 대각선의 방향은 합력의 방향이 된다. 이와 같이 합력을 구하는 것을 평행사변형법이라고 한다.

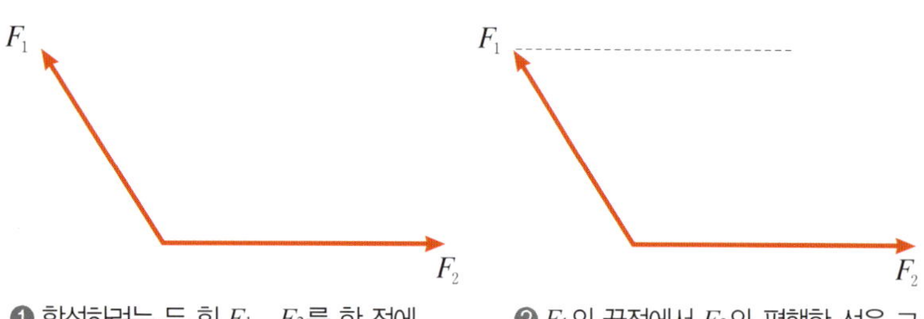

❶ 합성하려는 두 힘 F_1, F_2를 한 점에 모은다.

❷ F_1의 끝점에서 F_2와 평행한 선을 그린다.

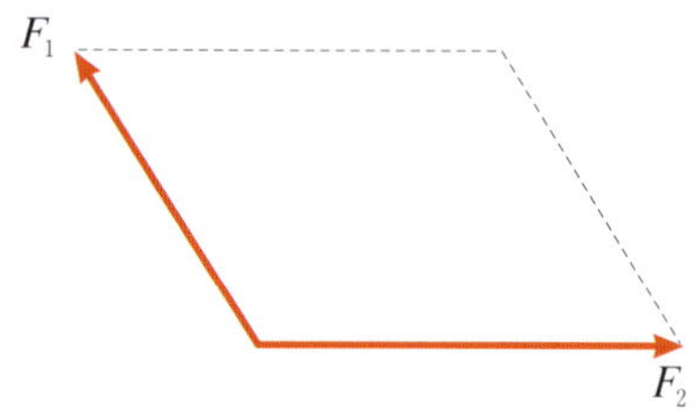

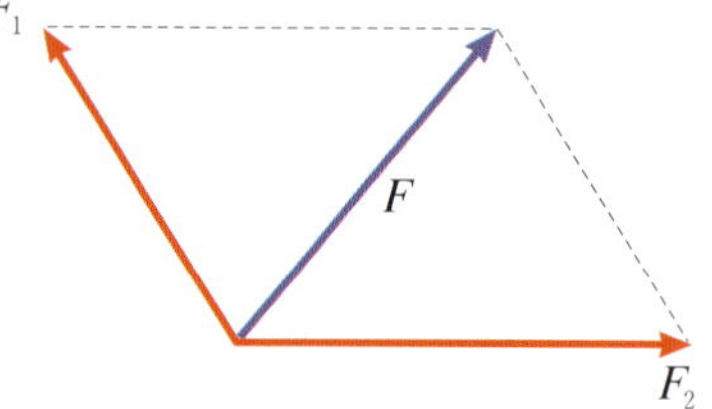

❸ F_2의 끝점에서 F_1과 평행한 선을 그린다.

❹ 두 힘 F_1, F_2의 시작점과 각 평행선이 만나는 점을 이으면 이 평행사변형의 대각선이 합력 F가 된다

🔺 당기는 두 힘의 합성

나란하지 않은 두 힘이 한 물체를 동시에 밀 때

두 힘의 합력은 화살표를 작용선을 따라 이동하여 작용점을 한 곳에 모은 다음, 평행사변형법으로 합력을 구할 수 있다.

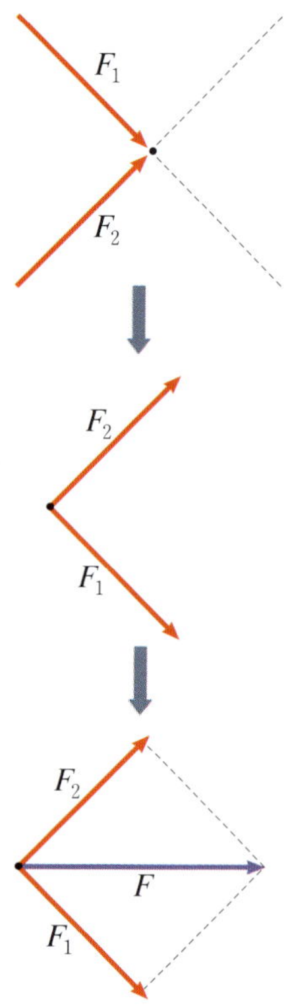

🔺 미는 두 힘의 합성

🔬 실생활

가래질

최소한 세 사람이 힘을 합쳐 일을 해야 하는 가래질은 기본적으로 흙을 파헤치거나 퍼 옮기는 일이지만 경우에 따라서는 물을 푸기 위한 가래질도 있었다. 우리 조상들이 하던 가래질은 나란하지 않은 두 힘의 합력을 이용한 것이다. 두 사람이 가래의 양쪽에서 줄을 당기고 한 사람이 삽질을 하면 혼자서 하는 삽질로는 퍼 올리기 힘든 것도 어렵지 않게 퍼 올릴 수 있었다.

🔺 가래질

🧪 탐구 실험

합력의 크기 구하기

한 물체에 각각 10 N인 두 힘이 120°를 이루면서 작용할 때 합력의 크기를 구하시오.

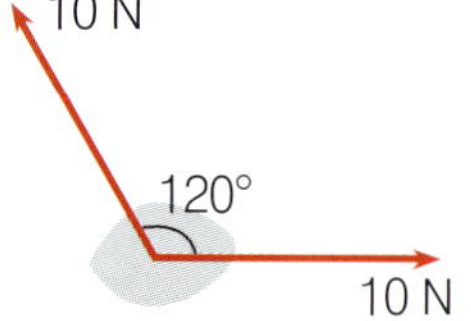

두 힘의 합력은 평형사변형을 이용하여 구한다.

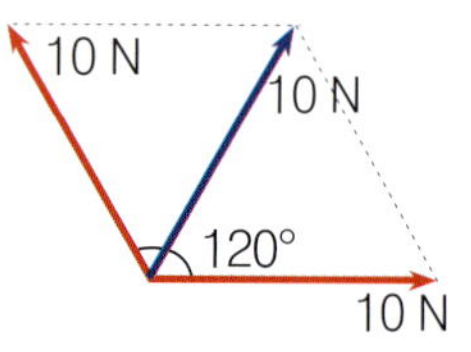

여러 가지 힘

중력

손에 쥐고 있던 연필을 놓으면 아래로 떨어지고, 높이 던져진 야구공도 아래로 떨어진다. 이러한 현상은 지구가 물체를 당기는 힘 때문에 나타나며, 이 힘을 중력이라고 한다. 영국의 과학자 뉴턴은 1666년에 "우주 공간 속의 모든 물체에는 두 물체의 질량(M, m)의 곱에 비례하고 두 물체 사이 거리(r)의 제곱에 반비례하는 힘이 작용한다."고 발표하였다.

$$F = G\frac{mM}{r^2} \quad (G : 만유인력\ 상수)$$

이를 중력의 법칙이라고 하는데 우리에게는 만유인력의 법칙으로 더 잘 알려져 있다.

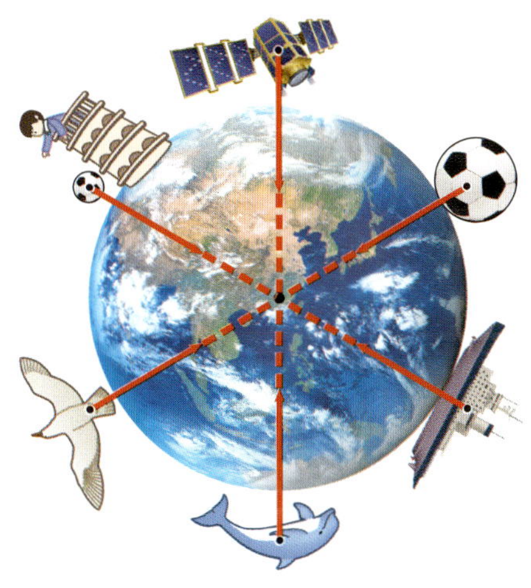

△ 중력의 방향

탄성력

스펀지나 용수철에 힘을 가하면 변형이 일어난다. 그러나 작용한 힘을 제거시키면 다시 원래의 모양으로 되돌아가게 되는데 이러한 성질을 탄성이라고 하며, 물체가 변형되었을 때 물체 내부에서 생긴 원래 상태로 되돌아가려는 힘을 탄성력이라고 한다.

△ 용수철을 이용한 완력기

전기력과 자기력

전기를 띤 물체 사이에 밀어내거나 끌어당기는 힘을 전기력이라고 한다. 물체가 띠는 전기의 종류에는 (+)전기와 (−)전기가 있다. 전기력은 같은 종류의 전기를 띤 물체 사이에는 서로 밀어내는 방향으로 작용하고, 다른 종류의 전기를 띤 물체 사이에는 서로 끌어당기는 방향으로 작용한다. 자석에는 N극과 S극의 두 가지 극이 있다. 자석의 두 극 사이에 밀어내거나 끌어당기는 힘을 자기력이라고 한다. 전기력과 자기력은 중력과 같이 물체가 직접 접촉하지 않아도 작용하는 힘이다.

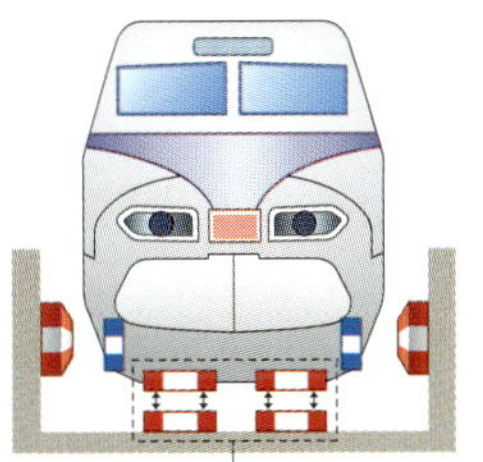

△ 자기 부상 열차의 원리

마찰력

겨울철 빙판길 위에 모래를 뿌리면 접촉면에서 미끄러짐을 방해하는 힘이 작용하기 때문에 잘 미끄러지지 않는다. 이와 같이 두 물체의 접촉면에서 미끄러짐을 방해하는 힘을 마찰력이라고 한다.

△ 마찰력이 적은 빙판에서는 잘 미끄러진다.

🗨 용어 풀이

과학에서의 힘

과학에서 힘이라는 말을 사용할 때에는 힘을 주는 물체가 있고, 그 힘을 받는 물체가 있다. 즉, 과학에서의 힘은 물체 사이의 상호 작용을 말한다.

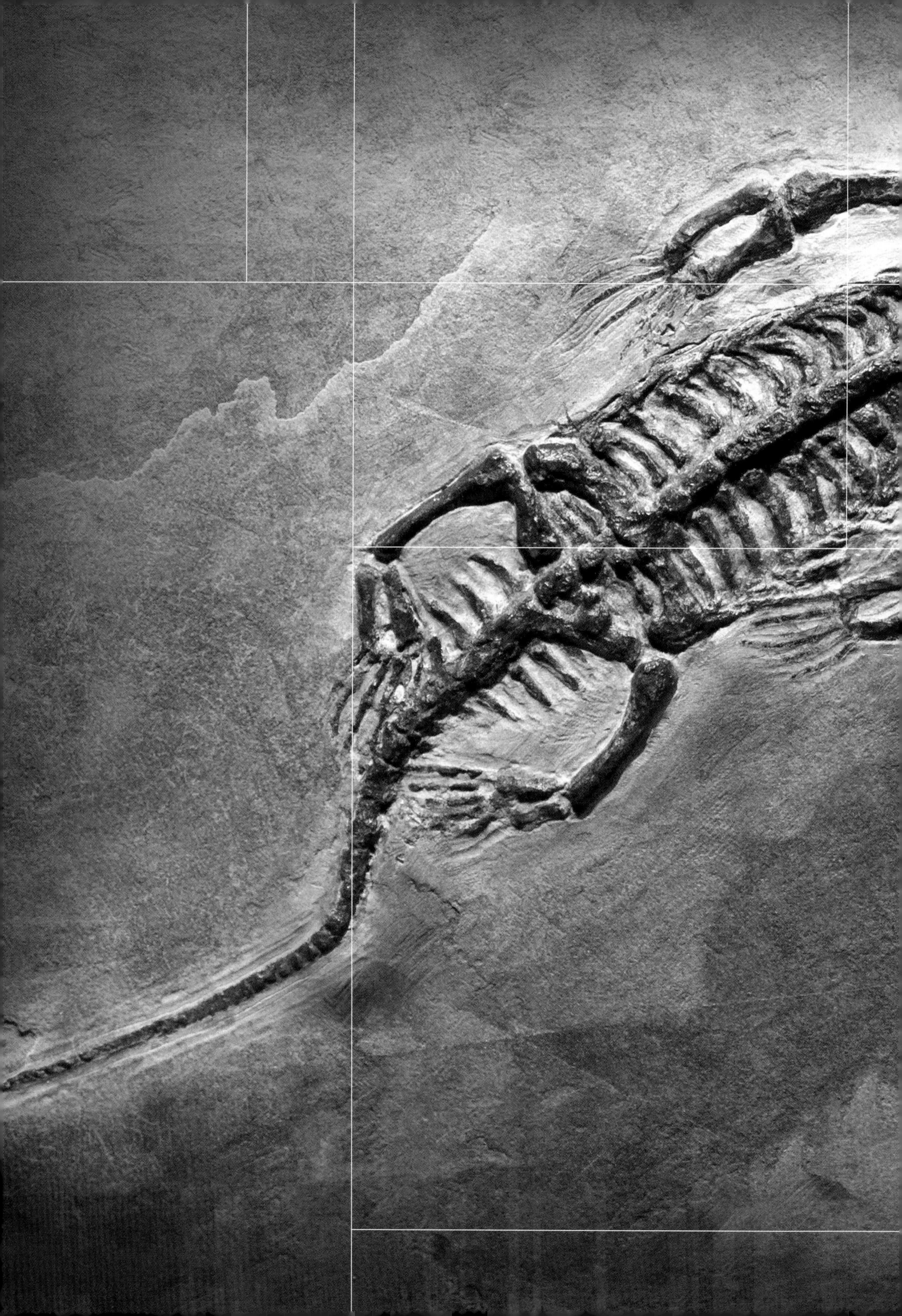

지구 과학

지구 과학은 지구와 지구를 포함한 행성 사이의 공간에 대해 연구하는 학문으로, 좁게는 지구의 구조와 지구의 역사를 밝혀내는 것부터 태양, 달, 행성, 별 등 그 주위의 천체에 대해서 연구한다. 천문학, 기상학, 해양학 등을 포함하여 지구와 우주 사이를 연관시켜 연구한다. 지구의 운동을 완성한 판 구조론과 우주에 대한 빅뱅 이론 및 다양한 이론들이 등장하여 발전되고 있다.

태양계 Solar System / 太陽系

태양계는 태양과 태양을 중심으로 돌고 있는 행성, 혜성, 유성체 등의 천체 및 그 공간을 말한다. 행성들은 같은 평면 상을 공전하며, 태양으로부터 행성까지의 거리가 멀어질수록 공전 주기가 길어지고 표면 온도는 낮아진다. 행성들의 크기가 클수록 질량도 크며 위성 수도 많다.

태양계의 구성

스스로 빛을 내는 항성인 태양을 중심으로 공전하는 천체에는 수성, 금성, 지구, 화성, 목성, 토성, 천왕성, 해왕성의 8개 행성과 행성을 돌고 있는 위성, 소행성, 혜성, 유성체 등이 있다.

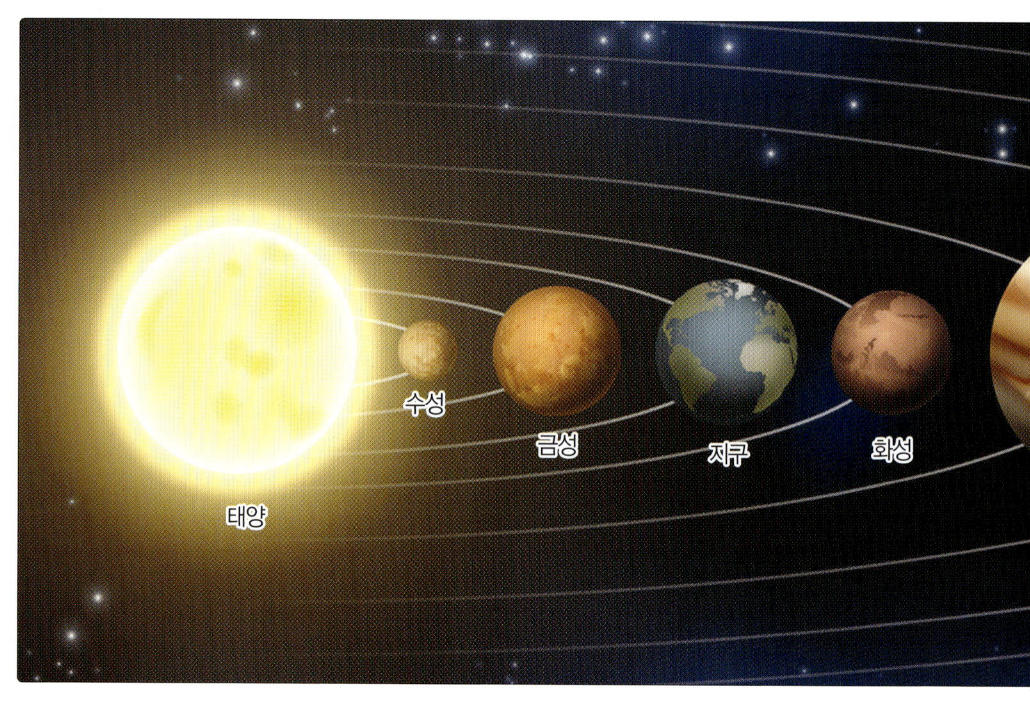

태양으로부터 행성까지의 거리

행성	수성	금성	지구	화성
거리(km)	5,800	1억 800만	1억 5천만	2억 2,800만
거리(AU)	0.39	0.72	1	1.52

행성	목성	토성	천왕성	해왕성
거리(km)	7억 7,800만	14억 2,700만	28억 7,000만	45억
거리(AU)	5.2	9.54	19.18	30.06

태양과 지구 사이의 평균 거리는 1 AU (Astronomical Unit, 천문 단위)라는 기본 단위로 나타낸다. 태양과 가장 가까운 곳에서 공전하고 있는 수성은 0.39 AU이고, 그다음 궤도를 돌고 있는 금성은 0.72 AU, 화성은 1.52 AU이다. 목성부터는 거리가 훨씬 멀어져 목성은 5.2 AU, 토성은 9.54 AU, 천왕성은 19.18 AU, 해왕성은 30.06 AU이다.

태양과 가장 가까운 수성에서 그 다음 행성인 금성까지는 0.33 AU 차이가 나지만, 지구에서 화성까지는 0.52 AU, 목성에서 토성까지는 4.34 AU, 천왕성에서 해왕성까지는 10.88 AU만큼의 차이가 난다. 행성이 태양으로부터 멀어질수록 그 거리 차이는 더 커진다.

행성의 공전 주기

행성	수성	금성	지구	화성	목성	토성	천왕성	해왕성
공전 주기 (년)	0.24	0.62	1	1.88	11.9	29.5	84	164.8

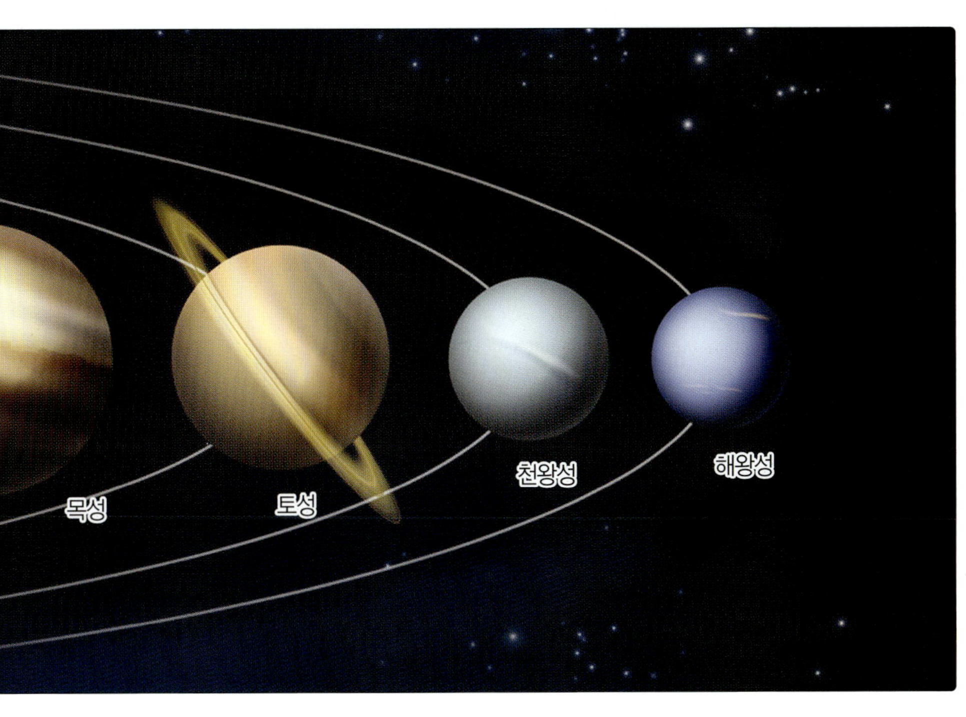

행성이 궤도의 한 지점에서 출발하여 태양을 한 바퀴 돌아 다시 그 지점까지 돌아오는 데 걸리는 시간인 공전 주기도 태양으로부터의 거리에 비례하여 늘어난다.

지구의 1년은 365일이며, 수성은 88일, 금성은 225일이다. 수성과 금성은 지구보다 안쪽 궤도에서 태양의 주위를 돌고 있는 내행성으로, 각 행성에서의 1년의 길이가 지구보다 짧다. 화성부터는 지구보다 바깥쪽 궤도에서 태양의 주위를 돌고 있는 외행성으로, 각 행성에서의 1년이 지구의 365일보다 길다. 해왕성은 약 165년이 지나야 해왕성에서의 1년이 된다.

행성 표면의 평균 온도

행성	평균 온도(℃)	행성	평균 온도(℃)
수성	179	목성	−148
금성	467	토성	−176
지구	17	천왕성	−215
화성	−80	해왕성	−214

각 행성 표면의 평균 온도는 태양과의 거리와 관련이 있다. 태양과 가장 가까운 수성 표면의 평균 온도는 약 179℃이며, 낮(427℃)과 밤(−179℃)의 온도 차이가 매우 크다. 금성은 467℃인데, 수성보다 태양으로부터의 거리가 더 먼 금성의 표면 온도가 수성보다 높은 이유는 수성은 대기를 가지고 있지 않은 반면, 금성은 대기층이 매우 두꺼워 태양열을 발산하지 못하기 때문이다. 지구는 생명체가 살기에 적당한 약 17℃이고, 외행성인 화성부터는 평균 온도가 낮아지며 해왕성은 −214℃이다. 태양에서 멀수록 태양 에너지를 적게 받으므로 표면의 평균 온도가 낮다.

FUN

태양계 행성들의 다른 이름

고대 사람들은 태양계 행성들에 그리스 신화에 나오는 신들의 이름을 붙였다.

수성	금성
머큐리(전령의 신)	비너스(미의 여신)
지구	**화성**
가이아(대지의 여신)	가르스(전쟁의 신)
목성	**토성**
주피터(신들의 왕)	새턴(흙과 농경의 신)
천왕성	**해왕성**
우라누스(하늘의 신)	넵튠(바다의 신)

태양과 행성의 크기

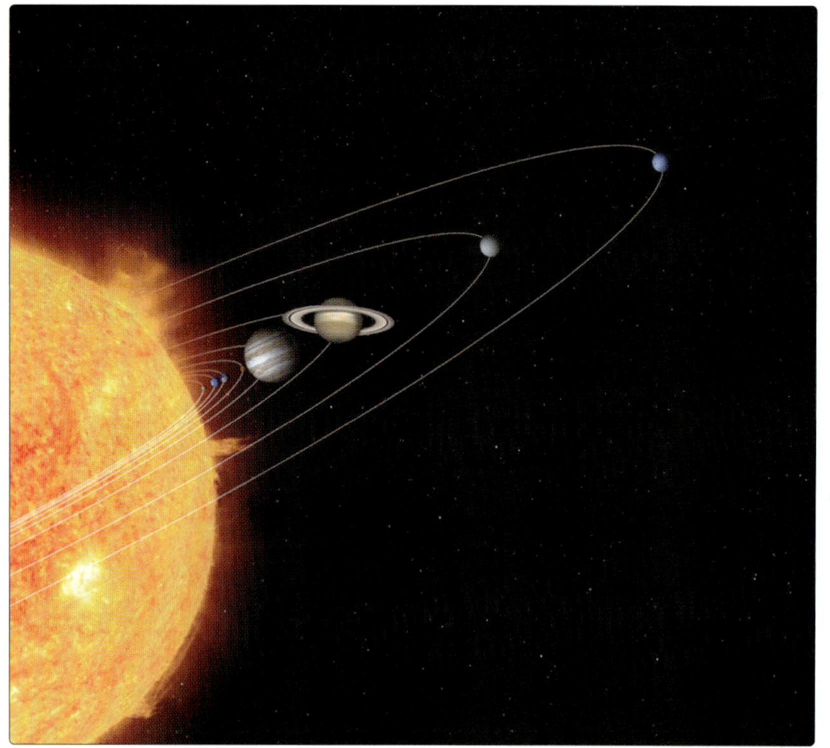

△ 태양계의 행성

태양과 8개 행성들의 크기를 상대적으로 비교하기 위해 지구의 반지름인 6,371km를 1이라고 보았을 때 태양의 반지름은 지구의 109배로 매우 크다. 행성 중에서 가장 큰 목성은 11.2, 토성은 9.4, 천왕성은 4.0, 해왕성은 3.9 로 지구보다 크고, 지구보다 작은 행성인 금성은 0.9, 화성은 지구의 절반인 0.5, 제일 작은 수성은 0.4이다.

천체는 크기가 클수록 중력, 즉 끌어당기는 힘이 크며, 크기에 비례하여 질량도 더 무겁다. 지구의 질량은 5.97×10^{24}kg이며, 태양의 질량은 지구의 33만 배에 달한다. 태양은 태양계 전체 질량의 99.8%를 차지하고 있다. 이 때문에 태양계를 이루는 모든 천체들은 태양의 중력에 의해 태양의 둘레를 공전한다.

지구의 질량을 1이라고 보았을 때 목성은 318, 토성은 95, 천왕성은 14, 해왕성은 17로 지구보다 크고, 금성은 0.81, 화성은 0.1, 수성은 0.05로 지구보다 작다.

또한, 행성의 크기는 행성 주위를 도는 위성 수와도 관련이 있다. 위성은 행성의 인력에 의해서 그 행성의 둘레를 도는 천체를 말한다. 위성이 63개인 목성의 반지름은 위성이 1개인 지구 반지름의 약 11배이며, 질량은 약 318배이다.

행성의 조건

1930년 미국의 톰보에 의해서 명왕성이 발견되었지만, 2006년 태양계의 행성이라는 지위를 박탈당해 지금은 '134340 Pluto'라고 불린다. 행성에서 제외된 까닭은 무엇일까? 국제천문연맹에 따르면 행성이 되기 위해서는 태양을 공전해야 하고, 구형의 모양을 갖추어야 하며, 지나가는 궤도 위의 천체들을 쓸어버릴 정도로 지배적이어야 한다. 그런데 명왕성은 마지막 조건을 만족시키지 못하고 명왕성의 제1위성인 카론과 서로를 공전하기 때문에 태양계의 행성에서 제외되었고, 지금은 왜소행성으로 분류되었다.

△ 134340 Pluto

행성의 자전축

대부분의 천체는 스스로 도는 자전을 하고 있으며, 천체가 자전하는 데 중심이 되는 축을 자전축이라고 한다. 각 행성의 자전축과 공전축 사이의 각도를 자전축의 기울기라고 하며, 자전축이 기울어진 정도는 행성마다 다르다.

태양계 천체의 크기와 위성 수

천체의 크기와 중력은 서로 비례하여 크기가 크면 중력도 크고 크기가 작으면 중력도 작다. 따라서 천체에 따라 다를 수도 있지만, 중력이 크면 지나가는 천체를 붙잡을 힘이 크기 때문에 대체적으로 위성의 수도 많다.

구분	반지름(km)	위성 수	구분	반지름(km)	위성 수
태양	696,000	·	지구	6,371	1
목성	71,492	63	금성	6,052	0
토성	60,268	62	화성	3,397	2
천왕성	25,559	27	수성	2,440	0
해왕성	24,764	13			

[태양계 천체의 크기와 위성 수]

🔺 태양계 천체의 상대적 크기

행성의 분류

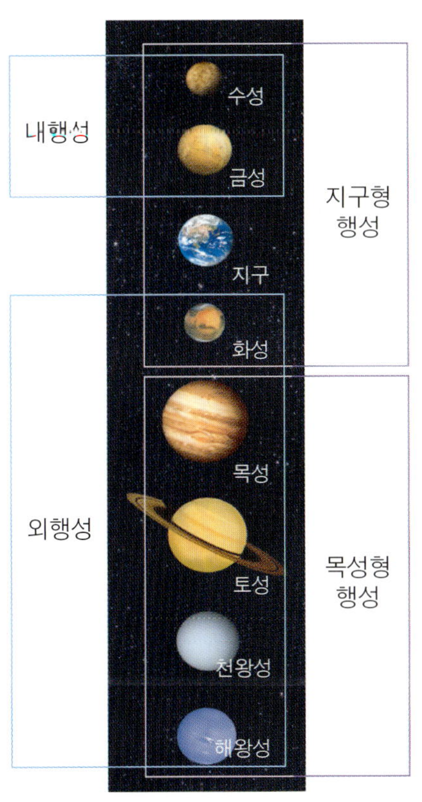

8개의 행성은 두 가지 방법으로 분류할 수 있다. 먼저 내행성과 외행성으로 분류할 수 있는데, 내행성은 지구의 궤도 안쪽에서 태양을 공전하고 있는 행성이고 외행성은 지구의 궤도 바깥쪽에서 태양을 공전하고 있는 행성이다. 수성과 금성은 내행성이고, 화성, 목성, 토성, 천왕성, 해왕성은 외행성이다. 내행성의 공전 주기는 지구의 공전 주기인 1년보다 짧고, 외행성의 공전 주기는 지구의 공전 주기보다 길다.

또, 지구형 행성과 목성형 행성으로도 분류할 수 있는데, 태양과 가까운 수성, 금성, 지구, 화성은 지구형 행성이고, 목성, 토성, 천왕성, 해왕성은 목성형 행성이다. 지구형 행성은 행성의 크기가 작고 질량도 작아 스스로 한 바퀴 도는 속도인 자전 속도가 느리며, 표면이 단단한 고체로 이루어져 있다. 행성의 핵 중 안쪽의 내핵도 고체로 이루어져 있고 부피에 비해 질량이 커서 밀도가 크다. 그에 비해 목성형 행성은 크기가 커서 거대 행성이라고 불리고, 자전 속도가 빠르다. 가스로 구성되어 있고 고리를 가지고 있다. 목성형 행성은 부피에 비해 질량이 작아서 밀도가 작다. 그중에서도 토성의 밀도가 가장 작은데 물보다 밀도가 작아서 물 위에 놓는다면 뜰 수 있을 정도이다.

케플러 법칙 Kepler's Law

행성의 운동에 관해 케플러는 3개의 법칙을 가지고 설명하였다. 이는 행성들이 태양을 공전한다는 코페르니쿠스의 태양 중심설을 뒷받침하는 것이었다.

타원

타원이란 2개의 정점으로부터의 거리의 합이 일정한 점들의 자취(표시)를 말한다. 2개의 점에 실을 고정하고 연필로 실을 따라 그리면 타원을 그릴 수 있다.

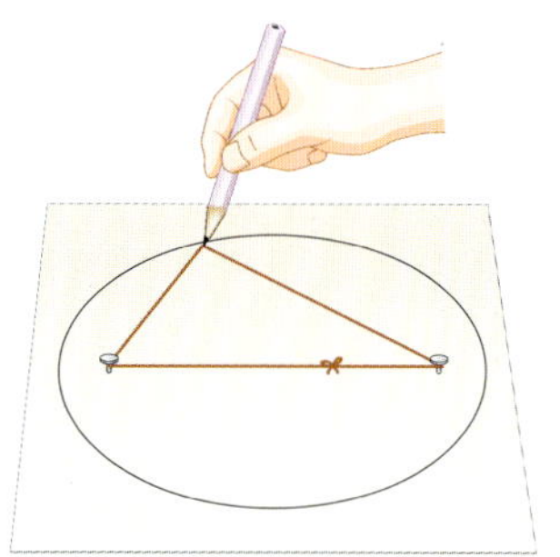

이 두 정점의 거리에 따라 원 모양에 가까운 타원인지 아닌지가 결정되는데, 태양계의 행성들은 두 정점 사이의 거리가 가까워 거의 원 모양의 궤도를 이룬다. 타원의 모양이 얼마나 원에 가까운지를 숫자로 나타낸 것을 이심률이라고 한다. 이심률은 0에서 1까지 나타내는데, 0에 가까울수록 원 모양에 가깝다.

케플러

케플러(Kepler, Johannes: 1571~1630)는 독일의 수학자이자 천문학자이다. 가난한 집안에서 태어났지만, 불우한 환경 속에서도 명석한 두뇌로 신학대학교에 들어갔고, 그곳에서 코페르니쿠스의 원리를 접하여 태양 중심설을 알게 되었다. 독일에서의 불안한 정치, 종교적 상황으로 인하여 프라하에 있던 덴마크의 천문학자 브라헤의 제자가 되었으나, 질투심이 강한 티코는 자료를 모두 주지 않았다. 티코의 사후인 1601년에야 스승의 모든 연구 자료와 황제의 점성술사라는 직위를 물려받게 되었고, 브라헤가 20년간 천체의 위치를 관측하여 기록한 자료를 바탕으로 케플러도 20년 이상 연구하였다. 1609년에 신천문학에 관한 발표에서 제1, 2법칙을 선보였으며, 1619년에 제3법칙을 발표하였다. 이렇게 행성에 관한 법칙들을 발견하여 책을 출간하였으나, 종교적 신념의 갈등으로 불안정한 생활을 하다가 59세의 나이로 세상을 뜨게 되었다.

케플러 제1법칙: 타원 궤도의 법칙(행성은 타원 궤도를 돌고 있다.)

케플러는 화성에 관한 자료에서 공전 궤도가 타원임을 알아내었고, 그 사실을 모든 행성 궤도에 적용하였다. 행성들은 태양을 중심으로 완전히 동그란 원 모양이 아니라 타원을 그리며 공전하고 있고, 타원의 두 정점 중 하나의 정점에 태양이 있다. 8개의 행성 중 가장 원에 가까운 궤도로 돌고 있는 행성은 금성이고 그다음으로는 해왕성, 지구 순서이다. 가장 길쭉한 타원 궤도를 가진 행성은 수성이다.

타원에서는 한 정점으로부터 가장 가까운 점과 먼 점이 있다. 이를 각각 근일점과 원일점이라고 한다.

근일점은 태양과 가장 가까운 지점이란 뜻으로, 태양을 공전하는 천체가 태양에 가장 가까이 다가갔을 때의 지점이다. 원일점은 태양으로부터 가장 멀리 있을 때의 지점이다. 지구도 태양으로부터 지구까지의 거리가 약 1억 4,700만km~1억 5,200만km로 위치에 따라 달라진다.

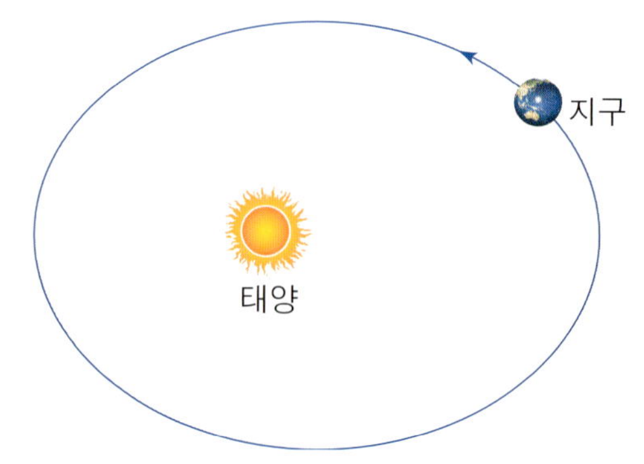

케플러 제2법칙: 면적 속도 일정의 법칙(행성은 같은 시간 동안 같은 면적을 휩쓸고 지나간다.)

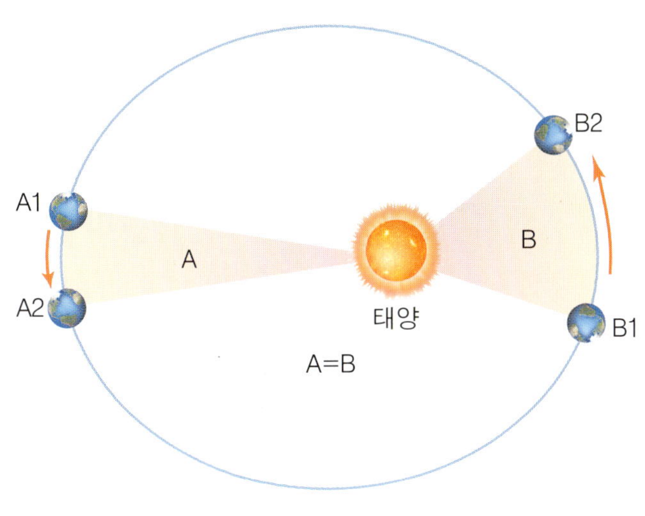

케플러는 화성이 태양에 가까울수록 속도가 빠르고, 멀수록 느리다는 것을 알아내었다. 이를 통해 태양을 중심으로 행성들이 타원 궤도를 공전할 때 같은 시간 동안 움직인 면적은 항상 일정하다는 것을 발견하였다. 즉, 왼쪽 그림에서 A1에서 A2로 움직인 시간과 B1에서 B2로 움직인 시간이 같다면, 그 각각의 면적인 A와 B는 같다는 것이다. 이에 따라 태양과 가장 가까운 곳인 근일점에서 행성이 가장 빠르게 공전하고, 태양과 가장 먼 곳인 원일점에서 행성이 가장 느리게 공전한다. 혜성은 이심률이 큰 타원 궤도인데 태양에 가까울수록 속도가 빠르기 때문에 말 그대로 '혜성처럼' 빠르게 지나간다.

케플러 제3법칙: 조화의 법칙(행성의 공전 주기의 제곱은 공전 궤도 긴 반지름의 세제곱에 비례한다.)

케플러가 태양과 행성 사이의 거리와 공전 주기 사이의 관계를 수학적으로 연구하여 얻은 제3법칙은 태양계의 모든 행성들에 들어맞았다.
타원에서는 원과 달리 반지름의 길이에 차이가 있다. 타원의 반지름 중 긴쪽은 장반경, 짧은 쪽은 단반경이라고 한다. 원일점과 근일점의 평균을 구하면 타원의 장반경이 되는데, 이를 '태양과 행성 사이의 거리'라고 한다. 각 행성의 공전 주기의 제곱은 태양과 행성 사이의 거리, 즉 장반경의 세제곱에 비례한다. 지구의 공전 주기 1년을 기준으로 하고, 태양과 행성 사이의 거리를 AU 단위로 나타내어 계산해 보았을 때 공전 주기를 제곱한 값과 태양과 행성 사이의 거리를 세제곱한 값은 같다.

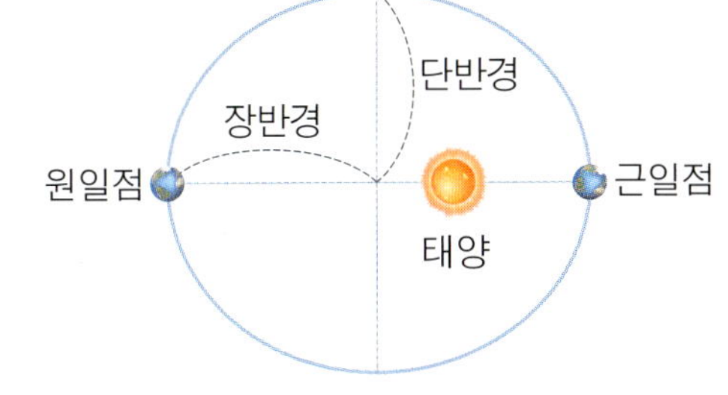

케플러 제3법칙을 이용하면 공전 주기와 태양과 행성 사이의 거리를 구할 수 있다. 예를 들어 태양과 화성 사이의 거리 1.52AU를 안다면 거리의 세제곱은 3.51이고 이 값의 제곱근을 구하면 공전 주기를 알아낼 수 있다.

구분	공전 주기(년)	거리(AU)	공전 주기^2	거리^3
수성	0.24	0.39	0.06	0.06
금성	0.62	0.72	0.38	0.37
지구	1	1	1.00	1.00
화성	1.88	1.52	3.53	3.51
목성	11.9	5.2	141.61	140.61
토성	29.5	9.54	870.25	868.25
천왕성	84	19.18	7,056.00	7,055.79
해왕성	164.8	30.06	27,159.04	27,162.32

[행성의 공전 주기와 태양에서 행성까지의 거리와의 관계]
(단, 공전 주기와 태양과 행성 사이의 거리는 정확한 값으로 계산하지 않고 편의상 소수 둘째자리까지만 나타내어서 공전 주기의 제곱 값과 거리의 세제곱 값이 완전히 일치하지는 않는다.)

지구 중심설과 태양 중심설

고대부터 지구를 중심으로 태양이 공전한다는 설과 태양을 중심으로 지구가 공전한다는 설이 계속 논의되어 오다가 여러 과학자들의 관측과 계산으로 태양계의 중심은 태양이라는 것을 알아내었다.

지구 중심설과 태양 중심설

지구 중심설 하늘이 움직인다는 이론으로, 지구가 우주의 중심으로 고정되어 있고 지구를 중심으로 모든 천체가 공전하고 있다는 우주관이다. 천동설이라고도 한다.

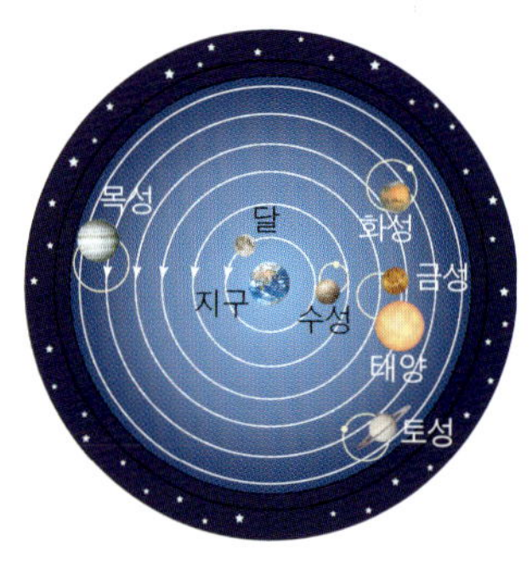

태양 중심설 땅이 움직인다는 이론으로, 태양이 태양계의 중심에 있고 그 주위를 모든 천체가 공전하고 있다는 우주관이다. 지동설이라고도 한다.

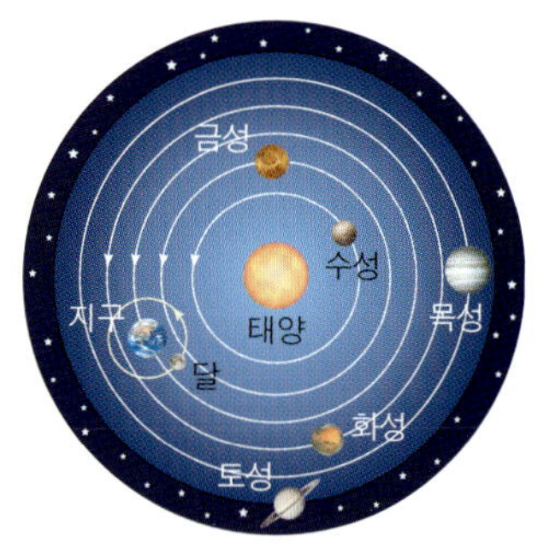

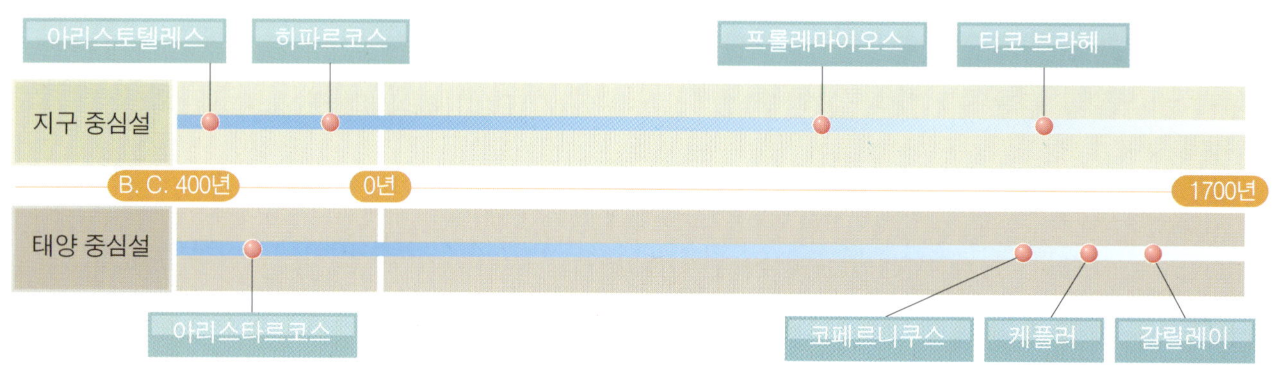

아리스토텔레스

🔼 아리스토텔레스의 우주관

아리스토텔레스(Aristoteles: B.C. 384~B.C. 322)는 고대 그리스의 철학자이다. 플라톤의 제자이며, 알렉산더 대왕이 왕자였을 때 교육을 담당하기도 하였다. 과학의 모든 분야와 윤리학, 정치학, 논리학 등의 기초를 만들었다. 지구가 우주의 중심에 있다고 생각하였고, 코페르니쿠스가 태양 중심설을 주장하기 전까지 아리스토텔레스의 우주관이 약 2,000년 동안이나 지배하였다.

히파르코스

히파르코스(Hipparchos: B.C. 146?~B.C. 127?)는 고대 그리스의 관측 천문학자이다. 태양이 지구 주위를 돌고 있다고 주장하였다. 로도스 섬에 관측소를 세우고, 1,080개의 항성표를 만들었다. 별의 밝기에 따라 등급을 분류하였고 그 일부는 지금도 사용되고 있다. 팽이가 돌면서 축이 움직이는 것처럼 지구의 축이 움직이는 세차 운동을 밝혀내었다.

"

프톨레마이오스

🔺 프톨레마이오스의 우주관

프톨레마이오스(Ptolemaeos, Claudius: ?~?)는 고대 그리스의 천문학자이자 수학자로, 『알마게스트』라는 유명한 저서를 남겼다. 히파르코스의 이론을 토대로 천동설을 완성하였다. 하늘의 천체가 동쪽에서 떠서 서쪽으로 지는 것은 하늘이 움직이기 때문이라고 여겼다. 지구가 우주의 중심에 있고 천체들이 모두 지구를 중심으로 공전한다고 주장하였다.

브라헤

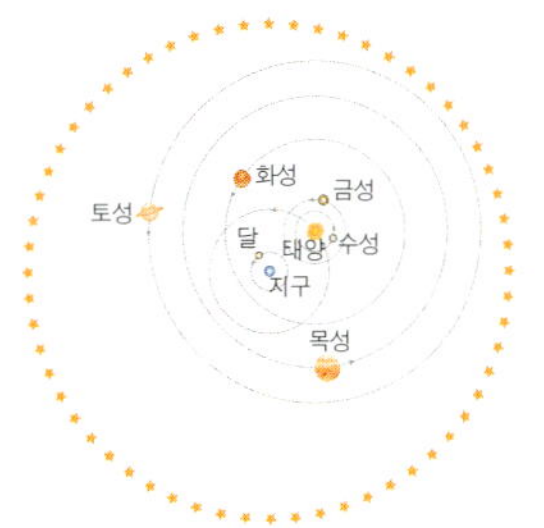

🔺 브라헤의 우주관

브라헤(Brahe, Tycho: 1546~1601)는 덴마크의 관측 천문학자이다. 브라헤는 망원경이 발명되기 이전 시대의 최고의 관측 천문학자였다. 코페르니쿠스의 지동설을 인정하지 않고 프톨레마이오스의 천동설을 수정하여 태양계 중심에 있는 지구를 달과 태양이 공전하고 태양 주위를 행성들이 공전하는 모형을 만들었다.

코페르니쿠스

🔺 코페르니쿠스의 우주관

코페르니쿠스(Copernicus, Nicolaus: 1473~1543)는 폴란드의 천문학자이다. 1543년 코페르니쿠스가 세상을 떠난 이후에 출간된 『천구의 회전에 관하여』라는 저서에 태양을 중심으로 지구가 돈다는 내용이 담겨 있다. 천체를 관측하고 계산한 뒤 관측과 계산을 맞추기 위해서 태양을 중심에 놓았다. 태양을 중심으로 모든 행성이 공전하며 달은 지구를 중심으로 공전한다는 것을 알아내었다.

아리스타르코스

아리스타르코스(Aristarchos: B.C. 217~B.C. 145)는 고대 그리스의 천문학자로, 태양 중심설을 최초로 주장하였다. 『태양과 달의 크기와 거리에 관하여』라는 저서에서 태양이 지구보다 300배 크다는 계산을 밝혔다. 이 때문에 우주의 중심에는 태양이 있으며, 지구가 그 둘레를 자전하면서 공전한다고 하였다. 또 지구로부터 태양, 달까지의 거리와 태양, 달의 지름을 비교하였다.

갈릴레이

갈릴레이(Galilei, Galileo: 1564~1642)는 이탈리아의 천문학자이자 물리학자이다. 1609년에 망원경을 제작하여 천체의 여러 모습을 관측하였다. 특히 목성을 공전하는 위성들과 금성의 모양이 변하는 것을 알아내어 코페르니쿠스의 지동설을 뒷받침하였다.

태양의 구조

태양은 지구에서 가장 가까운 항성이다. 태양의 내부는 안에서부터 핵, 복사층, 대류층으로 구성되어 있다. 지구에서 볼 수 있는 것은 태양의 대기층으로, 이 표면에는 여러 가지 현상들이 나타난다.

태양을 조사하는 방법

하늘에 수없이 떠 있는 별들은 지구에서 멀리 떨어져 있기 때문에 좋은 장비로도 많은 것을 알아내기가 어렵다.

태양은 지구에서 가장 가까운 별이어서 태양에 대해 알아내는 것은 별에 대한 신비를 푸는 것과 같다. 그러나 태양에 직접 접근하는 것은 어려우므로 태양을 관측한 후 이론적으로 계산하여 태양의 내부 구조를 비롯한 여러 가지 물리량, 구성 성분 등을 알아낸다.

핵 Core 태양의 중력은 매우 크며, 내부로 들어갈수록 온도가 높다. 태양의 구성 물질들은 모두 기체 상태이고, 중심부에서는 수소가 태양 질량의 93 %를 차지한다. 이 수소가 헬륨으로 결합되는 핵융합반응이 일어나 태양의 에너지를 발생시킨다. 태양 에너지의 99 %가 핵에서 만들어진다.

태양의 특징

태양의 반지름은 지구 반지름의 109배 정도인 약 70만km이고, 질량은 지구 질량의 33만 배에 달한다. 그러나 밀도를 비교해 보면 지구는 $1cm^3$의 질량이 5.52g인 반면, 태양은 $1cm^3$의 질량이 1.41g밖에 되지 않는다. 지구는 구성 물질이 암석 종류인 데 비해 태양은 구성 물질이 기체 성분이기 때문이다.

그리고 딱딱한 고체 성분으로 구성된 지구는 모든 지역에서 1일에 한 바퀴씩 자전을 하지만, 태양은 기체 성분으로 이루어져 있어서 적도 지방과 극지방의 주기가 다르다. 적도 지방은 자전 주기가 24일 정도이고, 극지방은 이보다 열흘이 느린 34일 정도이다.

또한 태양은 스스로 빛을 내는 항성이므로 행성인 지구보다 표면 온도, 중심 온도가 훨씬 높다. 지구의 내핵 온도와 태양의 표면 온도가 비슷할 정도로 태양의 온도는 높다. 절대 온도를 나타내는 단위인 K(켈빈)는 섭씨 온도(℃)에 273.15를 더한 값이다.

분류	태양	지구와의 비교
반지름	696,000 km	지구의 109배
질량	$1.99×10^{30}kg$	지구의 33만 배
밀도	$1.41g/cm^3$	지구는 $5.52g/cm^3$
자전 주기	적도 24일 16시간 / 극 34일	지구는 모든 지역에서 1일
표면 온도	5,800 K	지구는 200~300 K
중심 온도	15,500,000 K	지구 내핵은 6,000 K

[태양의 특징]

복사층 Radiative Zone 복사층은 태양 반지름의 70 % 정도에 이르는 곳까지이다. 복사란 난로 옆에 있으면 따뜻함을 느끼는 것과 같은 에너지 전달 방식이다. 핵에서 만들어지는 태양 에너지가 복사의 전달 방식으로 바로 위의 대류층까지 전달된다. 그러나 이 과정은 천천히 일어나기 때문에 핵부터 대류층까지 닿으려면 만년 이상이 걸린다.

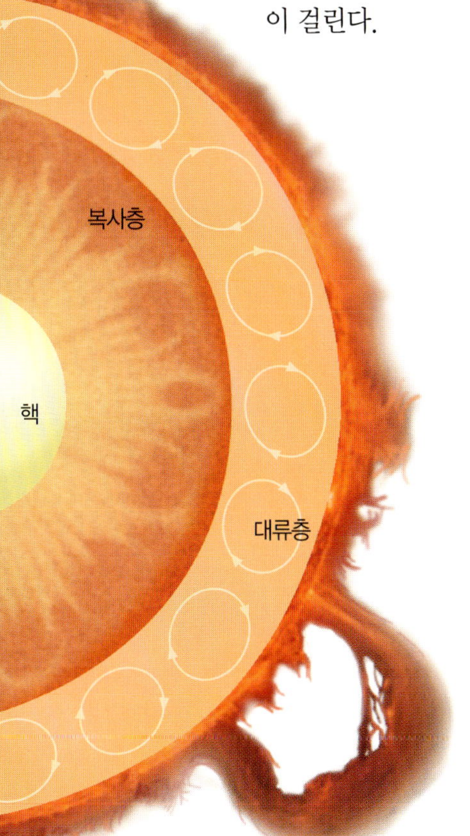

과학자

샤이너

샤이너(Scheiner, Christoph: 1575~1650)는 독일의 천문학자로, 예수회의 수도사였고 대학 교수였다. 갈릴레이가 만든 망원경은 접안 부분에 오목 렌즈를 사용하였으나, 샤이너는 볼록 렌즈로 보완하여 시야를 확보하였다. 또한, 태양을 관측하는 새로운 방법을 제시하였는데, 망원경을 태양을 향하게 하고 접안 부분에 눈 대신 흰 종이를 대어 태양의 모습을 투영시켰다. 이 방법은 지금도 사용되고 있다.

샤이너는 태양 투영법으로 흑점을 발견하였고 갈릴레이에게 그것에 관한 편지를 썼다. 1613년에 갈릴레이가 샤이너와 주고받은 편지의 내용을 책으로 출간한 일로 갈릴레이를 종교 재판에 회부하는 데 샤이너가 앞장섰다는 이야기도 있다.

갈릴레이는 망원경으로 태양을 관측하느라 시력에 손상을 입고 74세에는 장님이 되었다. 태양을 관측할 때에는 맨눈으로 보는 것도 위험하며, 망원경으로 태양을 직접 보면 빛을 모아 주기 때문에 망막이 더욱 빨리 타게 된다.

대류층 Convective Zone 태양의 핵에서 복사층을 지나 바깥쪽으로 나오면 온도가 낮은 부분이 있다. 이 부분은 에너지를 대류의 방식으로 전달한다. 온도가 높아지면 가벼워져 위로 올라가고, 온도가 높지 않은 위쪽 물질이 아래로 밀려 내려오면서 에너지가 전달되는 것이 대류이다. 이 대류로 바로 위 광구라는 표면에서 쌀알무늬를 만들어 낸다.

태양의 나이

태양은 질량을 줄여 가며 핵융합 반응이 일어나므로, 태양의 질량과 핵에서 일어나는 에너지의 양을 계산해 보면 태양의 나이를 알 수 있다. 태양의 수명은 약 100억 년인데 지금 태양의 나이가 50억 년 정도이므로, 아직은 한창때라고 할 수 있다.

FUN

연오랑과 세오녀

삼국유사 권 1에 실려 있는 이 설화는 우리나라의 태양에 대한 숭배 사상을 보여 준다. 신라 아달라왕(157년) 때 동해 바닷가에 살던 연오가 바위에 떠밀려 일본으로 가게 되자, 남편을 찾던 부인 세오도 역시 바위에 올라 일본으로 가게 되었다. 그러나 신라의 태양과 달이 갑자기 빛을 잃게 되자 이 부부를 데려오려고 하지만, 하늘의 명으로 돌아갈 수 없게 된다. 세오는 직접 짠 비단으로 제사를 지내게 하여 신라에 태양과 달의 빛이 다시 비치게 되었다. 이는 태양 신화의 한 면을 보여 주는 것으로, 한국과 일본 간의 교류를 알게 하는 설화이기도 하다.

🔵 삼국유사

태양의 표면

광구 Photosphere

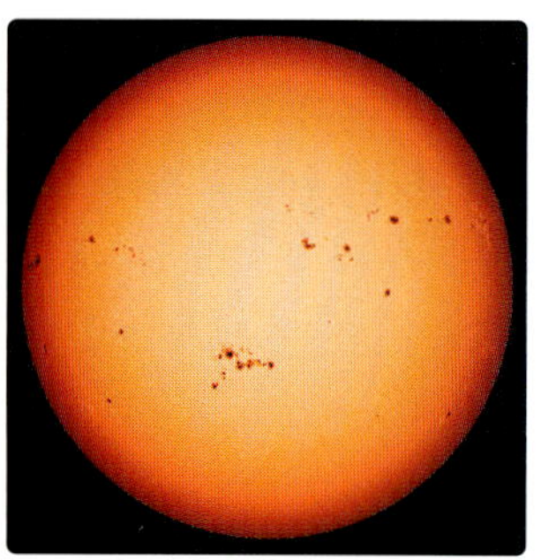

태양에서 우리가 육안으로 볼 수 있는 영역으로, 태양 대기가 투명한 상태에서 불투명해지기까지의 400 km를 말한다. 태양 대기의 가장 안쪽에 있다. 핵에서부터 복사층, 대류층을 통해서 나온 빛 중 광구 400 km를 지나 4%가 나오고 이렇게 탈출한 빛만 지구에 도착할 수 있다.

태양의 표면인 이 광구는 실제로는 정확한 경계가 없다. 마치 구름처럼 멀리서 보면 경계선이 뚜렷해 보이지만, 가까이에서 광구를 지나간다면 지나는 곳이 광구인지 아닌지 분간할 수 없다.

채층 Chromosphere

광구의 바로 바깥층으로, 광구 위에 약 1,600 km까지 뻗어 있으며, 가스 밀도가 광구보다 훨씬 낮아 태양의 대기 중에서 온도가 가장 낮다. 1600년대 개기 일식 때 태양을 가린 달 주위의 얇고 붉은 고리를 발견하고 '색깔을 띤 구'라는 뜻의 채층이라고 명명하였다.

흑점 Sunspot

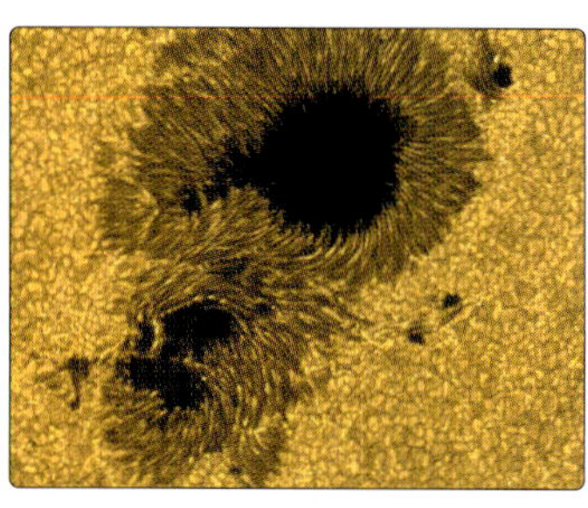

1600년대에 샤이너와 갈릴레이가 흑점을 발견하였다. 흑점은 광구에 나타나는 검은색 점으로, 다른 주변 지역보다 상대적으로 온도가 낮기 때문에 우리 눈에 검게 보인다. 흑점은 태양이 자전하고 있다는 것을 알 수 있는 증거로, 적도 지방과 극지방의 자전 주기 차이도 알 수 있다. 또한 개수도 주기적으로 변하며 이곳에서는 자기장이 더욱 강해진다.

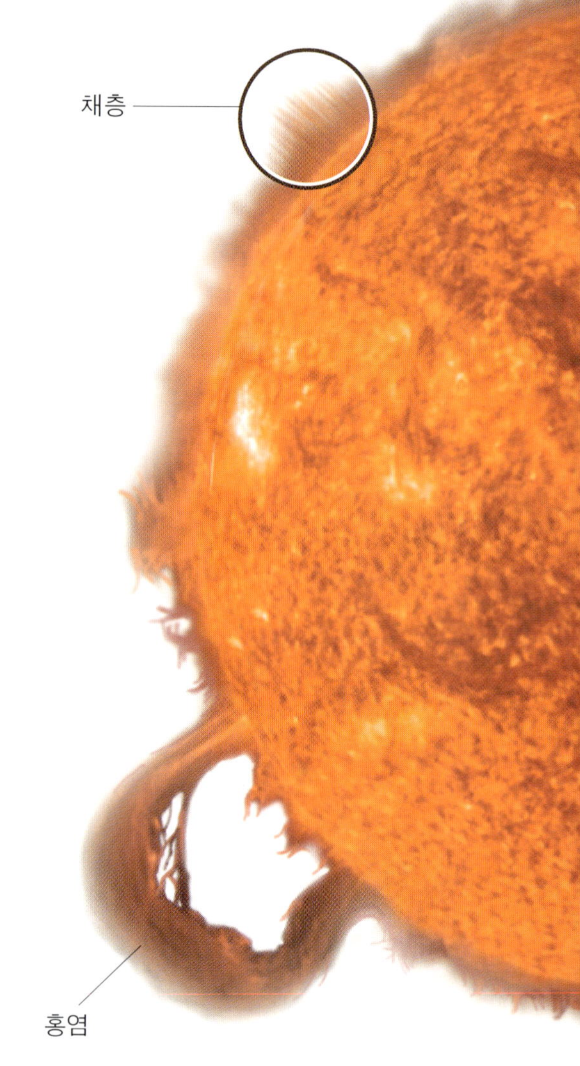

홍염 Prominence

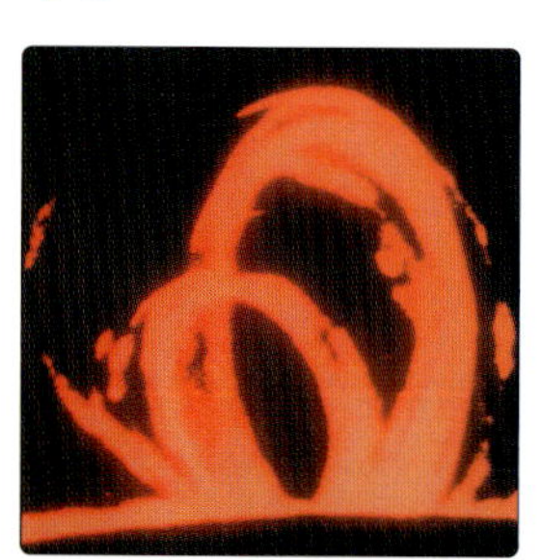

채층에서 일어나며 두 흑점의 자기력선을 따라 평균 높이 30,000 km, 크게는 100,000 km가 넘게 불기둥 모양으로 솟아오른다. 수명이 긴 홍염은 수개월 간 지속되고, 수명이 짧은 홍염은 몇 시간 만에 없어지기도 한다.

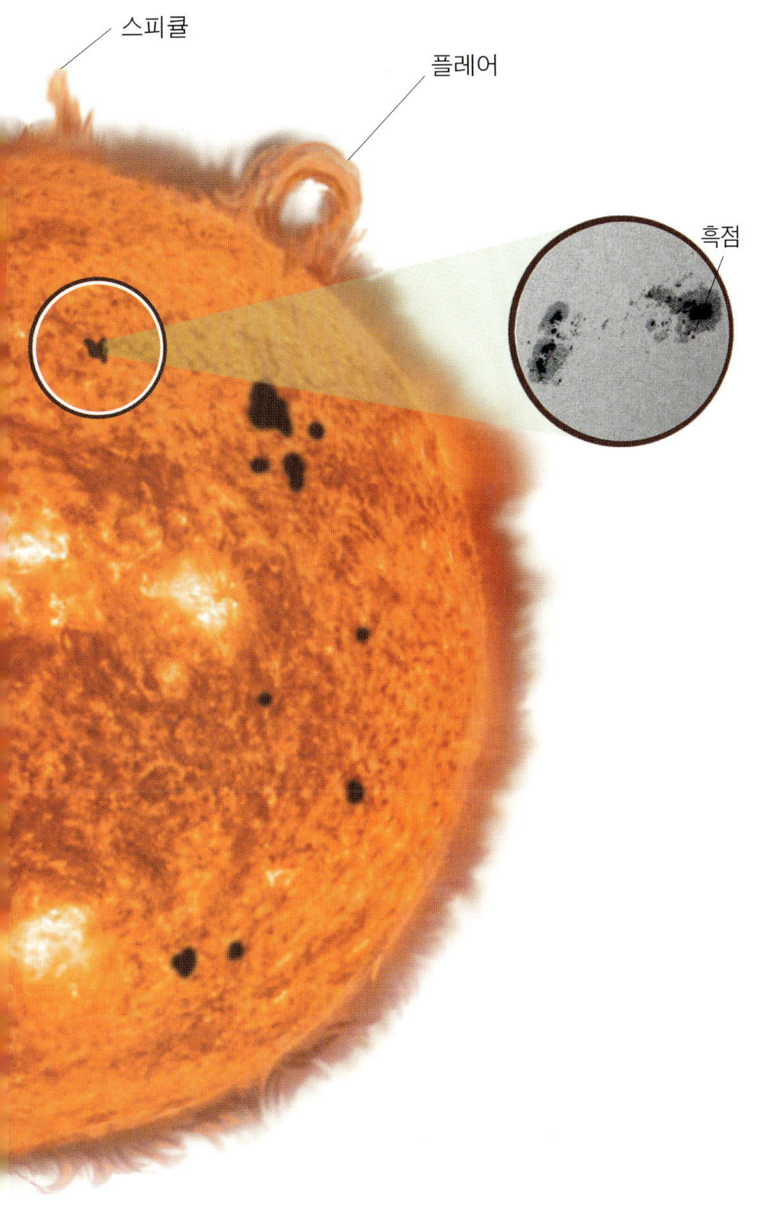

플레어 Flare

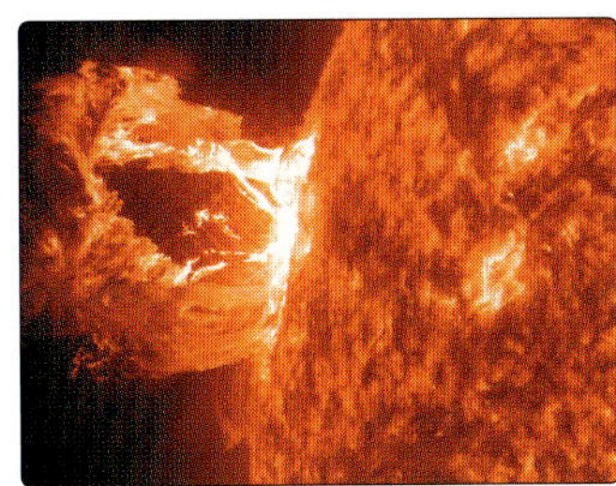

흑점 주위에서 일어나는 가장 급격하고 격렬한 폭발 현상이다. 수만 km의 규모로, 보통 5~10분 동안 지속된다. 빠르고 뜨거운 가스가 튀어 나오기 때문에 플레어 현상이 잦게 일어나면 태양풍(태양으로부터 우주 공간으로 쏟아져 나가는 전기를 띤 입자의 흐름)이 강해진다. 플레어가 발생하면 엄청난 에너지가 방출되며 발생률은 평균 하루 3~5개, 대규모의 것은 몇 주에 한 번 나타난다.

스피큘 Spicule

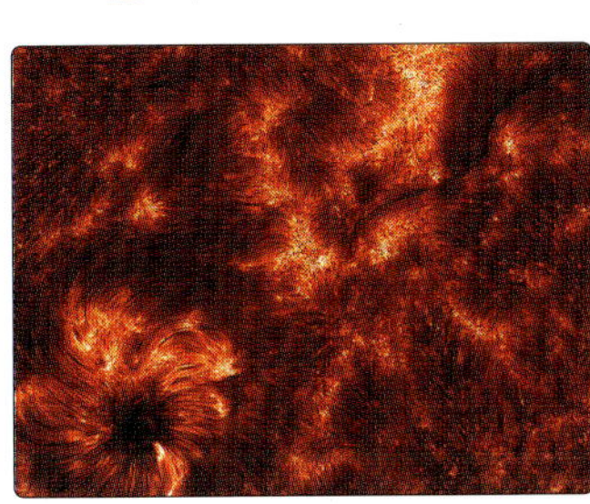

1877년 로마 바티칸 천문대의 안젤로 세치 신부가 발견하였다. 채층의 가장자리에서 보이며 6,000~10,000km까지 치솟는 불꽃 모양의 가스 제트 이다. 스피큘은 태양 표면의 1%도 안 되는 현상이다. 지름은 1,000km 정도이고 속도는 20~30km/s로 5~10분 동안 지속되었다가 빠르게 없어진다.

쌀알무늬 Granulation

광구 바로 밑에 있는 대류층의 기체 움직임으로, 기체가 올라오는 곳은 쌀알무늬가 나타나고 기체가 내려가는 곳은 쌀알 사이의 어두운 무늬가 나타난다. 쌀알 하나의 크기는 약 1,000km이며, 초대형 쌀알의 크기는 수만 km에 달하는 것도 있다.

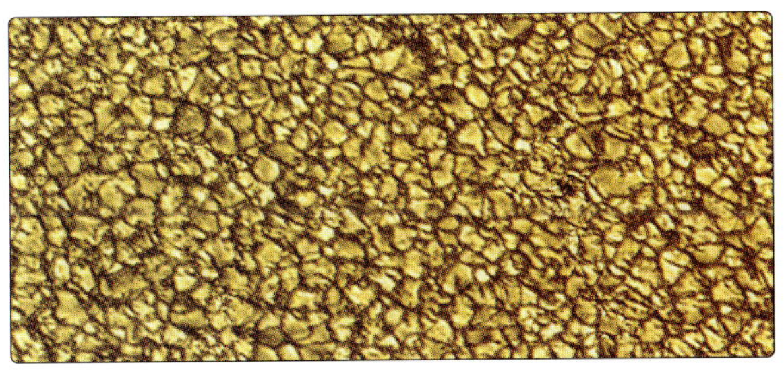

코로나 Corona

평소에는 보기 어렵지만, 개기 일식이 일어나면 달이 태양을 가리게 되어 채층을 관측하기 쉽다. 코로나는 채층 밖에서 진주색으로 보이는 부분으로, 채층 위쪽으로 수백만 km까지 발달되어 있다. 태양 둘레에 고르게 나타나며 흑점이 많을 때에는 코로나가 매우 밝다.

태양이 지구에 미치는 영향

태양의 표면에서 일어나는 활동은 지구의 생물과 기후에 영향을 미친다.

흑점 주기

태양에서 흑점은 주변보다 온도가 낮아 어둡게 보이는 부분이며 자기장이 강하다. 흑점의 수가 많으면 자기장에도 영향을 주어 태양 활동이 활발하다. 독일의 천문학자 슈바베(Schwabe, Heinrich Samuel: 1789~1875)는 1826년부터 17년간 흑점을 관측하고 태양의 흑점이 주기적으로 변화한다는 것을 알아내었다. 흑점의 주기는 평균 약 11년으로, 흑점의 수가 많아졌다 적어졌다를 반복한다. 흑점의 수가 가장 많은 때를 태양 극대기라고 하고, 가장 적은 때를 태양 극소기라고 한다.

1645년부터 1715년까지 70년 동안은 태양의 흑점이 거의 없었던 시기로, 이 시기 전후 전 세계에 한파가 기승을 부렸다. 이 70년간을 마운더 극소기라고 부르며, 소빙기라고도 한다.

평균 일일 흑점 영역(보이는 반구의 %)

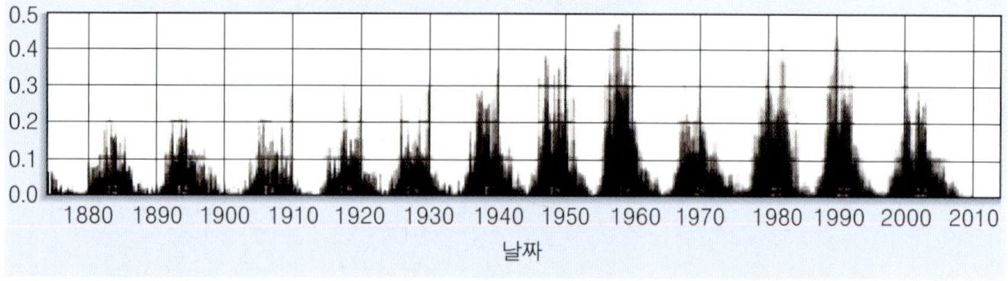

🔺 흑점 수의 변화

흑점 주기의 처음에는 흑점이 태양의 위도가 높은 곳에서 보였다가 주기가 점점 진행될수록 흑점이 보이는 위도가 낮아져 적도에 가까워진다. 마지막 흑점이 없어지면 다시 높은 위도에서 흑점이 나타난다. 이를 그래프로 나타내면 나비 모양을 띠기 때문에 나비도표라고도 한다.

동일한 지역 위도의 흑점 지역의 스트립(스트립 지역의 %)　■>0.0 %　■>0.1 %　■>1.0 %

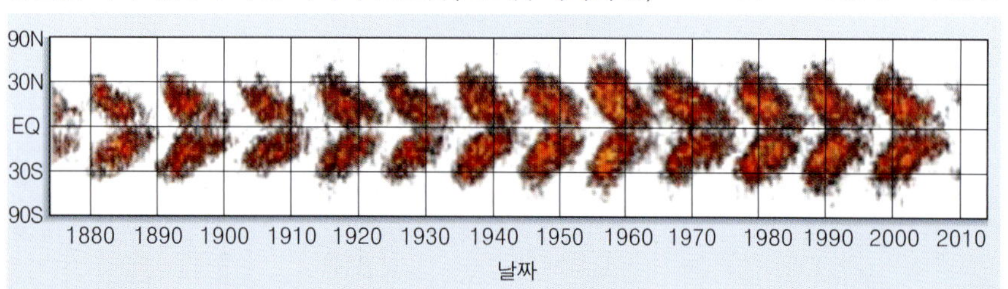

🔺 나비도표

오로라 Aurora

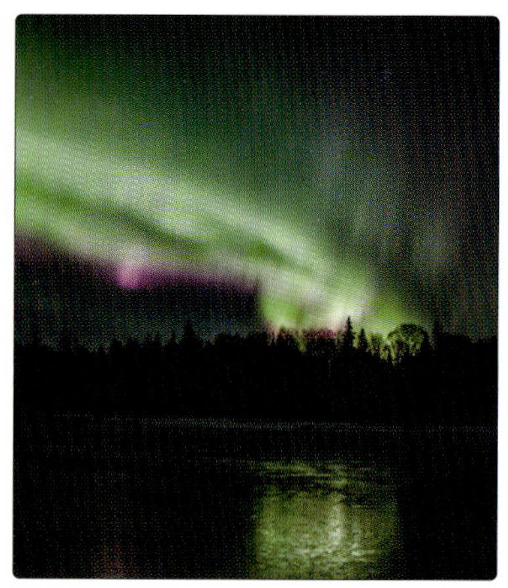

태양의 대기 중 코로나는 온도가 매우 높아 태양의 중력을 이기고 탈출하는 입자들이 발생하는데, 이 입자의 흐름을 태양풍이라고 한다. 태양풍은 플라즈마 상태인데 플라즈마란 기체 상태에 온도를 더 높여 전자와 원자핵으로 분리된 상태를 말한다.

우주의 대부분 물질은 플라즈마 상태로, 먼 거리까지 고온을 유지할 수 있다. 지구에 도달하는 태양풍은 대부분 지구의 자기장 밖으로 흩어지지만, 극지방에서는 자기장이 구부러지는 모양이기 때문에 태양풍이 들어오게 된다. 태양풍이 지구의 자기권과 충돌하고 그로 인해 형형색색의 오로라 현상이 발생한다. 흑점의 수가 많으면 오로라 현상이 많이 생긴다.

태양의 관찰 방법

태양은 매우 밝으므로 태양을 관찰할 때 직접 바라보지 않아야 한다. 태양을 관찰할 때에는 폐필름, 색깔이 진한 책받침, 그을린 유리판, 여러 장 겹친 셀로판 종이 등을 이용하여 관찰한다.

관찰 시간은 태양 빛이 비교적 약한 아침이나 해질 무렵에 하는 것이 좋다. 관찰할 때 태양을 오랫동안 쳐다보면 눈을 다칠 염려가 있으므로 잠깐씩 쳐다본다.

태양이 소중한 까닭

만일 태양이 갑자기 사라져 태양의 빛과 열이 없어진다면 지구는 추워져 얼음의 세계로 변할 것이며, 지구 상의 모든 생물은 살아남을 수 없을 것이다.

태양에서 오는 빛은 식물이 광합성을 하는 데 필요하고, 태양에서 오는 열은 생물이 자라는 데 알맞은 온도를 유지해 준다.

비가 오고 바람이 부는 등의 날씨 변화나 바닷물의 흐름도 모두 태양의 영향 때문이며, 석탄이나 석유는 태양 에너지를 이용하여 자란 옛날의 생물이 오랜 세월에 걸쳐 변한 것이다. 화력 발전이나 수력 발전에 의한 전기 에너지도 모두 태양 에너지에서 온 것이다.

최근에는 태양에서 오는 빛을 직접 전기로 바꾸는 태양광 전지를 시계, 계산기, 가로등, 우주선 등에 이용하고 있다.

스트라디바리우스 바이올린의 비밀

스트라디바리우스 바이올린은 이탈리아의 명장(기술이 뛰어나 이름난 장인) 스트라디바리(Stradivari, Antonio: 1644~1737)와 그 일가가 만든 것으로 다른 바이올린과 비교할 수 없는 음색을 가진 것으로 유명하다.

미국의 마이어 박사와 버클 박사는 스트라디바리우스 바이올린이 최고의 악기가 된 까닭은 기후 때문이라고 밝혔다.

마운더 극소기(태양의 흑점 활동이 비정상적으로 저조했던 시기로 1650년~1700년경이다.)가 지속되어 전 세계의 기온이 1.5 ℃ 낮아져 이상 기후가 일어났고, 기온이 낮아졌기 때문에 식물의 성장이 느려진 것이다.

나무의 성장이 느려지면 나이테의 간격이 좁고 촘촘해지면서 나무 밀도가 높아져 악기의 울림이 더 좋게 된 것이라고 밝혔다.

지구형 행성과 목성형 행성

태양계 행성은 지구형 행성과 목성형 행성으로 분류할 수 있다. 지구형 행성은 수성, 금성, 지구, 화성이고, 목성형 행성은 목성, 토성, 천왕성, 해왕성이다.

수성 Mercury / 水星

태양계 행성 중 크기가 가장 작고 태양과 가장 가까운 수성은 표면 온도가 매우 높고 중력이 작아 물질들이 탈출하기 쉽기 때문에 대기가 없다. 따라서 열을 유지할 수가 없고 낮과 밤의 온도 차가 크다. 태양이 보이는 낮에는 400℃ 이상까지 오르다가 밤이 되면 영하 180℃ 정도까지 빠르게 내려간다. 수성의 공전 주기는 88일로, 행성 중 가장 빠르다. 자전 주기는 59일 정도이며, 수성이 태양을 두 번 공전할 때 세 번 자전한다.

수성의 표면에는 달과 같이 수천 개의 크레이터(구덩이)와 분지들이 있다. 수성의 지형에는 예술가와 작가들의 이름을 붙였는데 영국의 음악가 존 레논의 크레이터도 있다. 수성에서 가장 큰 크레이터는 칼로리스 분지로, 길이가 1,300km를 넘는다.

🔺 레논 크레이터

🔺 칼로리스 분지

금성 Venus / 金星

금성은 크기, 질량이 지구와 비슷하지만 특징은 많이 다르다. 금성은 다른 행성들과 반대 방향으로 자전하며, 자전 주기도 243일로 매우 길어 태양계에서 하루가 가장 긴 행성이다. 금성이 태양의 둘레를 한 바퀴 도는 공전 주기는 225일이다. 금성의 또 하나의 특징은 두꺼운 대기이다. 50~70km 두께의 이산화 탄소로 이루어진 대기로 인해 금성에 들어오는 태양 에너지를 배출할 수가 없어 온도가 약 460℃까지 올라간다. 크기가 작은 천체는 금성의 두꺼운 대기를 통과하면 소멸되기 때문에

크레이터의 수가 달이나 수성보다 적다. 표면에는 주로 화산과 크레이터, 용암이 흐른 자국들이 있다. 미드 크레이터는 금성에서 가장 큰 크레이터로, 지름이 275km나 된다. 안의 링과 밖의 링으로 구성되어 있다. 이자벨라 크레이터는 지름이 175km로, 금성에서 두 번째로 큰 크레이터이다.

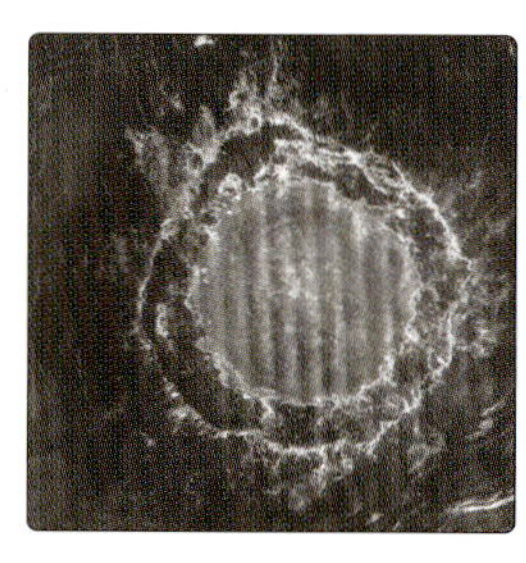

🔺 미드 크레이터

🔺 이자벨라 크레이터

지구 Earth / 地球

지구는 지구형 행성 중 가장 크며, 대규모로 지각 변동이 일어나는 유일한 행성이다.

다른 행성과의 가장 큰 차이점은 대기와 바다가 존재한다는 것이다. 대기는 태양 빛 중 파란색 계열을 산란시켜 지구를 푸르게 보이게 한다. 지구의 대기는 질소가 약 78%, 산소가 21%, 그리고 약간의 아르곤과 이산화 탄소 등으로 이루어져 있다.

바다는 바닷물의 흐름을 통해 지역적으로 온도를 비슷하게 해 준다. 지구에도 다른 천체와 부딪힌 크레이터가 많이 남아 있는데, 미국의 배링거 크레이터는 지름이 약 1.1km나 된다.

화성 Mars / 火星

화성의 반지름은 지구의 약 $\frac{1}{2}$ 정도이지만, 지구와 가장 비슷한 행성이다. 자전축이 지구와 비슷하게 기울어져 있어서 계절의 변화가 나타나고, 극지방의 극관과 물이 흐른 흔적이 있어 물의 존재 가능성도 보이고 있다. 극관은 드라이아이스(이산화 탄소)나 물 성분이고 대기는 이산화 탄소가 대부분이지만, 금성과는 다르게 대기가 매우 희박하여 태양 에너지를 갖고 있지 못하기 때문에 표면 온도가 영하 140℃~영상 20℃ 정도로 큰 온도 차를 보인다. 자전 주기는 24시간 37분이며, 공전 주기는 687일이다.

화성은 붉은색을 띠는데, 녹슨 철과 같은 산화 철로 된 먼지로 뒤덮여 있기 때문이다. 표면에는 화산, 계곡, 극관 등이 있으며, 남반구에는 주로 충돌 구덩이가 많은 나이든 고지대가 있고 북반구에는 주로 충돌 구덩이가 적은 신생 저지대가 있다.

극관 ▶

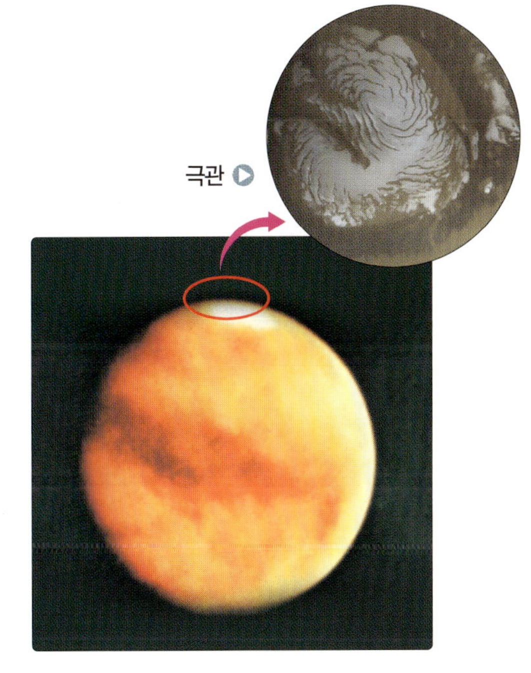

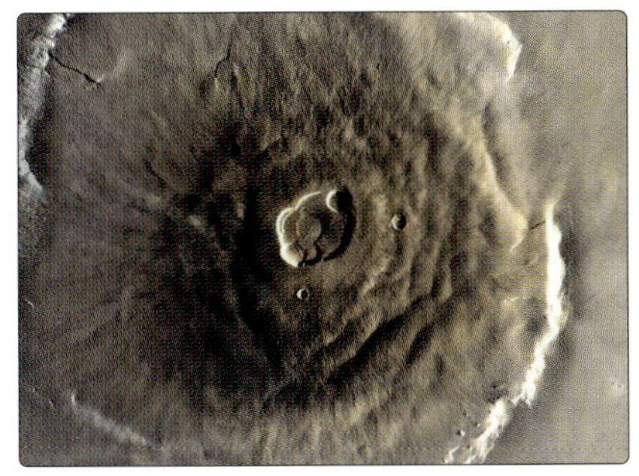

◔ 올림퍼스 산

화성에는 태양계에서 가장 높은 올림퍼스 산이 있다. 지름이 500km를 넘으며, 높이가 25km 정도이다.

◔ 마리네리스 협곡

화성 둘레의 $\frac{1}{4}$을 차지하며 길이 5,000km, 폭 200km, 깊이 10km 정도이다.

목성 Jupiter / 木星

목성의 반지름은 지구 반지름의 약 11배, 질량은 지구 질량의 약 318배로, 태양계 행성 중에서 가장 크다. 밀도는 1.3g/cm³로, 지구보다 가볍다. 태양계 행성 중에서 자전 속도가 가장 빠르며, 이로 인해 가운데가 더 두꺼운 타원체 모양이고 가로 줄무늬가 있다. 적도 조금 아래에 있는 대적반은 거대한 소용돌이로, 가로가 30,000~40,000km이어서 지구 2개가 들어갈 정도이다. 반시계 방향으로 회전하며 주기가 6일이다.

1655년에 카시니가 대적반을 발견한 지 300년이 넘었지만, 현재까지도 존재하고 있다. 1994년에 이 대적반 근처에 슈메이커·레비 혜성이 충돌하였다. 21개의 조각으로 나누어진 이 혜성은 목성의 강한 인력으로 남반구에 충돌하였다.

고리는 1979년에 보이저호에 의해 발견되었는데, 크게 세 부분으로 나뉜다. 가장 안쪽 고리는 다른 고리에서 목성으로 낙하하는 먼지로 구성되어 있다. 아주 작은 입자들이며, 새로운 물질들이 계속 유입되고 있다. 바깥쪽 2개의 고리는 균일하고 위성들의 궤도까지 뻗쳐 있다.

🔺 목성의 대적반

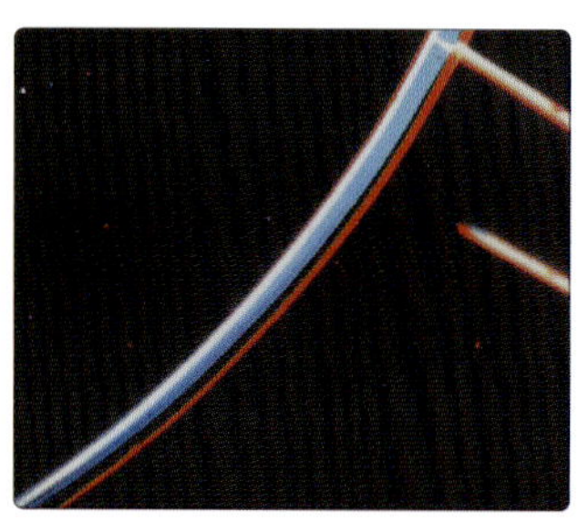

🔺 목성의 고리

토성 Saturn / 土星

토성의 고리 ▶

토성은 태양계에서 두 번째로 큰 행성으로, 토성의 지름은 지구 지름의 약 10배이고 토성의 질량은 지구 질량의 약 95배이며, 가벼운 기체로 되어 있어 밀도는 가장 작다. 자전 주기는 10시간 39분으로 목성보다 길다.

토성의 가장 큰 특징은 고리이다. 1610년에 갈릴레이가 발견했으나 고리인지 알지 못했고, 1655년에 호이겐스가 알아내었다. 1857년에는 맥스웰이 고리는 작은 입자로 형성되어 있음을 증명하였다. 고리는 작은 얼음 입자와 암석으로 되어 있으며, 가까이에서 보면 수천 개의 얇은 고리들로 나뉘어 있다. 그중 가장 크게 벌어진 곳이 카시니 간극으로 4,670km이며, 이곳에도 많은 입자들이 있다.

토성은 자전축이 27° 정도 기울어져 있어서 계절의 변화가 있다. 목성보다 폭풍이 적고, 바람의 속도는 400m/s를 넘는다.

🚀 더 나아가기

갈릴레이의 토성 기록

토성의 고리를 최초로 발견한 사람은 갈릴레이였다. 그 당시에는 정확히 관찰할 수 있는 관측 도구가 없었기 때문에 갈릴레이는 토성이 귀를 가지고 있다고 기록했다.

천왕성 Uranus / 天王星

1781년에 허셜이 발견하고 혜성이라고 생각했으나 렉셀이 행성이라 주장했고, 보데가 천왕성이라는 이름을 제안했으며, 50년 후에야 천왕성이라는 이름이 채택되었다. 천왕성은 태양계에서 목성, 토성 다음으로 큰 행성이며, 질량은 해왕성보다 작아 네 번째이다. 태양으로부터의 거리가 멀어서 표면의 평균 온도는 해왕성과 비슷하게 약 영하 215℃ 정도이다.

천왕성의 가장 큰 특징은 자전축이 공전 궤도면에 대해 거의 옆으로 누워 있다는 것이다. 자전축이 행성의 궤도면과 거의 같아 바퀴가 굴러가는 것처럼 자전한다. 자전축이 누운 것은 큰 천체와 충돌하여 기울어졌다는 설과 궤도 안쪽의 토성, 바깥쪽의 해왕성의 중력이 영향을 미쳤을 것이라는 설이 있다.

천왕성의 고리는 1977년에 발견되었고 지금은 13개가 있다고 알려졌다. 고리는 태양계의 어떤 물질보다 어두운 색을 띠는, 1m 이상 되는 입자로 구성되어 있으며, 안쪽 고리는 폭이 넓게 퍼져 있고 다른 고리는 폭이 좁다.

[illegible]António 천왕성의 고리

해왕성 Neptune / 海王星

1846년에 애덤스와 르베리에는 천왕성이 예상 궤도를 이탈하자 궤도에 영향을 미치는 천체를 예측하다가 해왕성을 발견하였다. 1989년, 보이저 2호의 근접 탐사에 의해 해왕성이 밝혀지기 시작하였다.

자전 주기는 16시 7분이며, 공전 주기는 약 165년이다. 밀도는 $1.8 g/cm^3$로, 다른 목성형 행성(목성, 토성, 천왕성)보다 크다. 태양에서 거리가 가장 먼 행성이다.

해왕성도 빠른 자전으로 인해 생긴 줄무늬가 있고, 어두운 반점이 있다. 해왕성의 대기는 수소와 헬륨, 메테인으로 이루어져 있으며, 대기 중의 메테인에 의해 푸른색으로 보인다. 해왕성은 매우 얇은 2개의 고리를 가지고 있으며, 보이저 2호가 해왕성을 직접 관측하면서 발견하였다.

◎ 해왕성의 어두운 반점

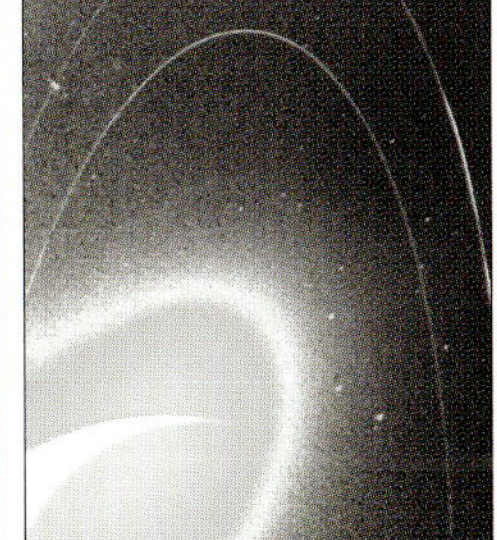

◎ 해왕성의 고리

위성 Satellite / 衛星

위성은 행성의 끌어당기는 힘에 의해 행성 주위를 공전하는 천체이다.

화성의 위성, 포보스 Phobos 와 데이모스 Deimos

화성의 이름인 Mars는 로마에서 전쟁의 신으로 숭배되었고, 그리스에서는 아레스라고 불렸다. 두 위성의 이름은 전쟁터에서 늘 아레스와 함께 했던 포보스와 데이모스, 두 아들의 이름에서 왔으며, '공포'와 '패배'라는 뜻이다.

포보스와 데이모스는 모두 화성의 자전 방향과 같이 서쪽에서 동쪽으로 공전하는데, 포보스는 화성에서 약 9,378km 떨어져서 돌며, 공전 주기가 7시간 30분 정도밖에 안 된다. 데이모스는 약 23,500km 떨어져서 화성 주위를 돌며, 공전 주기는 30시간 18분 정도이다. 화성의 자전 주기인 24시간 37분보다 더 짧은 공전 주기를 갖고 있는 포보스는 화성에서 보기에 서쪽에서 떠서 동쪽으로 지는 것처럼 보일 것이다. 지구의 달이 늘 같은 면만 보이듯이 포보스와 데이모스도 화성에 같은 면만 보인다. 이들은 모양이 불규칙한 타원체이다. 모두 표면에 충돌 구덩이들이 있으며, 약 40억 년 전에 생긴 것이라고 한다.

◬ 포보스

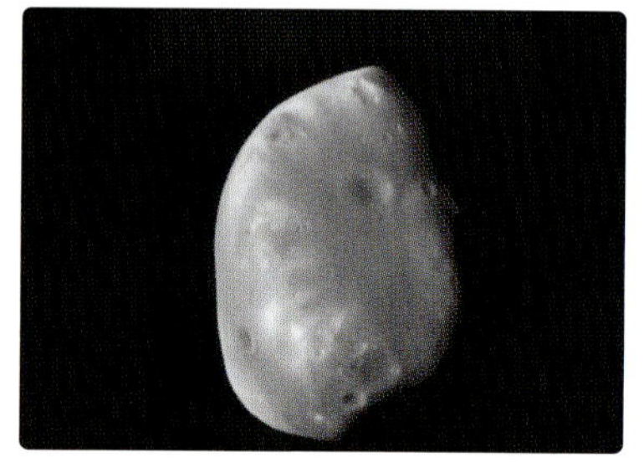

◬ 데이모스

목성의 위성

목성은 위성을 63개 이상 가지고 있는 행성으로, 태양계에서 위성을 가장 많이 가지고 있다. 처음 목성의 위성을 발견한 사람은 갈릴레이이다. 1610년에 망원경으로 발견한 위성은 4개이며, 1614년 마리우스(Marius, Simon: 1573~1625)의 저서에서 명명한 이오, 유로파, 가니메데, 칼리스토의 이름을 사용하고 있다. 4개의 위성들은 갈릴레이 위성이라고 하며, 달의 크기보다 크고, 그 밖의 위성들은 크기가 작다. 목성으로부터 이오, 유로파, 가니메데, 칼리스토의 순서로 공전하며, 거리에 따라 공전 주기가 늘어나고 밀도는 작아진다. 크기는 가니메데가 가장 크며, 칼리스토, 이오, 유로파의 순이다. 특히, 가니메데는 태양계의 위성 중에서 가장 크다.

위성	평균 거리(km)	공전 주기(일)	반지름(km)	질량(달=1)	밀도(g/cm^3)
이오	422,000	1.77	1,820	1.2	3.5
유로파	671,050	3.55	1,565	0.7	3.0
가니메데	1,070,000	7.15	2,634	2.0	1.9
칼리스토	1,883,000	16.69	2,403	1.5	1.8

목성의 위성

이오 Io

목성의 가장 안쪽 궤도를 돌고 있는 위성인 이오는 화산 활동이 아주 활발하다. 목성과 이오 사이의 거리는 지구와 달 사이의 거리와 비슷하지만, 목성의 질량은 지구의 318배이기 때문에 중력이 강하게 작용한다. 게다가 바깥의 다른 위성들의 작용까지 더해져서 뒤틀림이 생겨 화산 활동이 지속적으로 발생한다. 대기가 없는 이오에서는 분화구에서 나오는 물질이 250km까지 분수같이 치솟으며, 분출 속도는 1,000m/s나 된다. 분출물이 구덩이에서 1,000km의 표면을 덮어 구덩이가 잘 보이지 않는다.

⬆ 이오

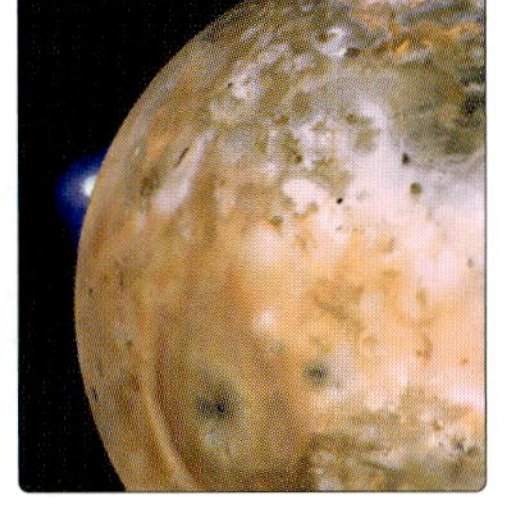
⬆ 이오의 화산 분출

유로파 Europa

유로파는 갈릴레이 4대 위성 중에서 가장 크기가 작고, 표면은 얼음으로 뒤덮여 있다. 표면에 복잡한 선들이 많이 보이는데, 이러한 무늬는 얼음이 녹아서 나오는 물로 인해 생긴 것이다. 표면 아래 100km 깊이까지 소금기를 가진 바다가 있을 것이라고 추측하고 있다. 또한, 지구에 비하면 극히 소량이지만 유로파에서 산소가 발견되었다. 표면의 물이 태양 에너지로 인해 수소와 산소로 분해되는데, 수소는 빠르게 증발되고 산소는 천천히 증발되므로 남은 산소가 얇은 대기층을 이루게 된 것이다.

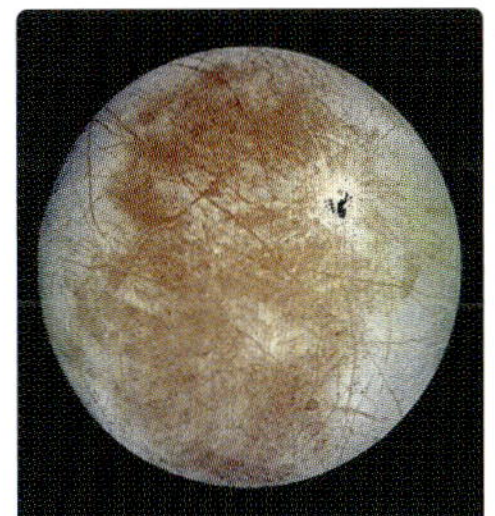
⬆ 유로파

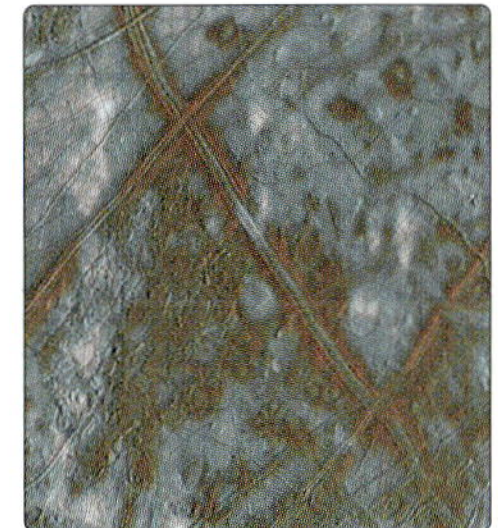
⬆ 유로파의 표면

가니메데 Ganymede

태양계에서 가장 큰 위성인 가니메데는 구덩이가 많은 지역과 골짜기가 많은 지역으로 구분된다. 구덩이는 지름이 150km나 되는 것도 있으며, 매우 오래 전에 생긴 것이라고 추정된다. 그에 비해 골짜기는 섦고 밝은 색을 띤다. 가니메데의 50%는 물과 얼음, 50%는 암석으로 구성되어 있다. 크기는 행성인 수성보다 크고 질량은 달의 2배 정도이며, 밀도는 암석과 얼음의 중간 정도이다.

⬆ 가니메데

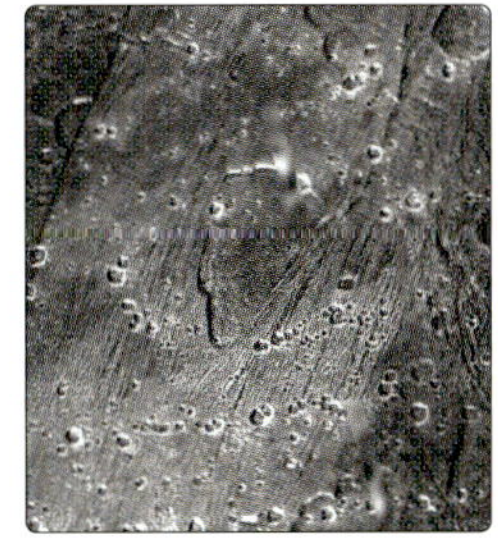
⬆ 가니메데의 표면

칼리스토 Callisto

갈릴레이 4대 위성 중 가장 바깥 궤도를 돌고 있는 칼리스토는 자전 주기와 공전 주기가 같아서 목성에게 늘 같은 면만 보여 주고 있다. 칼리스토의 40%는 얼음으로, 60%는 암석과 철로 이루어져 있다. 표면에는 구덩이들이 많이 있는데, 깊이가 얕다. 칼리스토의 아름다운 분지 중 하나인 발할라 분지는 20~30개의 산맥들이 동심원(같은 중심을 가지며 반지름이 다른 2개 이상의 원)을 이루고 있다. 충격으로 생긴 지형이 급격히 얼어서 생겼을 것으로 추측하고 있다.

⬆ 칼리스토

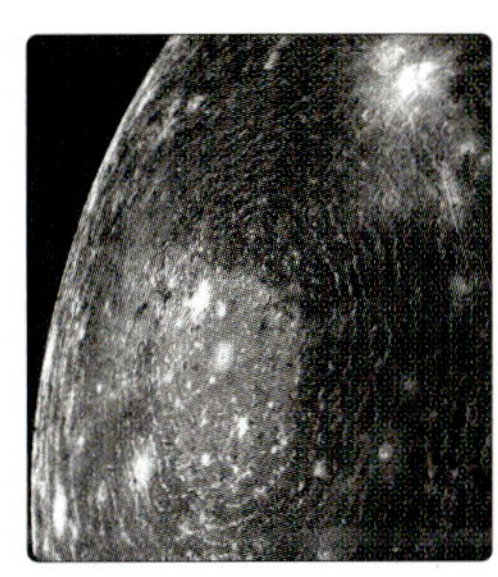
⬆ 발할라 분지

토성의 위성

토성의 위성은 약 60개가 발견되었는데, 그중 가장 눈에 띄는 것은 타이탄으로, 토성의 위성 중에서는 가장 크며 태양계에서는 두 번째로 크다. 타이탄은 1655년에 네덜란드 천문학자 하위헌스(Huygens, Christiaan: 1629~1695)가 발견하였다. 오른쪽 사진에 토성과 왼쪽의 타이탄, 그리고 오른쪽에 아주 작은 점인 엔셀라두스가 있다.

타이탄 Titan

타이탄은 반지름이 2,575 km로, 수성보다는 크고 목성의 위성의 하나인 가니메데보다는 작다. 얼음과 암석이 50 % 정도씩 섞여 있다. 타이탄에 주목하는 이유는 대기 때문이다. 98 %가 질소, 1 %가 메테인, 그리고 소량의 에테인, 에틸렌, 사이안화 수소 등으로 이루어져 있다. 표면의 압력은 1.5기압으로 밀도가 높으며, 온도는 90 K이다. 타이탄의 대기에서는 미량의 사이안화 수소, 즉 질소 화합물이 발견되었는데, 태양 빛과 질소가 반응하면 유기 물질이 풍부하게 만들어지고, 이런 과정은 마치 지구에서 유기 물질이 생산되는 것과 유사하다. 또한, 대기에 조금 있는 메테인이 기체, 액체, 고체 상태로 있을 수 있으며, 응결해서 구름이 생성되고 표면에는 메테인이나 에테인의 바다가 만들어지기도 한다.

⬣ 타이탄의 호수

엔셀라두스 Enceladus

엔셀라두스는 1789년 허셜(Herschel, William: 1738~1822)이 발견하였고, 탐사선 보이저 1, 2호에 의해 조금씩 알려지고 있다. 반지름은 약 250 km로, 타이탄의 $\frac{1}{10}$ 정도이며, 토성의 위성 중 여섯 번째로 크고 토성으로부터 14번째로 돌고 있다. 자전 주기와 공전 주기가 같아서 토성에게 계속 한쪽 면만 보이며 공전한다. 표면은 대부분 얼음으로 덮여 있고 한쪽 면에만 구덩이와 줄무늬가 있다. 대기는 91 %가 수증기, 4 %가 질소, 3 %가 이산화 탄소, 1 % 조금 넘게 메테인으로 되어 있다.

엔셀라두스에 관한 최근 연구 결과로 몇 가지 사실들이 밝혀지고 있다. 남극 지방에서 물이 뿜어져 나오는 곳이 100군데가 넘으며, 그 수증기가 우주 공간으로 나와 토성의 고리를 만든다고 한다. 또한, 엔셀라두스의 얼음 표면 아래에는 바다가 존재할 가능성이 있다고 보았다. 2015년에 미국과 일본 등 공동 연구진은 엔셀라두스 지하에 뜨거운 온천이 있다는 것을 밝혔다. 그것은 열이 존재하기 때문이고, 이러한 열과 물의 존재는 이 위성에 생명체가 있을 가능성을 가지게 한다.

⬣ 엔셀라두스의 수증기 분출

천왕성의 위성

천왕성의 위성은 27개가 발견되었는데, 모두 누워서 도는 천왕성의 자전 궤도를 따라 돈다. 그중에서 가장 작고 희미한 미란다는 1948년 카이퍼(Kuiper, Gerard Peter: 1905~1973)에 의해 발견되었고, 천왕성의 위성 중 네 번째로 큰 움브리엘은 1851년에 러셀(Lassell, William: 1799~1880)에 의해 발견되었다.

미란다 Miranda

미란다는 반지름이 235km로, 천왕성으로부터 13만km 정도 떨어져 있고, 33시간 50분에 한 바퀴씩 공전한다. 미란다는 거대한 충돌 후에 부서진 조각들이 다시 뭉쳐져 생성되었기 때문에 여러 종류의 지층이 한꺼번에 있다는 주장이 있다.

움브리엘 Umbriel

움브리엘은 유난히 어두운 위성이다. 표면은 검은색이며, 암석과 얼음으로 덮여 있다. 구덩이들이 있으며 반지름이 약 585km 정도이다. 위에 보이는 흰 부분은 충돌한 흔적으로 밝혀졌다.

해왕성의 위성

해왕성은 13개의 위성이 있다고 밝혀졌고, 6개는 보이저 2호에 의해서 발견되었다. 해왕성의 가장 큰 위성은 트리톤이다.

트리톤은 반지름이 1,350km이며, 1846년에 러셀이 발견하였다. 공전 주기는 678년이고, 거의 완벽한 원을 그리며 공전한다. 트리톤의 가장 큰 특징은 해왕성의 자전 방향과 반대로 돌고 있다는 것인데, 외부에서 포획된 것이라고 추측되고 있다. 그러면서도 해왕성에게 항상 같은 면만 보여 주고 있다.

트리톤은 75%가 암석, 25%가 물과 얼음으로 구성되어 있으며, 태양 빛의 약 80%를 반사하기 때문에 실제 온도는 35~40K으로 태양계의 천체 중 가장 낮다. 달이 태양 빛의 10%를 조금 넘게 반사하는 것과 비교하면 반사율이 매우 높다.

표면은 고체 상태로 얼어 버린 질소와 얼음, 드라이아이스로 덮여 있다. 트리톤은 지각 활동이 활발하여 오래된 충돌 구덩이는 거의 없다. 표면에서 질소 가스 등이 매우 높게 분출되는 것이 발견되었고, 주로 태양 빛을 받는 지역에 분포하고 있다.

△ 트리톤의 표면

태양계의 작은 천체

태양계에는 태양, 행성, 위성 외에 소행성과 왜소행성, 혜성, 유성체 등이 있다.

소행성 Asteroid

소행성이란 태양을 중심으로 공전하면서 행성보다 작은 천체를 말한다. 1801년 이탈리아 천문학자 피아치(Piazzi, Giuseppi: 1746~1826)가 최초로 세레스를 발견하였고, 그 이후로 화성과 목성의 궤도 사이에서 많은 소행성들이 발견되고 있다.

소행성 이다는 긴 반지름이 56km, 짧은 반지름이 21km이며, 많은 충돌 구덩이가 있다. 이다를 공전하고 있는 댁틸이라는 위성은 지름이 1.5km밖에 안 되지만 엄연한 위성이며, 이다에 대한 정보를 많이 주고 있다. 또 다른 소행성 베스타는 지름이 500km 정도로 가장 밝은 소행성으로, 표면에 매우 다양한 지형이 있다.

🔺 이다와 댁틸

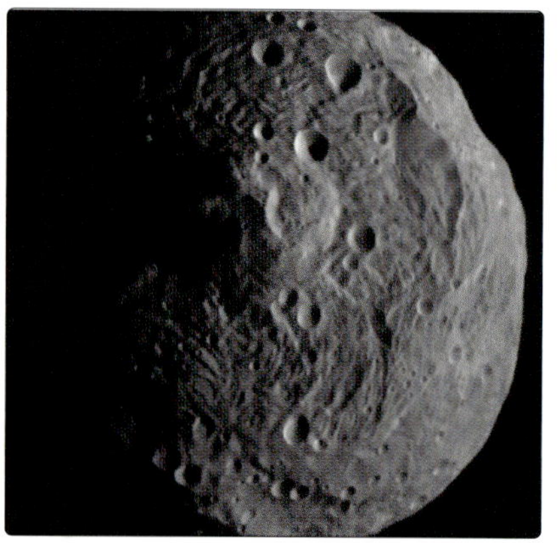

🔺 베스타

왜소행성 Dwarf Planet

왜소행성이란 자신의 궤도에서 지배적인 역할을 하지 못해 행성이 되지 못한 천체이다. 2006년 국제천문연맹에서 왜소행성과 작은 태양계 천체로 나누었는데 작은 태양계 천체에는 소행성, 혜성, 유성체 등이 포함된다. 태양계의 왜소행성에는 세레스, 명왕성이었던 134340 Pluto, 에리스 등이 있다.

🔺 세레스

🚀 더 나아가기

티티우스 · 보데 법칙 Titius-Bode's Law

독일의 비텐베르크 대학의 수학 교수 티티우스(Titius, Johann Daniel: 1729~1796)가 1766년에 발견하였고, 1772년에 베를린 천문대의 보데(Bode, Johann Elert: 1747~1826)가 논문에 발표하였다. 태양에서부터 행성들까지의 거리의 단위를 AU로 나타내면 일정한 법칙이 있다는 것이다. 지구를 제1번 행성으로 하고 그 평균 거리를 1AU로 나타내면 제n번 행성의 평균 거리 $a=0.4+0.3\times2^n$이다(수성 $n=\infty$, 금성 $n=0$, 지구 $n=1$, 화성 $n=2\cdots$). 결과값은 행성들의 거리와 매우 유사하였다.

이 법칙이 발표될 당시에는 목성의 존재까지만 알고 있었고, 토성, 천왕성, 해왕성은 아직 발견되지 않은 때였다. 그런데 2.8AU의 거리에서는 어떤 행성도 발견되지 않아 천문학자들이 이 궤도에서 무엇인가를 계속 찾는 일이 벌어졌고, 결국 1801년에 피아치가 세레스를 발견하였다. 또한, 천왕성이 이 법칙에서 약간 벗어나자 바깥쪽에 있는 다른 행성의 영향이라고 여겨 발견한 행성이 해왕성이었다.

혜성 Comet

혜성은 태양을 중심으로 긴 타원이나 포물선 궤도를 그리는 작은 천체를 말한다. 혜성이 현상이 아니라 천체임을 밝힌 사람은 핼리(Halley, Edmund: 1656~1742)였다. 1705년에 혜성 궤도를 계산하여 1758년에 혜성의 출현을 예고했고, 이것이 사실로 밝혀지자 그의 이름을 따 핼리혜성이라고 불렀다. 핼리혜성의 주기는 75~76년이며 혜성마다 주기가 다르다.

혜성은 얼음과 눈, 먼지로 되어 있으며, 태양에 접근하면 얼음과 눈이 녹기 시작한다. 중심핵 안에 있던 얼음 덩어리와 가스가 녹으면서 핵 주위의 코마(혜성의 핵을 둘러싼 먼지와 가스)를 만들고, 태양풍은 가스와 먼지를 멀리 밀어내어 긴 꼬리를 만든다. 꼬리에는 이온 꼬리와 먼지 꼬리가 있다. 이렇게 태양을 돌 때마다 혜성은 물질들을 많이 잃어버리기 때문에 오래 생존할 수가 없다. 주기가 짧은 혜성은 태양계 밖의 오르트 구름이라는 곳에서 생겨난다고 추측되고 있다.

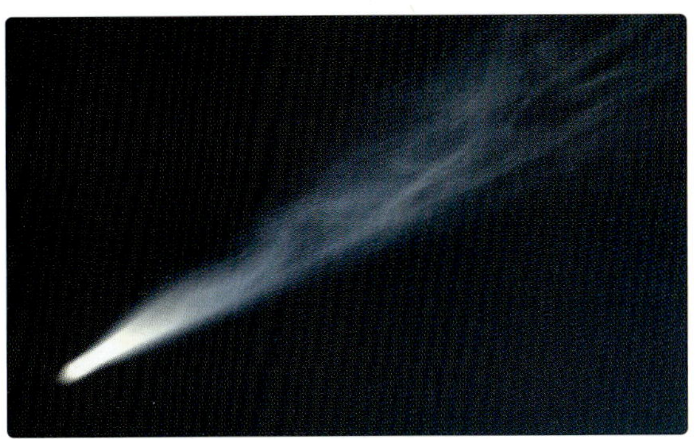

△ 핼리혜성

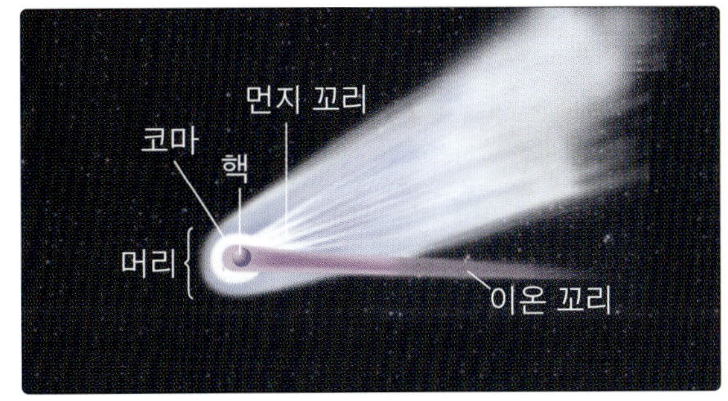

△ 혜성의 구조

유성체 Meteoroid

소행성보다 작은 천체를 유성체라고 한다. 유성체는 혜성이 지나간 자리에 남은 먼지와 얼음 조각, 소행성의 파편, 티끌 등의 작은 천체이다. 유성체가 지구의 대기와 만나면 대기와의 마찰로 불타면서 빛을 내는 유성 현상이 발생한다.

유성우

혜성이나 소행성이 지나간 자리에 있는 많은 찌꺼기들이 지구에 접근하면서 지구 중력에 의해 대기권으로 떨어질 때 마치 비가 오는 것처럼 보이는 현상이다. 유성우는 같은 방향의 유성들이 한 방향에서 오는 것처럼 보여 그곳의 별자리 이름이 붙여진다.

운석과 운석 구덩이

유성체가 타다가 남아 땅에 떨어진 것을 운석이라고 한다. 운석은 많은 정보를 담고 있는데, 화성의 운석에서 물의 흔적과 탄소를 발견하여 생명체의 기원을 짐작하기도 한다. 때로는 운석의 크기가 커서 지표면에 거대한 크레이터(운석 구덩이)를 만들어 피해를 입기도 한다. 멕시코 유카탄 반도에 있는 칙술루브 크레이터는 지름이 180km가 넘으며, 이 운석의 충돌로 공룡이 멸종하였다고 추측되고 있다.

△ 운석

△ 크레이터(운석 구덩이)

태양계 탐사 Solar System Exploration

인간은 달을 향하여 우주선을 쏘아 올려 직접 달에 착륙했으며, 태양계에 있는 다른 행성들을 끊임없이 탐사하고 있다.

우주 탐사에 진출한 우주선

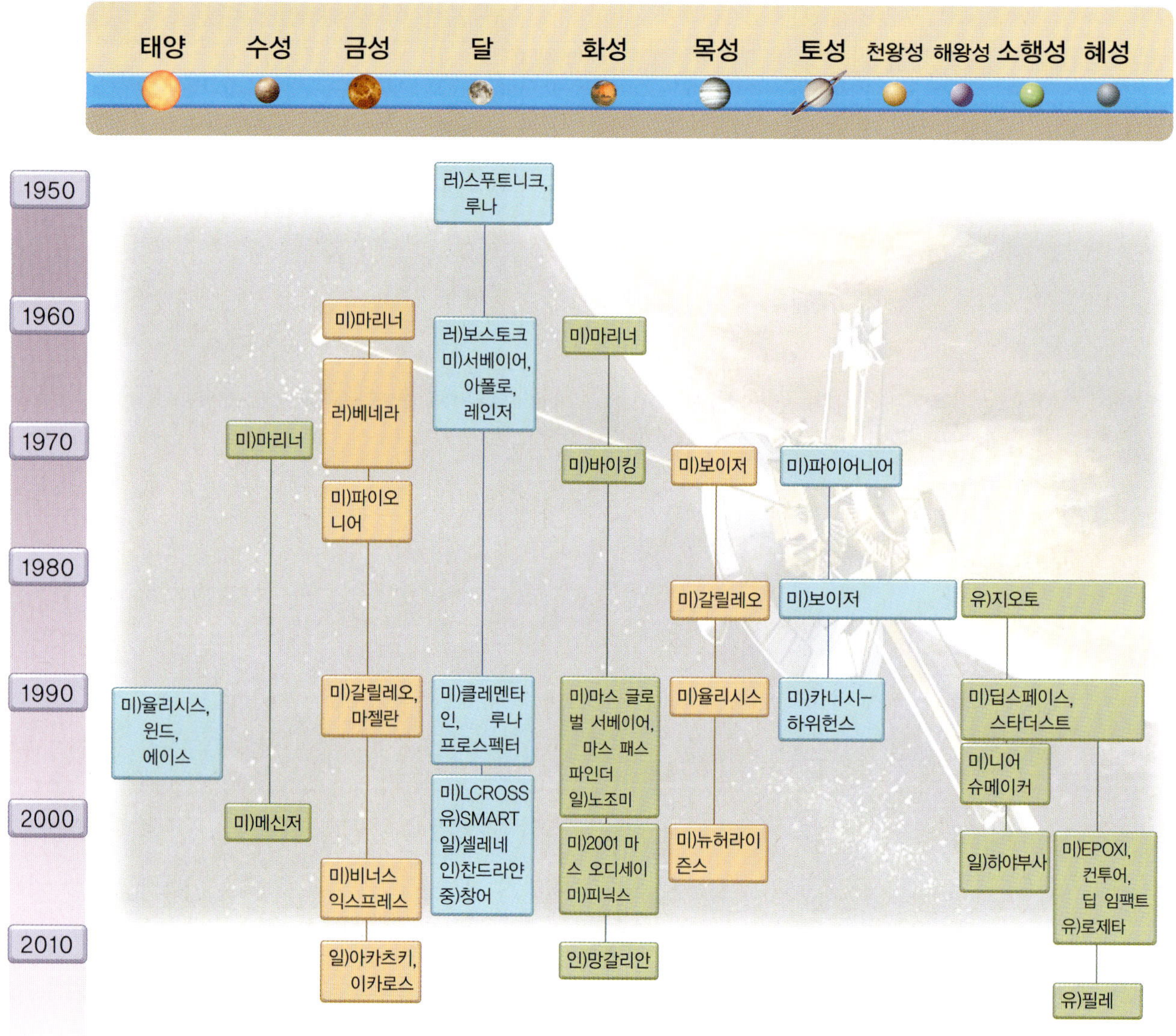

1900년대 중반부터 미국과 러시아의 우주에 대한 관심으로 인류의 우주 진출은 시작되었다. 달 탐사를 처음으로 태양계를 탐사하며 많은 사진을 찍어 전송하고 실제로 달이나 행성에 착륙하여 자료를 수집하였다. 지금도 미국, 러시아, 유럽, 인도, 중국, 일본 등에서 발사한 탐사선들은 임무를 수행하기 위해 우주를 운행하고 있다. 한국도 2020년에는 무인 달 착륙선을 독자적인 기술로 개발하여 달에 보내려고 계획하고 있다. 달 궤도선과 달 착륙선을 순수 우리나라의 기술로 개발하여 발사하고 원자력과 태양 전지를 사용하여 1년 동안 임무를 수행할 예정이라고 한다.

달 탐사

1957년 10월에 러시아에서는 세계 최초로 인공위성 스푸트니크 1호를 발사하였다. 스푸트니크 1호는 길이가 60cm 정도이며 4개의 안테나가 붙어 있다. 지구를 순회하다가 1958년 1월에 지구 안으로 들어와 소멸하였다.

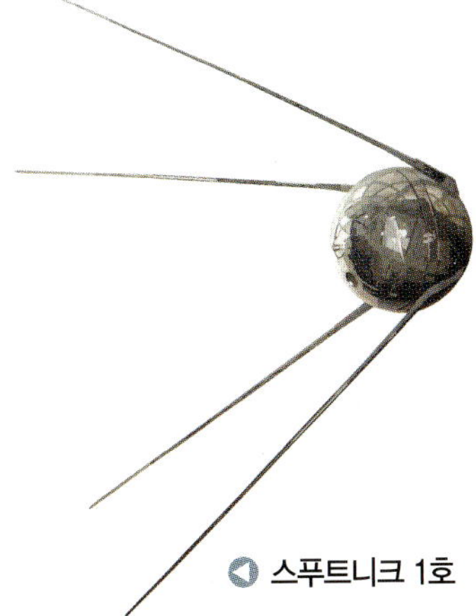

◀ 스푸트니크 1호

스푸트니크 1호를 발사한 지 한 달 후에 생명체로는 처음으로 '라이카' 라는 개를 탑승시킨 2호가 발사됐다. 스푸트니크 2호 역시 얼마 지나지 않아 소멸되어 라이카는 돌아오지 못하였지만, 유인 우주선으로의 가능성을 얻었다. 1960년에 스푸트니크 5호가 동물들을 태우고 발사되었다가 다시 귀환하였고 이어 10호까지 우주선에서 인간이 안전할 수 있는지 시험 발사하였다.

1961년에는 가가린(Gagarin, Yury Alekseevich: 1934~1968)이 탑승한 보스토크 1호가 발사되어 지구 궤도를 한 바퀴 돌았다. 이 우주선이 인간을 태운 최초의 유인 우주선이 되었다.

▲ 보스토크 1호 모형

▲ 가가린

아폴로 Apollo 우주선

러시아의 유인 우주선 발사의 성공으로 자극을 받은 미국은 3명의 우주인을 탑승시켜 달을 탐사하는 아폴로 계획을 세웠다. 1967년에 아폴로 1호를 발사하였으나 화재로 거스 그리섬 선장을 비롯하여 에드워드 화이트, 로저 채피 등 세 명의 우주 비행사가 목숨을 잃었다. 그러나 이를 발판으로 아폴로 계획이 꾸준히 실행되면서 무인 비행과 달 궤도 비행을 성공적으로 마치고 1969년에 아폴로 11호가 처음으로 달에 착륙하게 되었다. 선장 암스트롱(Armstrong, Neil: 1930~2012)은 달 표면에 발자국을 찍고 "이것은 한 명의 인간에게 있어서는 작은 한 걸음이지만, 인류에게 있어서는 위대한 도약이다."라는 말을 하였다. 2시간 30분 동안 달 표면에 여러 관측 장비를 설치하고 지구로 귀환하였다. 이후 1975년 아폴로 18호까지 꾸준히 발사하여 더 긴 시간 동안 달에서 여러 가지 임무를 수행하였다. 아폴로 계획으로 달에서 400kg이 넘는 시료를 채취해서 지속적으로 달의 기원과 역사 등에 관해 연구해 왔고, 달에 무인 월면차를 착륙시켜 인간의 일을 대신하는 목표를 달성하였다.

달 표면의 발자국 ▶

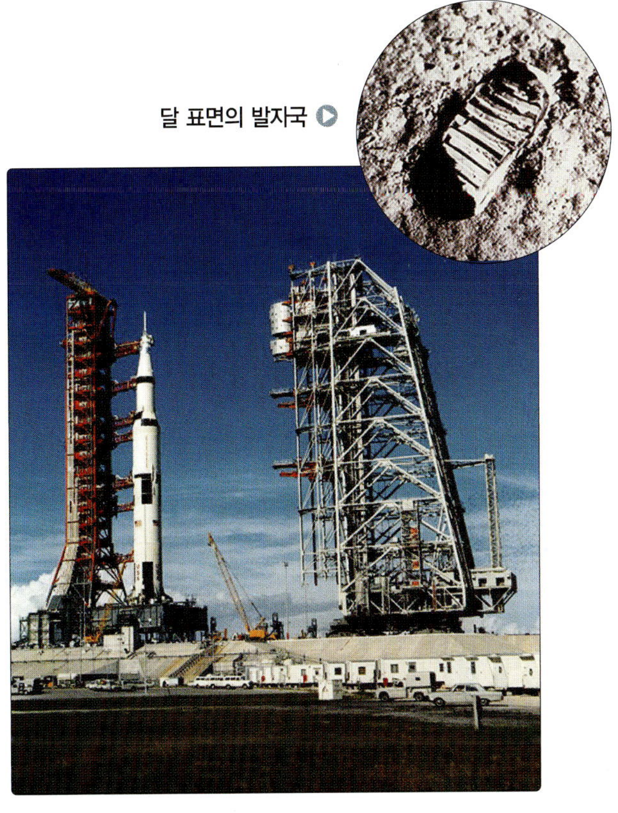

▲ 아폴로 11호

마리너 Mariner 우주선

1962년에 마리너 1호는 발사 직후 폭발하여 실패하였고, 같은 해 발사한 마리너 2호는 금성에 성공적으로 도달하여 42분간 금성을 관측하였다. 마리너 5호도 금성의 대기를 조사하여 이산화 탄소로 구성되어 있음을 알아냈다. 1964년에 마리너 4호의 화성 탐사를 시작으로 마리너 6, 7호가 화성의 대기와 표면을 조사했다. 마리너 9호는 화성의 궤도를 돌면서 화성 표면에 근접하여 사진을 촬영하였는데, 이때 화성의 위성인 포보스와 데이모스도 촬영되었다. 마리너 9호는 아직 화성 궤도를 돌고 있지만, 2022년에는 고도가 낮아지면서 화성 안으로 끌려 들어갈 것이라고 한다.

△ 마리너 2호

마리너 10호는 금성을 지나가면서 금성의 중력을 이용하여 수성으로 궤도를 변경하는 스윙바이를 하였다. 스윙바이란 우주선이 일직선으로 날아가지 않고 큰 천체의 중력을 이용하여 궤도를 바꾸는 것이며, 중력 보조라고도 한다. 마리너 10호는 수성의 표면 사진을 1만 장 촬영하였고, 수성의 표면 온도가 낮에는 430 ℃에서 밤에는 영하 180 ℃까지 변한다는 것을 알아내었다.

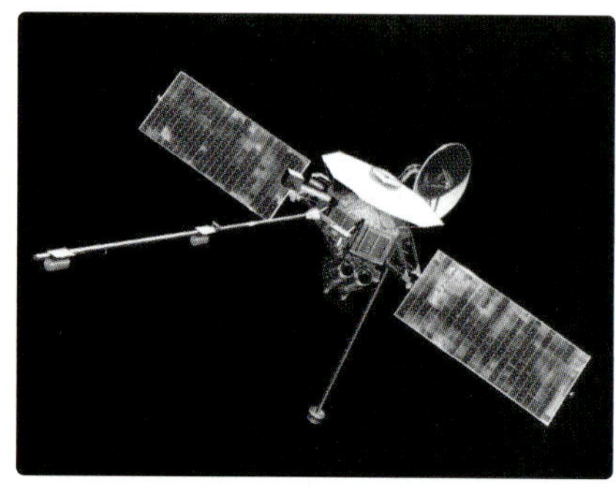

△ 마리너 10호

바이킹 Viking 탐사선

바이킹 탐사선은 화성을 탐사하기 위한 미국의 무인 탐사선으로, 궤도선과 착륙선으로 되어 있다. 바이킹 1호, 바이킹 2호가 1975년 8월과 9월에 각각 지구를 출발하여 1976년 화성의 궤도를 돌다가 궤도선으로부터 분리된 착륙선이 7월과 9월에 화성의 표면에 도착하였다.

△ 바이킹 1호

△ 화성의 첫 사진

바이킹 1호의 궤도선과 착륙선은 많은 사진을 전송하였는데, 착륙선이 처음으로 보낸 흑백 사진에는 돌이 많은 화성의 표면 모습이 담겨 있었다. 이후 칼라 사진으로 바뀌었는데, 화성은 인간의 기대와 달리 삭막한 곳이었다. 바이킹 1호의 착륙선은 지구의 관제소로부터 잘못된 명령을 받아 통신이 끊긴 1982년까지 임무를 수행하였다.

△ 바이킹 1호의 궤도선

바이킹 2호의 궤도선은 화성을 706회 운행하였고, 착륙선은 화성일로 1,281일 동안 임무를 수행하다가 1980년에 전지가 모두 소모되어 활동을 중지하였다.

보이저 Voyager 우주선

미국 항공우주국(NASA)은 1977년 보이저 1호와 2호를 차례로 발사하여 목성과 토성을 지나가면서 행성과 위성들을 탐사하게 하였다. 보이저 1호는 목성에 매우 가까이 접근하여 사진을 촬영하고 고리와 위성 등을 관측하였다. 목성의 위성 중 하나인 이오의 표면에서 화산 활동이 있다는 것을 알아내고 목성의 다른 위성들을 발견하였다. 또한, 토성과 위성의 대기를 조사하였고 지금은 행성을 벗어나 우주의 물질을 탐사하는 임무를 수행 중이다.

▲ 보이저 1호

보이저 2호는 목성과 토성을 넘어 1986년에는 천왕성을, 1989년에는 해왕성을 지나가면서 자료를 보내왔다. 천왕성과 해왕성, 위성들에 관한 사진들을 전송해 왔으며 태양계 바깥쪽을 향해 계속 날아가고 있다.

▲ 보이저 2호의 발사체

로제타 Rosetta 우주선

유럽 우주국(ESA)이 2004년에 혜성 탐사를 목적으로 하는 로제타 우주선을 발사하였다. 로제타는 지구에서 출발한 뒤 지구를 세 번, 화성을 한 번 스윙바이하여 혜성에 도착하였다. 2014년에 67P/추류모프 · 게라시멘코 혜성에 도착 후, 필레 탐사선을 착륙시켰다. 필레는 잠시 통신이 끊겼다가 2015년 6월에 다시 교신이 되었다.

최근 필레 탐사선이 보내는 자료들로 연구한 결과들이 발표되고 있다. 혜성은 핵, 코마, 꼬리들로 구성되어 있는데, 코마의 어느 부분에서 물이 분출되는지 물의 함유량에 관한 지도를 만들었다. 또, 혜성은 표면에 암석과 충돌한 구덩이가 있고, 표면 밑에 얼음 호수가 있을 것으로 추정되고 있다. 그와 더불어 이곳에 미생물이 존재하며, 미생물은 액체 상태의 물을 사용할 수도 있다고 한다.

혜성은 긴 타원 궤도를 그리며 태양계를 돌아다니기 때문에 태양계 전체에 대한 정보를 많이 가지고 있다. 따라서 혜성 탐사선에서 전송되는 자료가 우주에 대한 인간의 궁금증을 해결해 줄 수 있을 것이라고 기대하고 있다.

▲ 로제타 우주선 상상도

▲ 필레 탐사선

지구의 모양과 크기

약 2200년 전 그리스의 에라토스테네스는 지구가 완전한 공 모양이라고 가정하고, 햇빛을 이용하여 지구의 크기를 측정하였다.

지구 모양에 관한 고대인들의 생각

고대 그리스인들은 평평한 땅 위에 아틀라스 신이 하늘을 떠받치고 있다고 여겼다. 그후 과학적인 이론들이 출현하기 시작하였다. 탈레스(Thales: B.C. 624~B.C. 545)는 지구가 물 위에 떠 있다고 주장하였고, 탈레스의 제자인 아낙시만드로스(Anaximandros: B.C. 610~B.C. 546?)는 지구가 원통형이고 지름은 높이의 3배라고 하였다.

아낙시만드로스의 우주관

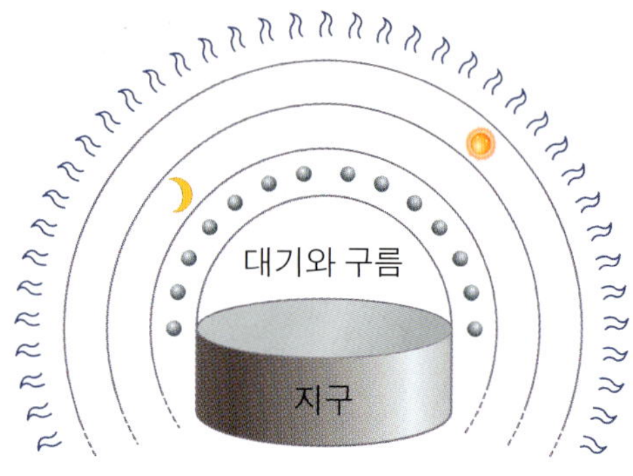

지구 위에 대기(공기)와 구름이 있고, 그 위를 별, 달, 태양이 차례로 돌고 있으며, 무한한 우주 한가운데 떠 있다고 하였다.

고대 이집트의 우주관

공기와 공간의 신 '슈'가 하늘의 여신 '누트'를 아치형으로 떠받치고 있다고 믿었다. '누트'의 몸에는 별이 새겨져 있으며, 누트의 남편이자 대지의 신인 '게브'가 땅에 있고 태양신 '라'가 누트의 위로 배를 타고 있다고 했으며, 당시에는 땅이 둥근 원반 모양이라고 생각했다.

고대 중국의 우주관

개천설은 하늘과 땅이 모두 반구형이라는 주장이다. 하늘이 동쪽에서 서쪽으로 회전하고 태양과 달은 서쪽에서 동쪽으로 운동한다고 보았다.

혼천설은 우주가 달걀과 같은 구조를 가지며, 땅은 노른자이고 하늘은 달걀 껍데기와 같이 땅을 감싸고 있다는 주장이다. 또한, 땅은 물 위에 떠 있으나 편평한 구조라고 하였다.

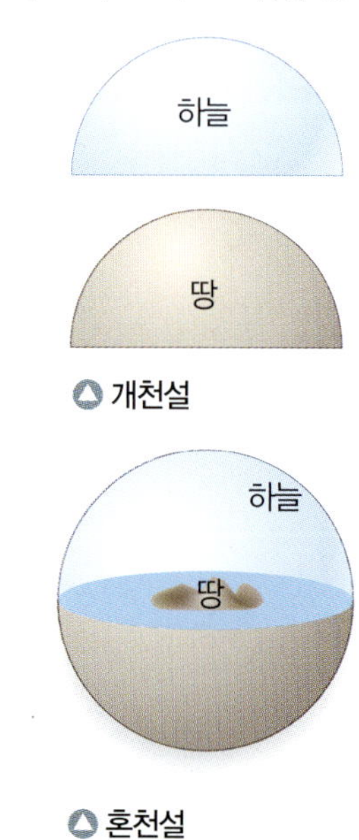

노몬 Gnomon

실제로 기원전에 사용한 기구는 B.C. 6세기에 아낙시만드로스가 발명한 노몬이라는 막대 하나였다. 노몬은 일종의 해시계로, 막대를 세워서 태양의 방향과 높이에 따라 그림자의 방향과 길이가 얼마나 달라지는지를 측정하는 기구이다.

노몬은 같은 시간이라도 지역마다 값이 다르므로 태양의 이동에 대해 알 수 있다. 후대에는 노몬의 형태를 변형시켜 여러 가지 모양의 해시계를 발명하였다.

지구의 크기 측정 방법1

△ 에라토스테네스

에라토스테네스(Eratosthenes: B.C. 276?~B.C. 194?)는 그리스의 수학자, 지리학자, 천문학자이면서 도서관장이었다. 에라토스테네스는 이집트의 남부 시에네(지금의 아스완 지방)에서 해가 가장 긴 하짓날 정오가 되면 깊은 우물의 바닥까지 햇빛이 비춘다는 것을 알아내었다. 그런데 북부에 있는 알렉산드리아에서는 이러한 현상이 일어나지 않았다. 이 당시의 사람들은 이미 지구가 둥글다고 생각했고, 에라토스테네스는 햇빛이 지구에 비출 때 평행으로 입사된다는 것도 알고 있었다. 실제로는 두 지역의 경도가 약 6° 정도 차이나지만, 이 사실을 잘 몰랐던 에라토스테네스는 경도가 같다는 전제하에 지구의 크기를 측정했다. 시에네에서부터 알렉산드리아까지의 거리가 5,000스타디아(stadia, 고대 그리스의 단위)이므로, '7.2°:360°=5,000stadia:지구 둘레의 길이'라는 계산식을 사용할 수 있다. 에라토스테네스가 계산한 지구 눌레의 값은 250,000stadia이다. 1stadia를 185m로 하면 지구의 둘레는 46,250km가 된다. 실제 지구의 둘레인 약 40,000km와 비교하면 2,300년 전에 에라토스테네스가 얼마나 정확하게 측정했는지 알 수 있다.

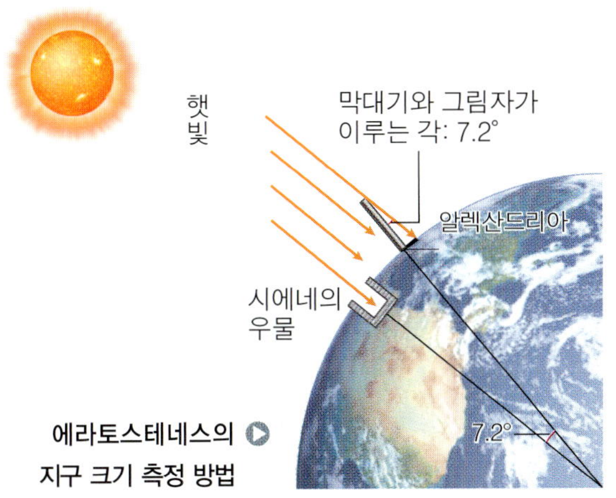

△ 에라토스테네스의 지구 크기 측정 방법

지구의 크기 측정 방법2

△ 키토와 마카파의 지도

에라토스테네스는 경도가 같은 두 지역의 위도 차를 이용하여 지구의 둘레를 구하였다. 이외에 위도가 같으나 경도가 다른 두 도시를 예로 들어 구하는 방법도 있다. 위도가 0°인 적도에 있는 두 도시, 에콰도르의 키토와 브라질의 마카파의 경도는 각각 78.42°, 51.1°이다. 두 도시의 경도 차는 27.32°이며, 거리 차는 3,040km이다. 이를 이용하여 식을 세우면 '(78.42°-51.1°):3,040km=360°:지구 둘레의 길이'이다. 계산 값은 40,058km이므로, 타원인 지구의 모양에서 불룩한 적도 지방의 둘레는 40,058km로 측정되었다.

실제 지구는 완벽한 구형이 아니라 적도 부분이 불룩한 모양이다. 적도 지방의 반지름은 약 6,378km 정도이고, 극지방의 반지름은 약 6,356km 정도이다.

지구의 자전으로 인한 현상

지구는 서쪽에서 동쪽으로 자전을 하며, 이로 인해 태양, 달, 별은 동쪽에서 서쪽으로 움직이는 것처럼 보인다.

지구의 경도와 위도

지구의 자전축을 연장하여 지표면과 만나는 곳인 북극과 남극을 포함하여 지나는 원을 자오선이라고 하며, 그중에 영국의 그리니치 천문대를 지나는 선을 본초자오선이라고 한다. 본초자오선을 기준으로 하여 적도를 따라 목표점까지 이루는 각도가 경도이다. 적도로부터 자오선을 따라 목표점과 이루는 각도는 위도이다. 예를 들어 서울 시청의 위도는 37.33°, 경도는 126.58°이다.

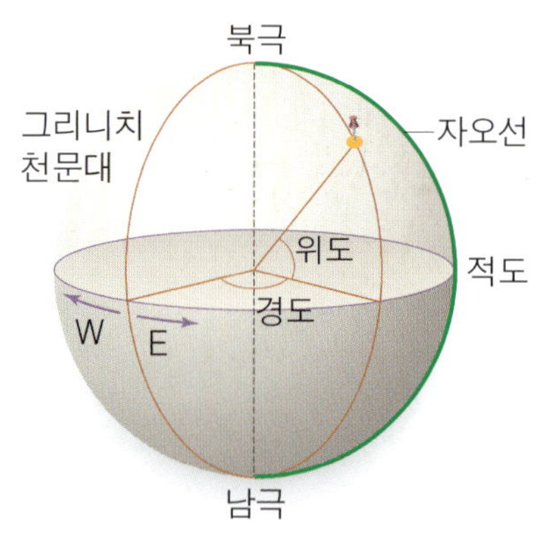

천구의 적경과 적위

밤에 하늘을 바라보면 마치 별들이 커다란 구에 붙어 있는 것처럼 보인다. 밤하늘의 천체들이 붙어 있다고 여겨지는 이 커다란 구를 천구라고 한다. 천구 위 천체의 위치도 세계 누구나 같은 공통 기호를 사용한다.

지구의 남극과 북극, 적도를 천구까지 연장하면 천구의 남극과 북극, 천구의 적도가 되며 지구의 경도, 위도에 대응하는 개념이 적경과 적위이다. 다만 적경의 기준점은 영국이 아니라 춘분점으로, 태양이 지나는 길인 황도와 적도가 만나는 점 중 하나이다. 천구 위의 한 천체를 적경과 적위라는 좌표로 나타낼 수 있다.

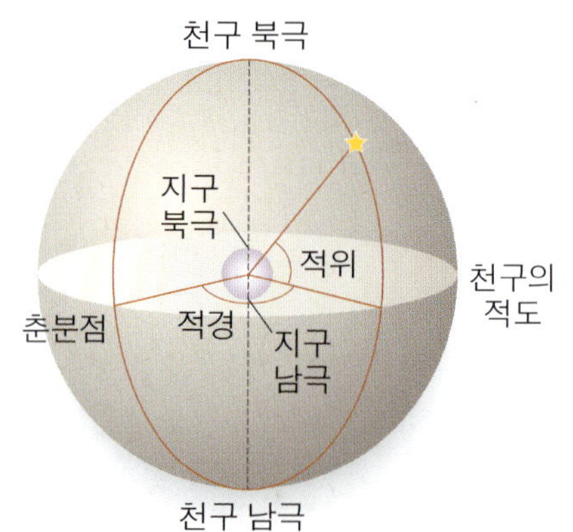

태양과 달의 출몰

지구가 서쪽에서 동쪽으로 자전하기 때문에 천구에 있는 모든 천체는 동쪽에서 서쪽으로 움직이는 것처럼 보인다. 태양은 항상 동쪽에서 떠서 남쪽을 지나 서쪽으로 지며, 다시 태양이 뜨기 전까지를 '1일'이라고 정하였다. 태양이 떠서 질 때까지는 낮, 태양이 져서 뜨기 전까지는 밤이다.

천구에 있는 다른 천체인 달도 동쪽에서 떠서 서쪽으로 진다. 하지만 태양과 달의 상대적인 위치가 항상 같지 않고, 또 뜨고 지는 위치도 계속 변하는 이유는 지구와 달이 자전만 하는 것이 아니라 지구는 태양을 공전하고, 달은 지구를 공전하는 또 다른 운동을 하기 때문이다.

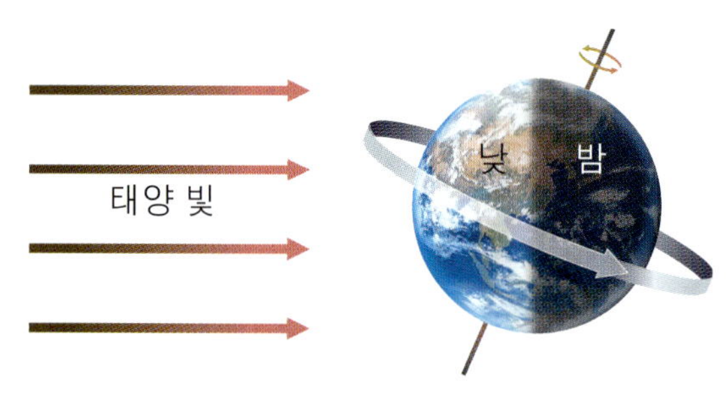

일주 운동 Diurnal Motion

지구의 자전축은 각각 북극과 남극을 관통하며 자전축의 한끝은 북극성 부근을 가리킨다. 북극이 정확히 북극성을 가리키는 것은 아니지만, 북극성을 중심으로 하며 북반구에서 보면 하늘이 반시계 방향으로 한 바퀴 도는 것처럼 보인다. 이렇게 하늘에 떠 있는 천체들이 한 바퀴 회전하는 운동을 일주 운동이라고 한다. 북반구에서는 반시계 방향으로 돌지만 남반구에서 보면 시계 방향으로 돈다.

일주 운동은 지구의 자전으로 인하여 일어나는 현상으로, 천구가 움직이는 것이 아니라 지구가 움직이기 때문에 나타나는 것이다.

🚀 더 나아가기

중위도 지방, 극지방, 적도 지방에서의 별의 일주 운동

지구 위의 어느 지역에서 일주 운동을 관측하느냐에 따라 천체의 이동 궤적(공간을 움직이는 물체가 지나는 경로)이 다르다.

북극 지방에서 관측하면 북극성을 중심으로 지평선과 수평을 이루며 동심원 모양의 궤적을 이룬다. 적도 지방에서 하늘을 보면 북극성은 지표면에 있고 천체들은 수직으로 떠서 머리 위를 지나 수직으로 진다. 중위도 지방에서는 동쪽에서 떠서 서쪽으로 진다.

반대로 북극성의 위치를 보면 관측자가 있는 지역의 위도를 알 수 있다.

지표면에서부터 천체까지의 수직 높이를 고도라고 하는데, 북극성의 고도가 90°이면 북극 지방의 위도가 90°이고, 북극성이 지표면에 있어 고도가 0°이면 그 지역의 위도도 역시 0°이므로 적도 지방이 된다. 우리나라의 위도는 37.5°이므로, 우리나라에서 본 북극성의 고도는 37.5°이며, 일주 운동을 수직이나 수평이 아니라 비스듬하게 한다.

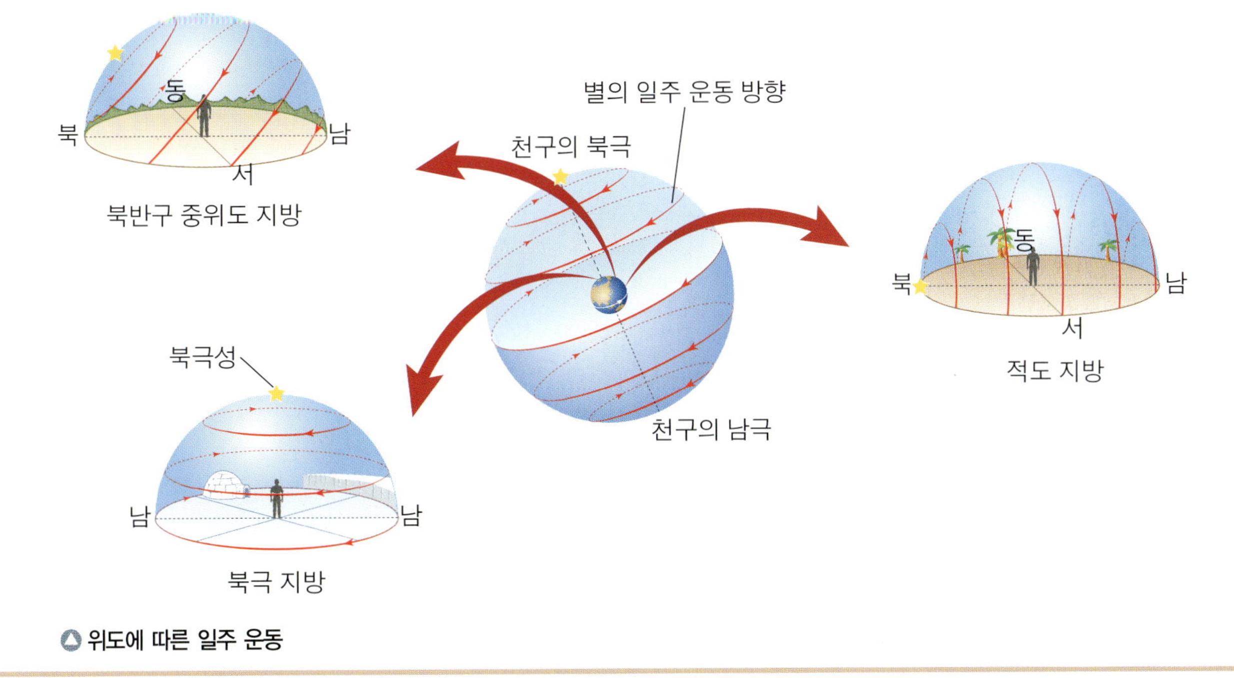

🔵 위도에 따른 일주 운동

지구 자전의 증거

푸코의 진자, 전향력, 인공위성의 서편 현상 등을 통해 지구가 서쪽에서 동쪽으로 자전하고 있다는 것을 알 수 있다.

푸코의 진자 Foucault's Pendulum

지구가 자전한다는 것을 알 수 있는 증거 중의 하나는 푸코의 진자이다.

프랑스의 물리학자인 푸코(Foucault, Jean Bernard Léon: 1819~1868)는 1851년 팡테옹에서 천장에 길이가 67 m인 줄을 매달고 줄의 끝에 납으로 만든 28 kg의 추를 연결하여 진자를 만들었다. 진자는 한 점을 중심으로 일정하게 운동하는데, 항상 같은 운동을 하려고 하는 성질이 있다. 그런데 푸코가 만든 진자가 운동하는 면은 시계 방향으로 회전하였다. 이는 지구가 반시계 방향으로 자전하여 진자가 움직이는 것처럼 보이기 때문이다. 프랑스가 북반구에 있으므로 진자는 시계 방향으로 회전하지만, 남반구에서 실험한다면 반시계 방향으로 회전하게 된다.

전향력 Deflecting Force

프랑스의 토목공학자이자 물리학자인 코리올리(Coriolis, Gustave Gaspard: 1792~1843)는 회전하는 물체에서 나타나는 힘을 이론적으로 증명하였다. 이는 실제로 존재하는 힘이 아니라 회전에 의해 생기는 가상의 힘으로, '전향력' 또는 '코리올리 힘'이라고 한다.

만일 북극의 O점에서 적도의 A점으로 물체를 던질 때 지구가 자전을 하지 않는다면 물체는 A점에 도착할 것이다. 그러나 지구가 서쪽에서 동쪽으로 자전하기 때문에 O점에서 물체가 던져진 사이 A점은 동쪽으로 이동하고 물체는 A′점에 도착한다. A의 위치에서 보면 물체는 O점에서 A′점으로 던져지는 것처럼 보일 것이다.

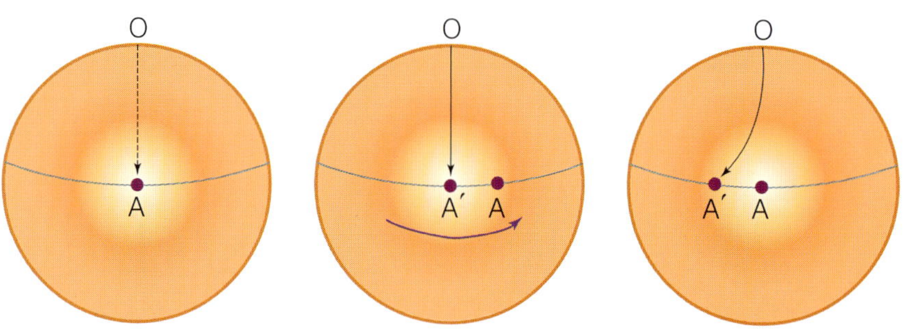

북반구에서는 오른쪽으로, 남반구에서는 왼쪽으로 힘이 작용하는 것처럼 운동하게 되는데, 이 가상적인 힘이 전향력이다. 지구가 자전하기 때문에 일어나는 현상이다.

지구가 자전하지 않는다면

지구가 자전하기 때문에 낮과 밤이 생기고, 별이 일주 운동을 하는 등 여러 가지 현상이 나타난다. 그런데 지구가 자전하지 않으면 낮과 밤이 생기지 않을 것이고, 세계 여러 곳의 시간이 달라져 큰 사고가 발생할 수도 있다. 또한 지금은 지구가 자전하기 때문에 적도 지방의 바다에 많은 물이 있는데, 지구가 자전을 하지 않게 되면 적도 지방에 있던 많은 바닷물이 극지방 쪽으로 이동해 갈 것이고, 그렇게 되면 우리가 살고 있는 대륙에 물이 많아져 위험하게 될 것이다. 그리고 지구가 공전은 하면서 자전을 하지 않을 경우에는 한쪽은 6개월 내내 낮이 되어 기온이 매우 높아지고, 한쪽은 6개월 내내 밤이 되어 기온이 매우 낮아져서 여러 가지 생물이 살기 어려운 환경이 될 것이다.

인공위성의 서편 현상

인공위성은 지구로부터 일정한 높이만큼 떨어져서 각자의 궤도를 돈다. 그중에서 극궤도 위성은 지구 대기의 최상층을 돌며 남극과 북극을 지난다. 인공위성의 궤도는 변하지 않고 늘 일정하며, 2시간에 한 바퀴를 운행한다. 그러므로 지구가 자전을 하지 않는다면 극궤도 위성을 볼 수 있는 위치는 항상 정해져 있을 것이다.

그러나 극궤도 위성이 남극과 북극을 도는 동안 지구는 서쪽에서 동쪽으로 자전한다. 우주에서 바라볼 때에는 인공위성은 늘 같은 곳을 지나지만, 지구가 자전을 하기 때문에 지구 위에서 바라보면 인공위성의 위치는 매일 조금씩 서쪽으로 움직여 가는 것처럼 보인다. 이를 인공위성의 서편 현상이라고 한다.

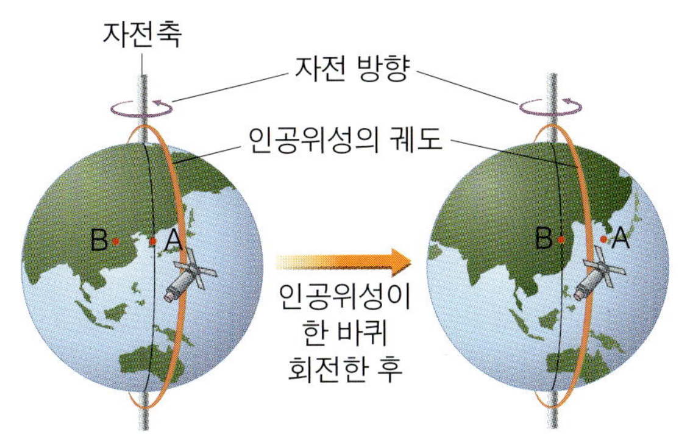

△ 인공위성의 서편 현상

홍대용의 우주관

△ 홍대용

조선 후기의 실학자이자 과학자였던 홍대용(洪大容, 1731~1783)은 1765년에 중국 여행길에 올라 당시 중국으로 유입되고 있던 서양의 문화와 문물을 접하였다.

그 후 조선 지식인들이 가지고 있던 사상을 뛰어넘어 독자적인 과학관을 갖게 되었다. 중국 여행 후에 저술한 것으로 추측되는 『담헌서』와 『의산문답』에 그의 우주관이 잘 나타나 있다. 그중 『의산문답』에서는 의무려산에 사는 실옹과 조선의 허자라는 두 인물 간의 대화를 담아 우주관을 나타내었다.

지구는 둥글다.

월식이 일어나면 달을 가리는 지구의 그림자 모양은 둥글다. 그러므로 지구의 형체는 둥글다. 또한 네모난 땅의 한쪽 면에만 모여 산다면 높은 곳에 서서도 외국 땅이 한눈에 보여야 한다.

둥근 지구의 아랫면에서도 사람이 산다.

지구가 네모지고 그 여섯 면 중에서 모두 윗면에 사람들이 모여 산다는 것은 사람이 아래로 떨어진다고 여기기 때문이다. 사람처럼 이렇게 작은 것도 아래로 떨어지는데 지구처럼 크고 무거운 것은 왜 떨어지지 않는가? 우주에는 천지사방의 구분이 없고 위와 아래가 없으며 지구는 둥글다. 또한, 지구의 아랫면에서도 사람이 산다.

지구는 하루에 한 바퀴씩 자전한다.

지구는 자전하며 지구 둘레 9만 리를 천둥 번개나 포탄보다도 빠르게 돈다. 하늘의 몇 천 만 억의 거리만큼 떨어져 있는 무궁무진한 별들이 더 빠른 속도로 운행한다는 것은 이치에 맞지 않는다.

지구는 모든 것을 끌어당긴다.

지구가 빠르게 자전하기 때문에 빈 기운이 세차게 부딪쳐 공중에서 에워싸며 땅 쪽으로 모여들게 된다. 이리하여 위아래의 형세가 생겨 지구에 서 있게 되고, 지구에서 멀어지면 위아래 형세가 없어진다.

지구의 공전으로 인한 현상

지구는 태양을 중심으로 서쪽에서 동쪽으로 공전하며, 이로 인해 계절별 별자리, 황도 12궁, 계절의 변화 등의 현상이
나타난다.

계절별 별자리

지구가 태양을 한 바퀴 공전하는 데에는 약 365일이 걸린다. 지구가 공전함으로써 지구
에 나타나는 여러 현상 중 하나가 계절별로 보이는 별자리가 다르다는 것이다. 봄이라고
해서 봄의 별자리만 보이는 것은 아니다. 초저녁부터 겨울, 봄, 여름의 별자리가 보이고,
가을의 별자리는 태양과 가깝기 때문에 봄에는 볼 수 없다.

🔺 봄철의 별자리

북두칠성의 국자 손잡이를 그대로 이어 보면 목동자리의 아르크
투루스, 처녀자리의 스피카를 만난다. 북두칠성에서 아르크투루
스를 거쳐 스피카까지 이은 선을 '봄의 대곡선'이라고 한다.

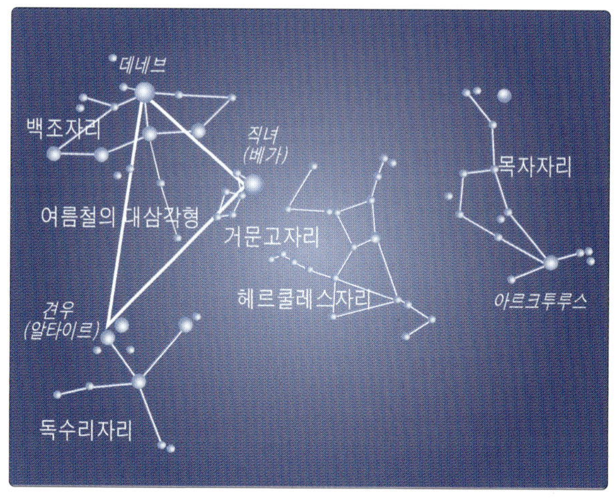

🔺 여름철의 별자리

거문고자리의 베가(직녀성), 독수리자리의 알타이르(견우성), 백조
자리의 데네브는 거대한 삼각형을 이룬다. 이것을 '여름철의 대
삼각형'이라고 한다.

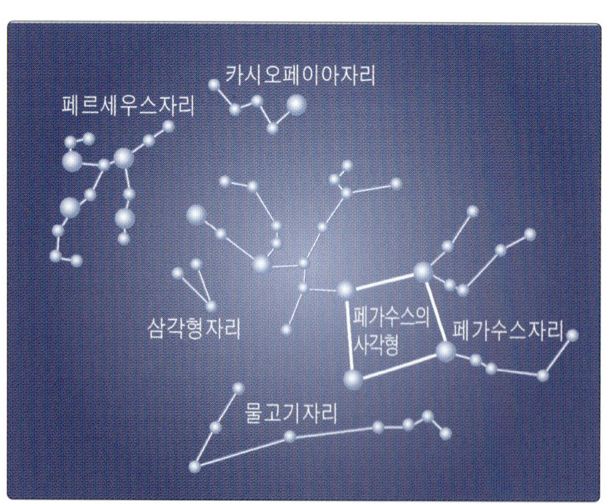

🔻 가을철의 별자리

가을 하늘 한가운데에서 거대한 사각형을 볼 수 있다. 이 사각형
이 페가수스의 몸통 부분으로 '가을철의 대사각형(페가수스의 사
각형)'이라고 한다.

🔻 겨울철의 별자리

오리온자리의 베텔게우스, 큰개자리의 시리우스, 작은개자리의
프로키온은 거대한 삼각형을 이룬다. 이것을 '겨울철의 대삼각
형'이라고 한다.

황도 12궁

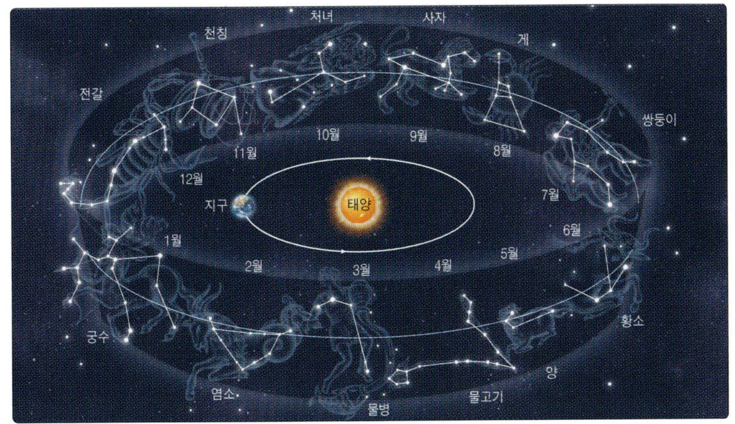

지구가 태양을 공전하고 있지만, 지구에서 보았을 때에는 반대로 태양이 서쪽에서 동쪽으로 일정한 궤도를 따라 움직이는 것처럼 보인다. 태양이 지나가는 길을 황도라고 하며, 황도상에 있는 12개의 별자리를 황도 12궁이라고 한다. 실제로 같은 별자리 안에서도 별들 사이에 거리의 차이는 있으나 하늘을 커다란 천구라고 여겨 모두 같은 궤도를 지난다고 전제한다. 태양과 더불어 달과 다른 행성들도 이 황도를 지나간다. 별자리마다 크기의 차이는 있지만 대체적으로 한 달에 하나의 별자리를 통과한다. 물고기자리부터 동쪽 방향으로 양, 황소, 쌍둥이, 게, 사자, 처녀, 천칭, 전갈, 궁수, 염소, 물병자리의 순이다. 지구가 공전하므로 달마다 보이는 별자리가 달라지고 이는 계절별로 보이는 별자리가 다른 것과 같은 원리이다.

🎮 FUN

생일에 따른 별자리

서양에서는 하늘을 대우주, 인간을 소우주라고 생각했다. 그래서 사람이 태어난 날짜와 시간에 해당하는 천체의 위치에 의해 개인의 장래나 성격을 예측할 수 있다고 믿었기 때문에 태어난 날에 해당하는 별자리를 찾아 운세를 추측하는 별자리 점을 보아 왔다.

생일	별자리	생일	별자리
1. 20.~2. 18.	물병자리	7. 23.~8. 22.	사자자리
2. 19.~3. 20.	물고기자리	8. 23.~9. 22.	처녀자리
3. 21.~4. 20.	양자리	9. 23.~10. 21.	천칭자리
4. 21.~5. 20.	황소자리	10. 22.~11. 21.	전갈자리
5. 21.~6. 21.	쌍둥이자리	11. 22.~12. 21.	궁수자리
6. 22.~7. 22.	게자리	12. 22.~1. 19.	염소자리

계절의 변화

지구의 자전축은 지구의 공전 궤도면에 대하여 66.5° 기울어진 채 태양을 공전하고 있다. 지구가 태양을 공전한다는 것과 지구의 자전축이 기울어졌다는 것의 두 조건으로 인하여 태양 고도가 달라진다.

태양 고도가 높으면 지구에서 단위 면적당 받는 태양 에너지가 많아지기 때문에 기온이 올라가 여름이 된다. 반대로 태양 고도가 낮으면 태양 에너지 양이 적어지기 때문에 기온이 낮아져 겨울이 된다. 또한 자전축이 기울어져서 남반구와 북반구의 계절은 반대로 나타난다. 만일 지구의 자전축이 기울어져 있지 않거나 지구가 공전하지 않으면 지구의 어느 지역에서도 계절이 변하는 것을 경험하지 못할 것이다.

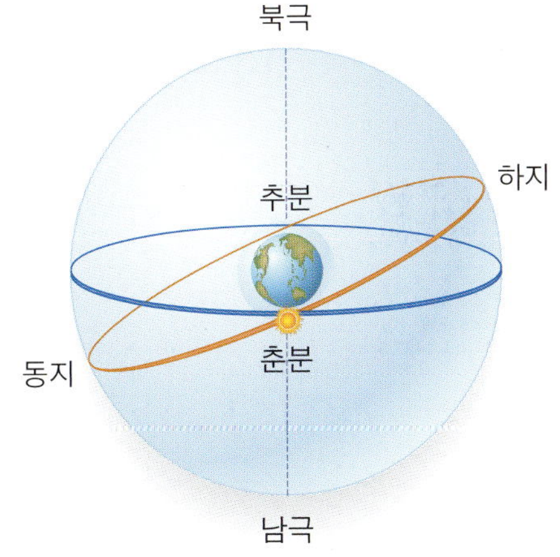

🔺 우주에서 바라본 태양의 이동

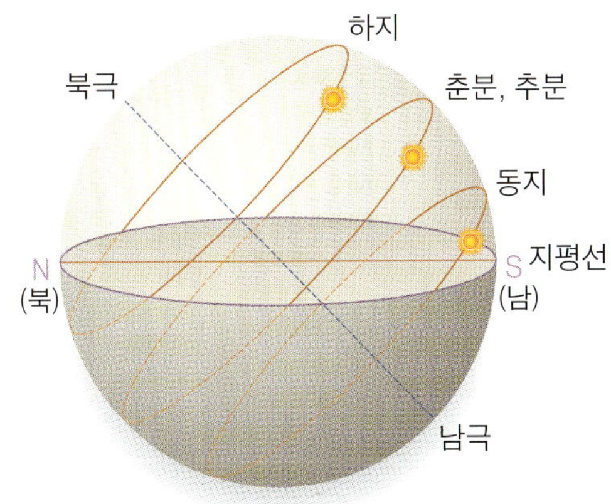

🔺 관측자가 바라본 태양의 이동

지구 공전의 증거

연주 시차, 광행차, 도플러 효과 등을 통해 지구가 태양을 중심으로 서쪽에서 동쪽으로 공전하고 있다는 것을 알 수 있다.

연주 시차 Annual Parallax

시차란 관측자의 위치가 달라짐에 따라 물체의 위치도 달라져 보이는 것을 말한다. 그중 연주 시차는 지구가 공전하면서 천체의 위치가 변하는 현상으로, 별을 6개월 간격으로 관측하여 측정한 별의 시차의 $\frac{1}{2}$이다. 연주 시차는 지구가 공전한다는 것을 증명할 수 있는 확실한 증거이다.

지구의 한 위치에서 가까운 별을 바라보고 6개월 후에 같은 별을 바라보았을 때 그 사이의 각을 반으로 나눈 값이 연주 시차이다. 지구가 E_1의 위치에 있을 때에는 별 S가 먼 별들 사이에서 S_1에 있는 것처럼 보이고, 6개월 후 E_2의 위치에 있을 때에는 별 S가 먼 별들 사이에서 S_2에 있는 것처럼 보인다. 이때 ∠E_1SE_2의 $\frac{1}{2}$이 연주 시차이다.

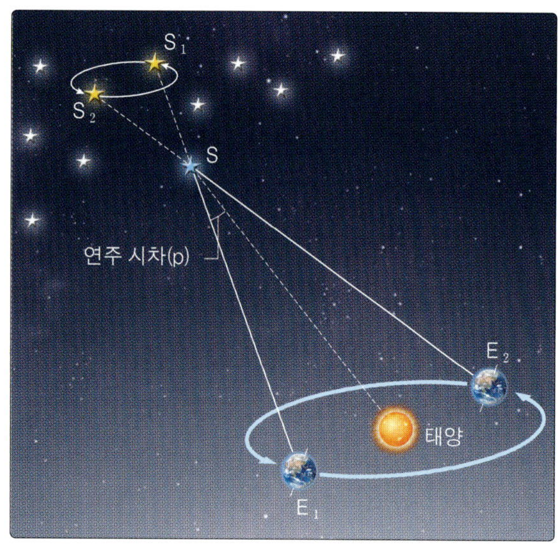

연주 시차는 1838년에 베셀(Bessel, Friedrich Wilhelm: 1784~1846)이 백조자리의 한 별을 관측하다가 발견하였다. 연주 시차로 천체와의 거리를 구할 수도 있다. 연주 시차와 천체까지의 거리는 반비례 관계로, 가까이 있는 별일수록 연주 시차가 크고 멀리 있는 별일수록 연주 시차가 작다. 하지만 지구와 가장 가까운 별인 센타우루스자리의 알파별조차 연주 시차가 1초(″)도 안 되므로 측정이 쉽지는 않다.

광행차 Aberration

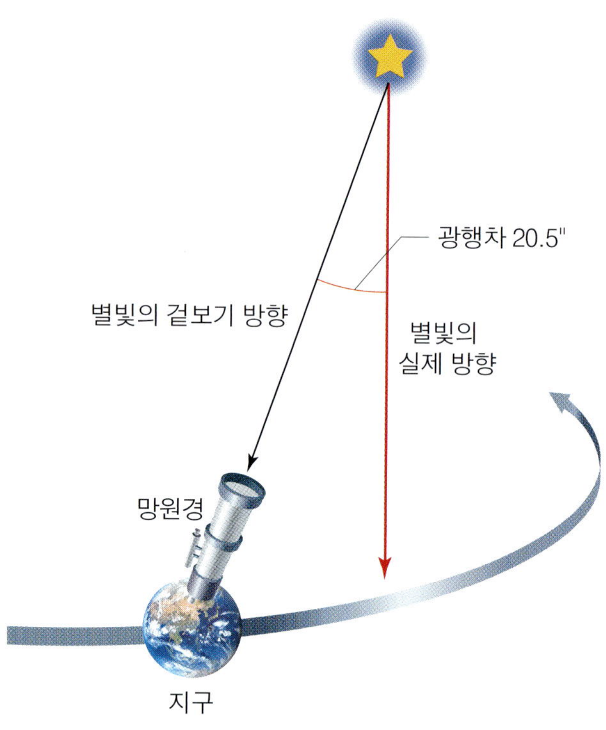

1727년에 영국의 천문학자 브래들리(Bradley, James: 1693~1762)는 연주 시차를 구하려고 하였으나 측정에 실패하고 그 원인을 파악하는 과정에서 광행차를 발견하였다.

한 자리에서 이동하지 않으면 비가 하늘에서 수직으로 떨어지지만 앞으로 나아가면 비가 기울어져 오는 것처럼 보인다. 이와 같은 원리로 지구가 공전하기 때문에 별빛이 기울어져 관측되는 현상이 생긴다. 이때 별빛의 실제 방향과 겉보기 방향 사이의 각을 광행차라고 한다.

광행차는 관측자의 속도에 따라 기울어지는 각도에 차이가 나는데, 지구에서 별을 볼 때 광행차는 약 20.5″이다. 이 값을 토대로 지구의 공전 속도가 평균 29.76 km/s임을 알아낼 수 있다.

도플러 효과 Doppler Effect

먼 거리에서 달려오는 구급차가 내 앞을 지나갈 때 사이렌 소리는 점점 높아지다가 낮아진다. 이를 발견한 사람은 오스트리아의 물리학자 도플러(Doppler, Christian Johann: 1803~1853)이다. 도플러 효과란 빛이나 소리 등과 관측자 사이의 거리에 따라 주파수가 다르다는 것이다. 빛이나 소리 등을 발생원이라고 하는데 이 발생원이 관측자와 가까워지면 주파수가 높아지고 멀어지면 주파수가 낮아진다. 발생원이 소리일 경우에 소리와 관측자가 가까워질 때에는 소리가 높아졌다가 멀어질 때에는 소리가 낮아진다.

도플러 효과는 빛의 경우에도 적용된다. 빛이 가까워질 때에는 스펙트럼에서 빛의 중심이 푸른색으로 치우치고 멀어질 때에는 붉은색으로 치우친다. 이를 각각 청색 편이, 적색 편이라고 한다. 별빛에 대하여 청색 편이, 적색 편이의 도플러 효과가 나타나면 이것은 지구가 공전한다는 것을 의미한다.

🔺 도플러

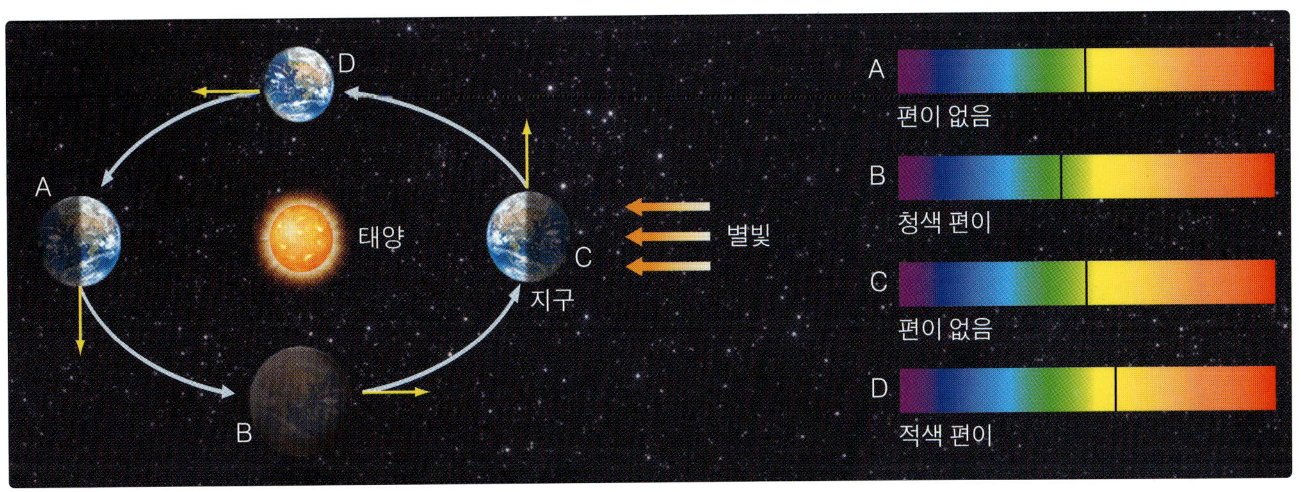

🔺 도플러 효과

🚀 더 나아가기

지구의 세차 운동 Precessional Motion

지구는 자전하면서 태양을 중심으로 공전하며, 세차 운동도 한다. 세차 운동이란 회전하는 물체의 축이 도는 것을 말한다. 팽이가 돌면서 팽이의 축 자체가 회전하는 것이 그 예이다. 지구는 적도가 불룩한 타원체이면서 자전축이 기울어져 있기 때문에 지구를 돌고 있는 달의 중력이 다르게 미친다. 따라서 달과 가까운 지구의 적도에 중력이 더 세게 미쳐 지구의 자전축을 회전하게 만든다. 지금 자전축의 북극 연장선은 북극성 부근이며, 세차 운동으로 축이 회전하여 다시 북극성 근처로 오는 데 약 26,000년이 걸린다.

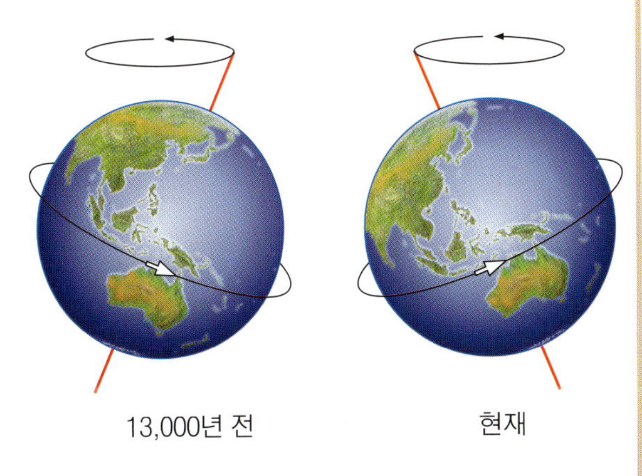

달 Moon / 月

지구를 공전하는 달은 지구의 위성으로, 표면에는 많은 크레이터와 바다가 있으며 이들로부터 생성 연대를 짐작할 수 있다.

달의 특징

달은 지구 둘레를 돌고 있는 위성으로, 태양계의 행성 중 모행성의 크기에 비해 가장 큰 위성이다. 달의 반지름은 약 1,700km로 지구 반지름의 약 $\frac{1}{4}$에 해당하고, 평균 밀도는 약 3.37g/cm³이다. 달에는 물도 없고 생명체도 없으며 공기도 거의 없다. 지구로부터 평균 384,405km 정도 떨어져 있으며, 타원 궤도를 공전하므로 가장 가까운 지점에서는 363,263km 떨어져 있고, 가장 먼 지점에서는 405,547km 떨어져 있다.

달의 구조

달의 내부 구조는 지진계로 조사한다. 달은 33억 년 전까지 화산 활동이 활발하게 일어났으나, 그 이후에는 내부가 냉각되어 화산 활동이 중지되었다. 달은 차갑고 지구보다 활동적이지 않으며, 지진이 거의 일어나지 않는다.

구조는 지구형 행성과 같이 지각, 맨틀, 핵으로 이루어져 있다. 지각의 두께는 평균 50~70km이고, 맨틀의 두께는 965km이며, 나머지 부분은 핵이다. 지각은 표토라는 성분으로 구성되어 있는데, 표토는 운석이 충돌하여 암석이 부서진 가루를 말한다. 표토의 위층은 아폴로 우주인들이 발을 디딜 때 움푹 들어갈 정도로 부드러웠으며, 수십억 년 동안 천체와의 충돌로 암석들이 가루로 변해 왔다.

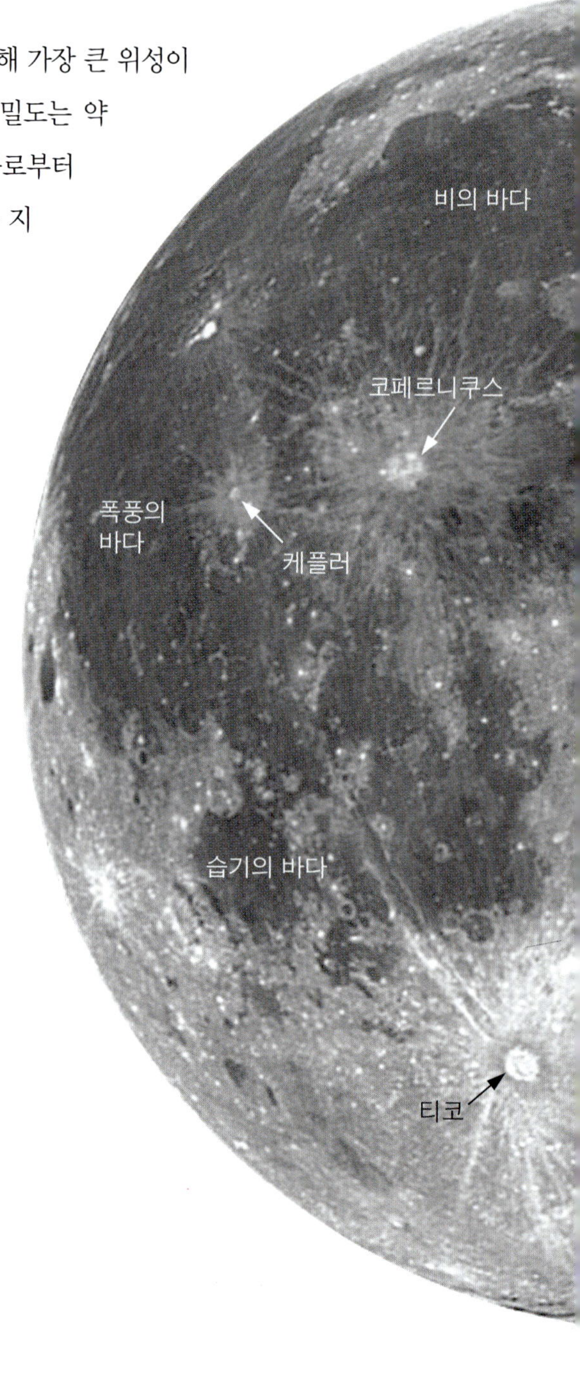

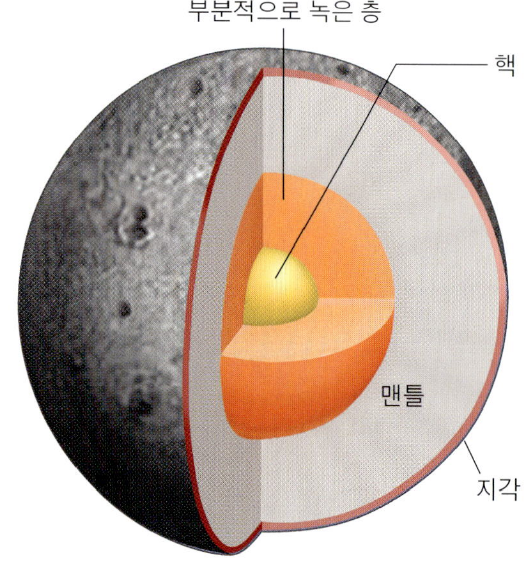

달의 크레이터 Crater

달에는 끌려 들어오는 천체를 막아 주는 대기가 없어서 천체와 충돌하고, 그로 인하여 생긴 지형도 계속 보존된다. 어떤 천체와의 충돌로 생긴 흔적을 크레이터(운석 구덩이)라고 하는데 달에는 이러한 크레이터가 수없이 많다. 특히 눈에 띄는 크레이터는 티코 크레이터와 코페르니쿠스 크레이터, 케플러 크레이터로, 모두 과학자의 이름으로부터 왔다. 코페르니쿠스 크레이터는 지름이 93km이고, 안쪽 높이가 3,500m이며 크레이터 사방으로 줄무늬가 있다.

△ 코페르니쿠스 크레이터

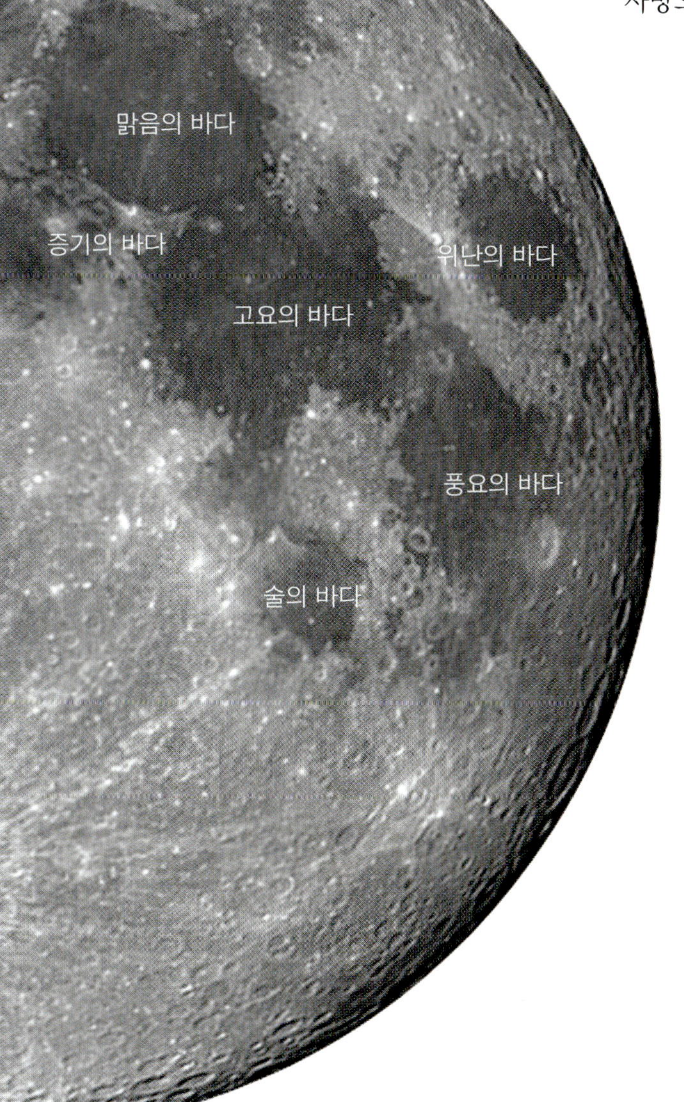

달의 바다 Mare

달 표면을 보면 어두운 부분과 밝은 부분이 있다. 달 표면의 83%를 차지하는 밝은 지역은 높은 지역으로, 고지라고 한다. 달 표면의 17%를 차지하는 어두운 지역은 바다라고 한다. 'Mare'는 라틴어로 바다라는 뜻이다. 달의 바다는 낮고 평평하며, 고지대에 비해 크레이터 수가 적어 고지대보다 나이가 어림을 알 수 있다. 검은 현무암질 암석으로 되어 있어 어둡게 보이며, 33억 년 전에 활발했던 화산 활동으로 나온 용암이 충돌 분지를 메운 것이다. 1969년 아폴로 11호가 착륙한 곳은 고요의 바다이다.

다음은 태양 빛이 고요의 바다에 있는 그레이티에 비추어 그림자가 진 사진이다. 과학자들은 이 크레이터의 깊이를 100m라고 추정한다.

△ 고요의 바다

달의 운동

달은 자전하면서 지구를 중심으로 공전한다. 달의 공전으로 지구에서는 달의 위치와 모양이 변한다. 달은 지구를 공전하고 지구는 태양을 공전하면서 달이 태양을 가리는 일식 현상과 지구의 그림자가 달을 가리는 월식 현상이 나타난다.

달의 자전과 공전

달의 뒷면

달은 지구를 서쪽에서 동쪽으로 한 바퀴 공전하면서 같은 주기로 자전한다. 따라서 지구에서는 달의 한 면만 볼 수 있다. 만일 달이 자전하지 않고 공전만 한다면 달의 앞, 옆, 뒤의 면을 모두 다 볼 수 있을 것이다. 그러나 한 지점에서 지구를 돌아 다시 그 지점으로 돌아오면서 동시에 달도 스스로 한 바퀴를 돌기 때문에 지구에서는 한 면만 보인다.

달의 공전 주기

달이 지구를 도는 동안 지구도 태양을 공전하며 움직이기 때문에 항성을 기준으로 하는 주기와 지구를 기준으로 하는 주기가 다르다. 우주에서의 관점으로 달의 공전 주기는 달이 한 항성을 기준으로 ㉮에서 한 번 공전하여 ㉯까지 오는 것을 가리키며, 이를 항성월이라고 하고 약 27.3일이다. 지구에서의 관점으로 달의 공전 주기는 달이 한 위상(위치와 모양)에서 한 번 공전하여 같은 위상으로 오기까지의 기간, 즉 ㉮에서 공전하여 ㉰까지 오는 것이며, 이를 삭망월이라고 하고 약 29.5일이 걸린다.

삭망월은 항성월보다 2.2일이 길다. 그 이유는 달이 공전하는 동안 같은 방향으로 지구가 태양 주위를 공전하여 달의 위상이 처음과 같아지려면 2.2일이 더 걸리기 때문이다.

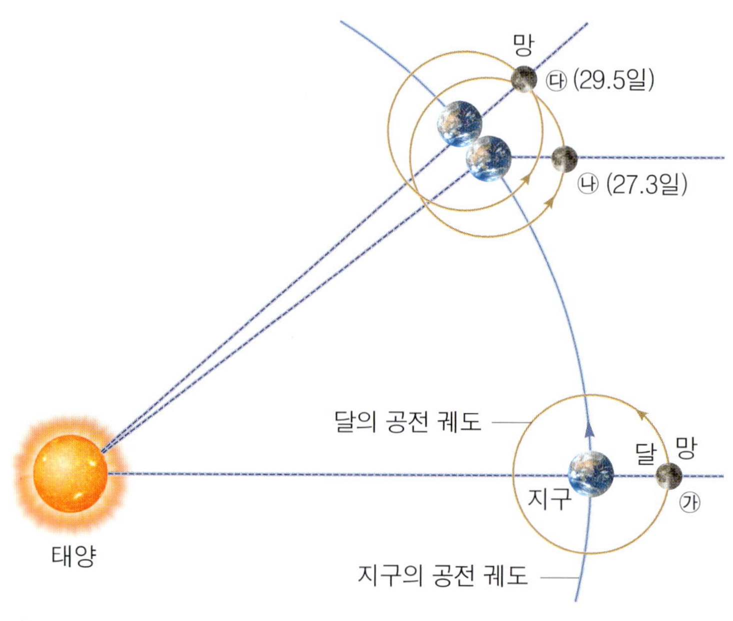

달의 공전 주기

달의 위치와 모양

지구에서 달을 보면 약 29일을 주기로 달의 위치와 모양이 변화한다. 달이 스스로 빛을 내는 천체가 아니라 태양 빛을 반사하여 보이는 것이기 때문에 지구에서 보는 위치에 따라 달의 모양도 변한다.

달이 태양과 같은 방향에 있을 때를 삭이라고 한다. 달의 궤도와 황도는 약 5° 정도 차이가 나서 이때에는 달이 태양의 남쪽이나 북쪽 가까이에 위치하여 보이지 않으며 이를 음력 초하루라고 한다. 삭에서 약 2일 정도 지나면 초승달이 오후 3시쯤에 남쪽 하늘에서 보이고, 일몰 직후에는 서쪽 하늘에서 보인다. 삭 이후 7~8일 정도가 지나면 저녁 6시쯤 남쪽 하늘에 오른쪽 반만 보이는 반달인 상현달이 나타난다. 초하루 이후 15일 정도가 지나면 밤 12시 남쪽 하늘에 보름달이 뜬다. 이를 만월이라고 하며 망이라고도 한다. 망은 초저녁에 동쪽에서 떠서 밤을 밝히다가 새벽에 서쪽으로 진다. 망 이후 일주일 정도가 지나면 아침 6시쯤 남쪽 하늘에 왼쪽 반만 보이는 반달인 하현달이 보인다. 그후 음력 27~28일경이 되면 왼쪽 눈썹 모양인 그믐달이 일출 직전에 동쪽 하늘에서 보이고, 오전 9시쯤에는 남쪽 하늘에서 보인다. 약 29일이 지나면 다시 삭부터 초승달, 상현달, 보름달, 하현달, 그믐달의 변화를 거치게 된다.

우주에서 볼 때에는 달은 늘 한쪽만 빛나고 있으나 관측자가 지구에 있을 때에는 여러 모양 변화를 볼 수 있다. 또한, 달이 서쪽에서 동쪽으로 공전하기 때문에 지구가 한 번 자전해서 제자리로 돌아오는 동안 달도 서쪽으로 이동하게 된다. 달을 보려면 이동 거리만큼 더 이동해야 하므로, 지구에서 볼 때에는 매일 약 50분 정도씩 늦게 뜨는 것처럼 보인다.

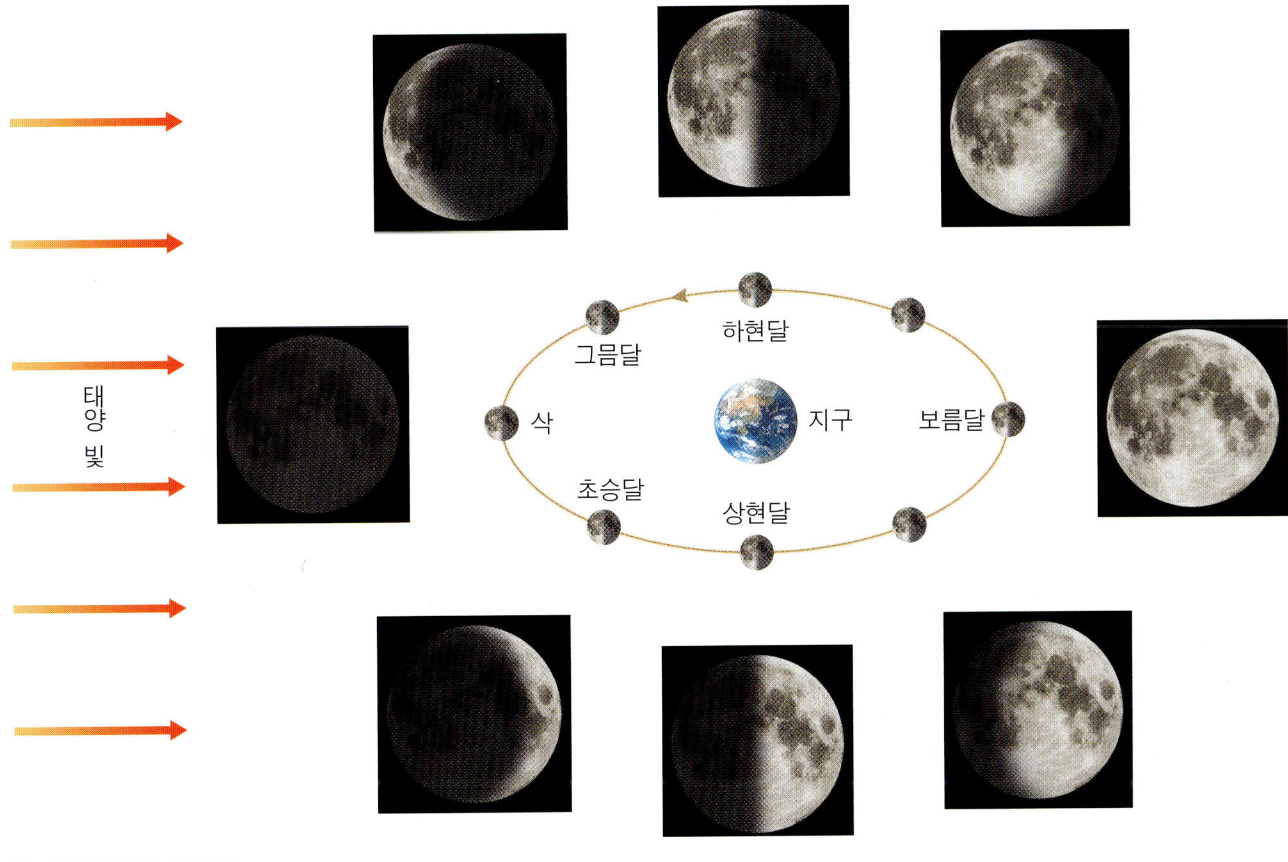

🔷 달의 위치와 모양 변화

일식 Solar Eclipse

태양의 크기는 지구의 109배이고, 달의 크기는 지구의 $\frac{1}{4}$배이다. 태양의 크기는 달의 400배가 넘지만, 지구에서 볼 때에는 태양과 달의 크기가 비슷하다. 달이 태양보다 지구에 그만큼 가까이 있기 때문이다. 달이 지구를 공전하고 지구가 태양을 공전하므로 일식 현상이 일어난다. 식은 한 천체가 다른 천체를 가리는 현상이다. 행성들과의 식 현상도 있지만, 고대부터 태양과 달의 식 현상이 인간에게 더 큰 의미를 주었다.

일식은 달이 지구와 태양 사이에 위치하여 지구에 비치는 태양 빛을 가리는 현상이다. 이러한 현상은 달의 모양이 삭일 때 나타난다. 태양에 의한 달의 그림자는 가장 어두운 본그림자(㉮ 지역)와 덜 어두운 반그림자(㉯ 지역)로 이루어져 있다.

🔺 일식이 생기는 원리

개기 일식	부분 일식	금환 일식(금환식)

태양, 달, 지구가 일직선상에 놓이게 되어 태양이 달에 의해 완전히 가려지는 일식이다. 위의 A지역과 같이 달의 본그림자 속에 들어가 있는 곳에서 나타난다.	태양이 달에 의해 완전히 가려지지 못하고 일부만이 가려지게 될 때 일어나는 일식이다. 위의 B지역과 같이 달의 반그림자 속에 들어가 있는 곳에서 볼 수 있다.	달이 지구와 가장 먼 지점에서 태양-달-지구의 위치에 있고 궤도가 같은 지면에 있을 때, 달의 크기가 태양의 크기보다 작기 때문에 태양의 테두리가 보여 태양이 둥근 고리 모양의 반지처럼 보이는 일식이다.

월식 Lunar Eclipse

일식은 달이 태양을 가리는 현상이지만, 월식은 달이 지구의 그림자 속으로 들어가서 달이 가려지는 현상을 말한다. 태양, 지구, 달이 일직선상에 놓이면 지구의 그림자에 의해 달이 가려지게 된다. 월식은 달이 보름달(망)일 때에만 일어난다. 다음 그림의 ㉯와 같이 달이 본그림자 속으로 완전히 들어갈 때에는 개기 월식이 나타나고, ㉮나 ㉰와 같이 지구의 본그림자 속으로 달의 일부만 들어가면 부분 월식이 나타난다.

월식은 일식과 달리 달이 보이는 어느 지역에서든 관측할 수 있다. 월식은 반그림자에 들어가는 부분 월식으로 시작하여 본그림자에 들어가는 개기 월식이 일어나다가 다시 부분 월식이 일어나는 순서로 진행된다. 지구의 본그림자 길이는 약 1,400만 km 정도이며, 보름달이 약 4개 정도 들어갈 만한 길이이다. 부분 월식은 1시간이 넘게 걸리며, 개기 월식은 1시간 40분 정도 지속된다. 개기 월식이 일어날 때 달이 붉게 보이는 이유는 태양 빛이 지구의 대기를 통과하면서 산란된 빛이 달 표면을 약하게 비추기 때문이다. 지구에서는 월식을 볼 수 있지만, 달에 있다면 태양이 가려지는 일식 현상을 볼 수 있을 것이다.

🔵 월식이 생기는 원리

🚀 더 나아가기

황도와 백도

지구가 태양을 공전하고 있지만 지구에서 볼 때에는 태양이 움직이는 것처럼 보이는데, 그 궤도를 황도라고 하고, 달이 움직이는 궤도를 백도라고 한다. 두 궤도는 일치하지 않고 약 5° 정도 차이가 나기 때문에 태양, 달, 지구가 늘 일직선을 그리지는 않는다. 따라서 달이 삭의 위치나 망의 위치에 있을 때 항상 일식이나 월식이 일어나지는 않는 것이다. 매년 2~7번 식현상이 일어나는데, 개기 월식은 평균 2~3년에 한 번 정도 일어난다.

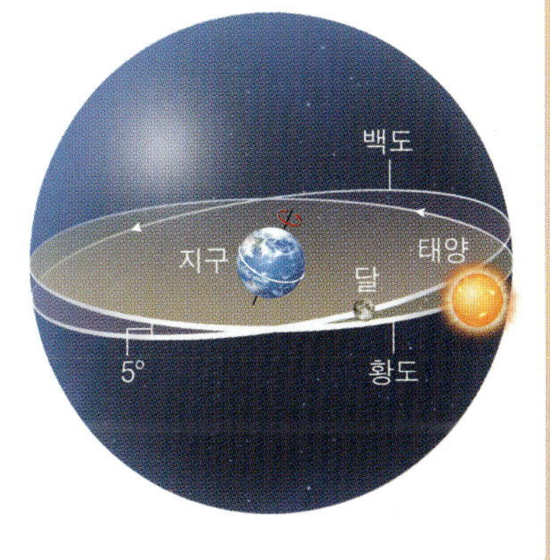

별의 거리와 밝기

지구에서 별까지의 거리는 연주 시차를 사용해 구하며, 별의 밝기는 별의 거리에 따라 겉보기 등급(실시 등급)과 절대 등급으로 나타낼 수 있다.

별까지의 거리

옛날에는 밤하늘의 별들이 같은 천구 위에 있는 것처럼 보여 별까지의 거리가 다르다고 생각하기 힘들었다. 그러나 관측 도구들이 발달하면서 별의 특성이 밝혀지고, 거리 또한 같지 않음을 알게 되었다. 별까지의 거리를 구하기 위해서는 연주 시차의 방법을 사용한다.

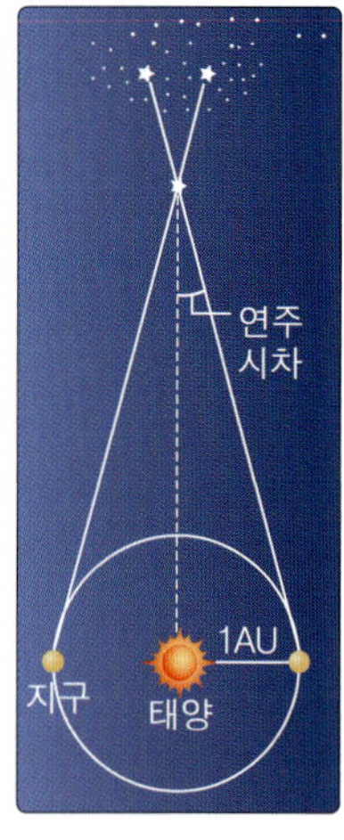

△ 별의 연주 시차

일주 시차 Diurnal Parallax

지구가 공전함으로써 가까운 별의 위치가 바뀌어 보이는 연주 시차도 있지만, 지구의 자전으로 천체의 위치가 달리 보이는 일주 시차도 있다. 연주 시차에서는 태양과 지구의 거리인 1AU를 사용하였으나, 일주 시차에서는 지구의 반지름인 6,371 km를 사용한다. 지구의 중심인 지심에서 천체를 보았을 때와 지구 위의 어떤 지점에서 천체를 보았을 때의 각도를 일주 시차라고 한다.

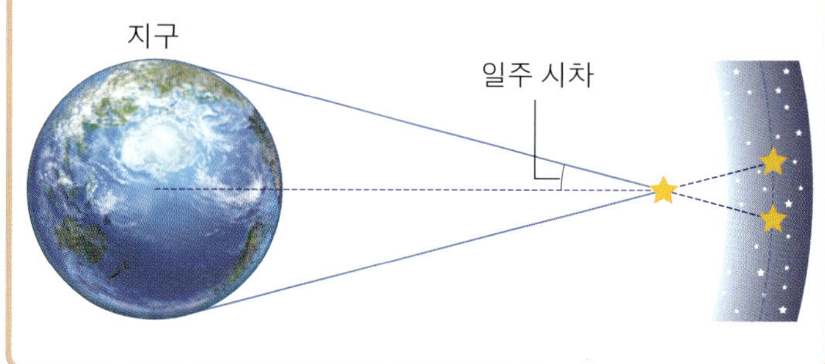

북두칠성의 모형 만들기

하늘에 있는 모든 별들은 지구로부터의 거리가 모두 다르다. 큰곰자리의 꼬리 부분인 북두칠성 7개의 별들도 거리의 차이가 있다. OHP 필름에 별들을 각각 표시하여 북두칠성의 모형을 만들어 볼 수 있다.

| 준비물 | 빨대(막대), OHP 필름, 펀치(송곳), 별 붙임 딱지, 북두칠성의 각도를 표시한 종이, 지구로부터 떨어진 거리를 표시한 종이 등

| 만드는 방법 |

❶ 빨대 3개에 북두칠성의 각 별까지의 거리를 표시한다.

❷ OHP 필름에 원 7개를 그리고 오려낸다.

❸ 오려낸 원 7개에 3개씩 구멍을 뚫는다.

❹ OHP 필름 위에 별 위치를 붙임 딱지로 하나씩 표시한다.

❺ 북두칠성을 표시한 필름을 순서대로 빨대에 꽂아 고정시킨다.

❻ 완성된 북두칠성 모형을 관찰한다.

| 모형 만들기를 통하여 알게 된 점 |

별자리를 이루는 각각의 별들은 각각 다른 거리에 위치하고 있다.

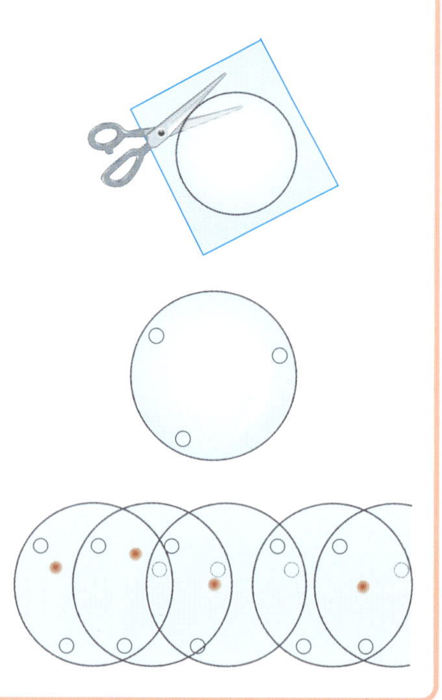

별의 밝기와 등급

고대 그리스의 천문학자인 히파르코스(Hipparchos: B.C. 146?~B.C. 127?)는 밤하늘의 별 1,080개의 위치를 성도(천구 위의 항성이나 별자리를 평면 위에 나타낸 그림)에 그리고 별의 밝기를 나타내었다. 가장 밝은 별을 1등급, 가장 어두운 별을 6등급으로 정하고 그 사이의 밝기에 따라 2~5등급을 정하였다. 관측 도구 없이 육안으로만 관측한 별들을 기록하고, 등급을 매겼다는 것은 매우 놀라운 사실이다.

◀ 히파르코스

별의 밝기에 따른 등급에는 별의 거리를 그대로 두고 밝기를 비교한 겉보기 등급 또는 실시 등급과, 별들을 일정한 거리에 두고 밝기를 비교한 절대 등급이 있다. 어떤 별이 지구에서 10 pc, 즉 32.6광년 떨어진 곳에 있다고 가정했을 때의 밝기를 그 별의 절대 등급이라고 한다. 실제로 밤하늘에서 빛나는 별이 가까워서 밝은 것인지 원래의 밝기가 밝은 것인지 구분하기 어려우므로, 절대 등급을 사용하면 별의 실제 밝기를 비교할 수 있다.

태양의 겉보기 등급은 −26.8등급으로 지구에서는 매우 밝게 보이지만, 10 pc 거리의 절대 등급을 보면 4.8 등급 정도로 그리 밝지 않은 별이다.

밝은 행성인 금성이나 보름달도 겉보기 등급은 높으나 스스로 빛을 내는 별이 아니므로, 절대 등급으로는 나타낼 수 없다. 큰개자리의 시리우스는 8.6광년의 거리에 가까이 놓여 있어서 겨울 밤하늘에서 가장 밝게 보이지만 실제로는 1.4등급의 빛을 내고 있다. 표에 제시되지 않았지만 대마젤란은하의 R136a1이라는 천체의 절대 등급은 −12.6등급이다. 이 천체가 태양의 자리에 위치한다면 이 천체의 밝기는 태양 밝기의 900만 배에 달할 것이다.

천체	겉보기 등급	절대 등급
태양	−26.8	4.8
보름달	−12.6	*
금성	−4.6	*
시리우스	−1.5	1.4
알테어	0.8	2.2
아르크투루스	0.0	−0.3
베가	0.0	0.6
베텔게우스	0.5	−5.1
데네브	1.3	−8.7
안타레스	1.0	−5.4
스피카	1.0	−3.6
리겔	0.1	−6.8

[여러 가지 천체의 겉보기 등급과 절대 등급]

0등급보다 더 밝은 천체는 (−)의 값을 가지며, 스스로 빛을 내지 못하는 달이나 금성은 10 pc의 거리에서는 볼 수 없기 때문에 절대 등급의 의미가 없다.

달에서 볼 때에도 별이 반짝일까

지구에서 밤하늘에 떠 있는 별을 보면 반짝인다. 이것은 별이 빛을 반짝거리는 것이 아니라 지구를 둘러싸고 있는 대기를 통과하면서 빛이 흔들리기 때문에 반짝거리는 것이다.

만약 달에서 같은 별을 본다면 어떻게 보일까? 달에는 지구와 같은 대기가 없기 때문에 별빛이 흔들리는 것은 볼 수 없을 것이다. "반짝반짝 작은 별"은 달에서 본 별의 모습과는 어울리지 않는 말이다.

별의 색깔과 운동

별로부터 나오는 빛은 필터와 스펙트럼을 통과하며 별의 다양한 특성을 알려 준다.

별의 색깔

🔺 오리온자리

밤하늘에 있는 수많은 별들은 각각 밝기도 다르고 색깔도 다르다. 오리온자리의 왼쪽 위에 있는 베텔게우스는 주황색 빛을 띠고, 오른쪽 아래에 있는 리겔은 푸른색 빛을 띤다. 붉은색 빛 계열의 별은 온도가 낮고 푸른색 빛 계열의 별은 온도가 높다. 과학자들은 별의 색깔을 더 자세히 분석하여 별에 대한 많은 정보를 알아내었다.

필터를 사용하여 별을 분석하는 방법

별의 빛을 필터에 통과시켜 밝기를 측정한다. 필터마다 특정 영역의 색깔만 통과시키는데 일반적으로 UBV필터를 사용한다. UBV필터란 U(Ultra violet, 자외선), B(Blue, 파란색), V(Visible, 안시)라고 하는 세 파장만을 통과시키는 필터이다. U 필터는 보라색의 빛을 통과시키고, B 필터는 푸른색의 빛을, V 필터는 우리 눈에 예민한 노란색의 빛을 통과시킨다. B 등급과 V 등급의 차이를 색지수라고 하고 별의 색지수가 (+)값이면 붉은색, (−)값이면 푸른색이며, 표면 온도는 각각 2,000 K에서 50,000 K까지 이른다.

스펙트럼을 사용하여 별을 분석하는 방법

빛을 스펙트럼(분광기)에 통과시키면 연속적인 무지개 색깔로 나누어진다. 1823년 독일의 물리학자 프라운호퍼(Fraunhofer, Joseph: 1787~1826)는 연속 스펙트럼에 검은색 선이 나타나는 것을 발견하였고 이를 통해 별의 물리적 특성을 알 수 있게 되었다. 검은색 흡수선은 별의 표면에 있는 원자들이 흡수하여 색깔들이 나타나지 않은 것이므로, 별의 대기 성분을 파악할 수 있다.

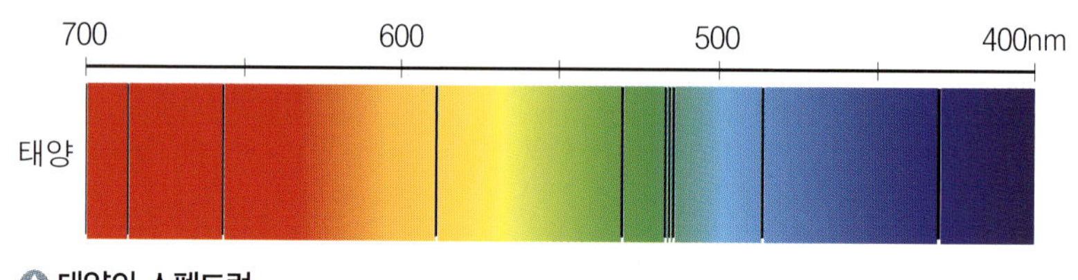

🔺 태양의 스펙트럼

분광형	별의 색깔	별의 표면 온도(℃)	별의 예
O	청색	50,000~30,000	민타카
B	청백색	30,000~11,000	리겔, 스피카
A	백색	11,000~7,500	시리우스, 베가
F	황백색	7,500~5,900	북극성, 프로키온
G	황색	5,900~5,200	태양, 카펠라
K	주황색	5,200~3,900	알데바란
M	적색	3,900~2,500	베텔게우스, 안타레스

[별의 표면 온도에 따른 7가지 분광형]

별의 운동

스스로 빛을 내는 별은 항성(Fixed star)이라고 부른다. 그러나 '위치를 바꾸지 않는 별'이라는 이름과는 달리 별은 실제로 다른 항성이나 은하의 중력으로 인하여 매우 조금씩 위치가 변한다. 스펙트럼을 분석하면 별의 운동을 측정할 수 있는데, 천체가 지구로부터 멀어져 가면 검은색 흡수선이 스펙트럼의 붉은색 쪽으로 이동하고, 지구에 가까워지면 파란색 쪽으로 이동한다. 이를 적색 편이, 청색 편이라고 한다.

항성이나 은하로부터 나오는 빛이 어떤 편이를 하느냐에 따라 지구로부터 멀어지는지, 지구에 가까워지는지를 파악할 수 있다. 다음에서와 같이 태양의 스펙트럼과 비교했을 때 검은색 선이 붉은색 쪽으로 옮겨간 적색 편이가 있는 것으로 보아, 이 은하는 지구로부터 멀어져 간다는 것을 알 수 있다.

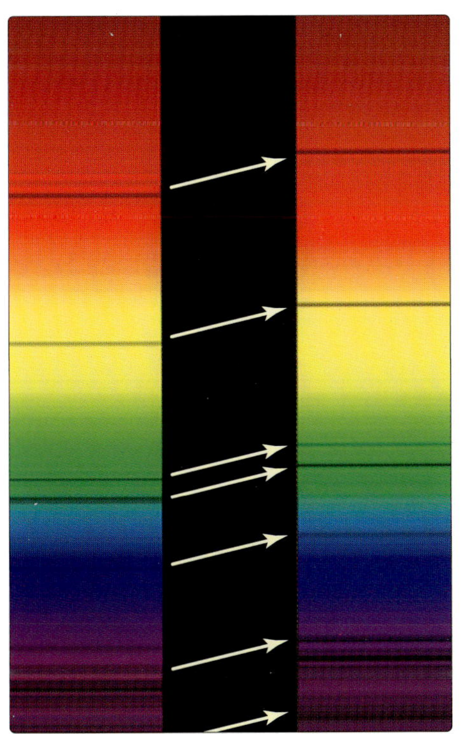

△ 태양과 은하의 적색 편이

고유 운동 Proper Motion

천체는 우리의 시선 방향에 대하여 일직선으로만 이동하는 것이 아니라 직각인 방향으로 이동하기도 한다. 이렇게 우리의 시선 방향에 대하여 직각인 방향으로 별이 이동하는 것을 고유 운동이라고 한다.

1718년에 영국의 천문학자 핼리(Halley, Edmund: 1656~1742)는 목동자리의 가장 밝은 별 아르크투루스의 위치가 옛 그리스 때보다 1° 정도 옮겨간 것을 알아내었고, 제일 처음으로 별이 고유 운동을 한다는 것을 발견했다.

1916년에는 미국의 천문학자 바너드(Barnard, Edward Emerson: 1857~1923)가 뱀주인자리에서 고유 운동을 발견하여 이 별을 바너드별이라 명명하였다. 바너드별은 가장 큰 고유 운동을 하는 항성이다.

IF

5만 년 후의 북두칠성은 그대로 국자 모양일까

현재 북쪽 밤하늘의 7개 별인 북두칠성은 국자 모양을 하고 있다. 그렇다면 과연 북두칠성은 시간이 많이 흘러도 현재와 같은 국자 모양이 그대로 유지될까? 별은 고유 운동을 하기 때문에 우리가 직접 느끼지는 못하지만 천천히 움직인다.

다음과 같이 현재를 기준으로 5만 년 전과 5만 년 후를 비교해 보면 5만 년 후에는 북두칠성을 국자 모양이라고 떠올리기는 힘들어 보인다.

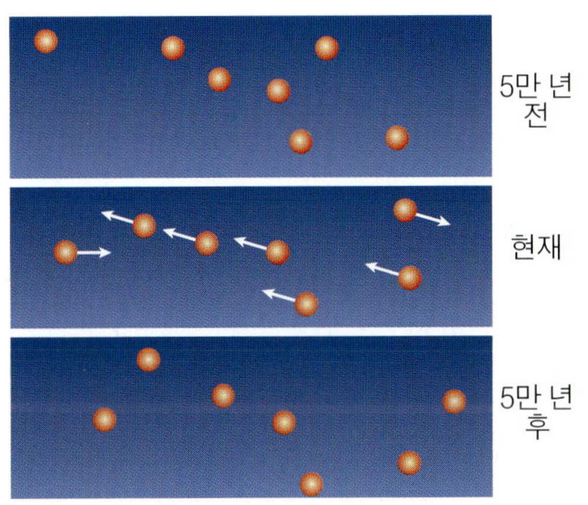

별의 일생

별은 밀도가 높은 성간운 중 거대 분자운에서 탄생하며, 핵융합 반응으로 진화하여 질량에 따라 각기 다른 죽음을 맞는다.

별의 생성

우주에는 수많은 별, 행성과 같은 천체 이외에 많은 성간 물질이 있다. 성간 물질에는 매우 희박한 수소, 헬륨 기체와 성간 티끌 등이 있는데, 모두 같은 밀도로 있지 않고 어떤 부분에서는 뭉쳐 있다. 밀도가 높은 부분을 성간운이라고 하며, 그중 기체가 분자 상태로 존재하는 곳을 거대 분자운이라고 한다. 거대 분자운은 100광년이 넘는 규모로 퍼져 있고 질량은 태양의 100배가 넘는다. 다른 성간 물질보다 밀도가 100배 이상 높고 온도는 낮다. 밀도와 온도의 두 조건이 맞는 거대 분자운에서 별들이 탄생한다. 특히, 오리온자리에 있는 오리온 대성운이나 독수리 성운에서는 별들이 많이 탄생하며, 지구에서 각각 1,500광년, 7,000광년 떨어져 있다.

⬙ 오리온 대성운

⬙ 독수리 성운

별의 생성 과정

거대 분자운에서 중력으로 인해 물질이 수축하면 중심부의 밀도가 더욱 높아지고 에너지가 빠져나가지 못하게 되어 온도가 올라가면서 원시별이 탄생한다. 원시별은 내부로 끌어들이는 중력과 모인 기체들이 팽창하려는 압력이 평형을 이룬 상태이다. 원시별이 중력으로 계속 수축하게 됨에 따라 적도 부근의 물질들은 붙들려 있고 양극의 물질들은 빠져나가는 원반 모양을 이룬다. 주변의 물질들이 원시별로 계속 떨어지고, 원시별은 수축하여 중심부의 온도가 높아져서 중심 온도가 수천만 ℃에 이르면 수소가 헬륨으로 되는 핵융합 반응이 일어난다. 이때를 '주계열에 도달했다.'고 한다.

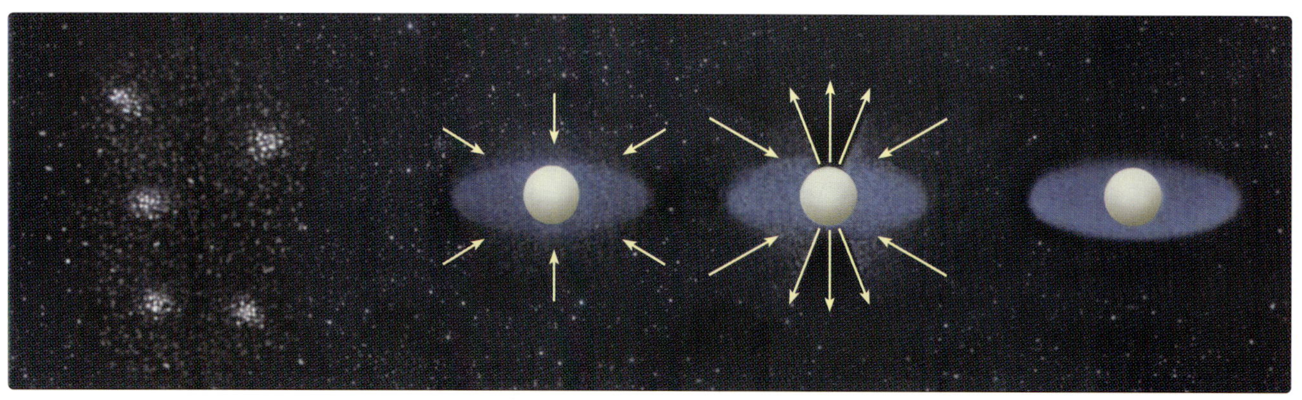

별의 소멸

별은 진화 과정 동안 많은 질량을 잃는데, 질량이 얼마나 남는지에 따라 여러 가지 형태로 소멸한다. 소멸 직전의 질량이 태양 질량의 10배보다 작은 별들은 융합할 수소가 떨어져 수소 핵융합 반응이 일어나지 못하고 적색 거성이 된다. 적색 거성 단계에서는 헬륨을 융합하여 더 무거운 원소를 만들면서 중심은 백색 왜성이 되고 바깥 물질은 기체 형태로 우주에 퍼져 행성상 성운을 이룬다. 태양 질량의 10배가 넘는 무거운 별들은 적색 거성보다 더 큰 적색 초거성 과정을 거쳐 마침내 초신성 폭발이 일어나고 물질들이 우주로 퍼진다. 중심부는 그후 중성자별이 되며, 더 무거운 별은 블랙홀이 된다.

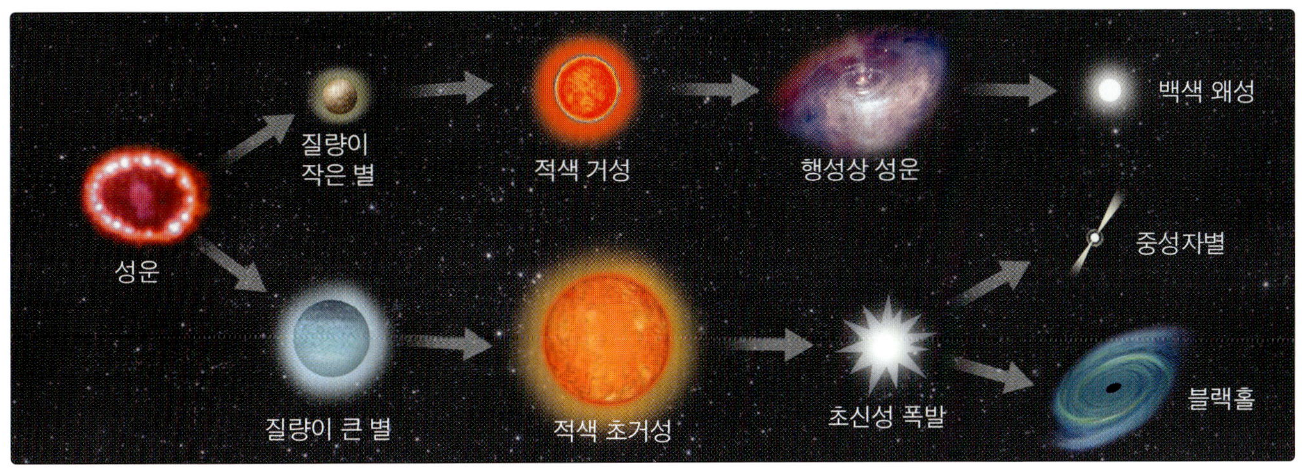

블랙홀 Black Hole

태양보다 무거운 별이 죽기 직전에 폭발을 일으킨 뒤 남은 물질이 블랙홀이다. 1969년에 미국의 물리학자 휠러(Wheeler, John: 1911~ 2008)가 처음으로 이름 붙여 주었다. 일반적으로 별은 스스로 빛을 내기 때문에 밤하늘에서 빛이 나는데, 블랙홀은 빛까지 빨아들이고 빛이 빠져나오지 못하게 하기 때문에 검게 보인다.

은하의 중심부에는 무거운 블랙홀이 있으며, 빅뱅에 의해 생긴 작은 블랙홀이 많다고 한다. 블랙홀은 질량이 무한대라고 할 정도로 한 점에 압축된 천체로, 중력도 무한대라서 모든 것을 집어삼켜 버리고 한 번 빨려 들어가면 절대 빠져나올 수 없다. 그래서 무엇이든 빨아들이고 한 번 들어가면 다시 나오지 못하는 곳을 사람들은 흔히 '블랙홀'이라고 부른다. 별이 이러한 블랙홀로 빨려 들어갈 때 강력한 엑스선을 뿌린다. 이 엑스선을 통해 블랙홀의 존재를 확인할 수 있게 되었다.

은하 Galaxy / 銀河

수천억 개가 넘는 별과 성운 등으로 이루어진 집단을 은하라고 하며, 태양계가 속한 은하는 우리 은하로 막대 나선 은하에 속한다.

우리 은하

▲ 은하단

밤하늘의 반짝이는 수많은 천체들이 모두 별은 아니다. 태양계가 속한 우리 은하의 별들도 있고, 우리 은하의 별들이 있는 은하수도 있다. 그리고 은하들의 무리인 은하군, 은하단도 있다. 은하수는 1610년에 갈릴레이가 최초로 발견하였다. 그후 1785년에 허셜(Hershel, William: 1738~1822)이 하늘의 여러 방향에 있는 별들을 다 세어서 은하수라는 곳에 대부분의 별들이 있다는 것을 알아내었다.

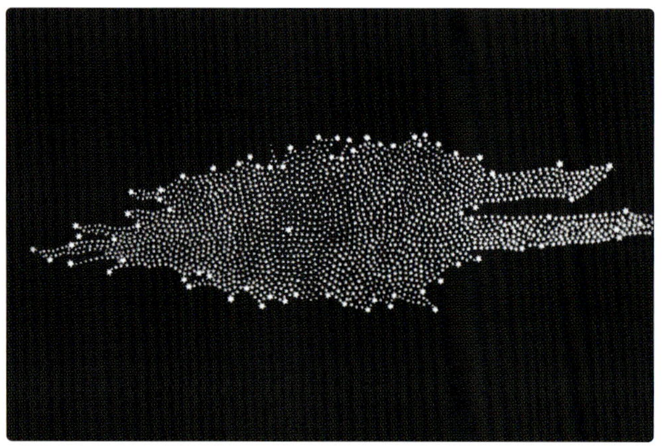

▲ 허셜이 그린 우리 은하

1917년에는 섀플리(Shapley, Harlow: 1885~1972)가 우리 은하의 중심이 궁수자리에 있으며, 태양계는 은하의 중심에서 많이 떨어져 있음을 밝혔다.

현재는 망원경에 정밀도가 뛰어난 고성능 관측 장비들을 부착하여 은하에 대한 궁금증을 해결하고 있다. 이제까지는 우리 은하가 나선 모양의 은하이고 중심에는 별들이 많이 모여 있는 핵 팽대부가 있으며, 지름은 10만 광년이고, 그 가장자리에서 3만 광년 떨어진 곳에 태양이 위치해 있다고 알고 있었다.

그러나 최근 관측을 통해 우리 은하는 막대 나선 은하에 속하며, 중심부에 있는 막대 끝에 큰 나선팔 2개와 작은 나선팔 2개가 감겨 있다는 주장이 발표되었다. 4개의 팔에서 부수적으로 나온 팔의 하나인 오리온자리 팔에 태양계가 있으며, 우리 은하의 크기는 10만 광년보다 더 큰 15만 광년일 수도 있다고 한다.

우리 은하의 모형도 ▶
(옆에서 본 모습)

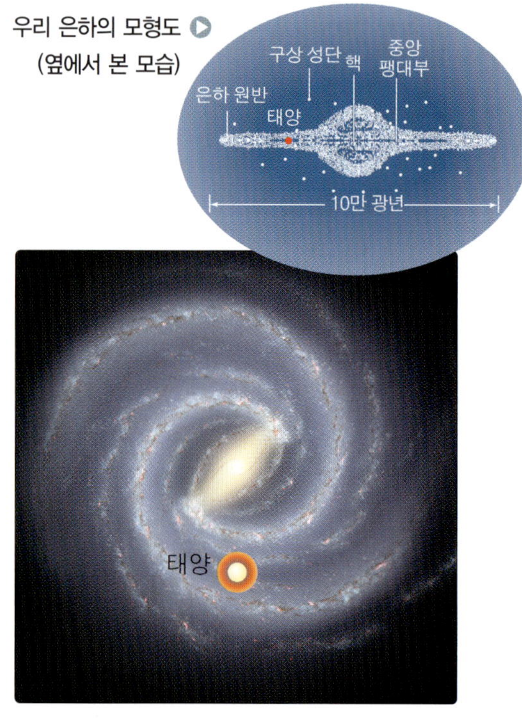

▲ 우리 은하의 모형도(위에서 본 모습)

은하의 분류

1926년에 미국의 천문학자 허블(Hubble, Edwin Powell: 1889~1953)이 은하의 형태에 따라 타원 은하, 나선 은하, 그 외에 불규칙 은하의 3가지로 분류하였다.

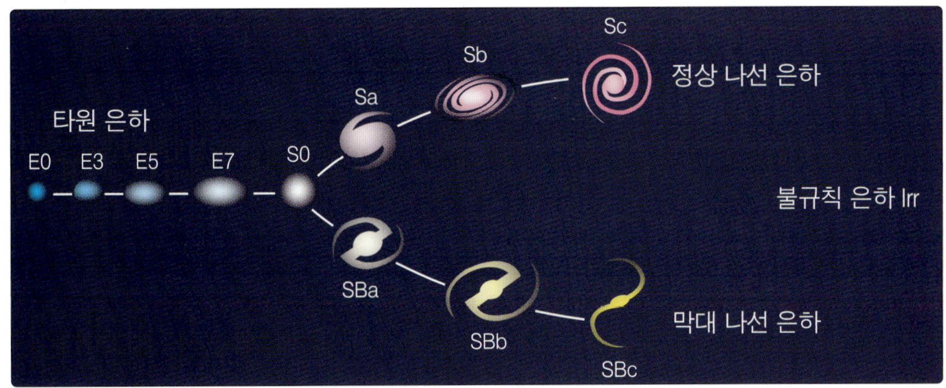

🔺 허블의 은하 분류

타원 은하는 별들이 공처럼 분포되어 있으며, 구형의 정도에 따라 E0에서 E7까지 있다. E0가 가장 동그랗고 E7로 갈수록 납작하다. 비교적 늙은 별들로 이루어져 있어서 붉은 색 별들이 많다. 또한, 타원 은하의 중심부로 갈수록 별들이 많이 있어 밀도가 높다.

나선 은하는 크게 정상 나선 은하와 막대 나선 은하로 나뉜다. 정상 나선 은하는 핵과 나선팔에 따라 Sa, Sb, Sc로 구분하고, 가운데 막대 모양의 핵을 가진 막대 나선 은하는 막대의 길이에 따라 SBa, SBb, SBc로 구분한다. 나선 은하의 나선팔에는 비교적 젊은 별들이 있고 핵에는 대부분 늙은 별들이 있다.

타원 은하나 나선 은하에 속하지 않는 은하를 불규칙 은하라고 한다. 우리 은하와 가장 가까운 대마젤란 은하와 소마젤란 은하가 불규칙 은하에 속한다.

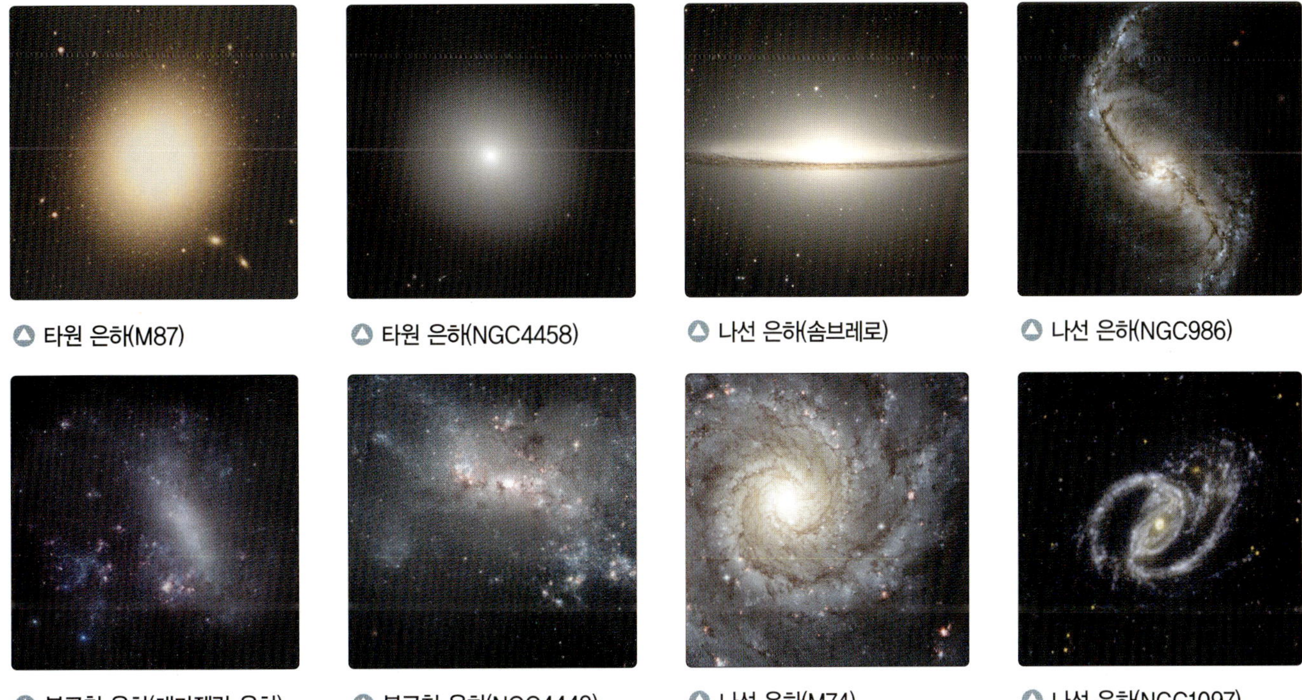

🔺 타원 은하(M87) 🔺 타원 은하(NGC4458) 🔺 나선 은하(솜브레로) 🔺 나선 은하(NGC986)

🔺 불규칙 은하(대마젤란 은하) 🔺 불규칙 은하(NGC4449) 🔺 나선 은하(M74) 🔺 나선 은하(NGC1097)

성단과 성운

우리 은하는 항성과 행성, 위성, 소행성 등과 함께 성단, 성운으로 구성되어 있다.

성단 Star Cluster / 星團

수많은 별들이 무리지어 있는 것을 성단이라고 하는데, 구상 성단과 산개 성단으로 나뉜다.

구상 성단 Globular Cluster

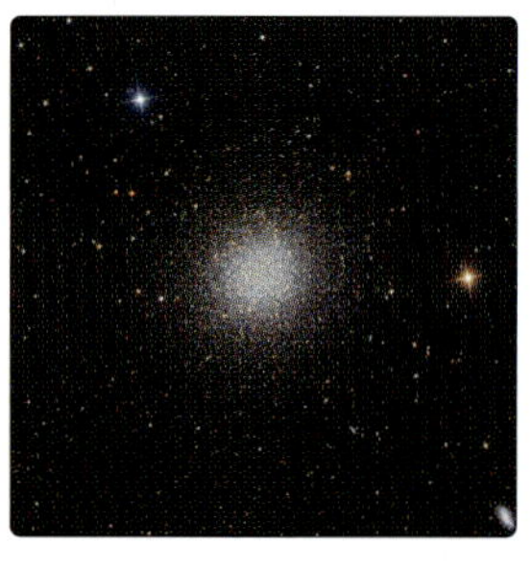

구상 성단은 별들의 중력으로 공 모양을 유지하고 있으며, 대개 수십만 개의 별들로 구성되어 있다. 우리 은하에서 가장 오래된 별들로, 어둡고 붉은색 별로 되어 있으며 우리 은하 내에서 150개가 넘는 구상 성단이 발견되었다. 중심으로 갈수록 밀도가 높아 별 사이의 거리가 매우 가깝고, 주로 우리 은하의 헤일로에서 발견된다. 헤일로는 은하의 중심부와 원반을 둘러싼 넓은 구 모양의 영역을 말한다. 구상 성단에서 가장 나이가 많은 별들은 거의 우주의 나이와 비슷할 정도로 오래되었다.

대표적인 구상 성단은 헤르쿨레스자리의 M13과 센타우루스자리 오메가인 NGC5139이다. 특히 센타우루스자리 오메가는 150년에 프톨레마이오스(Ptolemaeos, Claudius: ?~?)의 『알마게스트』에 언급이 되었는데 1677년에 핼리(Halley, Edmund: 1656~1742)가 별이 아님을 밝혀내었다.

산개 성단 Open Cluster

산개 성단은 구상 성단보다 훨씬 적은 별들이 포함되어 있으며, 불규칙하게 흩어져 있는 모양이다. 또, 젊은 별들이 모여 있기 때문에 표면 온도가 높아 푸른색을 띤다. 주로 우리 은하의 나선팔에서 발견된다. 맑은 날 밤에 맨눈으로도 관측이 되지만, 산개 성단의 일부분만 우리 눈에 보이며 성간 물질에 의해 전체의 모습은 볼 수가 없다.

대표적인 산개 성단은 황소자리에 있는 플레이아데스성단과 히아데스성단이다. 플레이아데스성단은 육안으로 매우 잘 보이는 성단이기 때문에 인류의 오래전 기록에 남아 있다. 수백 개의 별들로 구성되어 있지만 맨눈으로는 7개 정도가 보여 서양에서는 7자매별이라고 불렀고, 우리나라에서는 좀생이별이라고 불렀다. 황소자리의 또 다른 산개 성단인 히아데스성단도 육안으로 관측이 가능하다.

과학자

메시에

메시에(Messier, Charles: 1730~1817)는 프랑스의 천문학자로, 1744년에 혜성과 혜성이 아닌 천체를 구분하기 쉽게 '메시에 목록'을 작성하였다. 성단, 성운과 은하 등의 천체에 자신의 이름 앞 글자인 M을 따와 M1, M2 식으로 숫자를 붙였다. 처음 목록에는 천체가 45개였으나, 7년 뒤 출판할 때에는 103개로 늘었고, 다시 추가되어 지금은 총 110개의 목록이 완성되었다. 이 중에는 잘못 기록된 천체들도 있으나, 여전히 관측하는 사람들에 의해 사용되고 있다.

전파 망원경 Radio Telescope

전파 망원경은 파장이 긴 전파 영역을 관측하며 주로 우주 배경 복사, 백색 왜성 등을 대상으로 한다. 날씨와 관계없이 관측할 수 있고 외계 생명체와의 신호를 주고받을 수 있다.

외계 지적생명체 탐사 계획(Search for Extra-Terrestrial Intelligence, SETI)은 1960년대에 오즈마 계획이라는 실험을 시작으로 하여 진행하였다. 그 이후 전 세계 과학자들이 지속적인 전파 탐색을 하며 외계 생명체에 대해 관심을 가졌다. 이 계획은 개인도 참여할 수 있는데, 가정의 컴퓨터에 SETI@home 프로그램을 설치하면 컴퓨터를 사용하지 않을 때 작동하며, 일종의 화면 보호기라고 할 수 있다. 먼 우주로부터 오는 전파는 약하기 때문에 망원경을 크게 만들거나, 여러 개의 망원경을 배열하여 망원경이 떨어진 거리가 망원경의 크기를 대신하기도 한다.

아레시보 천문대는 푸에르토리코에 위치해 있으며, 1963년에 완공되었다. 구면 지름이 305m로, 현재 단일 망원경으로서는 최대 크기이고, 미국의 코넬대학교에서 관리하고 있다. 중국이 현재 아레시보 천문대보다 더 큰 규모의 전파 망원경을 건설 중이다. 2016년에 완공될 '톈옌'이라는 이름의 이 전파 망원경은 지름이 500m이며, 1,000광년 떨어진 외계로부터 오는 신호를 받을 수 있도록 만든다고 한다.

망원경의 배열을 이용한 방법을 초장기선 간섭 관측법이라고 하는데, 뉴멕시코에 있는 VLA(Very Large Array) 진파 긴섭계도 그중의 하나이다.

🔵 VLA 망원경

우리나라의 망원경

우리나라에는 서울 연세대학교의 전파 천문대, 제주 탐라대학교의 전파 천문대, 울산대학교의 전파 천문대를 연결한 한국 우주 전파 관측망이 있다. 이 세 곳에 있는 3대의 전파 망원경의 연결은 지름 500km 크기의 역할을 하며, 2008년부터 관측하고 있다.

또한, 한국 천문연구원이 추진 중인 외계 행성 탐색 시스템(Korea Microlensing Telescope Network, KMTNet)은 칠레에 망원경을 설치하여 오스트레일리아, 남아프리카공화국과 함께 3대의 망원경을 24시간 동안 가동하는 시스템으로 곧 가동을 앞두고 있다.

🔵 한국 우주 전파 관측망

망원경 (우주에서의 관측)

지상에서는 여러 가지 방해 요소로 인해 선명한 관측이 되지 않기 때문에 지구 바깥에 망원경을 설치하여 관측하고 있다.

우주 망원경의 시작

우주에서 오는 빛을 지구에서 바라보면 지구를 둘러싼 대기를 통과해야 하기 때문에 빛이 왜곡되어 우리 눈에 도달하게 된다. 이러한 문제점을 해결하기 위하여 망원경을 우주로 발사시켜 지구의 대기 통과라는 장애물을 제거하게 되었다.

1946년에 가장 먼저 이 아이디어를 제안한 사람은 스피처(Spitzer, Lyman: 1914~1997)였고, 그후 1990년에 광학 망원경이 쏘아 올려졌으며 허블 우주 망원경(Hubble Space Telescope, HST)이라고 이름 붙여졌다. HST는 디스커버리 우주 왕복선에 실려 지구 상공의 궤도로 발사된 뒤 지금까지 가시광선뿐만 아니라 자외선과 적외선도 관측하며, 우주의 신비를 하나씩 밝혀 나가고 있다.

🔺 허블 우주 망원경(HST)

세계의 우주 망원경

허셜 우주 망원경

2005년에 발사된 일본의 스자쿠 X레이 위성과 함께 유럽의 허셜 우주 망원경이 IRAS F11119+3257라는 초거대 은하를 관측하고 분석한 결과, 이 은하는 두 은하가 충돌하여 한 은하가 되었는데, 그 가운데 초거대 블랙홀이 있었다. 또한, 블랙홀의 폭발로 수천 개의 태양을 만들고 있다는 것을 알아내었다.

케플러 우주 망원경

2009년 미국에서 발사된 케플러 우주 망원경은 외계 행성을 찾는 임무를 위해 설계되었다. 2010년부터 수백 개가 넘는 행성들을 발견하였으며, 최근에는 지구와 비슷한 행성 452b를 찾았다. 이 행성은 지구의 표면과 온도가 비슷하고 385일을 주기로 공전하고 있는 행성으로, 지구보다 더 큰 슈퍼 지구라고 추측하고 있다.

제임스 웹 우주 망원경

2018년에 발사 예정인 제임스 웹 우주 망원경은 NASA의 2대 국장 제임스 웹(Webb, James: 1906~1992)을 기리기 위해 붙여진 이름이다. 제임스 웹 우주 망원경은 적외선 영역을 관측하는 망원경으로, 허블 망원경의 주경보다 3배 가까이 크고 성능도 뛰어나다.

🔺 허셜 우주 망원경

🔺 케플러 우주 망원경

🔺 제임스 웹 우주 망원경 예상도

우리나라의 우주 망원경

2003년에 발사된 갈렉스 우주 망원경은 연세대학교 자외선 우주 망원경 연구단과 함께 세계 여러 대학교, NASA가 공동으로 참여한 자외선 우주 망원경이다. 2006년에는 아카리 적외선 우주 망원경이 발사되었는데, 이것은 일본 우주항공개발기구(JAXA)를 비롯하여 우리나라의 서울대학교, 유럽 우주국(ESA) 등이 공동 개발한 것이다. 또, 한국천문연구원과 JAXA 등이 공동연구한 CIBER 적외선 망원경은 2009년부터 2013년까지 4차례 발사되어 우주 배경 복사를 관측하고 있다.

🔺 갈렉스 우주 망원경

🔺 CIBER 적외선 망원경

우리나라가 주체한 우주 망원경은 과학 기술 위성 1호로 2003년에 러시아 COMOS-3M 로켓에 실려 발사되었다. 우주로 무사히 발사되고 분리에 성공했으나, 11번째에 교신에 성공하여 연구원들의 애를 태운 위성이다. 우리나라 최초의 우주 관측 위성으로 지구를 돌며 우주 환경과 지상의 생명체를 측정하였다. 2013년에는 고흥의 니로우주센터에서 니로호 발사에 성공하며 니로 과학 위성을 우주에 띄우기도 하였다. 그 직후에 발사된 과학 기술 위성 3호에는 적외선 영상 시스템이 실려 우리 은하와 우주 탄생 초기 별들에 대한 연구가 진행되고 있다. 이제 우리나라는 세계적인 위성 보유국이 되어 당당히 우주 개발에 앞장서고 있다.

🔺 과학 기술 위성 1호

🔺 과학 기술 위성 3호 상상도

(출처: 공공누리에 따라 한국항공우주
연구원의 공공 저작물 이용)

우리나라의 우주 탐사에 대한 미래

우리나라는 2017년에 달 궤도선을, 2020년에는 달 착륙선을 발사하겠다는 한국형 달 탐사 프로그램을 가지고 있다. 2018년까지 NASA, JAXA와 협력하여 지상에 통신할 수 있는 시설을 만들고, 2020년에 한국형 발사체로 달 궤도선과 달 착륙선을 발사할 계획이다. 달 탐사에 성공한 뒤에는 화성과 소행성도 탐사할 예정이다.

달 탐사로 인하여 국가에서는 관련 분야가 급성장하게 되고, 또한 달의 자원 자체의 경제적 가치가 뛰어나 우주 개발 국가로서 한 걸음 더 나아가게 될 것이다.

🔺 달 궤도선
(출처: 공공누리에 따라 한국항공우주연구원의
공공 저작물 이용)

🎮 FUN

우주 탐사의 방해물 우주 쓰레기

우주 쓰레기는 우주 공간을 떠도는 다양한 크기의 인공 물체를 말한다. 고장 나거나 임무를 다한 오래된 인공위성, 로켓이나 우주 왕복선에서 떨어져 나온 파편 등이 우주 쓰레기에 해당한다. 우주 활동이 활발해지면서 우주 쓰레기들이 매년 증가하고 있다. 이 우주 쓰레기들은 빠른 속도로 움직이기 때문에 충돌하면 큰 피해를 입을 수 있다. 실제로 이러한 우주 쓰레기와 충돌하여 운영이 중단된 인공위성도 있다. 이에 감시망을 이용하거나, 인공위성의 고도를 바꾸는 등의 방법으로 우주 쓰레기 문제를 해결하기 위한 국제적인 노력이 시작되고 있다.

지구의 역사

지구의 역사에서 지층의 생성 시기와 지질학적인 사건은 상대 연대와 절대 연대로 나타낸다. 상대 연대는 지질 구조나 생물의 변천을 기준으로 지질 시대를 구분한 것이고, 절대 연대는 암석의 생성 시기를 연대로 나타낸 것이다.

상대 연대 측정 방법

간단한 원리에 근거해 사건이 일어난 순서만을 측정하는 것이다. 예를 들면, 퇴적물이 쌓인 후에 지층의 습곡 작용과 기울어짐이 일어났다는 것을 미루어 생각할 수 있다.

지층 수평의 원리 대부분의 퇴적물은 거의 수평으로 쌓이며, 따라서 대부분의 퇴적암은 거의 수평인 층으로부터 시작한다는 원리이다.

지층 누중의 원리 물리적인 힘에 의해 지층이 역전되지 않았거나 또는 나중에 쌓인 지층 위로 오래된 지층이 밀어 올려지지 않았다면 퇴적암은 밑에 있을수록 먼저 쌓인 것이라는 원리이다.

🔵 먼저 쌓인 지층이 아래에 놓이고, 나중에 쌓인 지층은 먼저 쌓인 지층 위에 놓인다.

관입의 원리 암석에 어떤 일이 일어나기 전에 반드시 암석이 가장 먼저 존재한다는 원리이다. 어떤 암석이 관입을 당했다면 관입한 암석보다 관입된 암석이 먼저 생성되었다는 것이다.

🔵 관입된 퇴적암이 가장 오래되었고, 관입한 화성암 암맥인 암맥1, 암맥2, 암맥3 순서로 최근의 것이다. 암맥3이 가장 나중에 생긴 것이다.

동물군 변화의 원리 같은 시대의 암석(지층)은 같은 화석을 포함하며, 다른 시대의 암석은 다른 화석을 포함한다. 따라서 암석의 상대 연대는 이들이 포함한 화석으로부터 확인할 수 있다는 원리이다.

절대 연대 측정 방법

지층이나 암석의 생성 시기를 연대로 나타낸 것이다. 절대 연대는 사건이 일어난 순서와 사건이 일어난 후 경과한 시간 모두를 말해 준다.

측정 방법으로 방사성 원소의 붕괴 속도를 이용한 측정을 하는데, 이는 방사성 동위 원소와 이들의 붕괴 산물의 농도를 측정하여 암석, 광물 및 화석의 절대 연대를 측정하는 방법이다.

🚀 더 나아가기

동위 원소

동위 원소는 원자 번호는 같지만, 질량수가 다른 원소이다. 원자는 전자구름으로 둘러싸인, 밀도가 큰 핵으로 이루어져 있다. 핵은 양전하를 띠는 양성자와 중성자라고 하는 중성 입자로 이루어져 있다. 동일한 원소의 모든 원자는 핵 내에 같은 수의 양성자를 갖지만, 중성자 수는 다를 수 있다. 동위 원소는 양성자 수는 같지만 중성자 수가 다른 동일한 원소이다.

화석 Fossil

서로 다른 동물과 식물은 서로 다른 시대를 살았기 때문에 화석은 암석의 상대 연대를 결정하는 데 매우 유용하다. 최초의 공룡은 약 2억 4,800만 년 전에 출현하였고, 삼엽충은 그 이전인 5억 4,300만~2억 4,800만 년 전까지 바다에 살았던 바다 생물이다. 점판암에서 삼엽충이 발견되었다는 것은 점판암이 한때 바다 환경에 놓여 있었다는 것을 말해 준다.

또한 화석은 지질학자들이 옛날 환경에 대해 알 수 있게 해 준다. 대부분의 생물은 특정한 환경에서 번성하며 다른 환경에서는 살아남을 수 없기 때문이다. 산호는 맑고 따뜻한 얕은 바다에 산다. 그런데 산호 화석은 캐나다 로키산맥과 에베레스트 산 정상과 같은 추운 산악 환경의 암석 속에 풍부하게 보존되어 있다. 산호 화석은 이러한 암석이 한때 맑고 따뜻한 얕은 바다 밑에 잠겨 있었음을 말해 준다.

물속에 물고기나 조개와 같은 생물이 살고 있다.

생물이 죽고 그 위에 퇴적물이 쌓인다.

지층이 깎이기 시작하고, 더 많이 깎여 화석이 드러난다.

🔺 화석의 생성 과정

물속에서 퇴적물이 계속 쌓여 지층이 만들어지고 위로 올라간다.

표준 화석과 시상 화석

표준 화석은 퇴적암의 연령을 정확하게 알려 준다. 표준 화석은 암석 내에 풍부하게 보존되며, 지리적으로 넓게 분포하고, 생존 기간이 짧으며, 식별이 쉬운 생물들로 이루어지기 때문이다. 대표적인 표준 화석으로는 삼엽충, 유공충, 암모나이트 등이 있다. 떠다니거나 수영할 수 있는 바다 생물은 전 바다에 걸쳐 빠르고 넓게 퍼져 나가기 때문에 이들이 가장 좋은 표준 화석이 된다. 한 종류가 생존하는 기간이 짧으면 짧을수록 표준 화석은 암석의 나이를 한층 더 명확하게 지시해 준다.

한편, 화석 생물이 살았던 당시의 환경을 잘 지시해 주는 산호, 고사리, 매머드 등과 같은 화석을 시상 화석이라고 한다.

🔺 표준 화석은 멀리 떨어져 있는 지역의 퇴적암의 나이가 같음을 증명해 준다. 동일한 표준 화석을 포함한 퇴적층의 생성 시기는 같다.

정합 Coformity 과 부정합 Unconformity

정합은 시간 간격 없이 연속적으로 평행하게 쌓인 퇴적층을 말한다. 부정합은 일반적으로 퇴적 작용에서 지층과 지층 사이에 시간적 간격이 있는 것을 말한다. 지층과 지층 사이에서 긴 기간 동안 퇴적이 중단되거나 지층이 침식된 후 새로운 퇴적물이 쌓여 생성된 지층이며, 이때 퇴적이 중단된 면이나 침식된 면을 부정합면이라고 한다.

평행 부정합   지층이 융기하여 침식된 후 다시 침강하여 퇴적물 층에 추가적인 퇴적이 발생하여 생성된다. 상하 두 지층 간에 큰 시간 차이가 난다.

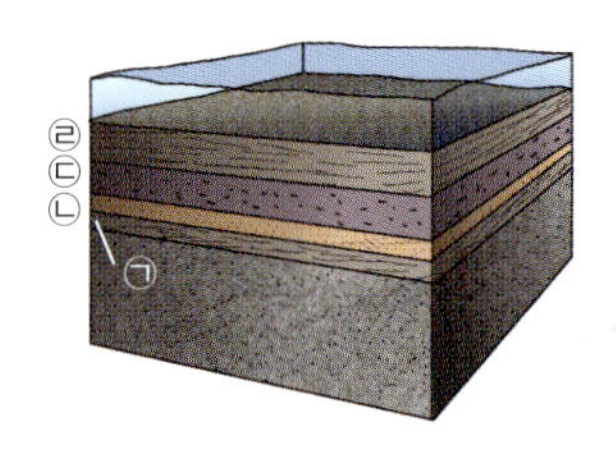
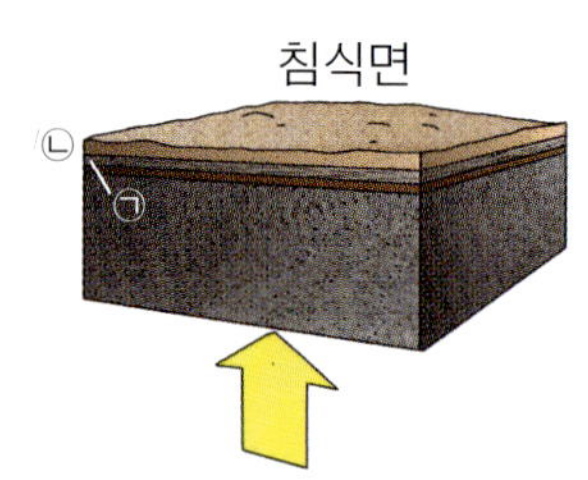

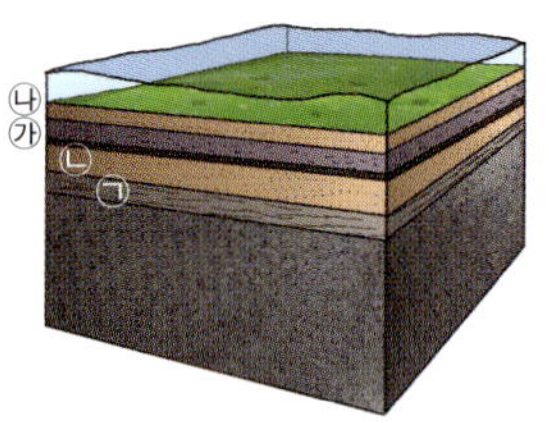

🔺 해수면 아래에서 퇴적물이 쌓인다.   🔺 암석이 해수면 위로 노출되고, ㉢, ㉣이 침식 작용으로 깎여 나간다.   🔺 암석이 해수면 아래로 침강하고, 지층 ㉮와 ㉯가 침식면 위에 쌓인다.

경사 부정합   새로운 퇴적물이 쌓이기 전에 오래된 퇴적암이 습곡되고 침식 작용을 받으면 경사 부정합이 생긴다.

난정합   화성암이나 변성암 위에 퇴적층이 쌓여 있는 경우이다. 층을 이루고 있는 퇴적암이 화성암이나 변성암이 깎여 나간 침식면 위에 놓인 형태이다.

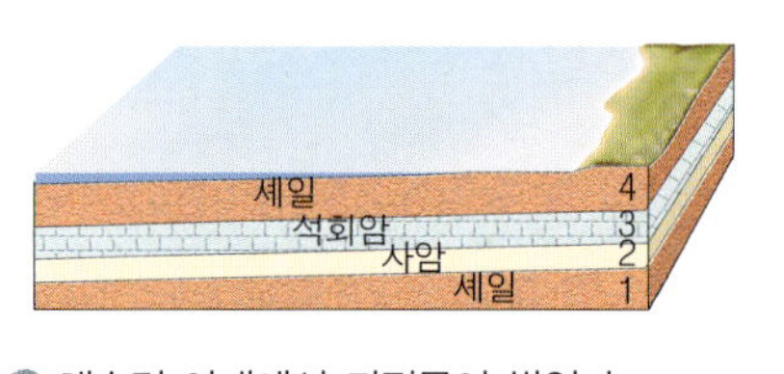

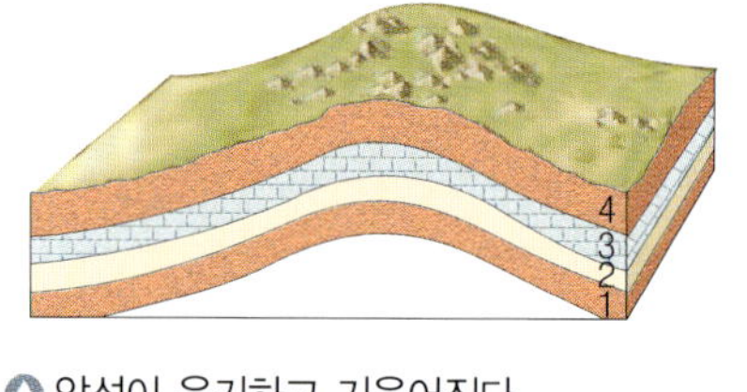

🔺 해수면 아래에서 퇴적물이 쌓인다.   🔺 암석이 융기하고 기울어진다.

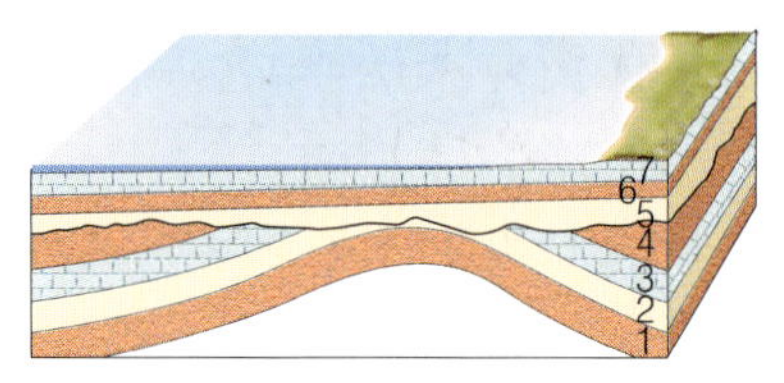

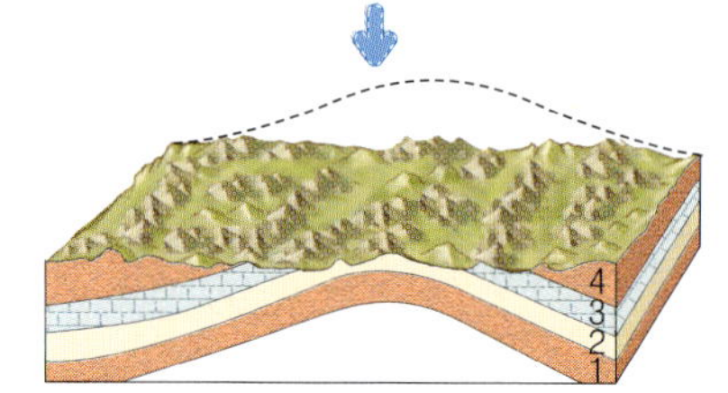

🔺 암석이 해수면 아래로 침강하고 새로운 퇴적물이 쌓인다.   🔺 침식 작용이 습곡된 암석을 노출시킨다.

지질 연대표

지질 시대는 크게 현생 이언과 은생 이언(선캄브리아 시대)으로 나누고, 이를 대로 나누며 대를 다시 기로 나눈다.

지질 연대 (백만 년)													
	1.81	65.5	145.5	199.6	251.0	299.0	359.2	416.0	443.7	488.3	542.0	2500	4600
지질 시대 구분	현생 이언											은생 이언(선캄브리아 시대)	
	신생대		중생대			고생대							
	제4기	제3기	백악기	쥐라기	트라이아스기	페름기	석탄기	데본기	실루리아기	오르도비스기	캄브리아기	원생대	시생대

지질 시대 Geologic Age

선캄브리아 시대

고생대 이전의 모든 지질 시대를 선캄브리아 시대라고 한다. 지구 역사의 대략 처음 40억 년을 포함하며, 이 기간의 화석은 거의 산출되지 않는다.

태초대

지구 역사에서 가장 초기의 시대로, 46억 년에서 38억 년 전까지이다. 암석은 극소수이고 화서도 발견되지 않아 화석을 근거로 자세히 나누기 어렵다.

시생대

38억 년에서 25억 년 전 사이의 지질 시대이다. 가장 오래된 것으로 알려진 암석은 시생대 초나 시생대 시작 바로 직전에 생성되었다.

원생대

25억 년 전에서 5억 4,300만 년 전까지의 지질 시대이다. 다양한 화석이 발견되었고 조직과 기관으로 배열된 독특한 종류의 세포를 가진 다세포 생물이 발견되었으며, 껍데기를 가진 몇 종류의 원생대 생물이 발견되었다.

현생 이언

현재를 포함한 가장 최근 5억 4,300만 년의 지질 시대로, 화석이 비교적 풍부하게 산출된다. 껍데기와 골격을 가진 종의 수가 급격히 증가하였고, 화석으로 보존된 생물의 총수와 종의 총수가 크게 증가하였다. 그리고 생물들의 평균 크기가 커졌다.

고생대 5억 4,300만 년에서 2억 4,800만 년 전까지를 차지하는 지질 시대의 한 부분이다. 고생대의 시작과 함께 바다 생물이 증가했다. 이 기간 동안에 무척추동물, 어류, 양서류, 파충류, 양치식물이 출현하였다. 그리고 페름기 말에는 삼엽충, 방추충 등의 생물이 지구상에서 완전히 사라졌다.

🔺 삼엽충

중생대 대략 2억 4,800만 년에서 6,500만 년 전까지의 지질 시대이다. 이 기간 동안에 공룡이 융성하였지만, 멸종하였다. 두족류에 속하는 암모나이트가 번성하였고, 포유류와 시조새가 나타났으며, 겉씨식물이 번성하였다.

🔺 공룡 발자국

🔺 시조새 화석

신생대 6,500만 년 전부터 현재까지이다. 신생대 초에 원인류가 출현하였다. 신생대는 조류의 시대라고 할 정도로 조류가 크게 번성하였으며, 매머드를 비롯한 포유류가 빠르게 발전하였다. 또한, 속씨식물과 침엽수가 번성하였고, 풀이 출현하였다.

🔺 매머드

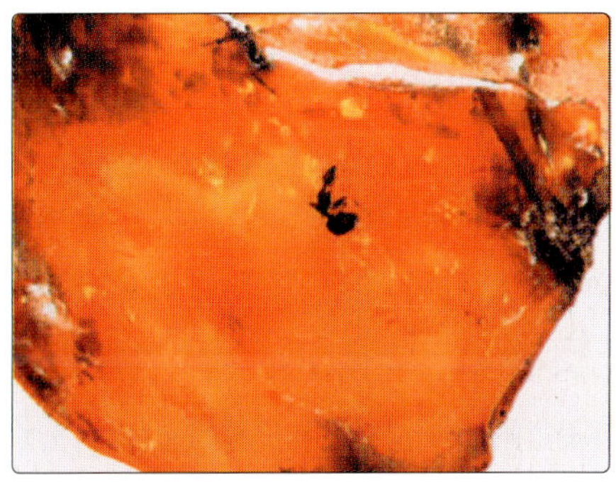

🔺 호박 속 화석

지구의 구조

지구의 내부 구조는 지진파를 통해 알 수 있다. 지진파는 지구 내부를 통과하다가 물질이나 상태가 서로 다른 경계면에서 굴절되고, 서로 다른 층에서 다른 속도로 전파되기 때문에 지구의 내부 구조를 파악할 수 있다.

지구의 표면

지구의 표면은 평평한 평야, 높은 산, 깊은 바다 등으로 이루어져 있다. 지각은 딱딱한 지구의 표면을 포함한 부분으로, 지각의 두께는 높이 솟아오른 육지일수록 두껍고, 깊은 바다일수록 얇다. 대륙 지각과 해양 지각으로 구분되며, 대륙 지각은 해양 지각보다 가벼운 물질로 되어 있다.

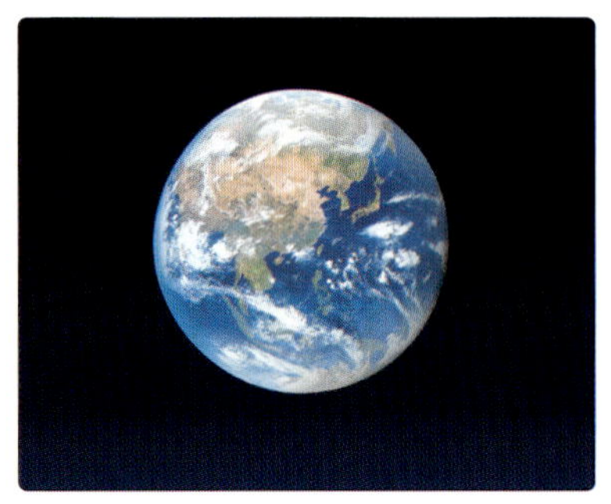

우주에서 바라 본 지구는 푸른 행성이다. 표면의 $\frac{2}{3}$가 바다로 덮여 있다.

지구의 형태

지구는 스스로 도는 운동인 자전의 높은 회전율로 인해 적도 부분이 볼록하고 극 부분이 약간 평평한 타원 형태이다.

지구의 내부 구조

지구는 내부로 들어갈수록 밀도와 온도가 증가하는 층상 구조로 되어 있다. 주로 내부의 방사성 붕괴에 의해 가열되고 그 이후에 남는 열에 의해 가열된다. 열은 핵의 상부에서부터 흘러나와 맨틀을 통과하고 차가운 표층에 도달한 후 사라진다.

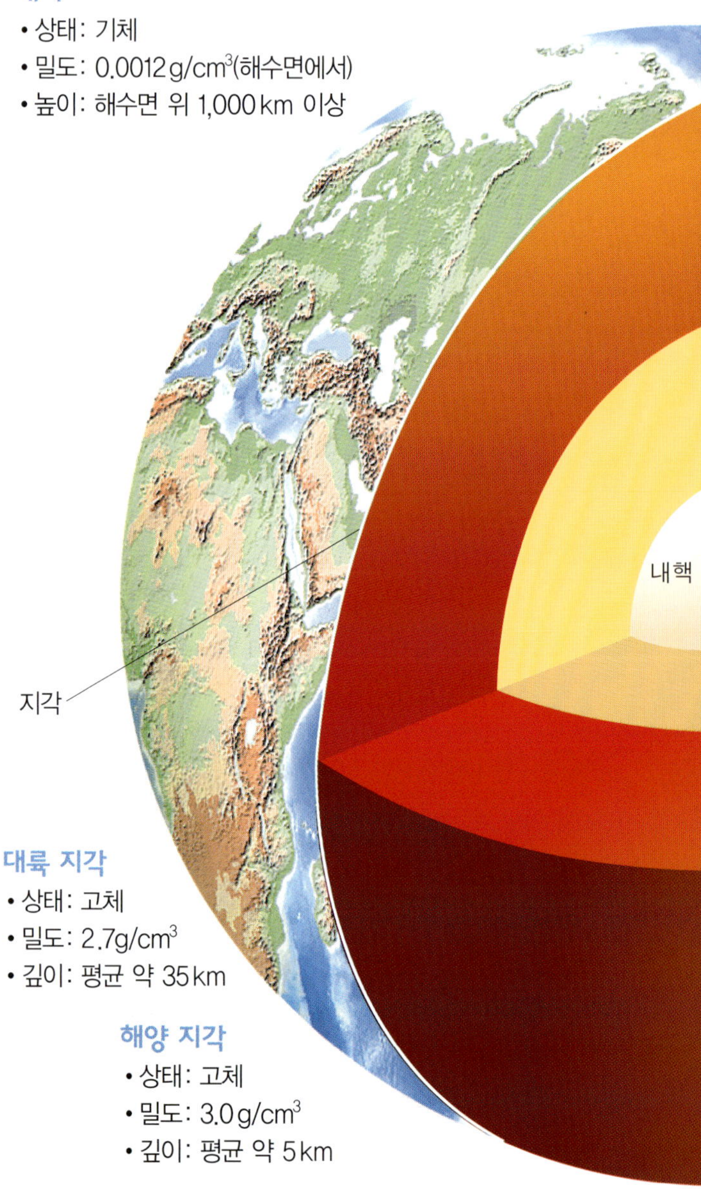

지오이드 Geoid

지구의 전반적인 형태를 일컫는 말로, 지구의 실제 지표면보다는 단순하고, 기하학적인 회전 타원체보다는 실제에 가깝게 나타낸 것이다. 지구를 구성하는 물질의 중력과 자전의 영향에 따라 결정된다.

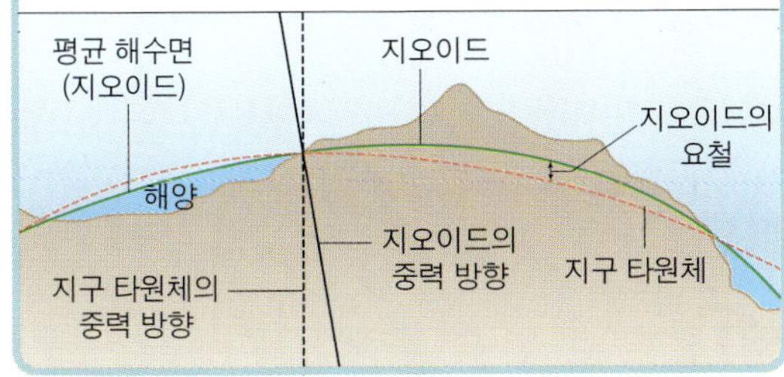

외핵
- 상태: 액체
- 밀도: 9.9~12.2 g/cm³
- 깊이: 2,900~5,100 km

내핵
- 상태: 고체
- 밀도: 12.8~13.1 g/cm³
- 깊이: 5,100~6,371 km

외핵

맨틀

맨틀
- 상태: 고체
- 밀도 ┌ 상부 맨틀: 3.3 g/cm³
        └ 하부 맨틀: 6.0 g/cm³
- 깊이: 약 11~2,900 km

핵 Core

지구의 가장 안쪽에 있다. 핵은 반지름이 약 3,470 km 정도인 구형으로, 화성의 크기와 비슷하다. 지구의 핵은 대부분 철과 니켈로 구성되어 있다.

외핵은 높은 온도에 비해 상대적으로 낮은 압력 때문에 액체 상태이다. 중심에 가까워지면 핵의 온도는 거의 7,000 ℃에 이르러 태양의 표면보다 뜨겁다. 압력은 지구 해수면에서의 대기압보다 350만 배 높다. 내핵은 극도로 강한 압력이 작용하여 액체인 외핵보다 더 뜨거움에도 불구하고 고체 상태이다.

암영대 Shadow Zone

지진파는 지진이 발생할 때 진동에 의해 발생하는 파동이다. 지구 내부로 들어갈수록 압력이 증가하여 지진파가 휘어진다. 지진파는 지구 내부의 주요 층 경계에서 굴절한다.

진앙에서 각기리가 105°~140°인 지표면에는 지진파의 P파와 S파가 모두 전파되지 않는데, 이 구간을 지진파의 암영대라고 한다.

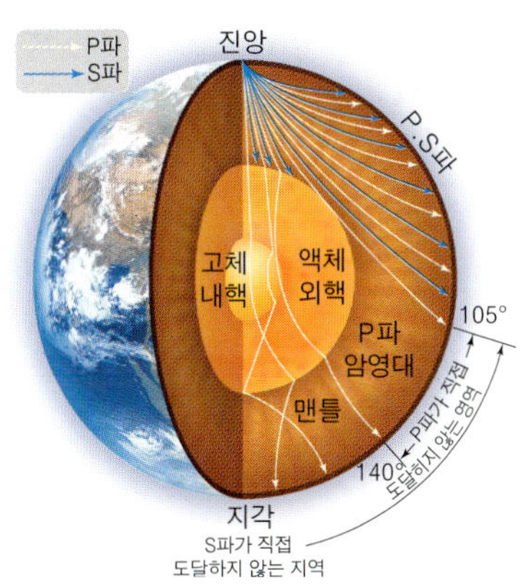

🔺 지진파의 전파 경로

지진파의 특성

지진파에는 P파와 S파가 있다. 지진파의 속도는 전파해 가는 매질의 성질에 따라 달라진다. 암석의 종류에 따라 밀도 등이 다르므로 지진파의 전파 속도가 다르다. 또한, 한 매질에서 다른 매질로 전파될 때 굴절하거나 반사한다.

P파는 속도가 빠르고 진폭이 작으며 기체, 액체, 고체를 통과하고, S파는 P파보다 속도가 느리고 진폭이 크며, 고체만 통과한다.

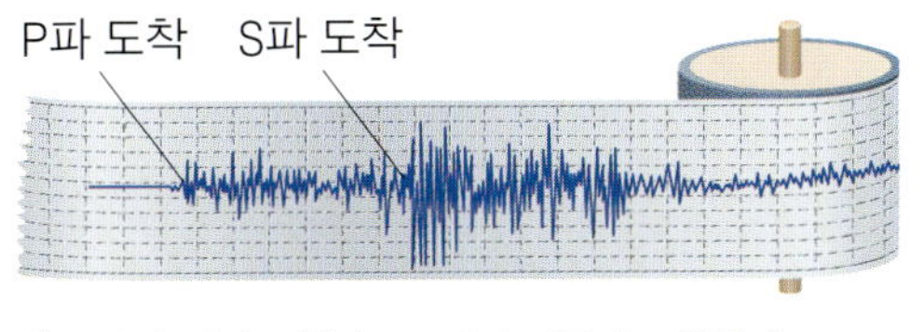

🔵 P파가 먼저 도착하고, S파가 나중에 도착한다.

맨틀 Mantle

맨틀은 지각 바로 아래에 위치한다. 두께는 약 2,900 km 정도이고, 지구 부피의 약 80%를 차지한다. 맨틀은 주로 지각을 이루는 현무암과 화강암보다 밀도가 높은 암석인 감람암질 암석으로 구성되어 있으며, 온도와 압력은 깊이에 따라 증가한다. 맨틀 상부의 온도는 약 1,000 ℃이고 맨틀과 핵의 경계 부분은 약 3,300 ℃이다.

암석권 암석권은 지각과 최상부 맨틀을 포함한 지구의 바깥 부분으로, 암권이라고도 한다. 최상부 맨틀은 지각의 상태와 거의 비슷하다. 지각은 맨틀 위에 박혀 떠 있는 아주 얇은 층이다. 암석권 위에 해양 지각이 놓이는 경우도 있고, 대륙 지각이 놓이는 경우도 있다. 암석권의 평균 두께는 약 100 km이지만, 해양 아래 75 km에서 대륙 아래 125 km까지 두께가 다양하다.

연약권 연약권은 암석권 아래에 위치하고 있으며, 압력과 온도에 의해 일부가 녹아 있다. 지표면 아래 약 100~350 km 정도의 깊이에 존재하고 마그마를 형성하는, 약하고 유동성 있는 암석으로 되어 있다. 압력과 온도로 인해 암석의 일부가 녹아 있는 상태이기 때문에 지진파의 속도가 줄어들기는 하지만, S파와 P파가 모두 통과하므로 액체 상태는 아니다.

지구의 구분

지구는 구성 물질에 따라 지각, 맨틀, 핵으로 구분할 수 있고, 물리적 특징에 따라 암석권, 연약권, 중간권, 외핵, 내핵으로 구분할 수 있다.

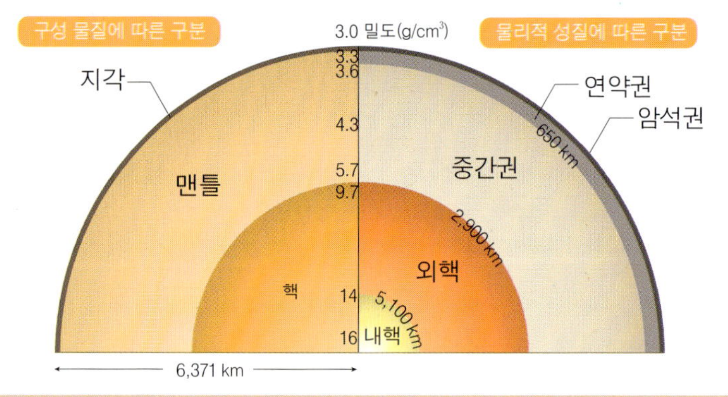

맨틀 대류 겉으로는 지각이 움직이지 않는 것처럼 보이지만 아주 오랜 시간에 걸쳐 서서히 움직이고 있으며, 이렇게 지각을 움직이게 하는 원동력은 지각의 아래쪽에 있는 맨틀의 대류 운동이다.

맨틀 내에서는 방사성 물질이 붕괴하면서 열이 발생하고, 고온인 지구 중심부에서 맨틀로 올라오는 열에 의해 맨틀 상부와 하부 사이에 온도 차가 생긴다. 이러한 온도 차이로 인해 온도가 높은 곳에서는 맨틀이 서서히 상승 운동을 하고, 온도가 낮은 곳에서는 하강 운동을 하여 고체 상태의 맨틀이 오랜 시간에 걸쳐 서서히 움직이는 것이다. 맨틀 내부의 열은 대류 운동을 통해 다른 곳으로 전달된다.

맨틀 내부에서의 온도 차로 인해 고온 맨틀의 ▶ 상승 운동과 저온 맨틀의 하강 운동이 일어난다.

맨틀 대류설

1929년 영국의 홈스는 지구 내부로부터 오는 열에 의해 맨틀에서 대류 운동이 일어난다는 맨틀 대류설을 주장하였다.

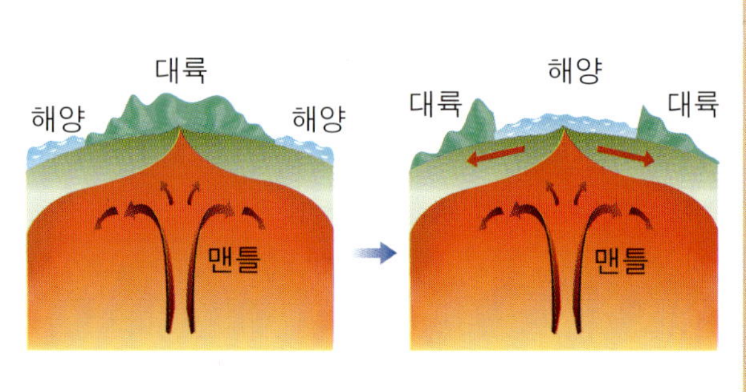

지각 Crust

지각은 가장 바깥쪽에 있는 얇은 층이다. 지각은 아래에 있는 다른 층보다 상대적으로 온도가 낮기 때문에 단단하고 견고한 암석으로 되어 있다.

해양 지각은 평균 약 5km 정도의 두께이다. 대부분 어둡고 밀도가 큰 현무암으로 되어 있다.

대륙 지각은 산 아래의 두께가 약 70km인 곳도 있지만, 평균 약 35km 정도의 두께이다. 주로 현무암보다 밀도가 낮고 밝은 색을 띠는 화강암으로 구성되어 있다.

지각 평형설 Isostasy

빙산이 물에 떠 있는 모습

거대한 빙산은 뿌리가 깊고, 물 위로 올라온 끝 부분이 높고 뾰족하다. 이것과 비슷하게 대륙 지각은 평야 아래보다 높은 산 아래에서 너 두껍고, 해양 지각은 대륙 지각보다 얇다. 물에 빙산이 떠 있는 것처럼 맨틀 위에 지각이 떠 있다. 이처럼 맨틀 위에 지각이 평형을 이루며 떠 있는 것을 지각 평형설이라고 한다.

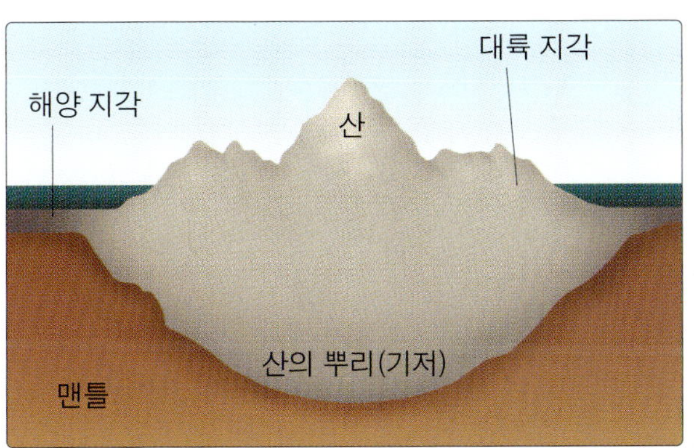

지각 평형설

개념에 대한 TIP

모호로비치치 불연속면(모호면)

크로아티아의 지진학자인 모호로비치치(Mohorovičić, Andrija: 1857~1936)는 지진파의 속도가 갑자기 빨라지는 경계면이 있음을 알아내었고, 이 경계면을 기준으로 지각(윗부분)과 맨틀(아랫부분)을 구분하였다. 이 경계면은 발견자의 이름을 따서 모호로비치치 불연속면(모호면)이라고 부른다.

광물 Minerals / 鑛物

자연에서 만들어지는 고체 무기물이다. 광물은 암석을 구성하는 기본 단위로, 대부분의 암석은 2~5개의 주요 광물과 소량의 다른 광물들로 구성되어 있으며, 하나의 광물로 구성되어 있는 암석도 있다.

광물의 특성

자연에서 만들어지는 것이다

광물은 자연적인 과정에서 만들어져야만 한다. 인조 다이아몬드는 천연 다이아몬드와 같지만, 자연적인 과정에서 만들어진 것이 아니므로 실제 광물이 아니다.

무기물이다

유기물은 대부분 탄소로 구성되어 있지만, 무기물은 탄소를 포함하지 않는다. 광물은 생물이 만들어 낸 것이 아닌 무기 과정에서 만들어진 자연산 무기물이다. 석탄과 석유는 유기물로 구성되어 있는 동식물이 분해되어 생성된 것이기 때문에 광물이라고 할 수 없다.

고체이다

모든 광물은 고체이다. 이에 따르면 얼음은 광물이지만, 물과 수증기는 광물이 아니다. 수은은 예외적으로 액체이지만 광물로 취급한다. 수은은 −39℃에서 고체로 변한다.

조암 광물

Rock Forming Mineral

지각에 제일 풍부하며 대부분의 암석을 구성하고 있는 광물로, 감람석, 휘석, 각섬석, 운모, 석영, 장석, 방해석, 백운석 등이 조암 광물에 해당한다.

광물의 결정 구조

모든 광물은 결정질 구조를 가지고 있으므로 결정이다. 결정이란 구성 원자가 규칙적으로 반복되는 형태로 정렬되어 있는 고체 원소나 화합물이다.

🔺 소금(염화 나트륨) 결정

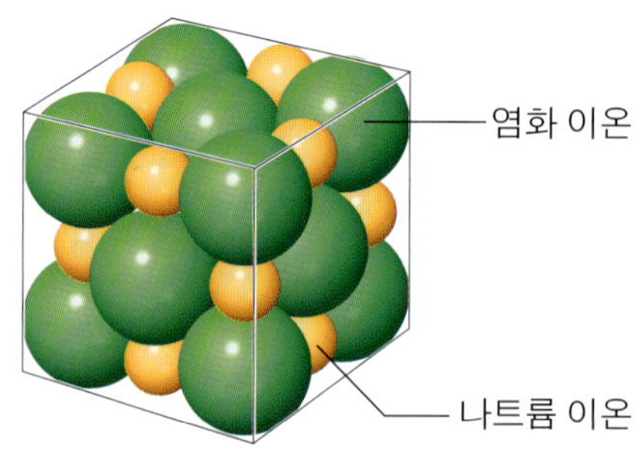

🔺 염화 나트륨 내의 나트륨 이온과 염소 이온의 규칙적인 배열

광물의 화학 성분

광물을 비롯하여 지구의 모든 물질들은 원소로 되어 있다. 광물은 보통 2~5개의 원소로 되어 있다.

원소	기호	차지하는 비율(%)
산소	O	46.6
규소	Si	27.7
알루미늄	Al	8.1
철	Fe	5.0
칼슘	Ca	3.6
나트륨	Na	2.8
칼륨	K	2.6
마그네슘	Mg	2.1
총량		98.5

[지각을 구성하는 8대 원소]

개념에 대한 TIP

원소 Element

원소는 물질을 구성하는 기본 요소로, 일반적인 화학 작용에 의해서 더 작은 다른 물질로 분해될 수 없다.

광물을 구별하는 특성

결정 모양 석영은 육각 기둥 모양이고 흑운모는 얇은 판 모양인 것과 같이 대부분의 광물은 여러 개의 평면으로 둘러싸인 독특한 겉모양을 하고 있다.

쪼개짐과 깨짐 쪼개짐은 광물에 힘을 가했을 때 흑운모나 방해석과 같이 일정한 방향으로 평탄하게 갈라지는 성질을 말한다. 깨짐은 광물에 힘을 가했을 때 석영처럼 일정한 방향이 없이 깨지는 성질을 말한다.

▲ 흑운모
  (쪼개짐이 나타나는 광물)

▲ 석영
  (깨짐이 나타나는 광물)

굳기 광물의 상대적인 단단한 정도로, 가장 무른 활석에서 가장 단단한 금강석까지 10가지 광물을 선정하여 순서대로 나열한 모스 굳기계를 기준으로 구분한다.

색과 조흔색 광물은 화학 조성, 결정 구조 등에 따라 고유의 색을 띠기 때문에 쉽게 구별할 수 있다. 조흔색은 광물을 초벌구이 도자기 판인 조흔판에 긁었을 때 나타나는 광물 가루의 색이다.

자성 자철석과 같이 자기장을 가지고 다른 물질을 끌어당기는 성질이다.

광택 광물의 표면에서 반사되는 빛의 양과 세기이며, 금속처럼 보이는 광물은 그 색이 무엇이든 금속 광택을 띤다.

광물의 이용

광석 광물 광물을 구성하고, 경제적으로 유용한 성분을 함유하고 있어 채굴 대상이 되는 유용 광물이다.

산업 광물 금속 광석, 연료, 보석을 제외한 경제성이 있는 암석이나 광물이다.

적철석(철)	철근, 자동차, 선박 등
보크사이트(알루미늄)	창틀, 그릇, 비행기 등
황동석(구리)	전선, 배관 설비 등
방연석(납)	전지, 방사능 물질 저장고 등
흑연	연필심, 윤활제 등
활석	윤활제, 화장품, 연필 등
고령토	도자기, 잉크, 화장품 등
금강석	연마제, 절단기 등
운모	전기 절연제, 페인트, 윤활제 등

보석 광물 중에 공업용으로 사용되기보다는 매우 단단하여 쉽게 변하지 않으면서 희소성이나 아름다움으로 가치를 지니는 광물들이 있는데, 이것들을 보석이라고 한다.

🚀 더 나아가기

모스 굳기계 Mohs Hardness Scale

굳기는 긁힘에 대한 광물의 저항 정도를 말하는데, 광물을 구분하는 데 사용하는 가장 일반적인 물리적 특성 중의 하나이다.

독일의 광물학자 모스(Mohs, Friedrich: 1773~1839)가 매우 보편적인 10개의 광물에 기초하여 만든 척도로, 1부터 10까지 굳기가 증가하는 순으로 배열되어 있으며, 광물의 굳기를 측정하거나 표현하는 데 사용된다.

굳기	1	2	3	4	5
광물	활석	석고	방해석	형석	인회석
굳기	6	7	8	9	10
광물	정장석	석영	황옥	강옥	금강석

암석 Rocks / 巖石

한 개 이상의 광물로 구성된 고체 상태의 혼합물이다. 암석이 생성되는 원인에 따라 화성암, 퇴적암, 변성암의 세 종류로 구분된다.

암석의 순환 Rock Cycle

모든 암석은 환경의 변화에 따라 지속적으로 여러 가지 변화 과정을 거치면서 끊임없이 순환한다. 이러한 일련의 과정을 암석의 순환이라고 한다.

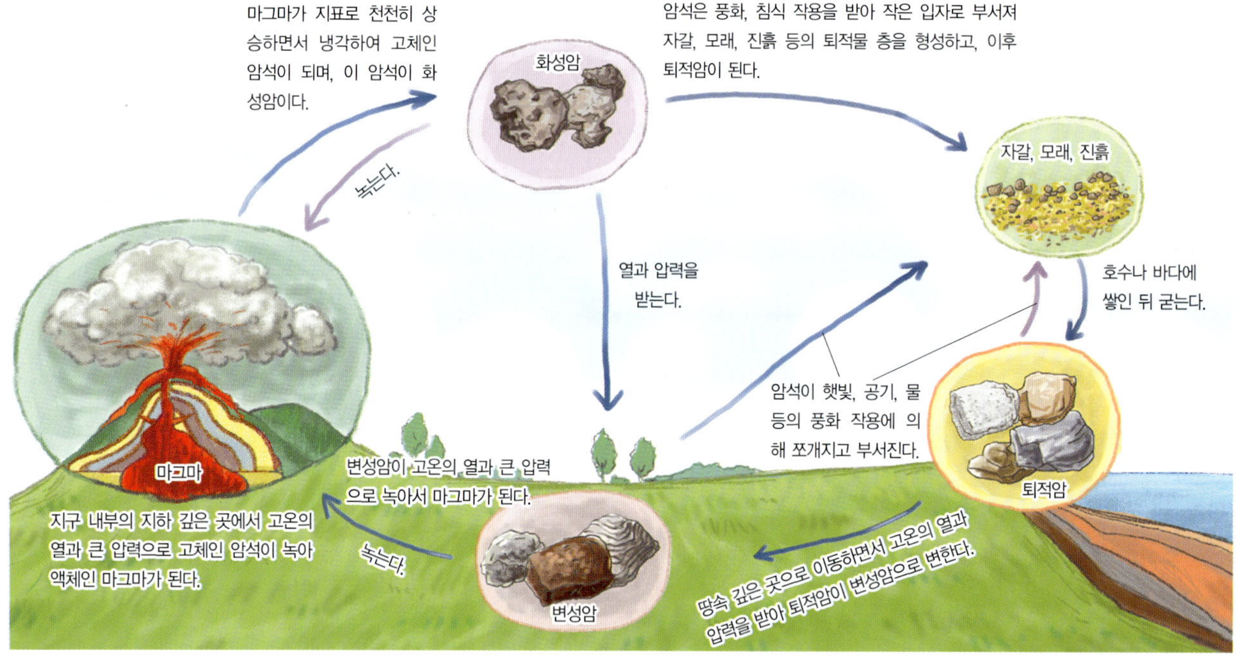

화성암 Igneous Rocks

화성암은 마그마가 지표로 상승하면서 식어 만들어진 암석이다.

심성암　마그마가 지표로 분출되지 않고 지각 내부에서 천천히 식어서 굳어진 암석으로, 대부분 중립에서 조립질(입자가 큰 것)이다. 반려암, 섬록암, 화강암 등이 심성암이다.

화산암　지각을 통해 지표면으로 분출된 용암이 빨리 식어서 굳어진 암석으로, 대부분 세립질(입자가 작은 것)이다. 현무암, 안산암, 유문암 등이 화산암이다.

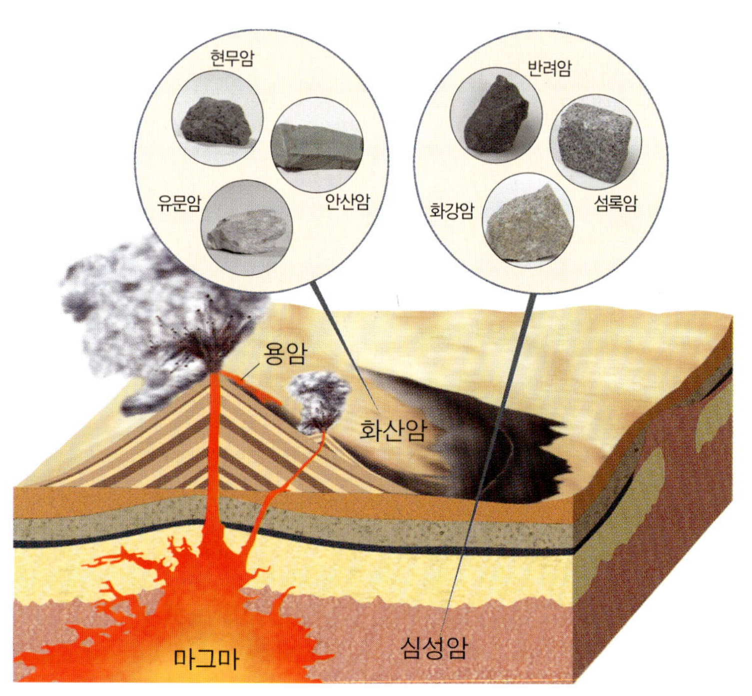

퇴적암 Sedimentary Rocks

물이나 바람, 빙하 등에 의한 풍화, 침식, 운반 작용을 통해 퇴적된 퇴적물이 암석화 작용을 통하여 다져지거나 교결 작용에 의해 만들어진 암석이다. 퇴적물이 수평으로 쌓이면 윗부분의 퇴적물에 의해 눌려 다져지고, 다져진 퇴적물 사이에 지하수 속에 녹아 있던 석회질 물질 등이 침전되면서 간격을 메우고 서로 붙여 주어 단단하게 결합된 퇴적암이 된다.

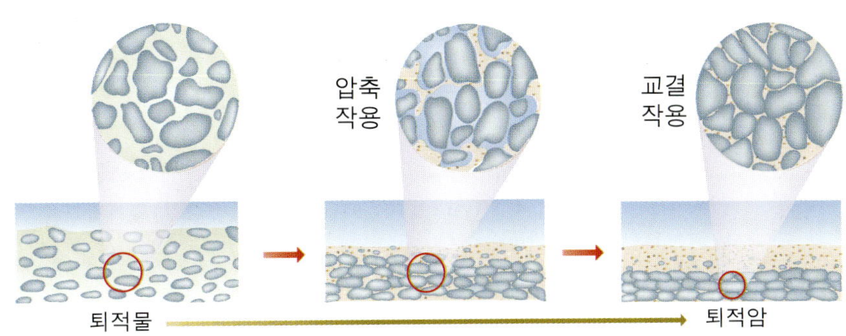

개념에 대한 TIP

퇴적물 Sediment

퇴적물은 바람, 물, 중력 또는 얼음에 의해 운반되어 퇴적되거나, 자연적인 힘에 의해 풍화되거나 화학 반응에 의해 침전되는 물질, 생물체의 분비물이나 미고결층(아직 응고되지 못한 무른 지층) 내에 쌓여 있는 고체 암석이나 광물의 파편 등의 물질이다.

변성암 Metamorphic Rocks

화성암, 퇴적암 또는 다른 변성암이 온도와 압력의 상승, 화학 성분의 변화, 변형 등에 의해 재결정되어 생성된 암석이다. 변성 작용은 온도, 압력, 화학 성분의 변화 또는 변형 등에 의해 암석과 광물의 조직이나 조성이 바뀌는 현상이다. 변성 작용은 대부분 암석의 조직과 구성 광물의 조성을 모두 변화시킨다.

조직 변화 암석이 변성 작용을 받으면 어떤 광물 입자는 크기가 커지고 어떤 것은 크기가 줄어든다. 또, 입자의 형태도 변할 수 있다. 엽리는 암석이 압력에 의한 변성 작용을 받았을 때 생성되는 줄무늬로, 변성암은 엽리 면을 따라 쉽게 나누어진다.

조성 변화 한 종류의 광물로만 구성되어 있을 때 그 암석이 변성된 광물은 역시 동일한 종류의 광물로 구성되지만, 조립질 조직을 갖게 된다(사암→규암, 석회암→대리암). 반면에 두 종류 이상의 광물로 구성되어 있을 때에는 변성 작용에 의해 대부분 새로운 광물과 조직으로 된 암석이 된다(셰일→편마암).

원래 암석	셰일	사암		석회암
변성 요인	열	열과 압력	열과 압력	열과 압력
변성암	혼펠스 / 점판암 / 편암 / 편마암		규암	대리암

[변성암의 분류]

판 구조론 Plate Tectonics / 板構造論

암석권이 몇 개의 판으로 나누어져 유동적인 연약권 위에 떠서 이동한다는 이론이다. 판의 경계부에서는 지진과 같은 여러 가지 지각 변동이 일어난다.

대륙 이동설 Continental Drift

독일의 지구물리학자이자 기상학자인 베게너(Wegener, Alfred Lothar: 1880~1930)가 제안한 이론으로, 지구의 대륙 지각이 하나로 합쳐져 있다가 나중에 갈라지고 이동해서 분리되어 현재와 같은 대륙의 분포를 이루게 되었다는 가설이다. 대륙 이동설은 나중에 더 완벽한 판 구조론으로 대치되었다.

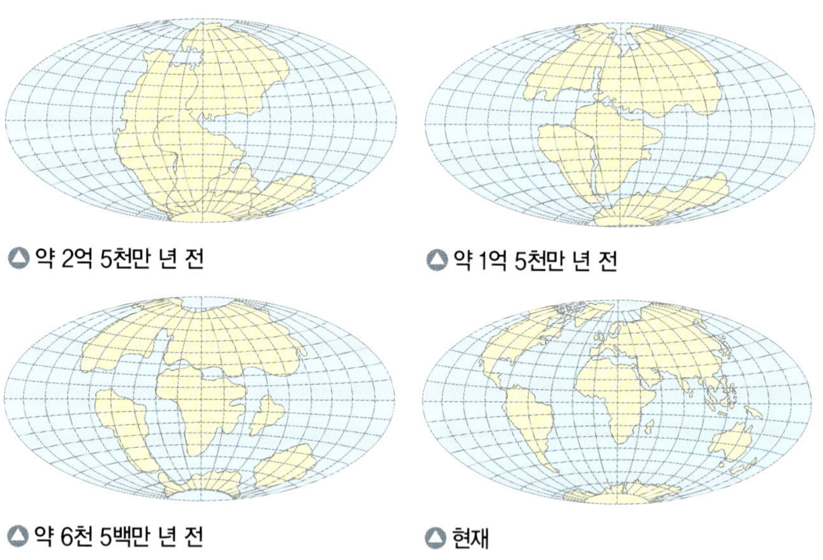

판게아 Pangaea

판게아는 약 2억 5천만 년 전 지구의 모든 대륙이 하나로 합쳐졌을 때의 초대륙으로, 베게너에 의해 처음으로 명명되었다. 베게너는 고생대 말에서 중생대 초에 걸쳐 모든 대륙이 하나로 합쳐져 판게아라는 초대륙을 이루었고, 그 이후 대륙이 서로 갈라져 이동했다고 주장하였다. 지구의 모든 대륙 지각이 하나로 합쳐진 거대한 육지 덩어리, 적어도 3개의 초대륙이 지난 20억 년 동안 존재해 왔고, 몇억 년 이후 분리되었다는 것이다.

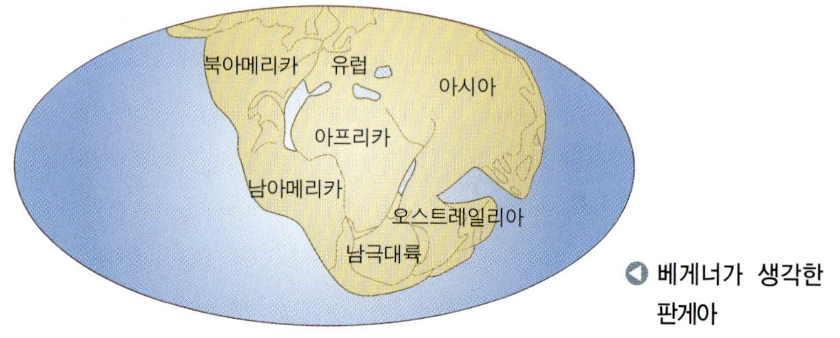

베게너가 생각한 판게아

판의 움직임

판은 암석권의 조각이다. 하나의 판은 해양 지각과 대륙 지각을 모두 운반할 수 있다. 해양 지각이 포함된 암석 판의 평균 두께는 약 75km이고, 대륙 지각이 포함된 암석 판의 평균 두께는 약 125km이다. 판은 단단하고 강한 암석으로 구성되어 있으며, 판 아래 부분이 뜨겁고 유동적이어서 그 위를 미끄러져 움직인다.

각 판은 하나의 큰 암석으로 된 얇은 판으로서 움직이며, 일반적으로 판 경계부에서 지진 활동, 조산 작용, 화산 활동과 같은 지각 변동이 일어난다. 판은 1년에 1~16cm 정도의 속도로 움직이고, 판의 운동은 지구 표면 모양을 형성하고 기후에도 영향을 미친다.

🚀 더 나아가기

대륙 이동설의 증거

베게너는 대륙 이동설의 증거로, 서로 떨어진 대륙에서 같은 종류의 화석이 발견되었다는 것과 빙하의 흔적이 일치한다는 사실 등을 제시하였다.

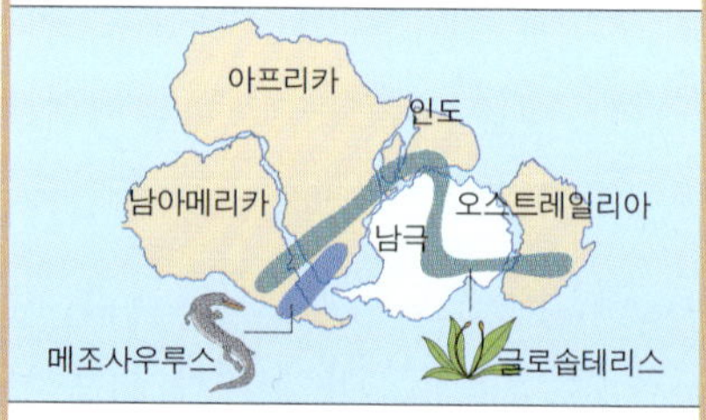

서로 떨어진 대륙에서 같은 종류의 생물 화석이 발견된다.

해저 확장설 Sea-floor Spreading Theory

해저에 있는 산맥인 해령을 중심으로 해양 지각이 갈라져 확장되고, 대륙도 갈라져 서로 멀어진다는
가설이다. 이 가설은 중앙 해령을 따라 상승한 마그마가 새로운 현무암질 해양 지각을 계속 생성
하고, 이 해양 지각이 서로 반대 방향으로 이동하여 확장된다는 것이다.

해저 확장설의 증거로 해저에서 해양 지각은 해령 축으로부터
멀어질수록 나이가 증가한다는 것을 들 수 있다. 이는 해령
에서 생성된 새로운 해양 지각에 의해 오래된 해양 지각이
밀려서 양쪽으로 이동해 간다는 증거가 된다. 또, 해저 대부
분 지역의 현무암 위에 놓인 얇은 퇴적층이 중앙 해령 부근
에서 가장 얇고, 해령에서 멀어질수록 점차적으로 두꺼워진
다는 것도 해저 확장설의 증거가 된다. 해양 지각이 해령 축으
로부터 멀어짐에 따라 나이가 많아지므로 해령으로부터 거리가
멀어짐에 따라 퇴적층이 두꺼워지는 것이다.

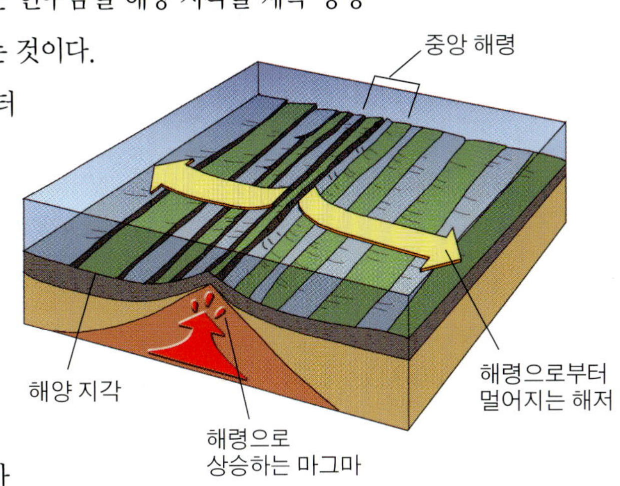

판 구조론 Plate Tectonics

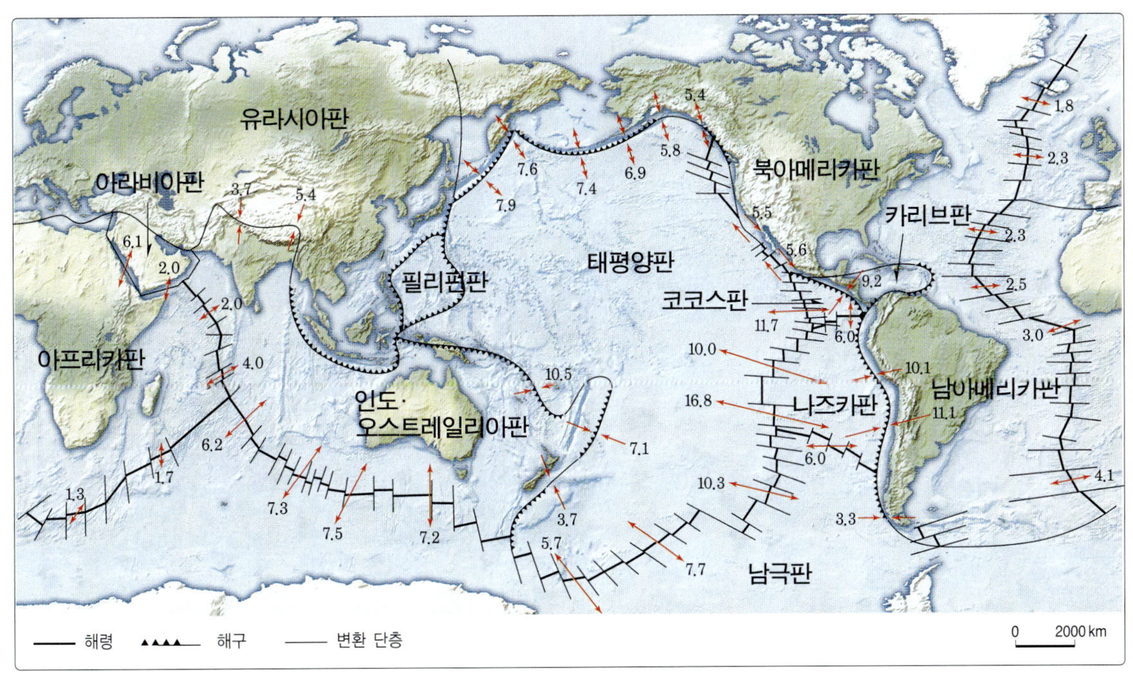

판 구조론은 단단하고 강한 암석권이 판 밑에 있는 맨틀의 대류에 의해 이동한다는 이론이
다. 암석권은 7개의 큰 조각과 몇 개의 작은 조각으로 분리된다. 이 조각들은 암석 판 또는
간단히 판이라고 부른다. 지구 표면은 여러 개의 조각으로 분리되어 있는 판이 서로 맞물려
있으면서 이동한다는 것이며, 판의 경계에서는 여러 가지 지각 변동이 일어난다. 판의 경계
는 발산형 경계, 수렴형 경계, 보존형 경계로 구분한다. 발산형 경계에서 두 판은 서로 분리
되는 방향으로 움직여 서로 멀어진다. 수렴형 경계에서 두 판은 서로를 향하는 방향으로 움
직여 서로 부딪친다. 보존형 경계에서 두 판은 서로 어긋나 스쳐 지나간다.

풍화 Weathering / 風化

지표나 암석이 분해되어 자갈, 모래, 진흙, 토양 등으로 잘게 부서지거나 성분이 서서히 변화하는 과정이며, 풍화 산물은 그것이 형성된 곳에 쌓인다.

기계적 풍화 Physical Weathering

암석이 물리적인 과정에 의해 작은 조각으로 나뉘는 작용을 기계적 풍화 작용이라고 한다. 단단한 암석을 작은 조각으로 분해하지만, 암석 조각의 화학 성분은 변하지 않는다.

망치로 암석을 때렸을 때 암석이 잘게 부서지는 것과 같이 암석 조각들은 모암(풍화를 받지 않은 암석)보다 작다는 것을 제외하고는 다른 차이가 없다.

기계적 풍화 작용을 일으키는 요인

압력 감소에 의한 균열 깊게 파묻혀 있던 암석이 지표 가까이로 융기되어 압력이 제거되면 암석이 팽창하여 균열이 생겨서 암석과 퇴적물이 제거되는 풍화 과정이다.

물의 동결 작용 암석의 틈에 있던 물이 얼어 쐐기 모양으로 암석을 팽창시키는 풍화 과정이다. 테일러스는 동결 작용의 결과물로서 각진 암석 조각 더미들이 부채 모양으로 쌓인 것이다.

마모 마찰과 충격에 의해 암석 표면이 갈려서 둥글게 되는 풍화 과정이다.

유기체의 활동 암석의 틈 사이에서 나무나 식물의 뿌리가 성장하면서 암석을 물리적으로 부스러뜨리는 풍화 과정이다.

열적 팽창과 수축 암석의 표면이 내부보다 빨리 가열되어 팽창하고 더 빨리 식어 수축되는 것처럼 빠른 온도 변화로 인해 암석에 균열이 생기는 풍화 과정이다.

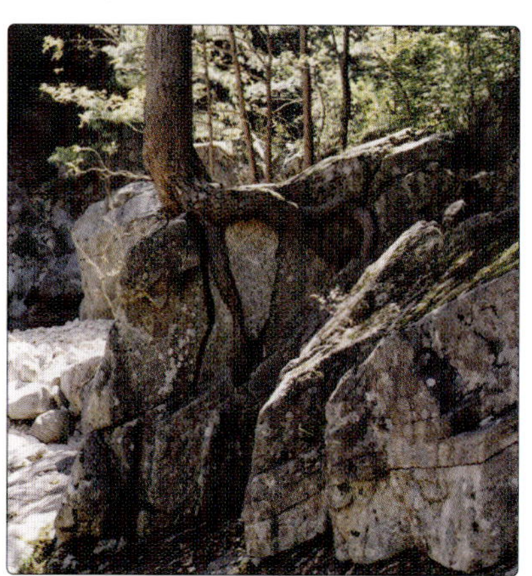

🔵 기계적 풍화 작용에 의해 풍화된 모습

사태

사태는 비탈진 지역이나 산악 지역에서 암석이나 토양 등의 표면 물질이 지구 중력에 의해 경사면을 따라 흘러내리는 것을 말한다.

사태는 암석 낙하, 함몰 사태, 미끄럼 사태, 포행의 네 가지로 구분할 수 있다. 암석 낙하는 절벽의 사면으로부터 큰 암석 덩어리나 파편 등이 중력에 의해 굴러 떨어지는 현상이고, 함몰 사태는 오목하게 파인 미끌림면을 큰 암석 덩어리나 흙과 모래가 흘러내리는 사태이다. 미끄럼 사태는 토양과 암석이 경사진 사면이나 평탄하고 미끄러운 사면을 따라 미끄러져 흘러내리는 사태이다. 포행은 산 사면 표면의 토양이나 퇴적물 또는 약한 지층이 중력에 의해 사면 아래쪽으로 매우 느리게 이동하거나 비스듬히 휘어지는 현상이다.

🔵 산사태

화학적 풍화 Chemical Weathering

암석이 공기, 물, 기타 환경적인 요인 등과 화학적으로 반응을 하여 암석의 화학 성분과
광물 함량이 변화하는 암석의 분해이다. 화학적 풍화는 철로 된 칼날이 녹스는 것과 비슷
하다. 최종 산물은 물리적으로나 화학적으로 처음 물질과는 다르다.

화학적 풍화 작용을 일으키는 요인

용해 작용 광물이나 암석이 용해되어 용액을 형성하는 풍화 과정이다.

가수 분해 광물이 물과 반응하여 광물의 결정 구조의 일부로 물을 함유하는 새로운 광
물을 형성하는 풍화 과정이다.

산화 작용 광물이 산소와 반응하여 분해되는 풍화 과정이다.

🚀 더 나아가기

산성비 Acid Rain

산성도를 나타내는 수소 이온 농도 지수(pH)가 5.6 미만인 비로, 일반적으로 빗물은 pH 5.6~6.5
정도의 약산성이지만, 대기 오염이 심한 지역에서는 강한 산성의 비가 내린다.

산성비로 인한 피해는 약한 물고기에서 먼저 나타나 다른 생물로 확산되며, 산성 물질이 쌓이면 토
양이 오염되고 식물이 피해를 입는다. 또한, 산성비는 금속 철재와 콘크리트 등의 건축 구조물 그리
고 고고학적 유물까지도 부식시킨다.

박리 작용 Exfoliation

풍화 작용에 의해 나타나는 균열로 동심원의 판이나 껍질이
마치 양파 껍질처럼 주요 암석 물질로부터 한 겹씩 벗겨지는
현상이다. 종종 압력 감소에 의한 균열로 형성된다고 설명되
지만, 많은 지질학자들은 가수 분해에 의한 팽창으로 일어난
다고 믿고 있다.

🎮 FUN

달에서도 풍화 작용이 일어날까

지구에서 풍화 작용은 대기와 물 등으로 인해 발
생한다. 따라서 얼음은 있지만, 대기가 희박하고
물이 존재하지 않는 달에서는 풍화 작용이 거의
일어나지 않는다고 보아야 한다. 하지만 태양에 의
한 미세한 화학적 풍화 작용은 일어난다고 한다.

침식 Erosion과 퇴적 Deposition

침식은 비, 유수(흐르는 물), 바람, 빙하 등이 이동하면서 토양을 깎거나 화학적으로 암석을 녹이는 것이다. 침식되거나 풍화된 물질이 먼 곳까지 이동하여 표면의 퇴적층에 퇴적된다.

침식과 운반

흐르는 물은 침식된 퇴적물을 바다로 운반한다. 빠른 속도로 흐르는 하천은 느린 속도로 흐르는 같은 양의 하천보다 퇴적물을 침식하고 운반하는 에너지가 더 크다. 하천에 따라 얼마나 큰 입자를 운반할 수 있는지, 주어진 시간 동안 주어진 지점을 지나가는 퇴적물의 총량은 얼마나 되는지가 다르다.

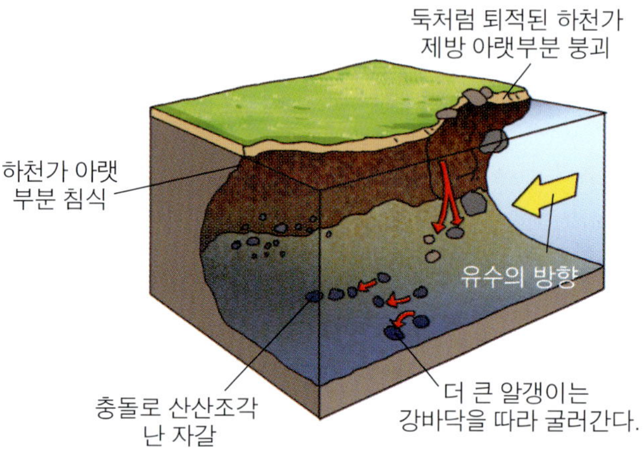

빙하 침식

빙하 침식은 빙하의 이동으로 인하여 이루어지는 침식 작용이다. 빙하는 매우 느리게 움직이지만, 빙하가 이동할 때 얼음층이 기반암을 뜯어내거나 긁으면서 움직이기 때문에 강하게 지표면을 침식한다. 또한, 작은 크기의 입자에서부터 집채만큼 큰 암석 덩어리까지 운반한다. 이렇게 빙하는 많은 양의 암석과 퇴적물을 침식하고 운반한다.

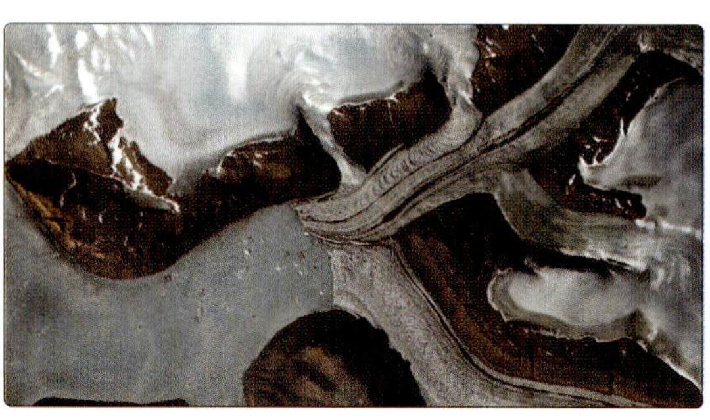

풍식(바람 침식)

풍식은 바람에 의해 토양이 유실되거나 암석이 깎이는 현상이다. 풍식은 바람의 세기, 토양의 수분, 지형 등에 따라 달라진다.

풍식이 가장 심한 곳은 사막 지방이다. 사막 지방에 바람이 불면 고운 모래가 바람에 날려 모래바람이 된다. 이 모래바람에 의한 침식은 주로 지표와 가까운 곳에서 일어난다. 큰 암석의 아래쪽 부분이 집중적으로 침식되어 버섯과 같은 모양이 만들어지는데, 이를 버섯바위라고 한다. 또한, 풍향이 바뀌면서 사막에 있는 자갈들의 세 면이 깎여 피라미드와 같은 모양의 돌이 만들어지는데, 이를 삼릉석이라고 한다.

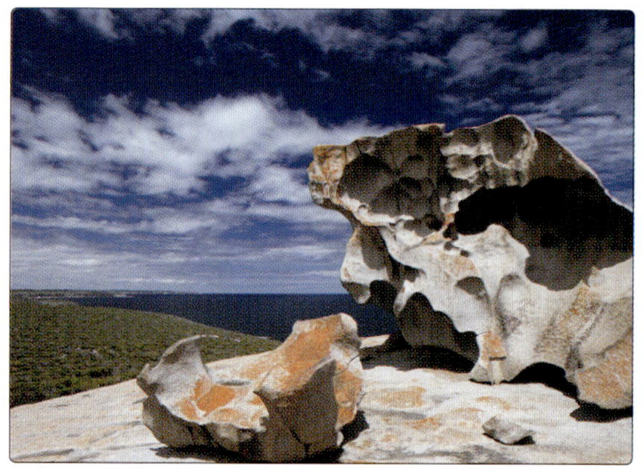

황사

봄에 중국에서 날아오는 황사는 풍식의 예이다. 황사는 봄에 중국과 몽골의 사막 및 황토 지대의 작은 모래나 황토 또는 먼지가 하늘에 떠다니다가 강한 상승 기류를 타고 우리나라에 날아오는 것을 말한다.

황사에 의한 이로운 점도 있지만, 여러 가지 면에서 종합적으로 보았을 때 해로운 점이 많기 때문에 주의해야 한다.

해안 침식

해안 침식은 바닷가에서 모래나 토양 또는 암석이 물, 파도, 바람의 작용으로 깎여 들어가는 것이다.

해안 침식은 대부분 강한 폭풍우 때 일어난다. 폭풍우 때 발생하는 해파(바다의 파도)는 일반적인 해파보다 더 강한 에너지를 가지고 있기 때문이다. 또한, 해수면 상승과 지구 온난화도 해안 침식의 원인이 될 수 있다. 그리고 사람들의 무분별한 개발로 인해 해안 침식이 일어나기도 한다.

퇴적

토양이 침식되어 만들어진 점토, 모래, 자갈은 유수, 빙하, 바람, 중력 등에 의해 옮겨진다. 이동 중에 강바닥이나 호수 바닥 등에 머물러 있을 수 있지만, 이러한 것은 일시적일 뿐 결국 다시 침식되고 운반되어 바다와 만나는 육지에서 퇴적된다.

경사가 급한 하천에서는 일반적으로 밑부분의 침식이 빠르게 일어난다. 흐르는 물이 바닥을 계속해서 깎아낸 결과 하천은 상대적으로 V자곡 모양을 한 곧은 수로를 만든다. 반면에, 경사가 급하지 않은 하천에서는 바닥 부분이 덜 침식된다. 대부분의 낮은 경사를 가진 하천에서는 곡류라고 불리는 굽은 모양의 지형을 만든다.

곡류는 구불구불한 모양의 지형으로 뱀이 기어가는 것 같아서 사행천이라고도 한다. 또한, 곡류의 안쪽에서는 물의 흐름이 약해지면서 퇴적 작용이 계속 일어나고, 곡류의 바깥쪽에서는 물의 흐름이 빨라지면서 침식 작용이 계속 일어나 시간이 지날수록 곡류가 심해진다. 그 결과 물의 흐름이 바뀌어 원래 곡류였던 부분이 떨어져 나가면서 소뿔 모양의 우각호가 생긴다.

하천은 퇴적물의 일부를 범람원(하천의 범람으로 운반 물질이 하천의 양쪽에 퇴적되어 형성된 지형)에 퇴적시키고 해안가로 이동하는 동안 삼각주와 모래 해변에 쌓는다.

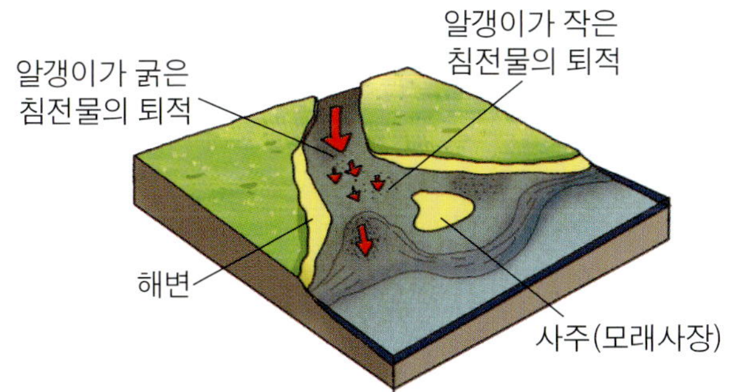

🔺 **퇴적되는 과정**

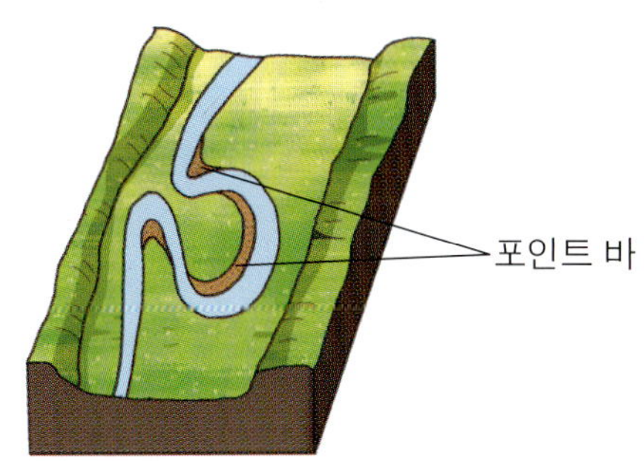

🔺 **포인트 바**
천천히 흐르는 물에 의해 곡류 안쪽에 쌓인 퇴적물

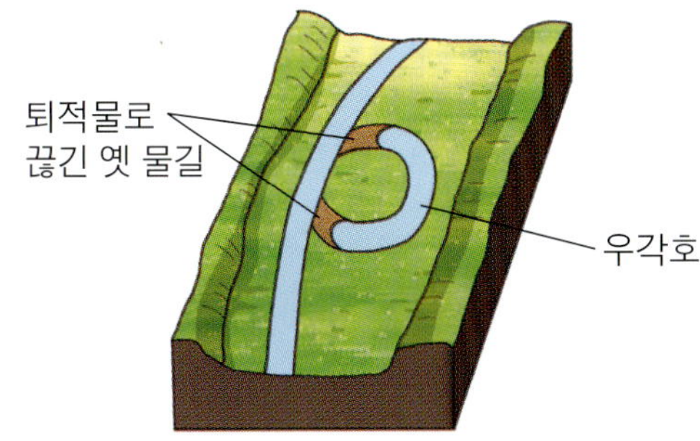

🔺 **우각호**
퇴적물에 의해 하천의 일부가 막혀 곡류에서 떨어져 나온 소뿔 모양의 호수

자원 Resources / 資源

자원은 인간의 활동과 생활에 필요한 모든 것을 말한다. 인간은 삶을 풍요롭게 하기 위해 자원을 효율적으로 이용하고 보존해야 한다.

광물 자원 Mineral resources

광물 자원은 우리가 사용하는 생활용품을 만드는 데 쓰이는 모든 유용한 암석과 광물을 말한다. 유용한 광물 성분이 모여 있는 광상에서 채광하여 얻은 경제성 있는 암석을 광석이라고 한다. 광물 자원은 금속 광물과 비금속 광물을 모두 포함한 지질 자원이다. 비금속 광물 자원은 암염, 석재, 모래 및 자갈과 같은 금속이 아닌 유용한 암석과 광물을 말한다.

우리 생활에서 기본적인 부분을 차지하고 매일 사용하는 물건들을 생산하는 산업 분야에서 중요한 금속과 그 밖의 원소들이 많다. 철, 납, 구리, 알루미늄, 은 및 금과 같은 몇몇 금속은 잘 알려져 있고 몰리브데넘, 텅스텐 및 붕사와 같은 다른 원소들은 상대적으로 덜 알려져 있다.

모든 광물 자원은 재생이 불가능하다. 그런데 사람들은 자연이 만들어 내는 것보다 훨씬 빠른 속도로 광물 자원을 소비하고 있다. 광석을 채굴하면 지하에 남아 있는 광석의 양이 감소하여 광물 매장량이 줄어들기 때문에 자원을 효율적으로 이용해야 한다.

△ 자연금

△ 구리 원광

에너지 자원 Energy resources

에너지 자원은 석유, 석탄, 천연가스 및 핵연료를 포함한 지질 자원으로, 난방, 조명, 작업 및 통신 등을 하는 데 이용된다. 가장 중요한 에너지원으로 사용되는 화석 연료는 동물이나 식물의 유해가 높은 열과 압력에 의해 분해되어 생성된 석유, 석탄 및 천연가스를 포함한 에너지 자원이다. 천연가스는 천연적으로 산출되는 가벼운 탄화 수소의 혼합물로, 주로 메테인으로 구성되며, 가정용 난방, 조리 및 대규모 화력 발전소에서 연료로 사용되고 있다.

이러한 화석 연료는 재생과 재활용이 불가능해서 고갈될 위기에 처해 있다. 화석 연료를 대신할 차세대 에너지로 가치가 높고 매장량이 막대한 가스 하이드레이트가 손꼽힌다. 가스 하이드레이트는 메테인이 주성분인 천연가스가 얼음처럼 고체 상태로 된 것으로, 가치가 높고 매장량이 막대하다.

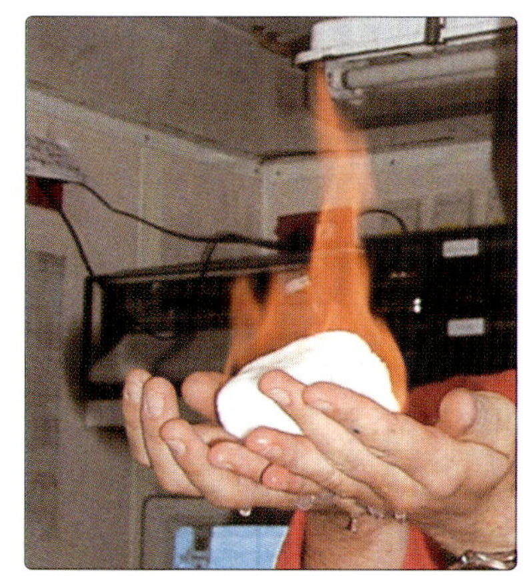

△ 가스 하이드레이트
가스 하이드레이트 안의 메테인이 타고 있는 모습이다.

석탄 Coal

석탄은 주로 탄소로 이루어진 가연성 암석이다. 석탄은 채굴이 쉽고 정제하지 않고도 연소시킬 수 있기 때문에 인류는 석유와 천연가스를 사용하기 전부터 석탄을 사용하기 시작하였다. 석탄은 세계 여러 지역에서 풍부하게 생산되지만, 대기 오염 물질을 방출하기 때문에 이를 제거하는 데 값비싼 제어 장치가 필요하다.

석탄은 늪지에서 퇴적물이 생물체의 잔류물 위에 두껍게 쌓여 생성된다.

   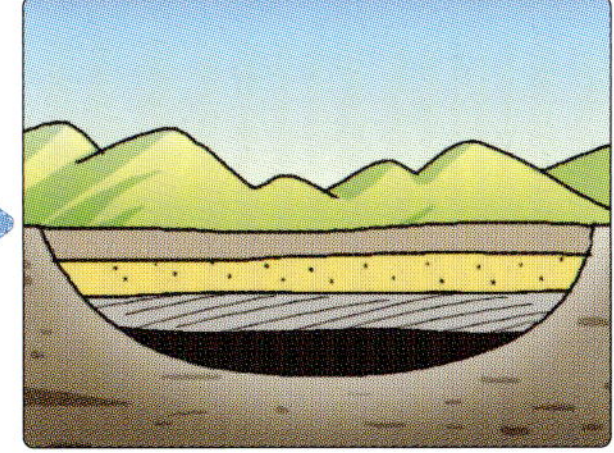

정체된 늪지 바닥으로 잡초나 나무가 넘어진다.

식물의 잔해가 쌓여 퇴적층이 형성된다.

퇴적물이 두껍게 쌓이면서 생물체는 토탄으로 전환된다.

토탄은 석탄으로 암석화된다.

🔺 석탄의 생성 과정

석유 Petroleum

석유는 식물과 동물의 잔유물이 분해되어 생성된 탄화 수소의 복잡한 액체 상태의 혼합물로, 원유 또는 기름이라고도 한다. 원유는 수천 가지의 화합물로 이루어진 끈적끈적하고 점성이 큰 검은색 액체이다. 원유는 정제 과정을 거쳐 프로페인, 휘발유, 난방용 기름 및 그 밖의 연료가 된다. 또한, 석유는 플라스틱, 나일론 등의 유용한 제품을 생산하는 데 사용된다.

육지와 바다에서 공급된 유기물은 해저에 가라앉아 진흙과 혼합된다.

유기물이 풍부한 진흙 위에 퇴적물이 쌓인다. 상승하는 온도와 압력에 의해 진흙은 셰일로, 유기물은 석유로 변화시킨다.

석유는 물이 스며들지 않는 덮개암에 의해 집유장(oil trap) 내에 집적된다.

🔺 석유의 생성 과정

친환경 에너지 자원

태양, 바람, 지열, 수력 발전 등은 재생 가능한 에너지 자원이다. 이 에너지들은 자연에서 무한하게 얻을 수 있으며 깨끗하다.

태양 에너지는 태양열 난방과 태양 전지에 의한 전기를 생산하며, 풍력 발전은 바람의 힘으로 발전기를 돌려 전기를 생산한다. 또한, 파도의 힘을 이용하여 발전하는 파력 발전과 조석 간만의 차를 이용한 조력 발전도 있다.

🔺 태양 에너지를 이용한 태양광 발전

단층 Fault / 斷層

습곡이나 절리와 같이 암석의 변형으로 생성된 형상의 하나로, 외부의 힘을 받은 지각이 2개의 조각으로 끊어져 어긋난 지질 구조이다. 좁거나 넓은 지역에서는 여러 구조가 조합되어 나타난다.

단층의 종류

단층은 외부의 힘을 받은 지각이 2개의 조각으로 끊어지고 지각이 끊어져 갈라진 틈을 따라서 지반이 어긋나 올라가거나 내려가거나 옆으로 이동하는 것이다. 단층면을 경계로 위쪽에 있는 지반을 상반, 아래쪽에 있는 지반을 하반이라고 한다. 단층은 대부분 천천히 일어나지만, 암석이 갑자기 움직이면 지진이 발생한다.

어떤 단층은 하나의 균열을 갖지만, 대부분은 수많은 균열이 밀집되어 단층대를 이룬다. 암석은 커다란 단층대를 따라 수백 m 또는 수 km를 미끄러지기도 한다.
단층은 단층면의 경사, 상반과 하반의 이동 방향에 따라 정단층, 역단층, 주향 이동 단층 등으로 나뉜다.

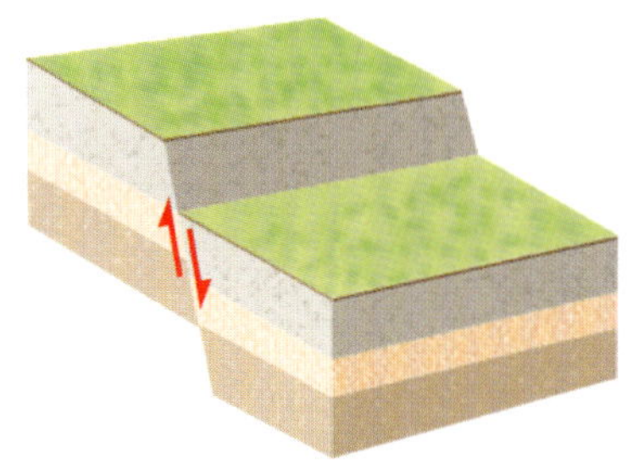

△ 정단층

상반이 하반에 비해 상대적으로 내려간 단층이다. 지각에 양쪽에서 잡아당기는 장력이 작용하여 확장될 때 형성된다.

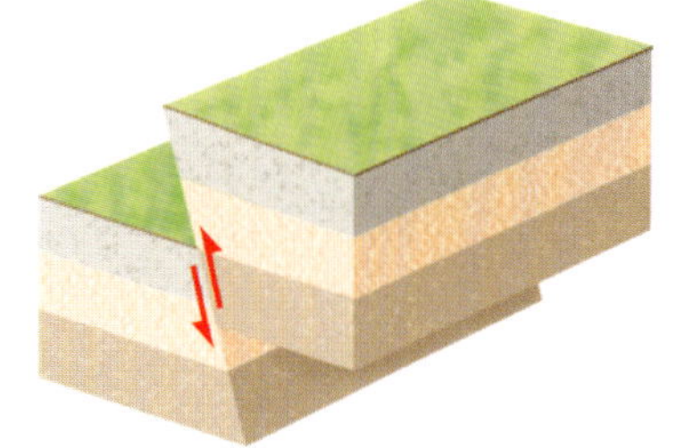

△ 역단층

상반이 하반에 비해 상대적으로 올라간 단층이다. 지각에 양쪽에서 미는 힘인 횡압력이 가해졌을 때 형성된다.

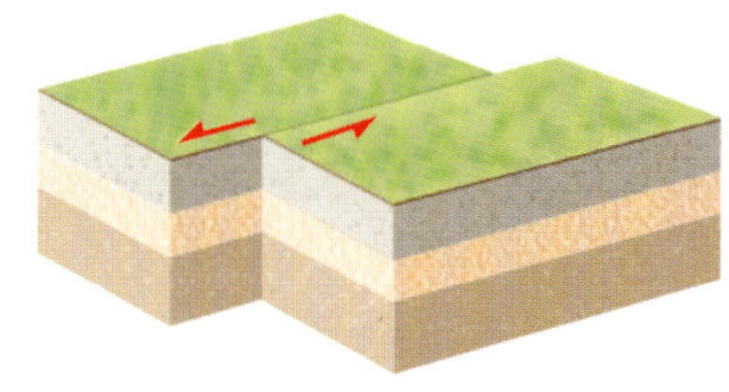

△ 주향 이동 단층

균열이 수직이거나 거의 수직이며, 균열의 반대 방향에 있는 암석이 서로 수평으로 스쳐 지나는 단층이다. 주향 이동 단층은 거의 수직이지만, 단층을 따른 움직임은 수평이다.

응력 Stress

응력은 외부에서 물체에 힘이 작용할 때 물체의 내부에 생기는 저항력으로, 외부 힘이 가해져 변형되었을 때 원래의 모양으로 되돌아오도록 하는 힘이다. 보통 단위 넓이당 힘이나 압력으로 측정한다. 암석은 응력에 의해 탄성 변형 또는 소성 변형이 일어나거나 파쇄 작용으로 부서진다.

탄성 변형은 외부의 힘에 의해 발생한 변형이 외부의 힘을 제거하면 완전히 회복되는 것이다. 수정 결정과 금덩이를 망치로 때리면 수정 결정은 파쇄 작용으로 산산이 부서질 것이다. 그러나 금덩이는 망치로 내려치면 소성 변형을 일으킨다. 즉, 금덩이는 납작해진 후 그 상태를 유지한다.

높은 온도는 암석에 소성 변형을 일으킬 수 있다. 실온에서는 철봉이 잘 구부러지지 않지만, 철봉이 빨갛게 달아오를 정도로 가열되면 유연해지고 쉽게 구부러진다. 온도와 압력이 증가하면 소성 변형이 더 잘 일어나기 때문에 지하 깊은 곳의 암석은 얕은 곳의 암석보다 응력에 따라 더 휘어지고 흐르는 경향이 있다.

습곡 Fold

습곡이란 수평으로 쌓인 지층이 양쪽에서 밀어붙이는 것과 같은 힘을 받아 물결 모양으로 휘어진 상태의 지질 구조를 말한다. 습곡에서 지층이 위로 휘어진 부분은 배사이고, 지층이 아래쪽으로 휘어진 부분은 향사이다. 습곡은 대칭적이거나 비대칭적이며, 습곡이 수직 이상으로 기울어지면 역전된다.

습곡에는 다음과 같은 정습곡, 경사 습곡, 등사 습곡, 횡와 습곡 등이 있다.

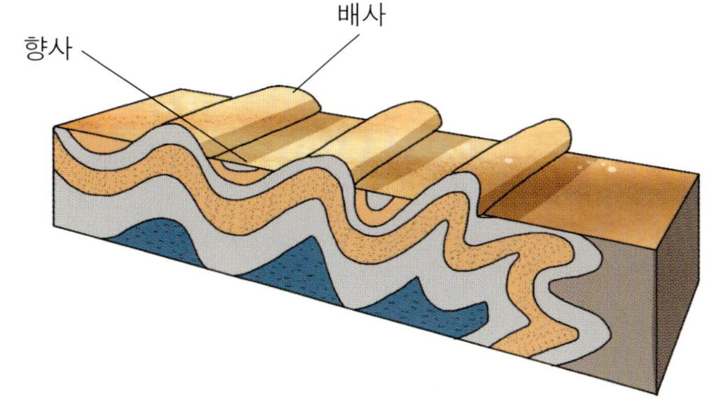

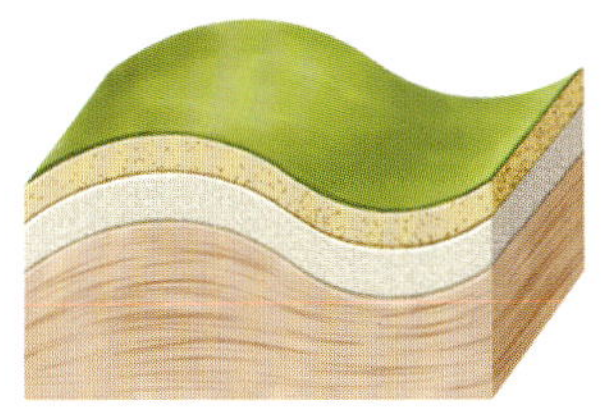
🔺 정습곡

🔺 경사 습곡

🔺 등사 습곡

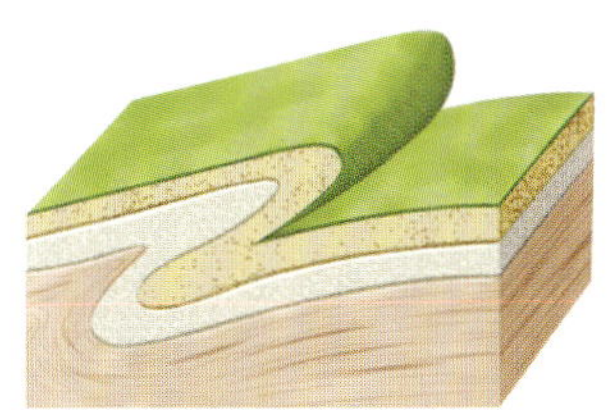
🔺 횡와 습곡

절리 Joint

절리는 암석에 생긴 틈으로, 마그마나 용암이 단단하고 굳은 암석으로 변하여 수축할 때, 지하 심부의 암석이 융기할 때, 지층이 습곡 작용을 받을 때 형성된다. 절리는 단층과 달리 깨진 면의 어느 쪽도 이동이 일어나지 않는다. 지표면 근처에 있는 대부분의 암석은 절리가 있지만, 지각 깊은 곳에 있는 암석은 대부분 유연하고 균열이 덜 가는 편이어서 절리가 줄어든다.

절리와 단층은 다른 단단한 암석과 달리 면이 약하기 때문에 공학, 광업과 채석에 있어서 중요하다. 절리가 많은 암석에 건설한 댐은 물이 새는 현상이 일어나는데, 댐 자체에 구멍이 있어서가 아니라 절리에 물이 스며들고 균열을 통해 댐 주변으로 흐르기 때문이다. 따라서 절리가 많이 발달된 지역은 건축물을 지을 때 유의해야 한다.

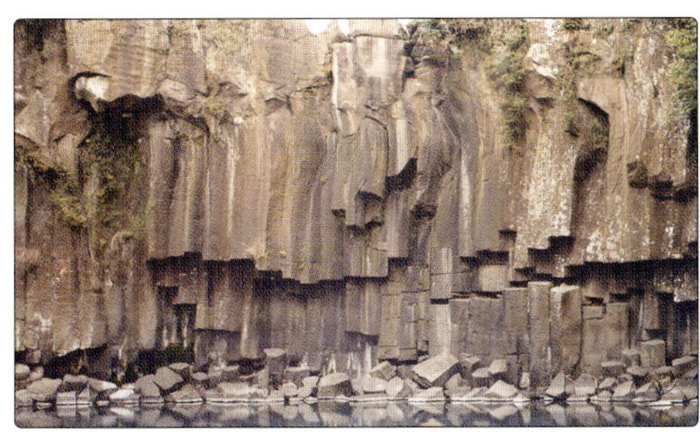
🔺 현무암의 주상 절리

산맥 Mountain Range

🔺 히말라야 산맥

조산 운동은 산맥을 형성하는 지각 운동으로, 판 경계에서 활발하게 일어난다. 습곡과 단층, 지진, 화산 분출, 심성암의 관입과 변성 작용은 모두 수렴 경계에서 일어난다. 판의 경계는 거의 직선이거나 약간 굽었기 때문에 산들은 대부분 길게 일직선이거나 약간 굽은 형태로 늘어서 산맥을 형성한다.

지진 Earthquake / 地震

지진은 지구 내부에서 단층이 생기거나 화산이 폭발할 때 일어나는 진동이다. 또한, 폭발물에 의해 인공적으로 일어나기도 한다.

지진

지구의 판은 부드러운 연약권 위로 미끄러지면서 이동한다. 그런데 마찰에 의해 판 경계에서 종종 판이 움직이지 못하게 된다. 이때 판이 늘어나거나 압축되면서 수십 년이나 그 이상 동안 아무 변동 없이 응력이 축적된다. 그러다가 한계점에 도달하면 엄청난 위력을 가진 지진이 일어난다. 갑자기 판이 깨지며 지구가 흔들리는 것이다.

지진은 크게 단층 지진, 화산 지진, 맨틀 내의 지진, 함락 지진, 인공 지진 등으로 나눌 수 있다.

단층 지진 지각의 일부분이 끊어져 단층이 생성되거나 이미 형성된 단층을 따라 새로운 파괴가 일어날 때에 발생하는 지진이다.

화산 지진 화산이 폭발할 때나 마그마가 움직일 때에 발생하는 지진이다.

맨틀 내의 지진 맨틀 내에서는 대류 운동이 계속 일어나고 있다. 이러한 대류 운동은 맨틀 위의 지각을 일정한 방향으로 잡아당기거나 밀어내 지진이 발생한다. 또한, 맨틀 내에서 마그마의 상승 운동에 의해 발생하기도 한다.

함락 지진 석회암이나 석고층에 생긴 지하의 큰 공간이 붕괴되어 나타나는 소규모의 지진이다.

인공 지진 인공적으로 지하에서 폭발물을 터뜨리거나 핵실험을 한다거나 지각에 액체를 유입하는 등의 경우에 지진이 발생한다.

판의 경계

대부분의 지진은 판과 판이 수렴, 발산하거나 서로 어긋나는 경계(수렴형 경계, 발산형 경계, 보존형 경계)를 따라 발생하므로 지구 상의 주요 지진대는 판 경계와 일치한다. 지진대는 지진이 밀집되어 집중적으로 일어나는 띠 모양의 지역이다.

지진은 내진 설계가 되어 있지 않은 건축물을 파괴시키거나 화재, 산사태, 쓰나미 등을 일으키기도 한다.

지진파 Seismic Wave

지진이 발생할 때에 진동에 의해 발생하는 파동을 지진파라고 한다. 지구 내부에서 지진이 발생한 지점은 진원이고, 진원으로부터 수직으로 올라와 지표면과 만나는 지점은 진앙이다.

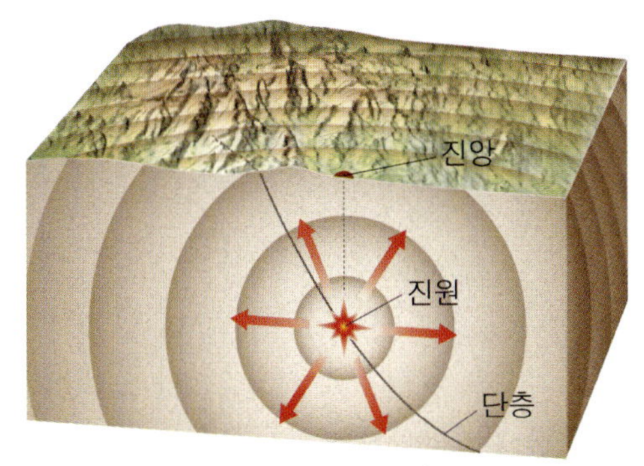

지진의 세기는 진도와 지진 규모라는 용어를 사용하여 나타낸다. 진도는 사람이 느끼는 정도, 지표나 건물의 진동 및 피해 정도를 나타내는 수치로, 동일한 지진이라도 장소에 따라 다르다. 지진 규모는 지진 자체의 에너지를 나타내는 단위로, 동일한 지진의 규모는 장소에 관계없이 일정하다.

🚀 더 나아가기

규모가 큰 지진

위치	날짜	규모
칠레	1960. 5. 22.	9.5
알래스카	1964. 3. 28.	9.2
북수마트라 해안	2004. 12. 26.	9.1
알류샨 열도	1957. 3. 9.	9.1
일본 혼슈	2011. 3. 11.	9.0
캄차카	1952. 11. 14.	9.0
칠레	2010. 2. 27.	8.8
에콰도르	1906. 1. 31.	8.8
알류샨 열도	1965. 2. 4.	8.7
인도네시아 수마트라	2005. 3. 28.	8.6

[지난 100년간 세계에서 가장 큰 지진에 기록된 순위(모멘트 규모)]

지진파의 종류

실체파 진원에서 모든 방향으로 전파되는 지진파를 실체파라고 하는데, P파와 S파가 실체파에 속한다. P파는 속도가 빠른 지진파로, 관측소에 첫 번째로 또는 가장 우선적으로 오는 파이다. 파의 진행 방향에 나란하게 앞뒤로 지면을 진동시키며 전달되고, 암석을 반복적으로 압축 팽창시키면서 진행한다.

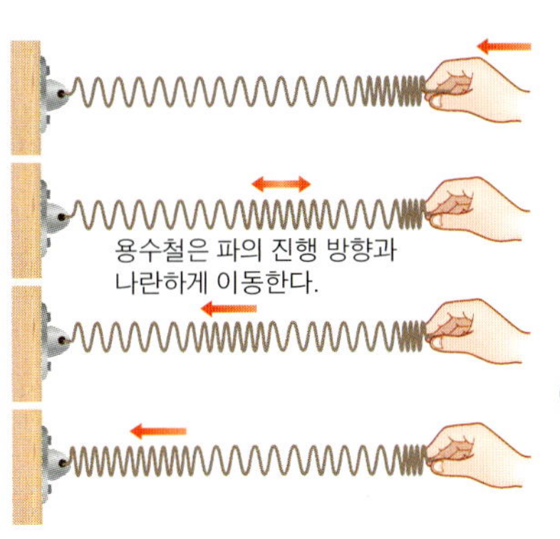

S파는 P파보다 느리며, 관측소에 두 번째로 도착하는 파이다. 파의 진행 방향에 수직으로 지면을 진동시키는 전단 운동 때문에 전단파라고도 한다.

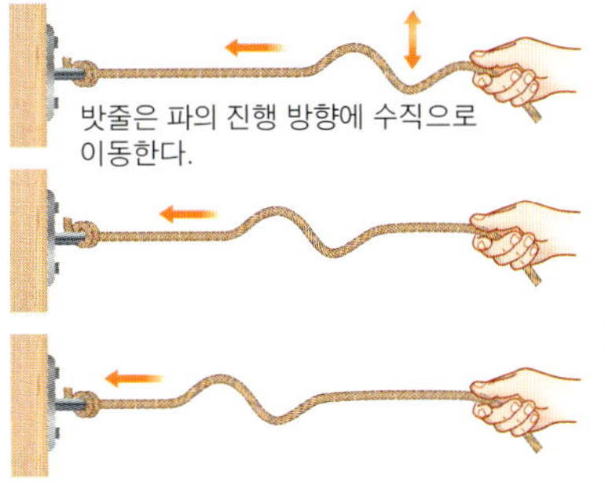

표면파 표면파는 지구 표면을 따라 전파되며, 실체파보다 더 느리게 진행한다. 표면파는 두 가지 유형의 파가 동시에 생기는데, 위아래로 구르는 것과 좌우로 진동하는 것이다. 지진이 일어나면 지표면은 바다의 해파처럼 요동치고 뱀처럼 좌우로 비틀거린다. 표면파는 지표면 이동과 피해의 가장 주요한 원인이 된다.

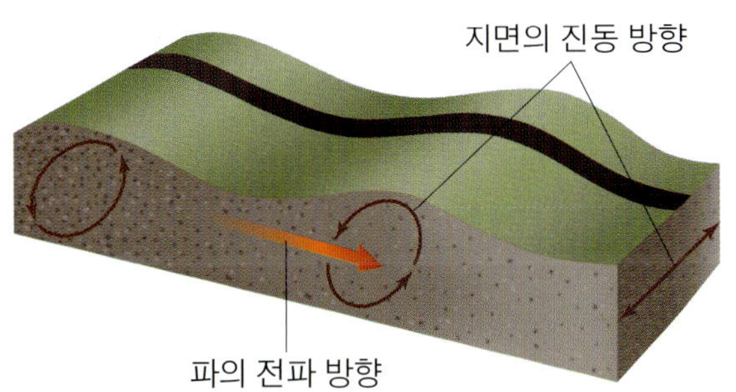

화산 Volcano / 火山

지하 깊은 곳에서 생성된 마그마가 지각의 틈을 통해 지표 밖으로 나올 때 기체가 되기 쉬운 것은 화산 가스가 되고, 나머지는 용암과 암석 파편, 화산 쇄설물로 분출되어 만들어진 산이다.

화산 활동

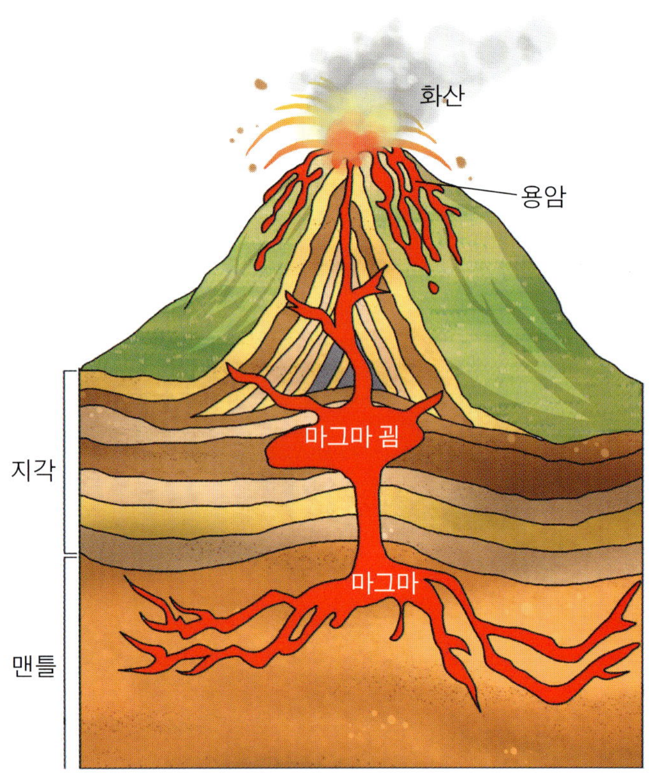

화산은 마그마가 지각의 틈을 통해 지표 밖으로 나와 용암으로 흐르거나 격렬하게 분출되어 만들어진 산이다.

화산 활동은 새로운 산이 생기게 하거나 없어지게 하는 등 짧은 시간 동안에 빠르게 지표를 변화시킨다. 화산이 분출할 때에는 기체, 액체, 고체 상태의 여러 가지 물질이 나온다. 화산이 분출하는 모습은 다양한데, 어떤 화산은 분출물이 폭발하듯 솟구쳐 나오고, 어떤 화산은 용암이 지표면을 따라 흐른다.

화산 활동이 주는 이로운 점으로는 땅속의 열을 이용하여 온천을 만들거나 지열 발전을 이용한다는 점이다. 하와이, 아이슬란드, 남서태평양 대부분의 섬들은 거의 화산 분출에 의해 만들어졌다.

마그마 Magma

마그마는 지하에서 암석이 높은 열에 의해 녹은 것으로, 암장이라고도 한다. 주위의 암석보다 가벼워서 서서히 상승한 뒤 많은 양의 마그마가 호수처럼 고여 있는 상태인 마그마 굄을 이룬다. 마그마가 냉각되면서 휘발성 물질이 더 많이 기체로 변하여 마그마 내의 압력이 커지면 지각의 약한 틈을 따라 지표로 분출한다.

대부분의 마그마는 실리카(SiO_2)를 주성분으로 하는데, 실리카가 적게 포함되어 있어 점성이 작고 유동성이 큰 마그마를 분출하는 화산은 활동이 비교적 조용하며 경사가 완만한 화산을 형성한다. 반면에 실리카가 많이 포함되어 있어 점성이 크고 유동성이 작은 마그마를 분출하는 화산은 폭발적이며 경사가 급한 화산을 형성한다.

용암 Lava

용암은 지표면을 흐르는 마그마로, 대부분의 기체는 날아간 액체 상태이다.

점성이 낮은 용암은 냉각되면서 매끄럽고 광택이 나는 표면을 갖거나 새끼줄 모양으로 꼬여 주름을 만들며 굳어질 때까지 흐른다. 점성이 높은 용암은 흐르면서 용암 표면이 부분적으로 고체로 변한다.

화산 지형

분화구 지구 내부의 마그마가 용암이나 화산 가스 등으로 지표 밖으로 분출하는 출구로, 화구라고도 한다. 화산 정상에 생긴, 그릇처럼 움푹 들어간 곳이다.

화도 화산 분출물이 분화구로 올라가는 지하 통로로서, 일반적으로 분화구 내에 있다.

용암 대지(현무암 대지) 가장 조용한 유형의 화산 분출은 매우 유동적인 마그마가 지표의 틈으로 흘러나와 물처럼 흐르는 형태이다. 이런 틈새 분출은 빠르게, 연속적으로 발생하여 수천 km^2의 지표를 덮어 용암 대지를 형성한다.

순상 화산 점성이 작고 유동성이 큰 마그마가 연속적으로 흘러 형성된 크고 기울기가 완만한 화산이다.

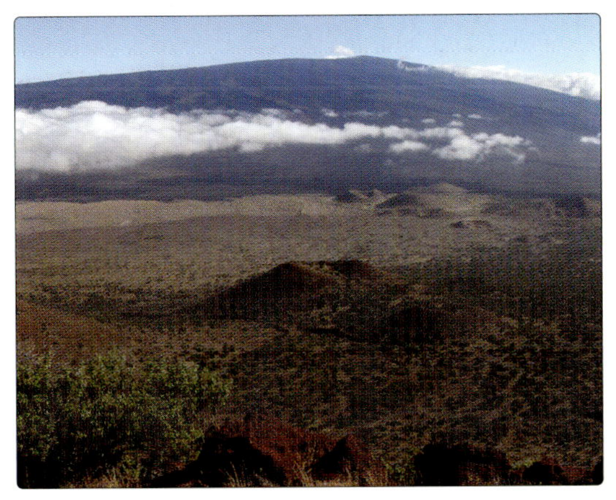

종상 화산 산꼭대기가 종 모양으로 된 화산이다. 점성이 크고 고체에 가까운 용암인 경우에 옆으로 흘러가지 못하고 거의 화도의 굵기 그대로의 용암괴가 화구 위로 밀려나와 급경사로 된 구릉을 만든다.

주상 절리 단면의 모양이 오각형 기둥 또는 육각형 기둥 모양으로 갈라진 틈이다. 용암이 지표면에 흘러내리며 식는 과정에서 규칙적인 균열이 생겨 만들어진다.

칼데라 격렬한 화산 분출 이후에 함몰되어서 움푹 패어 웅덩이가 만들어진 지형이다. 어떤 칼데라는 화산재 층이 붕괴된 화산암 조각으로 채워지고, 어떤 칼데라는 둥근 함몰구와 가파른 벽을 유지한다.

성층 화산 용암과 화산 쇄설물이 반복적으로 쌓여 뚜렷한 층을 가진 가파른 화산이다. 단단한 용암층이 느슨한 화산 쇄설물을 덮어 침식으로부터 보호한다. 성층 화산의 가장 큰 특징은 반복되는 분출로 형성되었다는 것이다.

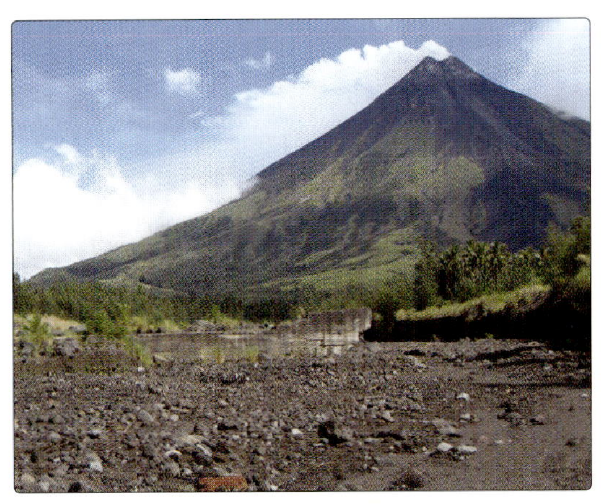

분석구 중앙 화도에서 분출된 화산 쇄설물로 이루어진 작은 화산으로, 높이는 보통 300m 이하이다. 분석구는 상승하는 마그마 내부에 가스가 대량으로 축적되었을 때에 형성된다. 가스 압력이 충분하게 상승하면 화산재나 화산탄 같은 화산 쇄설물, 그리고 용융된 마그마 모두가 대기 중으로 급격히 터져 나온다.

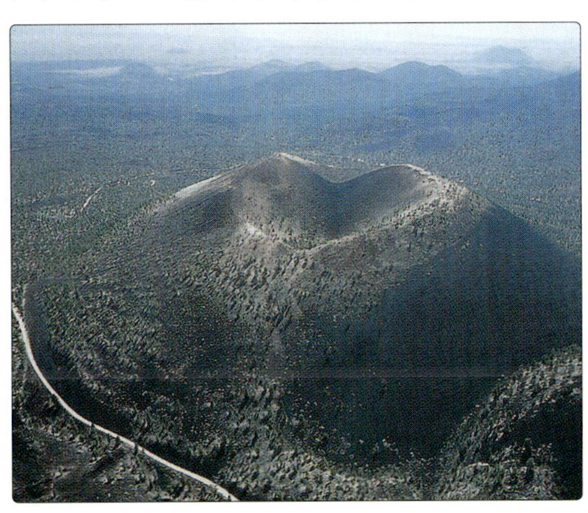

담수 Fresh Water / 淡水

담수는 민물을 뜻하며, 바닷물과 같은 염수에 대응하여 염분의 함유량이 적은 보통의 육수이다. 약간의 염분을 함유하고 있어 순수한 물과는 다르다.

물의 순환 Hydrologic Cycle

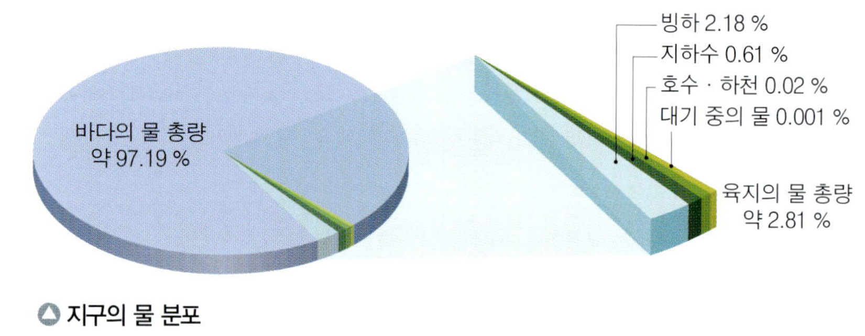

🔺 지구의 물 분포

지구상에 있는 물의 약 97.19%는 바다에 있고, 1%도 안 되는 물이 하천과 강, 호수, 지하수, 습지대에서 담수로 이용된다.

물의 순환은 단지 물의 이동만을 말하는 것이 아니고 지구의 한 부분으로부터 에너지 이동의 주요 복합 과정을 말한다. 육지의 물과 바닷물은 태양 에너지를 받아 증발하여 수증기가 된다. 수증기가 된 물방울이 위로 올라가면서 온도가 낮아져 작은 물방울로 응결하여 구름이 만들어진다. 구름을 이루는 작은 물방울이나 얼음 알갱이가 모여서 커지면 무거워져 떠 있을 수 없게 된다. 따라서 비나 눈이 되어 지표면으로 떨어진다. 지표면으로 떨어진 빗물은 낮은 곳으로 흐르면서 지표면의 물질을 침식시키고 운반하여 지표면을 변화시킨다. 일부는 지하수가 되어 흐르고, 결국에는 낮은 곳으로 이동하여 바다로 다시 돌아간다.

또한, 지구 상의 생물체들이 물을 사용하여 양분을 흡수하거나 생물의 형태를 유지하는 것을 통해 물이 순환된다.

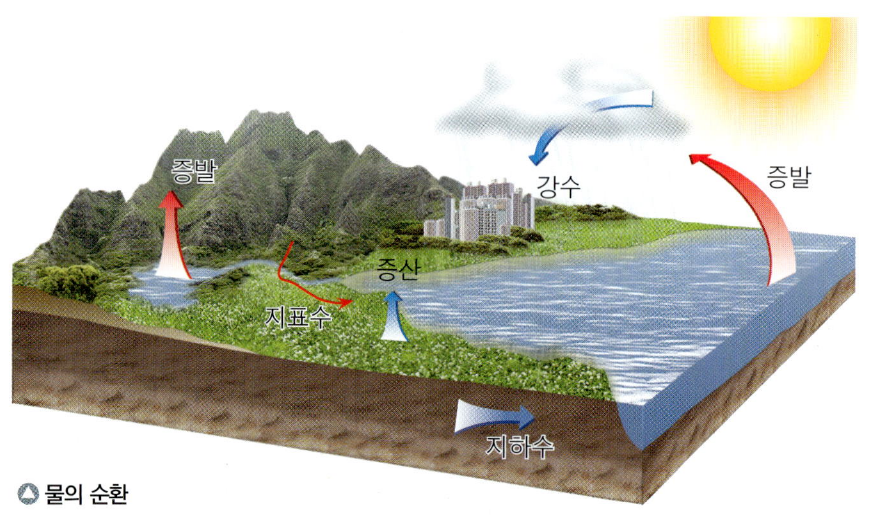

🔺 물의 순환

하천 Stream

강은 작은 하천이 모여 이루어진 큰 하천을 말한다. 대부분 지하수가 하천 바닥으로 흘러 들어가기 때문에 하천은 가뭄일 때에도 흐른다. 하천의 속도는 구배, 유량, 하도(물길)의 특성에 따라 다르다.

구배 기울어진 정도로, 모든 요인이 동일한 경우 물은 경사가 완만한 곳보다 경사가 가파른 곳에서 빠르게 흐른다.

유량 하천을 따라 흐르는 물의 부피로, 보통 단위 시간당 $1m^3$로 측정한다. 하천의 어떤 지점에서 하천의 속도는 유량이 증가할 때 빨라진다.

하도의 특성 하천 수로의 모양과 거친 정도를 나타내는 특징이다. 흐르는 물과 하천 수로 사이의 마찰이 하천의 속도를 늦춰 결과적으로 물은 강의 중심보다 측면 근처에서 느리게 흐른다. 마찰의 크기는 수로의 거친 정도와 모양에 따라 달라진다.

호수 Lake

호수는 육지의 표면이 오목하게 팬 곳에 물이 괴어 있는 넓은 곳이다. 호수로 흘러드는 하천은 퇴적물을 운반하기도 한다. 그래서 호수는 습지가 되고, 시간이 흘러 습지에는 더 많은 퇴적물과 식물이 채워져 이들 사이를 흐르는 하천을 가진 초원과 숲이 되기도 한다.

호수는 화산 활동에 의해서 만들어지기도 한다. 화산 활동에 의해 크레이터가 만들어지고, 거기에 물이 채워지면 호수가 된다. 또한, 우각호는 하도에서 끊어져 생긴 호수이다.

더 나아가기

호수의 영양 균형

거의 순수한 물로 채워진 깊은 호수이지만, 영양 물질이 적어서 상대적으로 적은 유기체가 살고 있는 호수를 빈영양호라고 한다. 반면에, 상대적으로 얕은 호수로, 영양 물질이 풍부하여 다양한 생명체가 서식하는 호수를 부영양호라고 한다.

지하수 Groundwater

지하수는 지하에 들어 있는 물로, 토양과 기반암의 작은 균열과 공간을 채운다. 사람들은 우물을 파고 지표로 물을 끌어올려 지하수를 개발한다.

대수층은 경제적으로 개발할 수 있을 정도로 다량의 지하수를 포함하고 있는 암석이나 토양을 말한다. 대수층은 통기성과 투과성이 좋아 물이 잘 흐르기 때문에 물을 다 뽑아 쓰고 난 후에도 재충전이 잘 된다.

샘	지하수면이 지표면과 접하여 물이 표면 위로 흐르거나 새어나올 때 만들어진다. 샘 안의 물은 펌프질 없이도 올라온다.
동굴	산성의 물이 석회암의 틈 속에 스며들어 암석을 용해하고 균열을 넓힘으로써 만들어진다.
싱크홀	동굴의 지붕이 무너져 땅이 원통이나 원뿔 모양으로 꺼져서 생긴 웅덩이이다.
카르스트 지형	석회암 지역에서 비나 지하수에 의해 녹아내리는 용식 작용에 의해 만들어진 불규칙한 지형이다.

[지하수에 의힌 지형]

온천 Hot Spring

온천은 뜨거운 지하수가 표면으로 흘러나와 형성된 샘으로, 대부분 기반암의 균열 때문에 지표로 솟아오른다.

지하수는 여러 가지 방법으로 가열된다. 지하 2~3km 깊이로 내려가면 지하수는 거의 60~90℃까지 가열된다. 그리고 화산 지대에서 마그마나 뜨거운 화성암이 지표 근처에서 식기 때문에 상대적으로 얕은 깊이에 있는 지하수를 데울 수 있다. 또한, 많은 온천은 뜨거운 물에 용해된 적은 양의 황화 수소의 화학 반응에 의해 데워진다. 황철석과 같은 황화 광물들은 물과 반응하여 황화 수소를 발생한다.

빙하 Glaciers / 氷河

빙하는 추운 날씨로 눈이 녹지 않고 계속 쌓이면서 압축되어 얼음으로 변한 것이다. 땅 위에서 형성되어 낮은 쪽으로 흐르며, 무게 때문에 바깥쪽으로 퍼진다.

빙하

빙하는 여름에 녹은 눈의 양보다 겨울에 내린 눈의 양이 많을 때 땅 위에서 형성된다. 산에 있는 빙하는 아래쪽으로 흘러내리고, 땅에 수평으로 있는 빙하는 무게 때문에 바깥쪽으로 퍼져 나간다.

대륙 빙하 대륙 빙하는 추운 극지방에서 형성되며, 대륙 전체를 한 덩어리로 덮는다. 극지방은 겨울이 길고 추우며 여름은 매우 짧고 시원하기 때문에 대부분의 지역이 고도에 상관없이 빙하로 덮여 있다. $50,000\,\mathrm{km^2}$ 또는 이보다 더 넓은 지역을 덮고 있고 자체의 무게 때문에 바깥쪽 온 사방으로 퍼져 나간다. 대륙 빙하는 부서져서 얼음덩이인 빙산을 만들기도 한다. 오늘날 지구 상에는 그린란드와 남극 대륙에 오직 2개의 대륙 빙하만이 존재한다.

산악 빙하 산악 빙하는 위도가 높고 눈이 많은 산에서 형성되고 산 계곡을 흘러내리며, 곡빙하라고도 한다. 산은 저지대 부근보다 춥고 더 습하다. 정상 부근에서는 겨울에 눈이 많이 내리고, 여름은 짧고 춥다. 이러한 환경에서 산악 빙하가 만들어지는 것이다. 산악 빙하는 남극, 북극, 온대 지역과 열대 지역의 모든 대륙에 존재하며, 기온과 강우량에 따라 다르게 성장한다. 어떤 산악 빙하는 정상에서 저지대의 계곡으로 매우 먼 거리를 흘러내려가기도 한다.

집적대	높은 고도에 있는 산악 빙하의 끝에는 겨울에 내리는 눈이 여름에 녹는 눈의 양보다 많아서 눈이 해마다 쌓인다. 이곳에 있는 빙하의 표면은 일 년 내내 눈으로 덮여 있다.
융삭대	낮은 고도에 있는 산악 빙하이다. 여름에 녹는 눈의 양이 겨울에 쌓이는 눈의 양보다 많아서 눈은 녹아 없어지고 오래되고 단단한 얼음만 남아 있는 부분이다.
설선	높은 산에서 일 년 내내 눈이 녹지 않는 부분과 녹는 부분의 경계선으로, 겨울에 내린 눈이 녹지 않고 쌓이는 가장 낮은 높이의 경계선이다.
크레바스	깨지기 쉬운 빙하 상부의 40 m 깊이까지 생긴 좁고 깊은 틈으로, 빙하가 균일하지 않은 기반암 위로 흐를 때에 생성된다.

🚀 더 나아가기

빙하가 녹고 있다

2003년 여름에는 알프스에 있는 빙하의 10 %가 녹아 버렸다. 과학자들은 빙하의 유실이 인류가 초래한 지구 온난화 현상의 첫 번째 징후라고 말한다. 북극과 남극 대륙 빙하가 녹은 물은 해수면을 상승시키고 바다로 유입된 담수는 해류와 기후를 변화시킨다.

여러 가지 빙하 형태

△ 대륙 빙하

△ 산록 빙하

△ 곡빙하

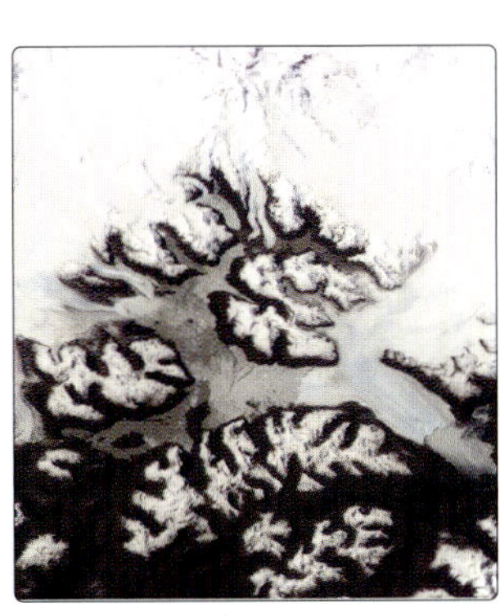

△ 분출 빙하

빙하의 이동

빙하 이동률은 경사면의 경사도, 강우량과 기온에 따라 다르다.

활동성 운동은 빙하 전체가 기반암 위로, 같은 방향으로 미끄러져 내려가는 움직임이다. 기반암과 빙하의 밑부분 사이에 있는 물은 이 운동이 더 빨리 일어나도록 한다. 소성 유동은 빙하가 액체처럼 흐르는 움직임이다. 이 움직임은 내부 조직의 변화를 동반한다.

🚀 더 나아가기

빙하의 나이테

빙하는 기후 변화에 따라 확대 또는 축소되어 빙하의 단면은 나무의 나이테와 같은 모양을 하고 있다. 기온이 내려가고 강설량이 늘어나면 빙하가 확대되지만, 기온이 상승하고 강설량이 줄어들면 빙하가 축소된다.

빙하에 의한 지형

빙하는 매우 느리게 움직이지만 지표면을 거칠게 침식하여 침식 지형을 만드는 등 여러 가지 지형을 만들어 낸다.

빙하조선

빙하의 찰흔이라고도 한다. 빙하의 끝부분에 박혀 있던 암석 파편들이 기반암을 할퀴어 만들어진 직선상의 찰흔이다.

U자곡

빙하의 침식 작용에 의해 생성된 지형으로, 빙하에 깎여 양옆은 경사가 급하고 바닥은 움푹하고 평평하게 침식되어 생긴 U자 모양의 골짜기이다. 빙식곡이라고도 한다.

권곡

가파른 양쪽 경사면과 뒷벽을 가진 밥그릇 모양의 우묵한 계곡으로, 서크라고도 한다.

권곡호

빙하가 융해되어 형성된 호수로, 바닥에 있는 작은 호수이다.

혼

산 정상에 있는 예리하고 뾰족한 봉우리이다.

현곡

흘러 들어가는 물줄기가 원줄기와 합류하는 지점이 폭포나 급류를 이루는 상태를 말한다. 빙하에 의해 형성된 U자곡의 각지에 발달해 있다.

피오르

산악 빙하에 의해 형성된 U자형의 골짜기가 침수하여 생긴, 깊고 폭이 좁은 만이다.

사막 Desert / 沙漠

사막은 비가 거의 내리지 않아 식물이 자라기 힘든 지역으로, 극지방을 제외한 지구 표면의 25%를 덮고 있다. 사막은 표면 구성 물질에 따라 암석 사막과 모래사막으로 구분된다.

사막 형성

위도, 산맥, 전반적인 기후를 포함한 여러 가지 요인에 의해 비와 눈이 지표면에 고르지 않게 내리기 때문에 지구상에는 사막과 반건조 지대 등이 분포한다.

적도 지방의 상승하는 공기가 습기를 잃어 건조해진 채 높은 고도에서 북쪽과 남쪽으로 움직인다. 공기는 차가워지고 밀도가 높아지면서 북남위 30° 위치에서 지구 표면으로 가라앉는다. 공기가 하강함에 따라 서로 압축되면서 온도가 상승한다. 하강하는 공기가 물을 흡수하기 때문에 땅 표면은 건조해지고 비는 적게 내리게 되어 사막이 만들어진다. 전 세계의 거대한 많은 사막이 북남위 30°에 위치하고 있다.

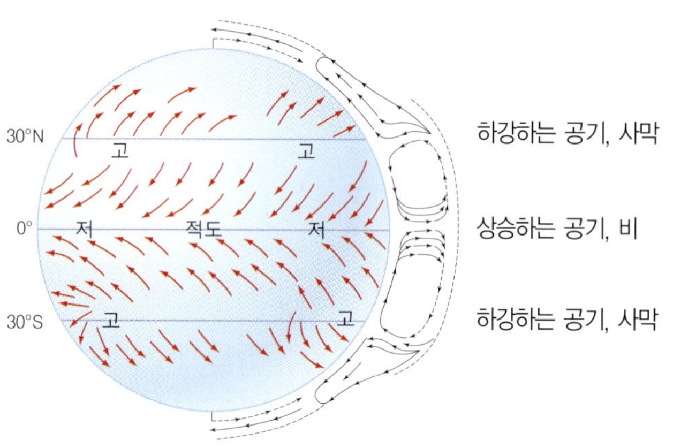

암석 사막 Rocky Desert 과 모래사막 Sand Desert

사막은 표면을 형성하는 물질에 따라 암석 사막과 모래사막으로 구분된다.

암석 사막은 강한 바람의 침식 작용에 의해서 암석이 노출된 곳으로, 낮과 밤의 심한 기온 변화에 따라 암석의 표면이 붕괴된 세립 물질이 바람에 의하여 운반되므로 모래를 거의 볼 수 없다. 암석 조각이 분포되어 있는 암석 사막을 특히 자갈 사막이라고 한다.

모래사막은 바람에 의해 운반된 모래가 쌓여서 만들어진 언덕인 사구로 뒤덮여 있고, 바람에 의해 사구가 이동한다.

🔺 모래사막

물 Water

물은 사막의 건조한 환경에서 중요한 역할을 한다. 가끔씩 오는 눈이나 비를 통해, 또 지하수, 사막 밑의 대수층(물을 보유하고 있는 층)을 통해 물이 공급될 수 있다.

사막의 하천들은 대부분 말라 있지만, 폭풍우가 일면 돌발 홍수가 발생하게 된다. 와디는 건조 지역에서 큰비가 내릴 때에만 만들어지는 일시적인 하천이다. 플라야 호수는 주기적으로 말라 버리는 사막 호수로, 호수 바닥에 황폐한 플라야(사막의 내륙 분지 가운데에 폭우가 내린 후 땅이 말라 버려 땅 표면에 드러난 평야)를 남긴다.

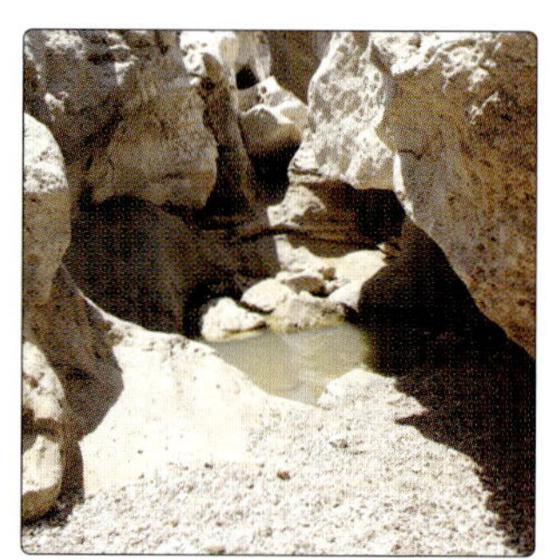

🔺 와디

사구 Dune

사구는 바람에 의해 퇴적된 작은 언덕이나 능선을 말한다. 사구는 모래 바람에 의한 퇴적 작용으로 만들어진 대표적인 지형이다. 바람은 지형학적으로 함몰된 지역이나 바람이 약해지는 곳에 모래를 퇴적시킨다. 모래 사구는 바람이 불어가는 쪽으로 이동한다.

사구는 일반적으로 높이가 30~100 m까지 커지고, 좀 더 거대한 것들은 500m를 넘기도 한다. 어떤 지역에는 수십에서 수백 km 길이의 사구도 있다. 대부분의 사구들은 비대칭적인데, 바람이 불어오는 쪽은 경사가 완만하고, 반대쪽인 바람이 불어 가는 쪽은 경사가 급하다. 사구에는 바르한 사구, 횡 사구, 종 사구, 반달형 사구 등이 있다.

사막 포도 Desert Pavement

사막은 비가 내리지 않거나 조금 내리기 때문에 대개 식물이 적거나 없다. 그래서 바람에 의해 사막의 땅이 침식된다.

먼지, 모래, 자갈 등으로 이루어진 사막의 땅에 바람이 불면 바람은 자갈은 남기고 먼지와 모래를 옮긴다. 이렇게 남겨진 자갈들이 연속적으로 표면을 이룬 지표면을 사막 포도라고 부른다. 전 세계 사막 지역 중 80% 정도가 돌이 많은 사막이고, 20% 정도만이 모래로 덮여 있는 사막이다.

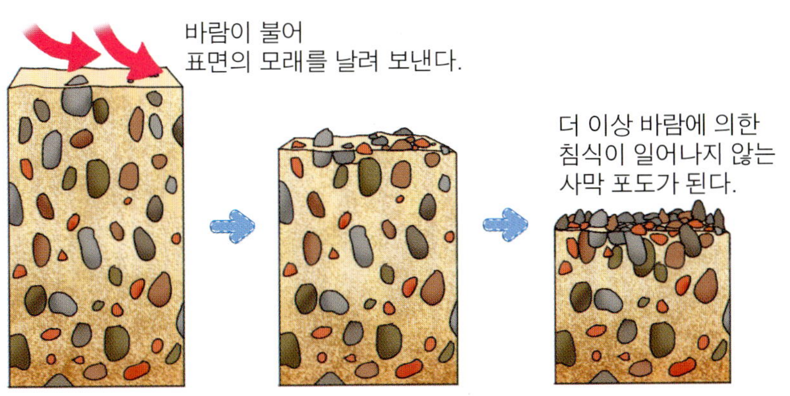

사막화 Desertification

사막화란 반건조 지역의 땅이 사람의 잘못된 관리와 기후 변화에 의해 사막으로 변하는 과정이다. 극심한 가뭄과 장기간의 건조화 현상 등의 자연적인 요인과 과도한 경작 및 삼림 벌채, 환경 오염으로 인한 기후 변화 등의 인위적인 요인으로 숲이 점차 사라지고 사막화가 일어나고 있다. 인간의 효율적인 물 관리가 생산성을 향상시키고 사막화를 막을 수 있을 것이다.

오아시스 Oasis

오아시스는 사막과 같이 건조한 지역의 특정한 위치에 항상 물이 고여 있어서 식물이 자라고 인간이 생활할 수 있는 곳이다. 사하라 사막과 같이 건조한 지역에서 오아시스는 취락을 발달시켜 사막 인구의 70%가 이곳에 정착하여 생활한다. 또한, 사막을 이동할 때 물과 음식을 공급해 주는 중요한 역할을 한다. 따라서 오아시스는 없어서는 안 될 정치적, 군사적, 상업적으로 중요한 지역이다.

해수 Ocean Water / 海水

해수는 태양계에서 유일하게 지구상에만 존재하는 물의 큰 집합체로, 그 양은 약 13억 km³이며, 지구 표면적의 약 70%를 차지하고 약 35psu의 염분이 녹아 있다.

세계의 해양

세계 '7대양'은 북대서양, 남대서양, 북태평양, 남태평양, 인도양, 북극해, 남극해이다.
하지만 이러한 명칭들은 지질학과 해양학보다는 무역과 더 밀접한 관련이 있다. 지질학
자와 해양학자들은 대서양, 태평양, 인도양, 북극해의 주요한 4개 대양으로 구분한다.

해수의 성질

염분 염분은 바닷물 1kg 속에 녹아 있는 염류의 총량을 g 수로 나타낸 값이다. 바닷물의 양은 약 13억 km³이며, 세계의 강들은 매년 25억 톤이 넘는 용해된 염류를 바다로 운반하고 있다. 그러나 바닷물의 염분은 지질 연대의 긴 시간 동안 비교적 일정했는데, 이는 염류가 바다로 공급되는 만큼 바닷물에서 제거되기 때문이다. 전 세계 바닷물의 평균 염분은 약 35psu이다. 이것은 전 세계의 바닷물 1kg에 염류가 35g 녹아 있다는 뜻이다.

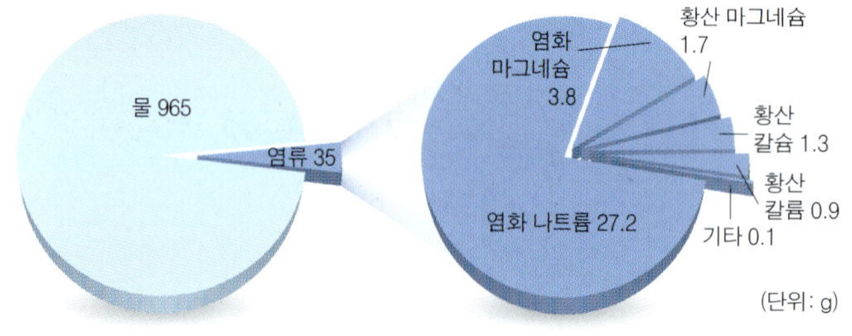

🔺 바닷물 1kg 속에 녹아 있는 염류의 양

해수면 상승 현재 해수면이 지구 온난화에 의해 1년에 약 3mm씩 상승하고 있다고 한다. 해수는 열을 받으면 팽창하고, 따뜻한 대기가 빙하를 녹여 해양에 담수가 추가되고 있기 때문이다.

🚀 더 나아가기

염분비 일정의 법칙

바닷물에 녹아 있는 염류의 양은 지역에 따라 차이가 나는데, 강수나 증발에 의해서 물의 양이 달라지기 때문이다. 염분비 일정의 법칙은 염류의 양은 계절과 장소에 따라 조금씩 달라지지만, 바닷물에 녹아 있는 주요 물질들 사이의 질량비는 일정하다는 법칙이다.

온도 호수는 여름에 표면이 따뜻한데, 이는 표면에 따뜻한 물이 떠 있고 깊은 수심의 차가운 물과 쉽게 섞이지 않기 때문이다.

해양도 이와 비슷한 수온 층이 발달하지만, 해파와 해류가 해수를 고르게 섞기 때문에 바닷물의 수온이 일정한 층인 혼합층이 표층에서 최대 450m 깊이까지 뻗어 있다. 혼합층 아래에는 수온이 깊이에 따라 급격히 감소하는 수온 약층이 있다. 수온 약층은 2km 깊이까지 뻗어 있다. 수온 약층 아래에는 계절이나 위도에 따라 수온 변화가 거의 없이 차가운 심해층이 있다. 이렇게 해양은 3개의 뚜렷한 온도 층으로 구분된다.

용존 기체 바닷물은 이산화 탄소와 산소를 포함하고 있으며 지속적으로 대기와 교환되고 있다. 대기 중 이산화 탄소나 산소의 농도가 상승하면 많은 기체가 바닷물로 빠르게 녹는다. 반대로 대기 중의 기체 농도가 떨어지면 바다로부터 그 기체가 빠져나와 대기 중으로 들어간다. 이산화 탄소가 바닷물로 녹아 들어가면 바닷물은 산성화가 촉진되며, 바닷물에 녹아 있는 산소는 대부분의 해양 생물체에게 대단히 중요하다.

조석 Tide

달과 태양의 인력에 의해 해수면이 주기적으로 높아졌다 낮아졌다 하는 현상을 조석이라고 한다. 물은 하루에 보통 두 번 주기적으로 흐름의 방향을 바꾼다. 달이 태양보다 훨씬 작지만, 지구에 더 가까이 있어서 달의 영향이 더 크게 작용한다. 대부분의 해안은 달을 향한 쪽과 그 반대편에 밀물이 들어와 해수면의 높이가 가장 높아진 상태인 만조(고조)와 달과 수직을 이루는 지역에 썰물이 빠져나가 해수면이 가장 낮아진 상태인 간조(저조)가 일어난다.

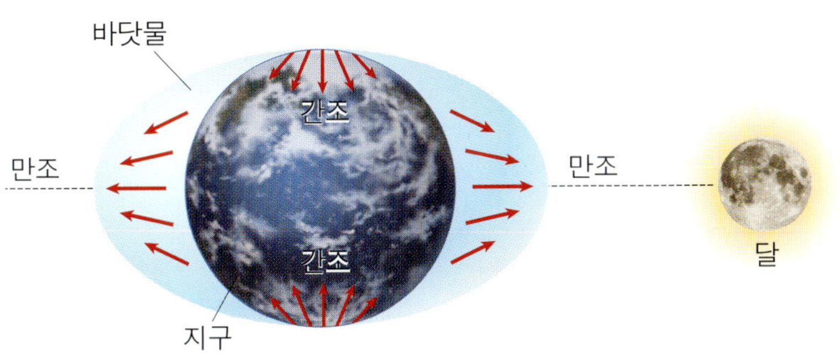

만조와 간조는 매일 같은 시각에 일어나지 않고 24시간마다 약 53분 정도씩 늦어진다. 지구가 자전축을 중심으로 회전하는 동안 달도 같은 방향으로 지구 주위를 돌기 때문이다. 지구 상의 한 점이 24시간 만에 완전하게 한 번 회전한 후, 그 지점은 달의 궤도를 따라 53분 동안 더 돌아야 한다. 이것이 달이 매일 약 53분 정도 늦게 뜨는 이유이다. 같은 방식으로 조석은 매일 약 53분 정도씩 늦어진다.

해양에 대한 태양의 인력은 달의 인력보다는 작지만, 태양 역시 조석에 영향을 준다. 태양과 달과 지구가 일직선으로 놓였을 때 달과 태양이 해수에 미치는 인력을 함께 하기 때문에 조차가 크다. 이때를 사리(대조)라고 한다.

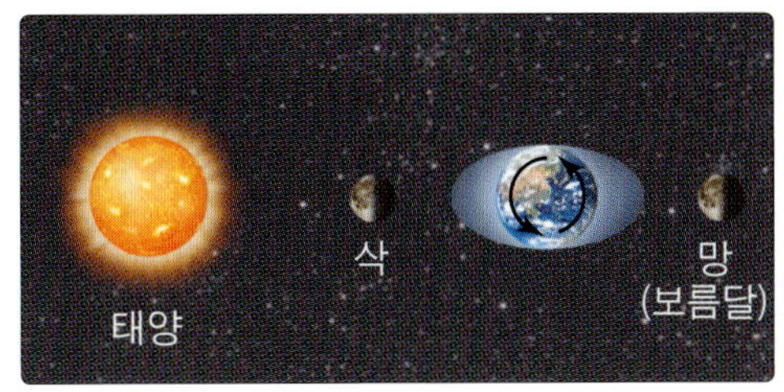

달이 지구와 태양에 대해 $90°$를 이루고 있을 때 상대적으로 작은 조석이 일어난다. 이때를 조금(소조)이라고 한다.

해파 Sea Wave

대부분의 해파는 바람이 바다를 가로질러 불 때 발달한다. 해파는 부드러운 잔물결에서부터 해안을 침식하거나 해변에 있는 집을 넘어뜨리고 배를 가라앉힐 수 있는 파괴력을 갖는 큰 것까지 다양하다. 해파가 해수면을 가로질러 수평으로 이동하는 동안 물 입자는 해파와 함께 이동하지 않고 작은 원을 그리며 움직인다.
해파는 모양에 따라 풍랑, 너울, 연안 쇄파로 구분한다. 풍랑은 먼 바다에서 강한 바람에 의해 생겼으며, 수면이 가장 높은 곳인 마루의 모양이 뾰족하다. 너울은 풍랑이 발생지로부터 멀리 전파되어 온 해파로 마루가 둥근 모양이다. 연안 쇄파는 너울이 수심이 얕은 해안에 도달하여 파의 속도가 느려지고 부서지는 파이다.

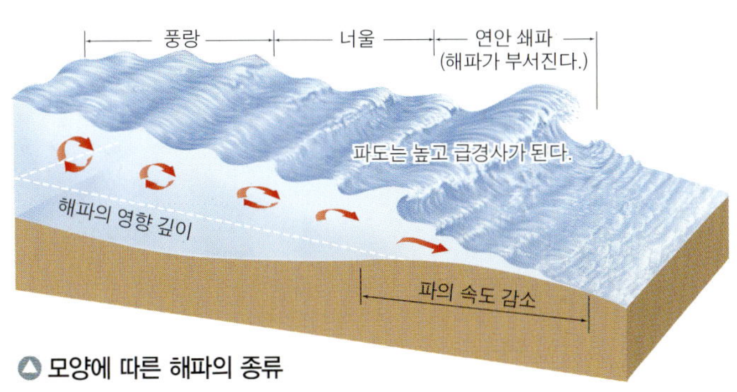

△ 모양에 따른 해파의 종류

해저 Sea Floor / 海底

지구의 표면에서 해수로 덮인 곳, 즉 바다 밑이다. 지구 표면의 약 70 %를 차지하고 있으며, 해저 지형 중 대륙붕과 대륙 사면은 대륙 지각으로 이루어져 있고, 이보다 깊은 곳은 해양 지각으로 이루어져 있다.

지구의 해양

해양은 지구 표면의 약 70%를 차지하고 있다. 대륙 지각은 해양 지각에 비해 두껍지만 밀도가 낮다. 그래서 대륙은 높은 고도에서 지각 평형에 의해 떠 있고, 해양 암석권은 낮게 가라앉아 있다. 해양 분지는 지표면에 낮은 지대를 형성하며, 이곳이 물로 채워져 바다가 되는 것이다.

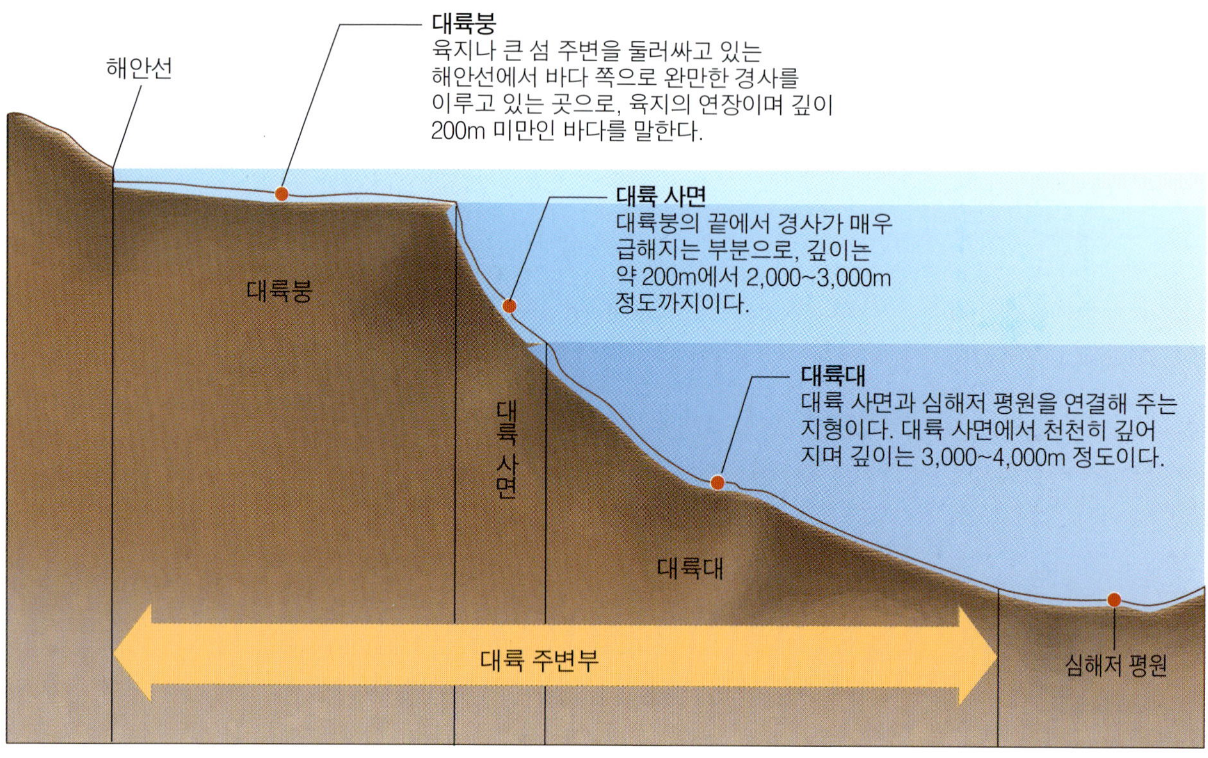

대륙 주변부 Continental Margin

대륙 주변부는 해안에서 바다로 연장된 대륙의 끝부분으로, 해양 지각과 대륙 지각의 경계를 이루는 곳이다. 해저의 지형적인 특징에 따라 수동형 대륙 주변부와 능동형 대륙 주변부로 구분한다. 수동형 대륙 주변부에는 대륙붕, 대륙 사면, 대륙대가 있으며, 육지에서 운반된 퇴적물이 쌓여서 생성된다. 능동형 대륙 주변부에서는 해양 지각이 대륙 주변부 아래 섭입대로 가라앉고 있으며, 대부분 대륙붕은 좁고 해구 쪽으로 갑자기 경사지는 대륙 사면이 있다.

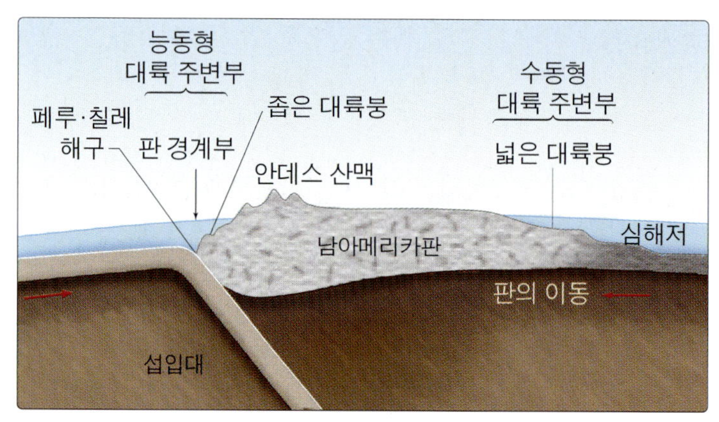

해양저

중앙 해령은 대양의 중앙 부분에 주변보다 약 2,500~3,000m 정도 높게 솟아오른 대규모의 해저 산맥이다.

열곡은 해령의 꼭대기 부분에 존재하는, 지각이 갈라져 생긴 V자형의 깊은 골짜기로, 해령 중심부 여러 곳에 위치한다. 해구는 심해저의 움푹 꺼진 지형으로, 경사가 급하며 비교적 좁고 길다. 해구는 주위의 해저보다 약 3~4km 정도 더 깊고, 수천 km까지 뻗어 있다.

호상 열도는 대양 중에 화산 활동으로 인해 만들어진 섬들이 활처럼 호를 그리며 배열된 섬의 집합체이다. 이 지역에서는 화산 활동이 활발하고, 지진이 자주 일어난다. 호상 열도는 해양 분지에서 흔히 볼 수 있다.

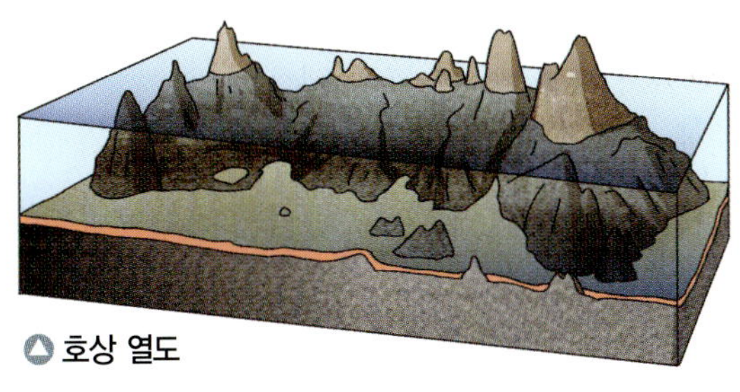

▲ 호상 열도

해양저의 퇴적물과 암석

해양 지각의 두께는 약 4~7km이며, 3개의 층으로 되어 있다. 가장 꼭대기 층인 제1층은 퇴적층이며, 두께가 0~3km 혹은 그 이상이다. 그 아래 제2층에는 약 1~2km의 베개현무암(침상현무암)이 있다. 해양 지각에서 가장 깊은 층인 제3층은 두께가 3~5km이고, 반려암과 그 위의 현무암질 암맥으로 이루어져 있으며, 제3층 아래는 맨틀 상부이다. 해저 암석의 나이는 중앙 해령에서 멀어질수록 규칙적으로 증가한다.

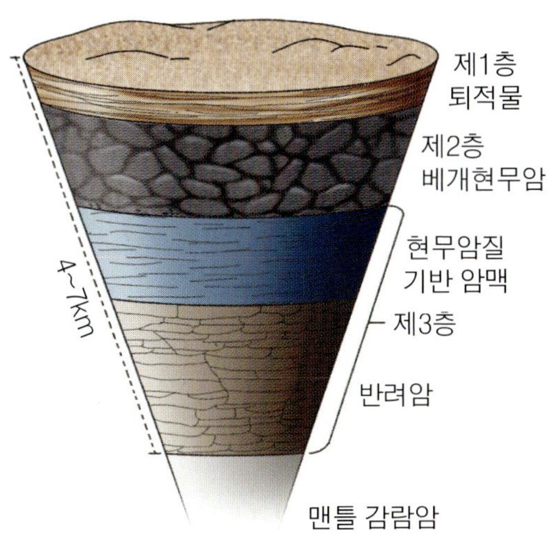

쓰나미 Tsunami

▲ 쓰나미 전

▲ 쓰나미 후

바다 밑에서 일어나는 지진이나 화산 폭발 등 급격한 지각 변동으로 인해 수면에 해파가 생기는 현상을 쓰나미 또는 지진 해일이라고 한다. 쓰나미는 지진과 화산 활동이 활발한 환태평양 지진대와 화산대를 따라 자주 발생한다.

해류 Oceanic Current / 海流

해양 상층 400 m에서 일어나는 해수의 수평적인 흐름으로, 해수면 위로 부는 바람에 의해 발생한다. 물이 특정한 방향으로 지속적으로 흐르며, 전 세계 해양은 끊임없이 순환한다.

표층 순환 Surface Circulation

항해사들이 지구 상의 가장 빠른 항로를 찾아내면서 해류가 발견되었다. 해류는 바다에 있는 강으로 비유되어 왔다. 하지만, 강과 표층 해류는 중요한 차이점이 있다. 강은 중력에 의해 흐르지만, 해양의 표층 해류는 주로 바람에 의해 형성된다는 점이다. 많은 지역에서 바람은 일 년 내내 같은 방향으로 불기 때문에 해류는 계절에 따라 거의 변하지 않는다. 바람의 방향이 바뀌면 해류도 바람의 방향을 따라 바뀌게 된다.

표층 해류는 주로 표층수와 해수면 위로 부는 바람 사이의 마찰에 의해 생긴다. 바람은 해수면을 바람이 부는 방향과 같은 방향을 따라 끌고 간다.

해양은 대륙에 의해 가로막혀 있어서 동서 방향으로 흐르는 해류가 대륙에 부딪혀 남북 방향으로 갈라져 흐르게 되면서 커다란 순환을 하게 되는데 이것을 표층 순환이라고 한다.

해류는 지구 기후에 매우 큰 영향을 끼친다. 멕시코 만류는 매초 백만 m³의 따뜻한 해수를 북쪽으로 운반하여 북아메리카와 유럽을 따뜻하게 만든다. 멕시코 만류는 해양의 표층 해류 중 하나로, 멕시코만 근처에서 시작하여 대서양 해안을 따라 북쪽으로 이동하며 북동쪽으로 가면서 점점 더 넓어지고 더 느려진다.

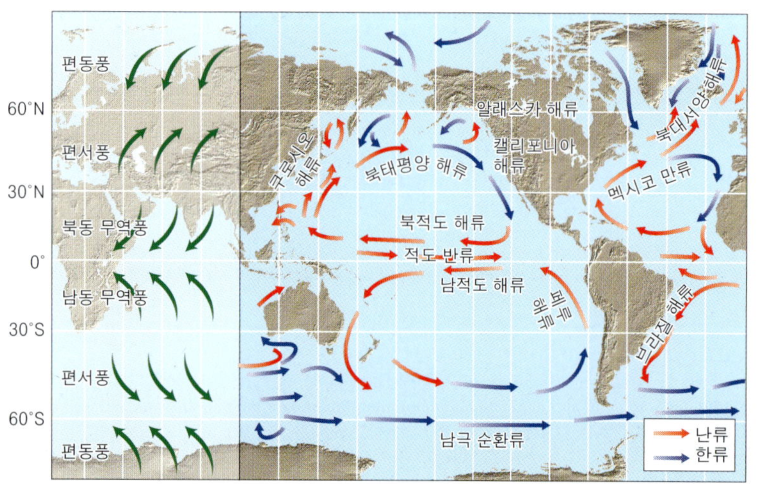

🔵 표층 순환

우리나라 주변의 해류

우리나라 주변의 해류는 구로시오 해류의 영향을 많이 받는다. 구로시오 해류는 서부 필리핀에서 시작하여 타이완과 일본을 거쳐 흐르는 해류이다. 구로시오 해류는 동해로 들어오면서 갈라져 쓰시마 난류를 만들고, 쓰시마 난류의 한 갈래가 동한 난류가 된다. 그리고 북쪽에서 북한 한류가 내려와 동한 난류와 만난다. 따라서 차가운 해류인 한류와 따뜻한 해류인 난류가 만나는 동해는 어종이 풍부하다.

코리올리 효과 Coriolis Effect

해류는 바람의 방향과 정확히 같은 방향으로 흐르지는 않는다. 주요 바람과 표층 해류의 방향 사이에 차이가 나게 하는 힘들 가운데 하나는 코리올리 효과이다. 이 효과는 지구의 자전으로 인해 운동하는 물체가 북반구에서는 오른쪽, 남반구에서는 왼쪽으로 휘는 현상을 말한다.

심층 해류 Deep-water Currents

극지방 근처에서 수온이 낮고 염분이 높은 무거운 바닷물이 가라앉아 깊은 바닷속을 흐르는 것으로, 주로 중력에 의해 발생한다. 중력에 의해 더 무거운 물은 가라앉고 덜 무거운 물은 떠오르게 된다.

표층 해류는 바람에 의해 생기지만, 심층 해류는 해수의 밀도 차이에 의해 생긴다. 해수는 얼 정도로 차가워지면 대부분 무거워지므로 열대 표층수가 극지방으로 이동하면서 차가워지면 밀도가 높아져 가라앉는다. 해수의 밀도는 염분이 증가할수록 증가하기 때문에 해수의 염분이 높아지면 가라앉는다. 표층수가 증발하면 해수의 염분은 높아지고, 극해는 표면이 얼 때 염분이 빙하에 포함될 수 없기 때문에 염분이 높아진다. 북극해와 남극해의 해수는 모두 차갑고 염분이 높기 때문에 밀도가 높다. 따라서 차가워진 수온과 염분의 증가로 해수의 밀도가 높아지면 가라앉아 해저를 따라 수평적으로 흘러서 심층 해류를 만드는 것이다. 반면에 강물이 풍부하게 유입되는 닫힌 만에서와 같이 담수가 들어가게 되면 해수는 염분이 낮아지고 밀도가 낮아진다.

심층 해류는 바람에 의해 생긴 표층 해류보다 매우 느리게 이동하며, 대륙 사이를 순환하는 심층 순환을 이룬다.

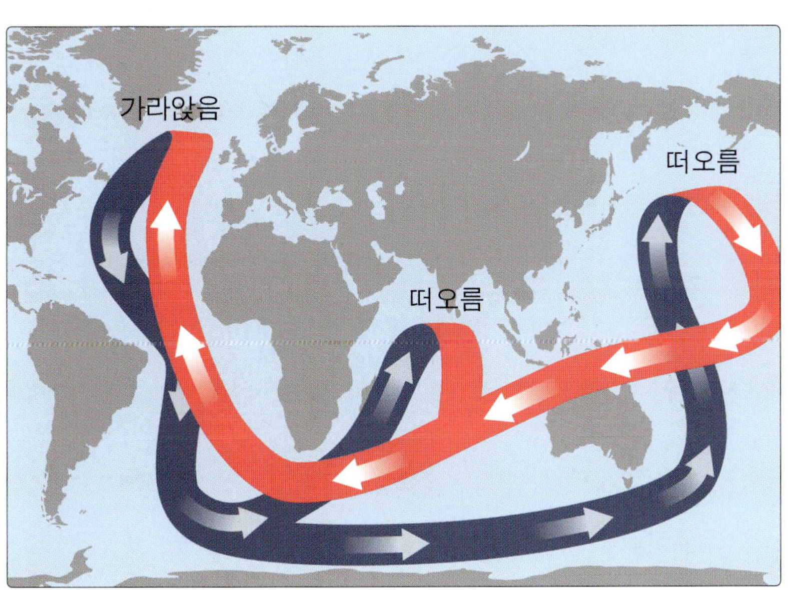

🔵 심층 순환

🚀 더 나아가기

열염 순환

심층에서는 해수의 밀도 차에 의한 해류가 나타나는데, 밀도에 영향을 주는 요소인 수온과 염분의 차이, 즉 해수 밀도의 차이에 의해 형성되는 순환을 열염 순환이라고 한다.

수직 이동
Vertical Tansport

어떤 장소에서는 표층수가 매우 깊은 곳까지 가라앉고, 다른 장소에서는 심층수가 해수면으로 떠오른다. 만일 물이 어떤 장소에서 가라앉는다면 질량 보존을 유지하기 위해 다른 곳에서 떠올라야 한다.

용승 용승은 상승하는 해류로, 깊은 바다의 차가운 해수와 영양염을 표면으로 수송한다. 용승은 위쪽을 향한 해수의 흐름이기 때문에 깊은 바다의 차가운 물을 표층으로 운반한다. 또한, 용승은 영양분을 심해로부터 표면으로 가져오기 때문에 좋은 어장을 형성한다. 3~7년마다 일어나는 엘니뇨 해에는 연안 바람이 약해지고 용승은 일어나지 않는다.

침강 침강은 표면에서 표층수가 아래로 가라앉는 것이다. 일반적으로 연안에서 바람이나 지형에 의하여 수면에서 물의 수렴이 있을 때, 해수가 얕은 수심에서 깊은 수심으로 하강한다.

💬 용어 풀이

영양염

바닷물 속 규소, 인, 질소 등의 염류를 총칭하는 말이다. 영양염에 의해 식물 플랑크톤의 생산량이 좌우된다.

해안 Coast / 海岸

해안은 바다에 접해 있는 육지의 한 부분으로, 기후나 생물, 물리적인 환경 등에 따라 다양한 형태로 나타난다.

해안의 종류

해안은 바다와 접해 있는 육지의 가장자리로, 기후, 생물 활동, 물리적인 환경 등 서로 다른 점을 반영하여 지역적으로 다양한 차이를 보인다. 열대 지방의 맹그로브가 무성한 해안, 산호초 해안, 비가 거의 없는 사막 해안, 극지방의 빙하 해안 등 매우 다양하다. 또한 해안 지형에 따라 낮고 평탄한 해안, 굴곡이 많은 해안, 절벽이 이어지는 해안, 대도시가 발달한 해안 등이 있다.

융기 해안 이전에 물 아래에 있었던 넓고 평탄한 퇴적 지형이 물 밖으로 노출되어 육지가 되면서 넓은 해안 평야로 발달한 경우가 많다. 해수면이 낮아지거나 대륙이 상승했을 때에 융기 해안이 만들어진다. 많은 융기 해안선은 모래로 덮여 있으며, 해안선이 비교적 단조롭다.

침강 해안 바다가 낮은 육지를 범람하고 해안선이 육지 쪽으로 이동하여 형성된다. 침강 해안은 해수면이 상승하거나 연안 육지가 가라앉을 때 만들어진다. 이러한 침강 해안은 보통 형태가 불규칙하며 만과 곶이 많다. 리아스식 해안이 대표적인 예이다.

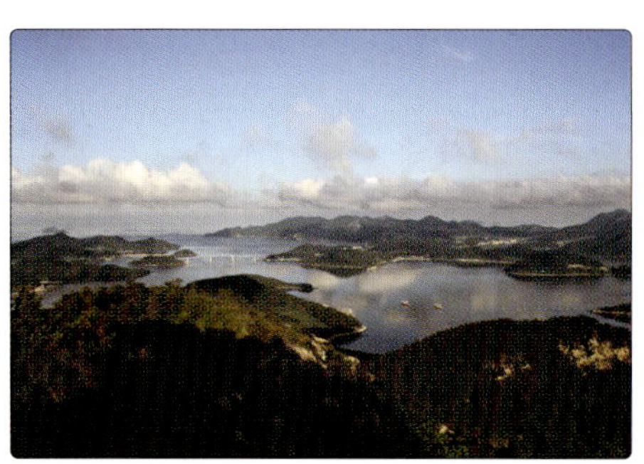

△ 리아스식 해안

해변 해파와 조석이 밀려오는 해안선의 좁고 긴 땅을 말한다. 많은 해변이 모래로 이루어져 있지만, 어떤 곳은 늪이나 바위로 된 곳도 있다. 해변은 조간대(만조 때의 해안선과 간조 때의 해안선 사이의 부분)라고 불리는 전안과 후안 두 구역으로 나눌 수 있다. 전안은 간조 때는 공기에 노출되고 만조 때는 물에 잠기는 곳이다. 후안은 보통 건조하지만 폭풍이 일어났을 때에 해파에 의해 휩쓸린다.

△ 모래 해변

리아스식 해안 Rias Coast

육지가 침강하거나 해수면이 상승해 만들어진 해안으로, 해안선의 굴곡이 많고 복잡하다. 복잡한 해안선의 영향으로 물이 잔잔하고 양식 등을 하기에 좋다. 우리나라의 남해안과 서해안이 리아스식 해안에 속한다.

해안의 침식

대부분의 해안 침식은 강한 폭풍우 때 일어나는데, 폭풍우 때 발생하는 해파가 일반적인 해파보다 훨씬 더 크고 더 강한 에너지를 가지고 있기 때문이다. 6m 높이의 큰 파도는 1.5m 높이의 파도보다 40배 강한 힘으로 해변을 강타한다. 해수는 수압 활동, 침식 작용, 용해 등을 통해 해안선을 풍화시키고 침식시키는데, 이는 풍화 작용과 비슷하다.

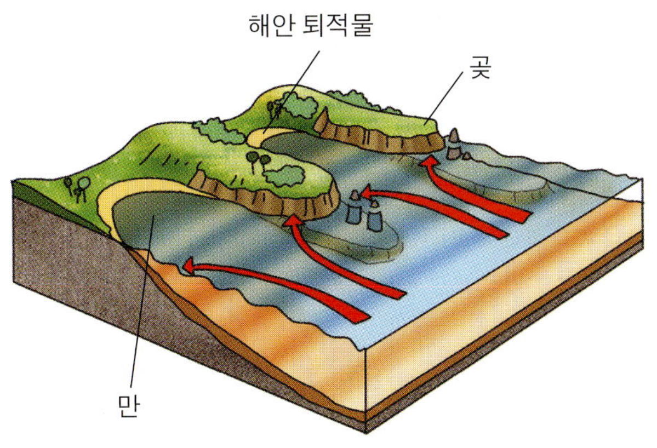

육지가 바다 쪽으로 돌출한 부분을 곶, 바다가 육지 쪽으로 들어와 있는 곳을 만이라고 하는데, 곶은 침식의 영향을 많이 받고, 만은 물질이 운반되어 쌓이는 퇴적의 영향을 많이 받는다.

해안으로 밀려오는 파도는 오랜 시간에 걸쳐 해안선을 변화시킨다. 파도가 암석이 많은 해안선의 곶을 침식하면 해식 절벽이 생기고, 해식 절벽이 침식되어 남은 평탄하거나 완만하게 경사진 대지인 파식 대지가 생긴다. 해식 절벽의 아래쪽 부분에는 파도의 침식 작용에 의하여 해식 동굴이 생긴다. 해식 동굴이 무너지거나 곶의 연안 쪽 부분이 끝부분보다 더 빠르게 침식될 때 바위 기둥인 시스텍이 남겨지는데, 이 시스텍은 파도가 바위를 계속 강타하게 되면 결국 무너지게 된다.

해식 동굴

해안의 퇴적

사취는 해변에서 물속까지 발달한, 모래나 자갈로 된 작은 퇴적 구릉이고 일반적으로 만의 입구에 형성된다.

사취

보초도는 연안선에 평행하게 발달된 길고 좁으며 낮은 섬이고, 석호는 퇴적층과 같은 작은 장애물에 의해 바다로부터 분리된 연안에 따라 나타나는 얕은 호수이다.

모든 해안선을 따라 풍화와 침식이 일어난다면 왜 모래로 된 해변이 있고 바위로 된 해변이 있을까?

해변에 있는 대부분의 모래는 그 해변에서의 풍화와 침식에 의해 형성되지 않고 여러 과정들에 의해 해안으로 운반된 것이다.

자연 상태의 해변에서는 보통 겨울철의 격렬한 해파가 바다 쪽으로 모래를 운반한다. 여름철의 잔잔한 해파는 모래를 해변으로 밀어서 다시 해변을 만든다. 연안류와 해안선에 비스듬히 치는 물결에 의해 이동하는 모래인 해안선 표사가 함께 작용하여 엄청난 양의 모래를 해안을 따라 운반하여 퇴적시킨다.

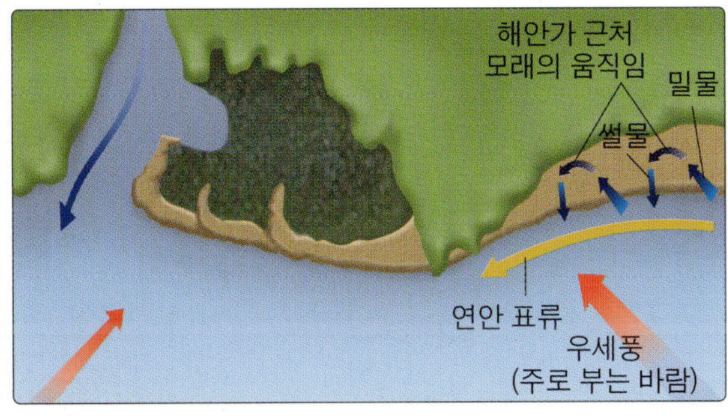

모래 해안선

대기 Atmosphere / 大氣

지구 중력에 붙잡혀 지구 전체를 둘러싸고 있는 기체 부분이다. 지표면으로부터 약 1,000 km 높이까지인 대기권은 기체가 대부분을 차지하지만, 소량의 물 입자와 먼지 입자가 있다.

대기권

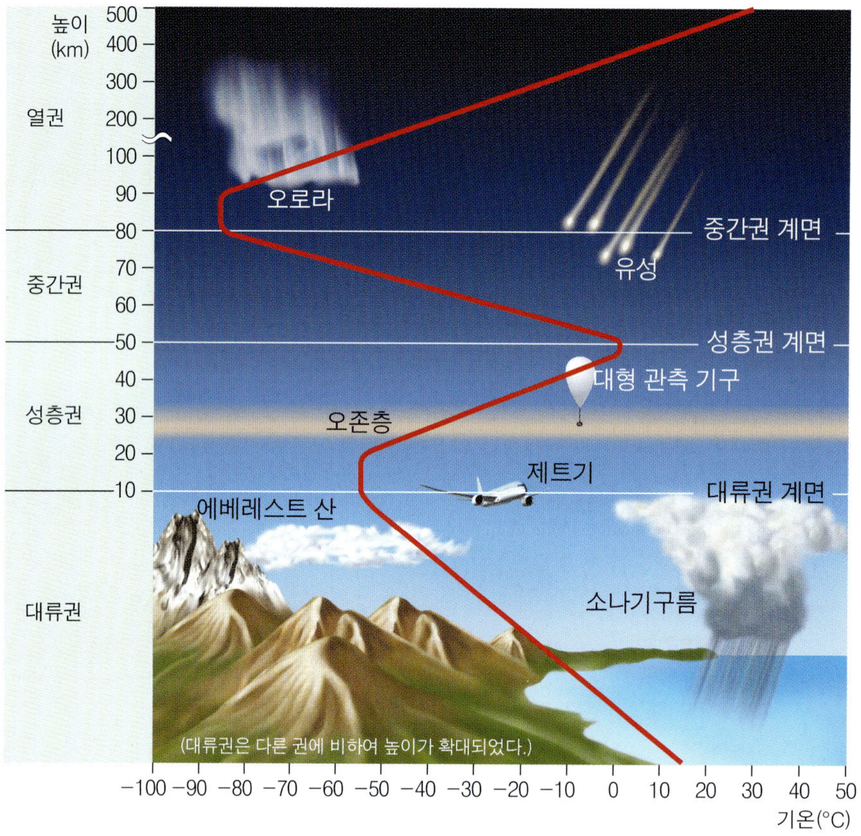

대류권 지구의 표면에 가장 가까운 대기의 층으로, 지표면으로부터 높이 약 11 km까지이다. 수증기를 포함한 공기의 대류가 활발하기 때문에 비나 눈 등의 기상 현상이 나타난다.

대류권 계면 대류권의 꼭대기에 해당하는 구간으로, 대류권과 성층권의 경계가 된다.

성층권 대류권 계면 위의 대기층으로, 대류권 계면으로부터 높이 약 50 km까지의 구간이다. 높이 약 20~30 km 사이에는 오존의 농도가 다른 곳에 비해 높은 오존층이 있다.

성층권 계면 성층권의 꼭대기에 해당하는 구간으로, 성층권과 중간권의 경계가 된다.

중간권 성층권 계면 위의 대기층으로, 성층권 계면으로부터 높이 약 80 km까지의 구간이다.

중간권 계면 중간권의 꼭대기로, 중간권과 열권의 경계가 된다.

열권 중간권 계면의 위쪽 구간이다. 공기가 매우 희박하고, 낮과 밤의 기온 차가 매우 크다. 위도 60°~80° 지역의 열권에서는 오로라가 나타나기도 한다.

🚀 더 나아가기

오존 Ozone

오존은 산소 원자 3개로 이루어져 있으며, 상온에서 기체 상태이다. 지표에서 높이 약 20~30 km 사이에 오존층을 형성하여 지구 상의 생물들을 보호하는 방패 역할도 하지만, 독성이 있어 장시간 흡입하면 호흡 기관을 해치는 대기 오염 물질이다.

대기권의 조성

건조 공기는 약 78%의 질소와 약 21%의 산소, 그리고 약 1%의 그 밖의 기체로 구성되어 있다. 가장 많은 부피를 차지하는 기체인 질소는 다른 물질과 거의 반응하지 않는 안정된 기체이다. 산소는 불이 붙을 때나 철이 녹슬 때 등에 반응하며, 동물과 식물의 호흡에도 관여한다. 이산화 탄소는 0.03%의 부피만을 차지한다. 이 밖에도 대기 중에는 수증기, 물 입자, 그리고 먼지 입자 등이 포함되어 있다. 이러한 성분들은 그 형태와 양이 위치와 높이에 따라 변한다.

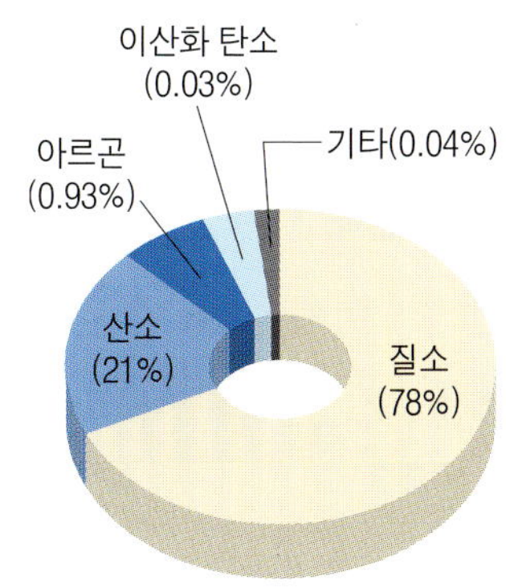

△ 건조 공기의 조성

대기의 기온 변화

고도(높이) 대류권의 낮은 고도에서는 지표로부터 많은 양의 복사열을 흡수하지만, 고도가 높아질수록 대기의 밀도가 낮고 에너지도 적게 흡수하기 때문에 기온이 감소하게 된다.

해양 효과 육지는 바다에 비해 여름에 쉽게 가열되고 겨울에는 더 빨리 냉각된다. 따라서 내륙에서는 계절에 따른 기온 변화가 해안 지역에서보다 더 크다. 해류도 지역별 평균 기온을 결정하는 데 매우 중요한 역할을 한다.

풍향 바람 또한 해류와 마찬가지로 한 지역에서 다른 지역으로 열을 운반한다.

구름양과 알베도 구름은 낮에는 지구 표면을 식혀 주지만, 밤에는 기온을 따뜻하게 한다. 강설 또한 기온에 영향을 미치는 중요한 요인이다. 지표가 눈으로 덮여 있으면 알베도는 80~90% 정도가 된다. 이것은 지표가 태양 복사량을 반사하면서 차가운 상태를 유지한다는 뜻이다.

용어 풀이

알베도 Albedo

지표에서 빛을 반사하는 정도를 수치로 나타낸 것이다. 반사율이라고도 하며, 빛을 더 많이 반사할수록 더 높은 알베도를 갖는다.

온실 효과 Greenhouse Effect

대기 중의 적외선 흡수 기체들이 태양으로부터 전달된 에너지를 가두어 둠으로써 지표의 기온이 올라가는 현상이다. 대기 중의 수증기와 이산화 탄소 등이 온실의 유리처럼 작용한다.

그런데 온실 효과를 일으키는 이산화 탄소의 양이 매년 증가하고 있다. 그에 따라 온실 효과도 커져 지구의 온도를 높이는 지구 온난화가 촉진되고 있다.

대기 오염 Air Pollution

과거 약 1세기 동안 사람들은 매우 다양한 방법으로 대기의 화학 조성을 바꾸었다. 화석 연료의 과다 사용과 산불 등으로 이산화 탄소를 증가시켰고, 연기와 매연은 대기의 투명도를 바꾸었다. 공장에서 내뿜는 화학 성분들은 해로운 물질들을 대기 중으로 유입하였다. 공장에서 나온 황 화합물에 의해 산성비가 내려 여러 가지 피해를 입기도 한다.

△ 공장의 굴뚝에서 나온 황 화합물이 대기 중으로 배출되어 산성비를 생성한다.

기후 Climate / 氣候

기후는 한 지역에서 오랜 기간 동안 나타난 강수량, 기온, 바람 등의 기상 상태를 평균한 것을 말하며, 지구의 기후는 위도, 바람, 해양과 해류, 고도를 포함한 많은 요인에 의해 영향을 받는다.

대기 대순환

대기 대순환은 지구 규모로 일어나는 순환으로, 오랜 기간에 걸친 기압과 바람의 관측 자료를 지구 전체적으로 평균했을 때에 나타나는 대규모의 대기 운동이다.

사계절이 있는 우리나라

우리나라는 여름과 겨울의 기온 차가 커서 여름에는 무덥고 겨울에는 무척 춥다. 또한 봄, 여름, 가을, 겨울의 사계절이 있다. 우리나라가 이러한 기후 특징을 갖는 이유는 여름에는 덥고 습기가 많은 계절풍이, 겨울에는 차갑고 건조한 계절풍이 불어오기 때문이다.

극순환

극지방의 냉각된 공기가 하강하여 지표에서는 극고압대를 형성하고, 저위도로 흐르는 공기가 편향되어 극동풍을 이룬다.

페렐 순환

해들리 순환과 극순환 사이인 위도 30°와 60° 사이에서 일어나는 순환이다. 지표면에서 30°N에서 60°N로 이동하는 공기는 전향력의 영향으로 편서풍을 형성한다. 또한, 극동풍과 편서풍이 만나 한대 전선을 형성한다.

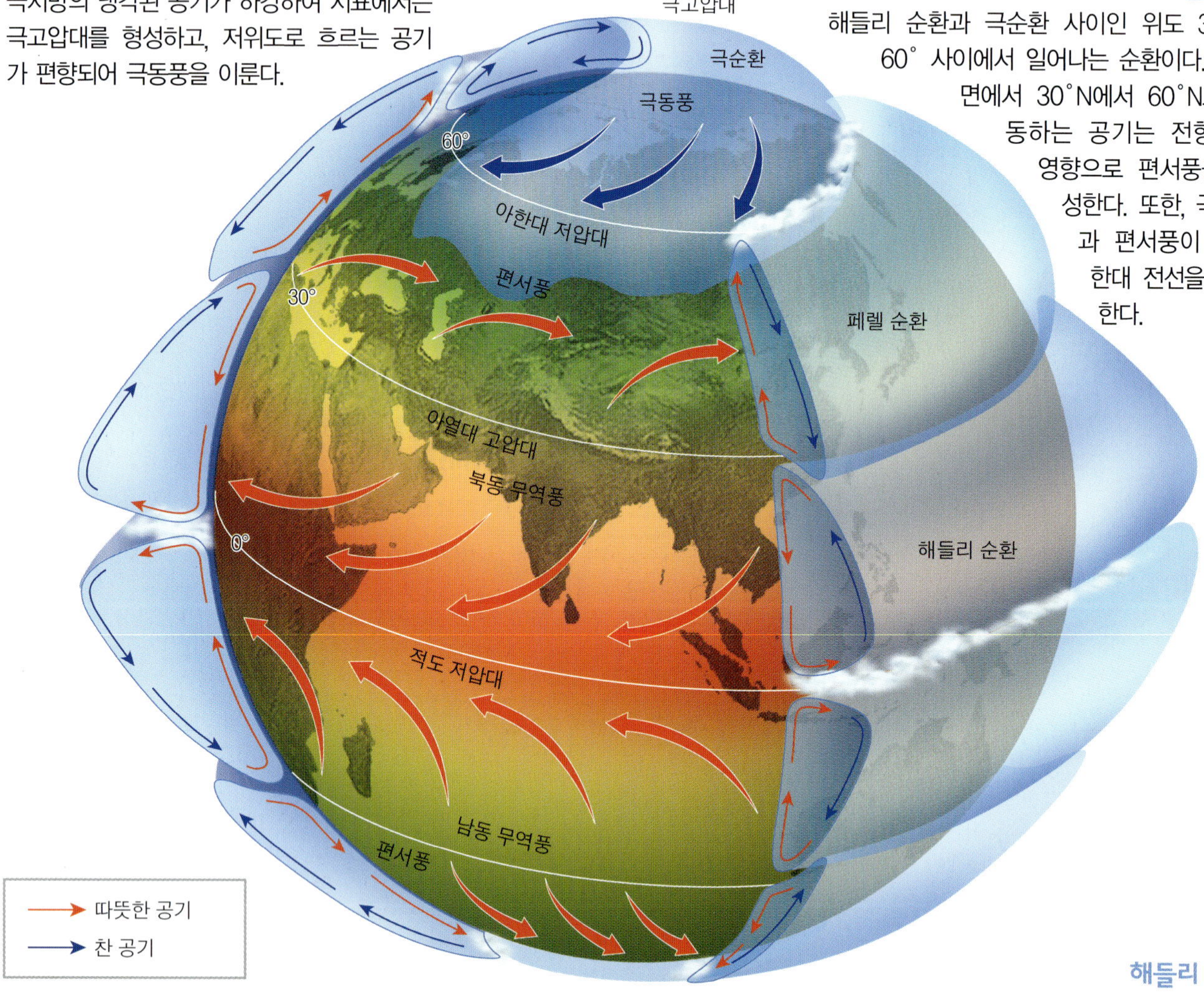

해들리 순환

적도 부근에서는 가열된 공기가 상승하여 적도 저압대가 형성된다. 상승한 공기는 양극 쪽으로 이동하여 위도 약 30° 부근에서 하강한다. 하강하면서 건조한 공기가 되어 이 지역에서는 아열대 고압대가 형성된다.

쾨펜 기후 구분

러시아 태생의 독일 기후학자이자 식물학자인 쾨펜(Koppen, Wladimir Peter: 1846~1940)이 기후 환경을 가장 잘 반영하는 식생의 분포를 지표로 하여 기온, 강수량 등을 기본으로 세계의 기후를 구분한 것이다. 기호를 사용하여 기후형을 간편하게 표현하였다. 식물과 인간 활동의 관계가 긴밀하기 때문에 현재 가장 광범위하게 사용되고 있다.

쾨펜 기후 구분에 따르면 우리나라에서 최한월 평균 기온이 −3℃ 이상인 남부 지역은 온대 기후에 속하고, −3℃ 미만인 중·북부 지역은 냉대 기후에 속한다.

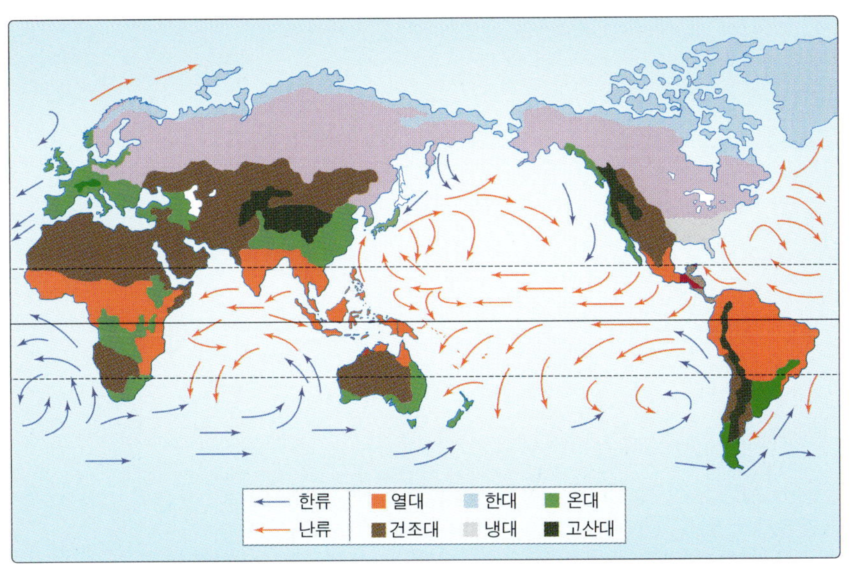

기후대	기후의 구분
A(열대 기후) 최한일 평균 18℃ 이상	Af(열대 우림 기후)
	Am(열대 계절풍 기후)
	Aw(사바나 기후)
B(건조 기후) 연 강수량 500 mm 이하	BW(사막 기후)
	BS(스텝 기후)
C(온대 기후) 최한월 평균 −3℃ 이상 18℃ 미만	Cfa(온난 습윤 기후)
	Cfb(서안 해양성 기후)
	Cs(지중해성 기후)
	Cw(온대 겨울 건조 기후)
D(냉대 기후) 최한월 평균 −3℃ 미만 최난월 평균 10℃ 이상	Dw(냉대 겨울 건조 기후)
	Df(냉대 습윤 기후)
E(한대 기후) 최난월 평균 10℃ 미만	ET(툰드라 기후)
	EF(빙설 기후)
	H(고산 기후)

도시 기후
Urban Climate

도시의 열섬 효과는 주변 시골과 비교했을 때 도시 내의 온도가 더 높게 나타나는 현상으로, 도시 환경 내의 다음과 같은 여러 가지 요인들에 의해 발생한다. 석재, 콘크리트 건물, 아스팔트 도로 등은 태양 복사 에너지를 흡수하고 적외선 복사로 재방출한다. 그리고 도시 환경은 연료가 연소할 때에 방출되는 열로 인해 더워진다. 또한, 높이 솟은 빌딩은 바람을 막아 따뜻한 공기를 분산하지 못하고, 대기 오염 물질들에 의해 국지적으로 온실 효과가 발생한다.

엘니뇨 El Nino

약 3~7년에 한 번씩 불규칙하게 발생하는 현상으로, 남아메리카 해안으로부터 태평양 중앙부에 이르는 넓은 범위에서 해수면의 온도가 높아져 1년 정도 지속되는 현상이다.

차가운 페루 해류 속에 갑자기 따뜻한 물이 침입하는 현상인 엘니뇨에 의해 안데스 산맥에 비정상적인 비와 폭설이 내리는 등 세계 각지에 홍수, 가뭄, 폭설 등의 기상 이변이 일어난다. 이러한 기상 이변 현상으로 인해 물고기가 떼죽음을 당하는 등의 여러 가지 엄청난 피해가 나타난다.

기후 변화 Climate Change / 氣候變化

기후는 오랜 기간 동안 나타난 기상 상태를 평균한 것이고, 기후 변화는 일정한 지역에서 오랜 기간에 걸쳐서 진행되고 있는 기후의 변화 상태를 의미한다.

기후 변화의 측정

역사 기록 역사학자들은 기후 변화들을 연대순으로 문자로 쓴 기록 또는 고고학 자료들을 찾는다. 1450년부터 1850년 동안 소빙하기가 있었다는 증거로, 그린란드 식민지가 사라졌다는 기록이 있다. 또, 화가와 작가들은 15~19세기 사이의 빙하 전진을 묘사하는 그림과 기록을 남겼다.

화석과 암석

🔺 암모나이트

🔺 고사리

화석은 캄브리아기와 이후에 생성된 많은 퇴적암 내에 풍부하다. 지질학자들은 고대 유기체와 현대 유기체와의 관계를 화석을 통해 비교함으로써 고대 생태계 내의 기후를 추정할 수 있다. 생명체가 풍부하지 않았던 선캄브리아 시대는 암석 내에서 그 실마리를 찾는다.

빙하 증거 빙력토(빙하의 퇴적물), 빙퇴석, 빙하 찰흔과 같이 빙하에 의한 침식과 퇴적으로 생긴 특징들은 산악 빙하와 대륙 빙하의 성장과 퇴각의 증거이다. 또한, 이들은 기후를 반영한다.

해양 퇴적물 내의 플랑크톤과 동위 원소 과학자들은 심해 퇴적물 내의 화석들을 연구함으로써 기후를 추정한다. 해양에서 많은 비중을 차지하는 생명체는 해수면 근처에서 떠다니는 미생물 플랑크톤이다. 플랑크톤 종의 비율은 해수면 온도에 따라서 변한다. 따라서 퇴적물 내에서 집단으로 발견되는 화석 플랑크톤은 해수면 온도를 나타낸다.

나이테 나무의 성장 나이테를 통해서도 기후 변화를 알 수 있다. 나무의 성장은 매년 나이테라고 하는 나무의 새로운 층으로 기록된다. 나무들은 온도가 낮고 건조한 해에는 천천히 성장하기 때문에 그렇지 않은 해보다 나이테가 더 좁게 형성된다. 고기후학자들은 얼음, 영구 동토(일년 내내 얼어 있는 땅), 또는 빙력토 내에 보존되어 있는 옛날 통나무들로부터 나무들이 죽은 시기를 결정하는데, 이때 탄소-14 연대 측정법을 사용한다. 그런 다음, 목재 내에 기록되어 있는 나이테를 세고 측정한다. 나이테 자료로부터 해석된 기후 변화는 역사 자료들과 대부분 일치한다.

나이테 Tree Ring

계절 기후 내에서 성장하는 나무에 의해서 생성되는 연층으로, 봄철과 여름철의 급격한 성장 동안에는 밝은 색을 띤 층으로 나타나고 가을철부터의 성장이 멈추는 기간에는 어두운 층으로 나타난다.

탄소-14 연대 측정법 Carbon-14 dating

탄소 14에 대한 자원소인 질소 14의 비를 결정하여 연대를 측정하는 방사성 동위 원소 연대 측정법이다. 탄소 14의 반감기(어떤 방사성 원소의 원자 수가 방사성 붕괴에 의해서 원래 수의 반으로 줄어드는 데 걸리는 시간)는 대략 5,739년이다.

식물 꽃가루 바람에 의해 광범위하게 퍼지는 식물 꽃가루는 부패를 막기 위해 단단하고, 밀랍 같은 물질로 덮여 있다. 따라서 식물 꽃가루 알갱이들은 호수 바닥과 소택지(하천, 연못, 늪으로 둘러싸인 낮고 습한 땅) 내의 퇴적물 속에 풍부하고 잘 보존된다. 11,000년 전 가문비나무는 미네소타 소택지 내에 가장 풍부한 나무 종이었다. 현대에는 가문비나무가 더 추운 캐나다 한랭 기후 내에 많고, 미네소타 주에 덜 풍부하다. 그러므로 과학자들은 11,000년 전의 미네소타 주의 기후는 현재보다 더 추웠을 것이라고 추론하였다.

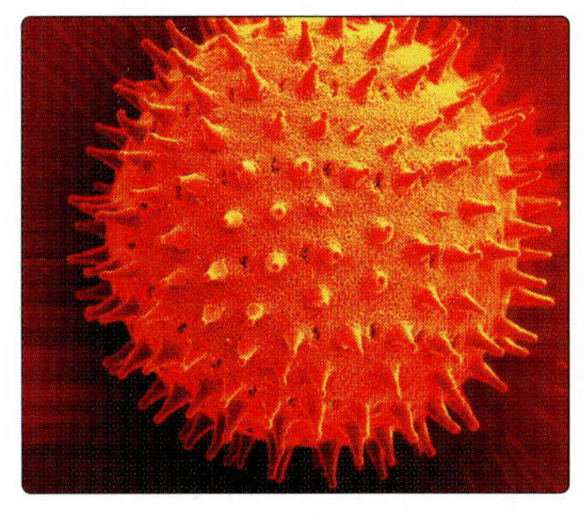
△ 식물 꽃가루

기후 변화의 원인

태양 활동 태양에서 방출되는 열은 변동이 심해 이를 줄어들게 하는 요인들이 존재하지 않는 경우 태양이 더 뜨거워지면 지구는 더워지고 태양이 식으면 지구도 차가워진다.

알베도(반사율) 태양 복사 에너지가 지표면에 흡수되면 지구는 더 따뜻해질 것이고, 열이 지표면에서 반사되어 우주로 되돌아간다면 지구는 더 차가워질 것이다. 그러므로 지표면의 알베도는 지구의 온도를 결정하는 결정적인 요인이다.

화산 폭발 기후는 큰 산불이나 화산 폭발에 의해서도 영향을 받는다.

지구의 궤도 주기 오랜 시간 동안 번회되어 온 지구 자전축의 기울기 변화, 지구의 공전 궤도의 변화 등은 지구의 장기적인 기후 변화에 영향을 미칠 수 있다.

바닷물의 변화 바닷물은 대기 중의 열과 습기의 이동에 영향을 주기 때문에 전 세계의 기후 변화에 큰 영향을 미친다. 이렇게 바닷물의 변화는 기후 변화를 일으키는 중요한 원인으로, 장기적인 기후 변화와 단기적인 기후 변화에 영향을 미칠 수 있다.

사람들의 활동 사람들은 가축 사육, 농업 활동 등을 통하여 지속적으로 자연을 변화시켰고, 화석 연료의 지나친 사용으로 인한 이산화 탄소의 증가로 온실 효과를 일으켜 기온을 상승시키고 있다. 또한, 도시화와 산업화 때문에 빠른 속도로 삼림이 파괴되고 있다. 이러한 사람들의 활동으로 인해 기후가 변화하고 있다.

△ 태양 활동

△ 화산 폭발

물과 기후

수증기는 가장 풍부한 온실 기체로, 대기권과 지표면을 따뜻하게 한다. 구름은 햇빛을 반사하여 대기권과 지표면을 냉각하는 역할도 하고, 지표면으로부터 복사하는 열을 흡수하는 역할도 한다. 따라서 대기권 내의 물은 온난화와 한랭화 모두를 일으킨다.

빙하와 눈으로 덮인 지역은 높은 알베도(80~90%)를 가지며, 햇빛을 반사하여 지구 기후를 한랭하게 한다. 지구 표면에 있는 물은 약 5%의 낮은 알베도를 가진다. 물이 해수면으로부터 증발하여 수증기가 될 때 태양 에너지는 수증기의 숨은열로 저장되며, 물이 얼어서 눈과 얼음이 될 때 열이 방출된다. 흐르는 물은 암석을 풍화시키고 대기권 내의 이산화 탄소 농도를 변화시키는 화학 반응을 일으킨다. 이산화 탄소는 지표면을 따뜻하게 하는 온실 기체이다. 해류는 열을 이동시켜 지구가 전체적으로 일정한 온도를 유지할 수 있게 해 준다.

탄소 순환과 기후

대기권 내의 탄소

탄소는 대기권 내에서 대부분 이산화 탄소(CO_2)로 존재하고, 아주 적은 양이 메테인(CH_4)으로 존재한다. 지표면 부근의 대기권 내에는 전체 탄소의 0.1%만이 존재하지만, 이 탄소는 대기권의 온도를 조절하는 데 중요한 역할을 한다. 왜냐하면 이산화 탄소와 메테인이 온실 기체이기 때문이다. 이 기체들 중 어느 것이라도 대기권에서 사라진다면 대기권은 냉각될 것이다. 반면, 이 기체들이 대기권 내로 더 들어온다면 대기권은 더 온도가 올라가게 될 것이다.

생물권 내의 탄소

식물은 대기권으로부터 이산화 탄소를 흡수하여 식물체의 일부를 구성한다. 바다에 사는 산호나 조개 등은 물속에 녹아 있는 탄소를 흡수하여 탄산칼슘과 같은 화합물로 된 골격이나 껍질을 만든다. 그러므로 건강한 육상 생태계와 수생 생태계는 대기권으로부터 탄소를 제거하는 데 중대한 역할을 한다. 탄소의 대부분은 호흡 작용, 연소 또는 부패와 같은 자연적인 과정들에 의해 대기권으로 다시 방출된다.

수권 내의 탄소

이산화 탄소는 해수에 녹는다. 해수가 따뜻해지면 녹아 있던 이산화 탄소는 대기권으로 방출되어 지구 온난화를 일으킨다. 이에 따라 지구 온난화는 더욱 해수를 가열시켜 더 많은 이산화 탄소가 해수로부터 방출된다. 해수의 온도가 높아지면 높아질수록 해수는 더 많이 증발된다.

지각과 상부 맨틀 내의 탄소

대기권에는 약 7,500억 톤의 탄소가 있고, 지각과 상부 맨틀에는 대기권보다 1,000배 이상 많은 탄소가 있다. 수권과 생물권이 같이 있는 상부 지권은 거의 800조 톤의 탄소가 있다. 따라서 지권, 수권, 생물권 내의 탄소가 아주 적은 양으로 방출되어 이산화 탄소의 대기권 농도가 조금 변하더라도 기후에는 큰 영향을 주게 될 것이다.

지구 온난화 Global Warming

지구 온난화는 여러 가지 환경의 변화 때문에 지구의 평균 온도가 상승하는 현상이다.

사람들에 의한 무분별한 벌목(나무 베기)과 도시화에 의해 대기권으로부터 식물로의 이산화 탄소 흡입이 감소되었다. 또 현대 산업에서는 이산화 탄소, 메테인, 클로로플루오르카본, 산화 질소의 4가지 온실 기체가 방출되어 지구의 온도를 상승시키고 있다. 이산화 탄소는 화석 연료 또는 생물 연료가 연소될 때 방출되며, 도시에서 차를 운전할 때도 방출된다. 메테인은 일부 산업 공정에서 소량 방출되고, 소의 창자, 흰개미, 논의 유기물 부패에서 더 많은 양이 방출된다. 클로로플루오르카본은 냉장고의 냉매제와 에어로졸 용기 내의 추진제로서 사용되었으나, 국제 협약으로 생산을 금지시켰다. 산화 질소는 공장과 질소 비료 사용, 일부 산업 화학 합성, 높게 비행하는 제트 비행기로부터 방출된다.

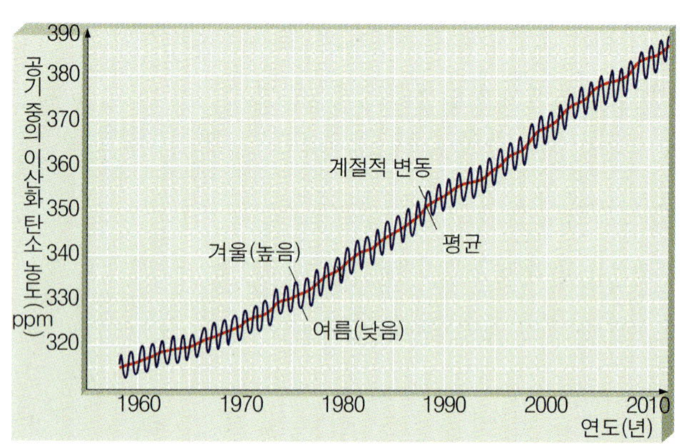

○ 온실 효과를 일으키는 이산화 탄소의 함량은 대기권 중에 매년 증가하고 있다. 이산화 탄소의 함량이 증가하면 온실 효과가 커져서 지구 온난화를 가속화한다.

개념에 대한 TIP

지구계의 구성 요소

지구계는 기권(대기권), 지권, 수권, 생물권, 외권 등으로 구분된다. 기권은 지구를 둘러싸고 있는 공기를 말하며, 지권은 지표 아래의 단단한 부분인 지각과 지구 내부를 말한다. 수권은 해양, 호수, 강 등을 포함한 지표면의 모든 액체 상태의 물과 빙하, 생물권은 미생물을 포함한 모든 생물, 외권은 지구계를 둘러싸고 있는 지상 1,000 km 이상의 우주 공간을 말한다.

지구 온난화의 결과

농업에 미치는 영향 온난한 기후는 고위도에서 식물이 성장할 수 있는 기간이 수십 년 전보다 1주일 더 길어져서 농업에 이득을 준다는 의미도 있다.

그러나 지구 온난화는 식물에 여러 가지 면에서 영향을 미쳐 농작물 생산을 감소시킨다. 과학자들은 2003년 유럽이 가뭄인 기간 동안 토양 수분의 손실로 인해 삼림과 초원 성장률이 30% 감소되었다고 추정하였다. 기온이 높으면 수분의 증발이 증가하므로 지구 온난화에 의해 토양 수분이 손실되고, 지하수가 고갈될 것이라고 예측하고 있다. 이 모든 요인들의 결과로 나타나는 지구의 평균 온도 상승은 지구의 식량 생산을 감소시킬 것이라고 대부분의 과학자들은 예측하고 있다. 가뭄에 의해 최근 수십 년 동안 기아가 발생하였다.

악기상 강한 폭풍우, 홍수, 열파, 지속되는 가뭄, 허리케인, 태풍, 토네이도와 같은 날씨들이 더욱 보편화할 것이라고 한다. 호우성 폭우의 증가, 재앙적인 홍수의 발생, 열대 폭풍의 빈번한 발생, 더 잦은 홍수와 가뭄뿐 아니라 허리케인도 빈번하게 발생하고 강도 또한 증가될 것이라고 예측한다.

◎ 가뭄 피해

생물 다양성의 변화 한 연구 결과에 따르면 지구 온난화로 2100년에 이르면 세계 야생 생물 서식지의 $\frac{1}{3}$이 변할 것이라고 한다. 토양의 수분이 감소됨에 따라 나무들은 죽게 되고 마른번개가 더욱 빈번하게 발생하여 삼림들은 사바나와 같이 열대 초원으로 변할 것이다. 그에 따라 한랭한 온도 내에서 생존하는 식물과 동물들은 죽게 될 것이며, 식물 병원균과 동물 병원균들이 더 많이 생존할 것이다.

북극해 바다 얼음과 빙하의 녹음 최근 수십 년 동안 지구의 온도가 상승함에 따라 빙하와 바다 얼음이 녹고 있다. 1979~2009년까지 북극해 얼음의 넓이가 줄어들었고, 남아 있는 얼음도 30년 전보다 확연히 얇아져 온도가 약간만 높아져도 빠르게 녹아내리고 있다. 또한, 육상 빙하들도 녹아 해수면이 상승하고 있다.

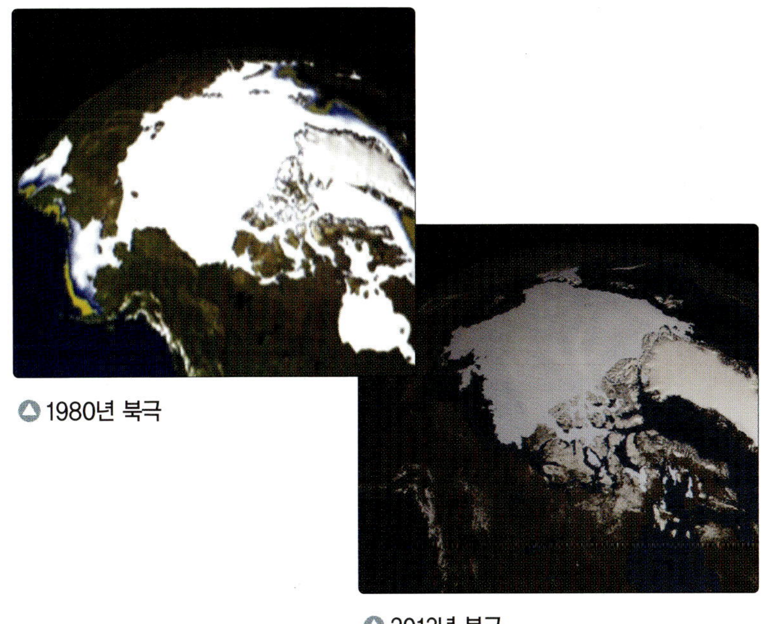

◎ 1980년 북극

◎ 2013년 북극

해양의 산성화 대기권에 유입되는 이산화 탄소의 약 $\frac{1}{3}$은 해양에서 녹는다. 녹은 이산화 탄소는 해양의 화학 성분을 변화시킨다. 해양이 더 강한 산성을 띠게 되면 해양 유기체들은 탄산칼슘으로 되어 있는 딱딱한 껍데기와 골격을 만드는 능력이 떨어진다. 결과적으로 해양 먹이 사슬에 유해한 영향을 미칠 수 있는 종들이 분포하는 데 직접적인 영향을 미친다.

인간에 끼친 영향 말라리아와 같은 열대 질병들이 고위도로 확산되고 있다. 식량 생산 또는 물 이용에 있어서의 작은 변화들이 대량의 기아, 물 부족 현상 등을 발생시킬 수 있다. 또한, 해수면이 상승하면 연안 도시와 농작지에 홍수가 발생하기도 한다.

기압 Atmospheric Pressure / 氣壓

공기는 무게를 가지고 있기 때문에 물과 마찬가지로 압력을 나타낸다. 이러한 공기의 압력을 기압 또는 대기압이라고 하며, 기압은 단위 넓이에 작용하는 공기의 무게에 의한 압력이다.

토리첼리의 실험

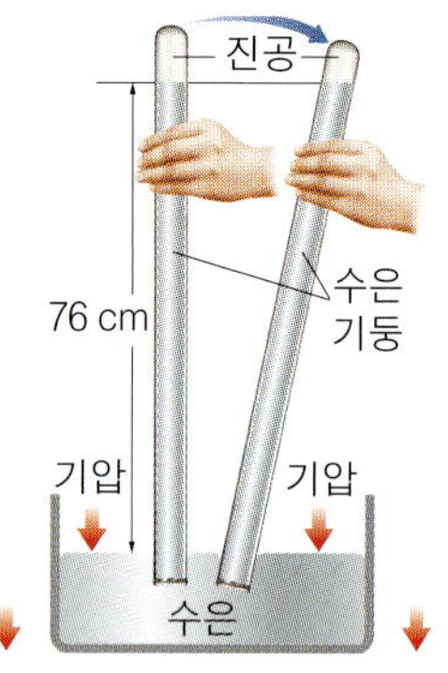

기압은 1643년 토리첼리(Torricelli, Evangelista: 1608~1647)의 실험으로 처음 알려졌다. 토리첼리는 한쪽 끝이 막혀 있는 길이 1m의 긴 유리관에 수은을 가득 채우고, 유리관을 수은이 담긴 그릇에 세웠다. 그 결과 유리관 안에 있던 수은이 높이가 76cm되는 곳까지 내려와서 멈춘다는 사실을 발견하였다. 이것은 유리관 속에 있는 76cm 높이의 수은 기둥의 무게와 같은 크기로 공기가 수은의 표면을 누르고 있기 때문이라고 설명했다.

진공의 유리관을 수은이 담긴 그릇에 세우면 대기압이 그릇에 담긴 수은의 표면을 누르기 시작하므로 수은이 비어 있는 유리관을 따라 올라가게 되고, 그 높이가 약 76cm, 즉 760mm까지 상승한다.

해수면 높이에서 수은은 진공관에서 약 760mm까지 상승하며, 기상학자들은 기압을 인치 또는 수은주의 높이(mmHg)로 표시한다. 오늘날 수은 기둥 760mm의 무게에 해당하는 대기의 압력을 1기압이라고 하는데, 이는 해수면에 작용하는 평균 기압이다.

대기의 압력

공기도 무게를 가지고 있기 때문에 압력을 나타낸다. B에서보다 A에서 기압이 더 높다.

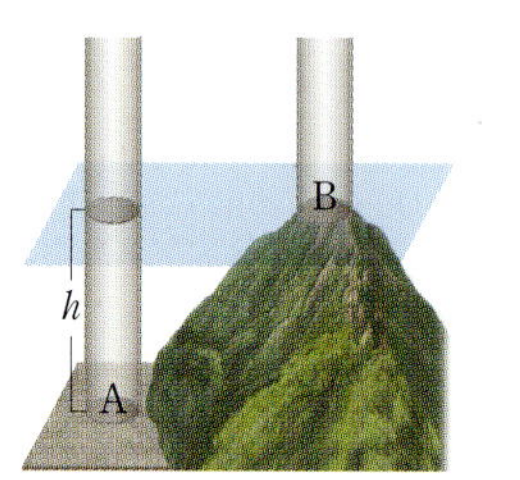

기압계 Barometer

기압계는 기압을 측정하는 관측 기기의 하나이다.

수은 기압계 거의 1m 정도로 길어 가지고 다니면서 사용하기가 어려우며 수은에서 증발된 기체는 인체에 매우 해로우므로 잘 사용되지 않는다.

아네로이드 기압계 진공으로 된 얇은 금속 용기가 기압이 높아지면 수축하고, 기압이 낮아지면 팽창하는 것을 이용하여 기압을 측정한다. 휴대하기 편리하고 견고하다.

🔺 아네로이드 기압계　　　🔺 수은 기압계

기압의 단위

기압(atm) 표준 기압 단위의 기호이다. 수은 기둥을 760mm 높이로 올리는 기압을 표준 기압이라고 하며, 이를 1기압이라고 한다. 따라서 1atm=760mmHg이다.

바(bar) 기압을 표시하는 단위로, 1bar는 해수면에서 100m 정도의 압력이다.

헥토파스칼(hPa) 압력의 단위 Pa(파스칼)은 단위의 크기가 너무 작아 일상 생활에서는 그 100배인 hPa을 주로 사용한다. 1기압은 1,013hPa이다($1hPa=100Pa=100N/m^2$).

높이에 따른 기압 변화

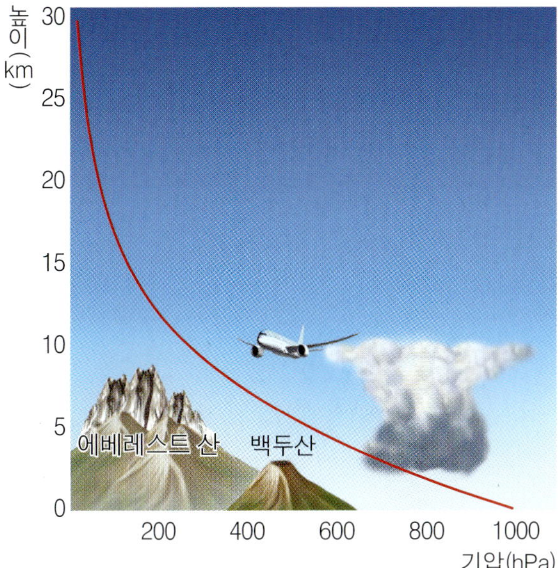

🔺 높이 올라갈수록 기압이 낮아진다.

지구 대기 내에서의 기체 분자들은 불규칙하게 여러 방향으로 움직이고 있으나, 중력이 이 기체들을 잡아당기고 있다. 중력은 지구 중심 방향으로 작용하는 힘이다. 아래 방향으로 작용하는 힘 때문에 많은 기체 분자들은 지표 가까이에 더 많이 존재하게 된다. 그러므로 대기의 밀도는 높은 곳에서보다 해수면에서 더 높다. 즉, 해수면에서 기압이 더 높다.

공기의 밀도와 기압은 높이가 높아짐에 따라 감소한다. 높이 5,000 m에서의 대기 중 산소량은 해수면에 비해 약 절반 성도에 불과하나. 만약 풍선 기구를 타고 해수면에서 높이 16,000 m(16 km)까지 올라간다면 기압도 감소하며 산소도 부족하여 우리는 생존을 위해서 산소 마스크가 필요할 것이다.

기상 변화와 기압

기상 변화는 기압에 영향을 준다. 해상에 폭풍이 발달하면 기압은 980 hPa까지 낮아지고, 태풍이 지나갈 때는 900 hPa 혹은 그 이하로 낮아진다. 반대로 맑거나 건조한 날씨에서는 기압이 1,025 hPa까지 상승한다.

기압과 날씨

대기 중에서 주위보다 기압이 높은 고기압에서는 공기가 하강한다. 차가운 공기가 하강하면 압축되어 압력이 올라가게 된다. 하강하는 공기는 단열 가열된다. 따뜻한 공기는 차가운 공기보다 수증기를 더 많이 포함할 수 있기 때문에 하강하는 공기가 수분을 흡수하더라도 구름을 생성할 수 없다. 따라서 일반적으로 고기압인 지역에서는 맑고 건조한 날씨가 나타난다.

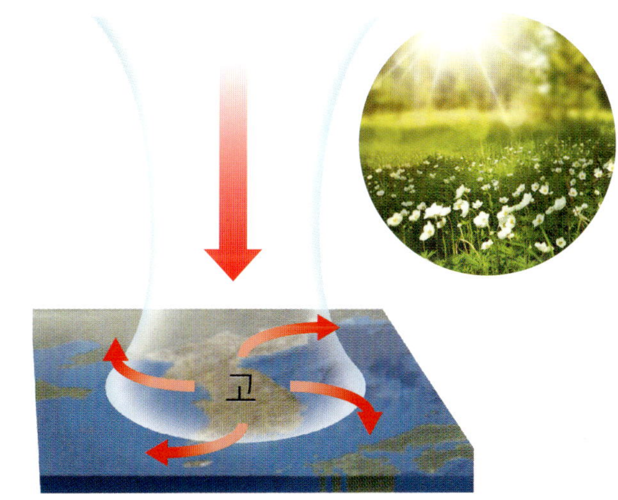

🔺 고기압일 때 공기의 이동

대기 중에서 주위보다 기압이 낮은 저기압에서는 공기가 상승한다. 상승하는 공기는 단열 냉각되는데, 충분히 냉각되면 구름이 생성되고 비 또는 눈이 내린다. 따라서 기압계 압력이 낮으면 습한 날씨가 나타난다.

🔺 저기압일 때 공기의 이동

전선 Front / 前線

어떤 높이에서 거의 일정한 온도와 습도를 가진 거대한 공기 덩어리를 기단이라고 한다. 전선은 성질이 다른 두 기단이 만났을 때에 생기는 경계면과 지표면이 만나서 이루는 경계선이다.

기단 Air Mass

날씨는 기온, 습도, 바람, 구름, 강수 등과 같은 현재의 대기 상태에 따라 달라지므로, 현재 어떤 성질을 가진 공기가 그 지역을 덮고 있는가에 따라 결정된다. 이때 공기의 성질을 결정하는 중요한 요소는 기온과 습도이다.

넓은 지역에 걸쳐 지표면의 영향을 받아 기온과 습도가 비슷해진 큰 공기 덩어리를 기단이라고 한다. 기단은 주로 넓은 대륙이나 해양 위에서 발생하며, 발생지의 영향을 받는다. 일반적으로 대륙에서 만들어진 기단은 건조하고, 해양에서 만들어진 기단은 습하다. 또한 북쪽의 찬 대륙이나 찬 해양에서 만들어진 기단은 한랭하고, 남쪽의 따뜻한 대륙이나 따뜻한 해양에서 만들어진 기단은 온난하다.

기단이 발생한 지역에서 이동하여 성질이 다른 지표면과 접촉할 때 지표면으로부터 열과 수증기를 주고받아 기단의 성질이 변한다.

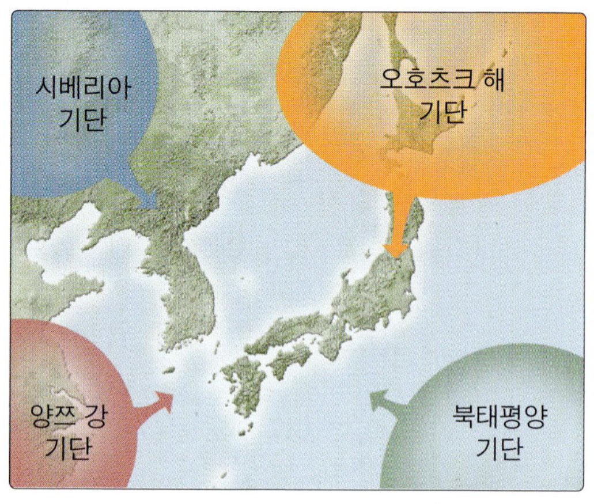

🔺 **우리나라에 영향을 주는 기단**
우리나라는 계절마다 영향을 받는 기단이 다르기 때문에 계절에 따라 날씨가 다르다. 겨울에는 한랭 건조한 시베리아 기단의 영향을 받고, 초여름에는 저온 다습한 오호츠크 해 기단, 여름에는 고온 다습한 북태평양 기단, 봄과 가을에는 온난 건조한 양쯔 강 기단의 영향을 받는다.

전선

한랭 전선　이동하는 찬 공기가 정지해 있거나 천천히 이동하는 따뜻한 공기와 충돌할 때 생기는 전선이다. 이때 좁은 지역에 천둥과 번개를 동반한 소나기와 같은 강한 비가 짧은 시간 동안에 내린다.

온난 전선　이동하는 따뜻한 공기가 정지해 있거나 매우 천천히 이동하는 찬 공기와 충돌할 때 생기는 전선이다. 이동하는 따뜻한 공기는 단열 냉각하여 구름과 강수를 발생시킨다.

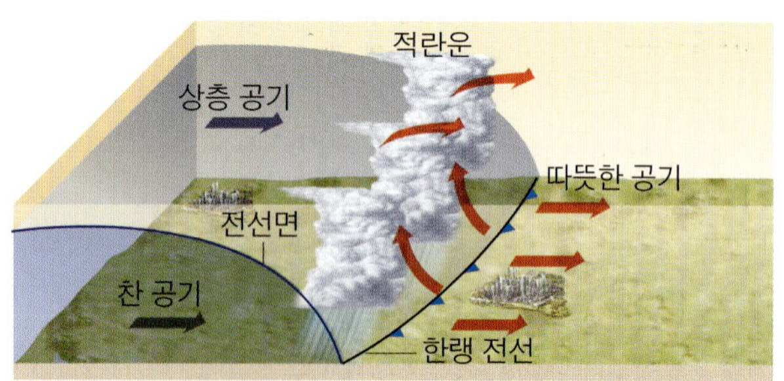

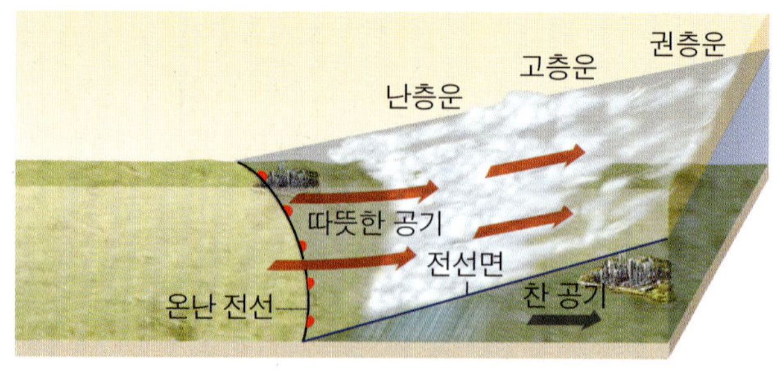

폐색 전선　이동 속도가 더 빠른 한랭 전선이 온난 전선을 따라잡아 겹치게 되면서 생긴 전선이다. 강수는 전선 경계를 따라서 모두 발생한다.

정체 전선　세력이 비슷한 따뜻한 기단과 찬 기단이 만나 이동하지 못하고 한 곳에 오래 머무르는 전선으로, 여러 날 동안 한 지역에 머무를 수 있다.

전선 기호

열대 저기압 Tropical Cyclone

열대 저기압은 뜨거운 공기만 있는 열대 지방의 바다에서 발생한다. 이 저기압의 세력이 커지면 태풍이 된다. 태풍은 토네이도보다 덜 강하지만, 크기가 더 크고 더 오랫동안 생존한다. 열대 저기압은 평균 지름이 600 km이고, 수일 또는 수 주일 동안 지속된다. 열대 저기압에 의해서 만들어지는 낮은 기압에 의해 해수면은 수 m 상승할 수 있다. 열대 저기압이 해안가를 강타할 때 보통 해안가로 부는 강한 바람은 낮은 기압에 의해서 발생하는 높은 해수면과 결합해 폭풍해일을 발생시켜 해안 지역에 홍수를 일으킨다.

허리케인 북아메리카와 카리브 지역에서 발생하는 열대 저기압으로, 풍속은 시속 120 km 이상이다. 허리케인의 중심에서의 매우 낮은 저기압은 풍속을 시속 300 km 이상으로 강하게 만든다.

태풍 서태평양에서 발생하는 열대 저기압으로, 풍속은 시속 120 km 이상이다.

사이클론 인도양 지역의 열대 저기압으로, 1년에 평균 5~7회 발생하며, 규모는 태풍 등에 비해 작다.

태풍의 눈

태풍의 중심은 '눈'이라고 부르는 연직 방향의 공기의 흐름이 있는 지역이다. 태풍의 눈 부분에서는 공기가 하강해서 구름이 소멸되어 맑은 하늘을 볼 수 있다. 따라서 태풍의 눈 내의 수평 풍속은 거의 0까지 감소한다.

태풍의 구조 ▶

위성에서 본 태풍의 눈

실생활

태풍의 이로움

강한 바람과 많은 비를 포함한 태풍이 엄청난 피해를 입히는 것은 사실이지만, 늘 해로운 것만은 아니다. 태풍은 중요한 수자원의 공급원으로, 물 부족 현상을 해소하고 저위도 지방에서 축적된 대기 중의 에너지를 고위도 지방으로 운반하여 지구에서 남북의 온도 균형을 유지시켜 준다. 또한, 해수를 뒤섞어 순환시킴으로써 바다 생태계를 활성화시켜 준다.

습도 Humidity / 濕度

작은 물방울들이 증발하면 눈에 보이지 않는데, 이때 물 분자들은 없어진 것이 아니라 보이지 않을 뿐이다. 습도는 공기 중에 포함되어 있는 수증기의 양을 말하며, 공기 중에 포함된 수증기의 양은 시간과 장소에 따라 다르다.

포화 수증기량

보통의 공기 안에는 수증기가 포함되어 있다. 공기 중에 포함될 수 있는 수증기의 양은 공기의 온도에 따라 달라진다. 공기가 수증기를 최대로 포함한 상태를 포화 상태라고 하고, 포화 상태의 공기 $1m^3$ 속에 포함되어 있는 수증기의 양을 포화 수증기량이라고 한다. 포화 수증기량은 온도에 따라 달라진다.

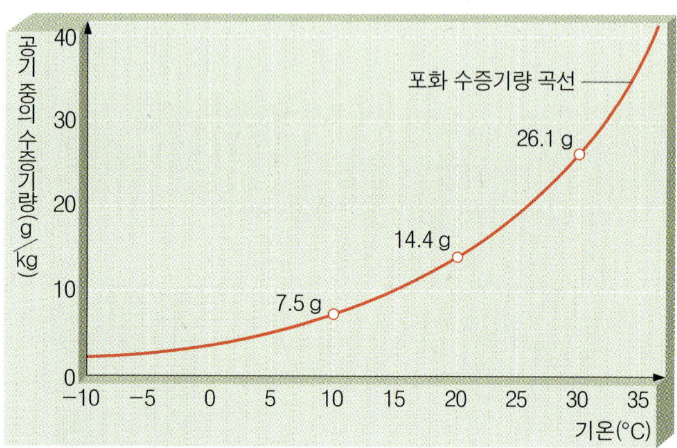

🔺 포화 수증기량은 기온이 높을수록 많아진다.

습도

습도는 공기 중에 포함되어 있는 수증기의 양으로, 날씨가 건조하거나 습한 정도이다. 습도에는 절대 습도와 상대 습도가 있다.

절대 습도는 일정한 부피의 공기 중에 포함되어 있는 수증기의 질량으로, g/m^3로 표시한다. 상대 습도는 공기 중에 포함되어 있는 수증기량과 그때의 온도에서 공기가 포함할 수 있는 최대 수증기량(포화 수증기량)의 비를 백분율로 나타낸 것이다.

$$\text{상대 습도(\%)} = \frac{\text{현재 공기에 포함되어 있는 수증기량(g/kg)}}{\text{현재 기온에서의 포화 수증기량(g/kg)}} \times 100$$

과포화와 과냉각

공기가 수증기를 최대로 포함한 상태를 포화 상태라고 하며, 상대 습도가 100%에 도달하여 공기가 포화 상태가 되는 온도를 이슬점이라고 한다.

이슬점에서 상대 습도가 100%에 도달할 때 수증기는 고체 표면에 응결한다. 지표면에는 먼지, 연기, 꽃가루와 같은 입자들이 많아서 수증기는 대기권 하부의 이슬점에서 쉽게 응결하게 되어 상대 습도가 100%를 넘는 경우는 드물다. 그러나 대류권 상부에서는 응결이 매우 느리게 되기 때문에 공기의 온도가 이슬점 아래로 냉각되어도 수증기가 응결되지 않는다. 이렇게 응결이 없는 대기 상태가 과포화 상태이다. 이런 경우 상대 습도는 100% 이상 올라가고 공기는 과포화점에 도달한다.

과포화와 유사하게 액체인 물은 항상 어는점에서 얼지 않는다. 작은 물방울들은 온도가 −40℃가 되는 구름 내에서도 액체로 남아 있다. 과냉각은 이렇게 대기 중에서 온도가 어는점인 0℃ 이하인데도 물이 얼지 않은 상태로 남아 있는 경우를 말한다.

공기 중의 습도 관찰하기

솔방울을 사용하여 간단한 습도계를 만들 수 있다. 솔방울을 창밖에 두고 관찰해 보자.

🔺 건조한 날　　　🔺 습한 날

복사 냉각

대기권, 암석, 토양, 물은 낮 동안 태양열을 흡수하고, 밤에 이 열의 일부를 공간으로 되돌려 복사한다. 복사에 의해 손실되는 열 때문에 공기, 땅, 물이 밤에 더 차가워져 응결이 일어나게 한다.

접촉 냉각

차가운 물체의 표면에서 응결이 일어나는 것을 관찰할 수 있다. 물을 끓여 수증기가 발생할 때 차가운 유리컵으로 수증기를 모으면 유리컵은 뜨거워지고, 습한 공기의 온도는 이슬점까지 떨어지기 때문에 작은 물방울이 유리컵 표면에 응결하게 된다. 또 따뜻하고 습한 집안 공기가 유리창에서 냉각되어 작은 물방울 또는 얼음 결정이 유리창에 나타나기도 한다.

이슬 전형적인 여름 저녁 공기는 따뜻하고 습기가 많다. 해가 진 후 야간 복사에 따른 열 손실로, 식물이나 유리창을 비롯한 대부분의 물체들은 온도가 이슬점 이하로 내려간다. 밤 동안 수증기는 이러한 차가운 물체의 표면에서 응결하여 물방울로 된다. 이러한 물방울을 이슬이라고 한다.

서리 서리는 수증기가 물체의 표면에 얼어 붙은 것으로, 이슬점이 0 ℃ 이하일 때 생성된다. 서리는 이슬이 언 것이 아니라 수증기로부터 바로 얼음 결정이 된 것이다.

상승하는 공기의 냉각

지표면 부근에서 나타나는 복사 냉각과 접촉 냉각 때문에 이슬, 서리, 일부 안개들이 생성된다. 그러나 구름과 강수는 보통 높은 곳에서 형성된다.

대부분의 구름과 강수는 상승하는 공기가 냉각할 때 형성된다. 상승하는 공기의 온도는 초기에 건조 단열 감률로 급격히 낮아진다. 그런 다음, 응결이 시작되고 구름이 생성되기 시작한 후 공기의 온도는 습윤 단열 감률로 천천히 낮아진다.

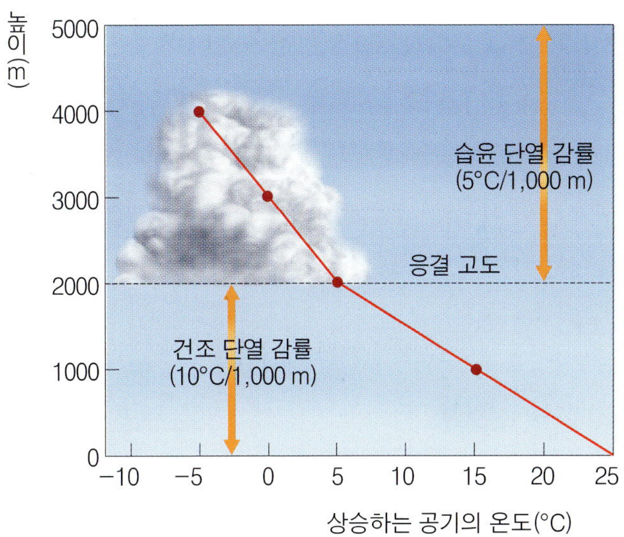

개념에 대한 TIP

단열 온도 변화

기체의 압축 또는 팽창에 의해 발생되는 온도 변화로, 열의 획득 또는 손실이 없다.

건조 단열 감률

건조 공기가 상승하면서 10 ℃/1,000 m로 냉각되는 감소율이다. 상승하는 공기는 이슬점에 도달할 때까지 건조 단열 감률로 냉각되고 이슬점에 도달하면 응결이 시작된다.

습윤 단열 감률

이슬점에 도달하고 응결이 시작된 후 상승하는 습윤 공기의 냉각률이다. 수분 양에 따라서 5~9 ℃/1,000 m로 나타난다.

강수 Precipitation / 降水

구름 속 물방울들은 지름이 약 0.01mm 정도로 매우 작다. 물방울이 성장하여 지름이 약 1~3mm 정도로 커지면 무거워져서 지표로 떨어지게 된다. 이렇게 구름 속 물방울들이 비나 눈이 되어 내리는 것을 강수라고 한다.

강수 유형

비 구름 속에 있는 물방울들은 지름이 약 0.01mm 정도로 작아서 상공 1,000m 구름에서부터 지상으로 떨어지는 데 48시간 정도 걸린다. 그러나 이렇게 작은 물방울들은 떨어지는 도중에 증발해 버리기 때문에 지상에 도달하지 못한다.

구름 속의 온도가 어는점 이상이면 작은 물방울들은 충돌하면서 합쳐져 하나의 큰 물방울이 된다. 그리고 구름 내의 작은 물방울들이 성장하여 된 큰 물방울들은 이슬비(지름 0.1~0.5mm) 또는 약한 비(지름 0.5~2mm)로 떨어지게 된다. 약 100만 개의 작은 물방울이 합쳐져야만 평균 크기의 빗방울이 생성된다. 지름이 3~5mm까지 커지는 빗방울들은 뇌우(번개와 천둥을 발생시키는 폭풍우)를 형성하기도 한다.

눈 구름 속의 온도가 어는점 이하일 때 구름은 작은 물방울보다는 얼음 결정으로 구성되어 있다. 지표면 근처의 온도도 어는점 이하라면 얼음 결정들은 언 상태인 눈으로 떨어진다.

진눈깨비 따뜻한 구름 속에서 빗방울이 형성되고 아주 낮은 높이의 차가운 공기층을 통과하여 떨어질 때 빗방울이 언 작은 얼음이며, 공 모양이다.

우빙 비가 과냉각 표면 위에 떨어져 바로 얼어붙으면서 생긴 투명한 얼음을 말한다. 우빙은 큰 나뭇가지를 부러뜨리고 전선을 끊어뜨릴 만큼 그 무게가 무거운 것도 있다.

우박 눈의 결정 주위에 찬 물방울이 얼어붙어 땅 위로 떨어지는 얼음덩이다. 매우 큰 알갱이의 형태로 적란운에서 떨어지는 얼음덩이는 지름이 약 5mm인 것에서 14cm인 것까지 그 크기가 다양하다. 우박 덩어리는 겹겹이 싸여 있는 양파와 같이 얼음으로 싸여 있다. 기록에 남아 있는 가장 큰 우박은 미국에서 떨어진 무게 765g짜리 우박 덩어리이다. 지상으로 시속 160km로 떨어지는 500g짜리 우박 덩어리는 유리창을 깨고 자동차 지붕을 움푹 들어가게 할 수 있다.

눈의 결정 모양

눈의 결정 모양은 다양한데, 이것은 만들어지는 과정에서 온도와 습도에 따라 모양이 달라지기 때문이다. 수증기의 양에 따라 결정의 성장 속도가 달라지면서 육각형 모양 등 다양한 형태가 된다.

인공 강우

구름 속의 작은 물방울이 빗방울로 성장하지 못할 때 하늘에 구름 씨를 뿌려 강수(비, 눈, 우박 등)를 만들어 내는 것이다.

인공적으로 비를 내리게 하기 위해서는 드라이아이스나 아이오딘화 은과 같은 물질을 뿌려 물방울이 모이게 도와준다. 이때 뿌리는 드라이아이스나 아이오딘화 은과 같은 물질을 구름 씨라고 한다.

강수 과정

빙정설

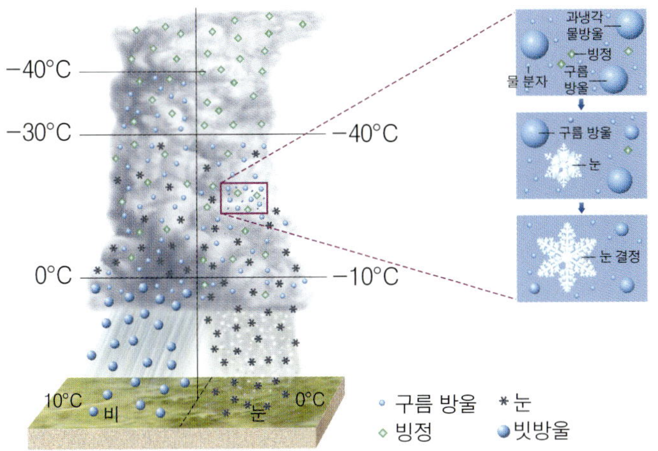

병합설

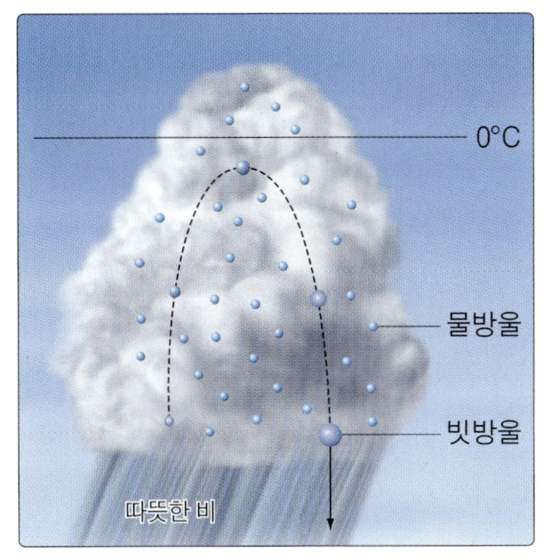

온대 지방이나 한대 지방의 구름 속에는 영하의 온도에서도 얼지 않은 액체 상태의 과냉각 물방울과 빙정이 함께 섞여 있을 때가 많다. 이때 과냉각 물방울이 증발하면서 수증기가 되고 이 수증기가 고체로 승화(고체가 바로 기체가 되거나 기체가 바로 고체가 되는 현상)하면서 빙정에 달라붙어 점점 커져서 눈으로 성장한다. 성장한 눈이 무거워져서 떨어지다가 따뜻한 공기층을 만나 녹으면 비가 되어 내리고 녹지 않으면 그대로 눈으로 내린다. 이러한 강수 과정이 빙정설이다.

따뜻한 열대 지방에서 두껍게 발달하는 구름 속에는 빙정이 없이 크고 작은 물방울만 떠다닌다.

이러한 구름 속에서는 물방울들의 운동 속도가 서로 다르므로 큰 물방울이 빨리 떨어지면서 서서히 떨어지는 작은 물방울과 충돌해 합쳐지면 큰 물방울로 성장하여 비가 되어 내린다는 이론이 병합설이다.

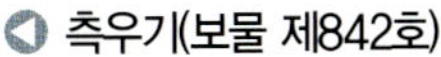

측우기와 수표

우리 조상들이 자연 현상을 측우기나 수표와 같은 과학 기구를 사용하여 수량적으로 측정했다는 것은 농업 기상학이 발달하고 확립되었다는 것을 뜻한다.

◀ **측우기(보물 제842호)**
세종 23년(1441년)에 정확한 강우량을 측정하기 위하여 측우기를 만들었다는 기록이 있는데, 사진은 영조 46년에 세종 때의 옛 제도에 따라 만든 것이다. 측우기는 원통으로 되어 있는데, 비가 올 때 이 원통을 밖에 세워 두고 빗물을 받아 괸 물의 깊이를 측정하였다.

수표(보물 제838호) ▶
조선 후기에 하천의 수위를 측정하던 기구이다. 높이 3m, 폭 20 cm의 화강암으로 만든 돌기둥인데, 위에는 연꽃무늬의 머릿돌이 놓여 있고 밑은 모가 난 초석으로 땅속에 박혀 있다. 돌기둥에는 양면에 눈금을 1자에서 10자까지 1자마다 새겼고, 3자, 6자, 9자 되는 곳에는 O표를 파서 각각 갈수, 평수, 대수 등을 헤아리는 표지로 삼았다. 6자 안팎의 물이 흐르는 것이 보통의 수위였으며, 9자 이상이 되면 위험 수위를 나타내어 개천의 범람을 예고하였다.

구름 Cloud

공기가 상승하면 기압이 낮아져 점차 팽창하고 기온이 낮아진다. 그러다가 이슬점에 도달하면 수증기가 응결하면서 눈으로 볼 수 있는 작은 물방울이 만들어지고 이 물방울이 모여서 구름이 된다.

공기 Air

안정한 상태의 공기는 빠르게 상승하지 못하는 따뜻하고 건조한 공기로서, 높은 고도까지 올라가지 못하고 구름과 강수를 형성하지 못한다. 불안정한 상태의 공기는 빠르게 상승하는 따뜻하고 습한 공기로서, 높은 고도까지 올라가 탑상 구름을 형성하여 큰비를 발생시킨다.

구름이 만들어지는 경우

🔺 공기가 산을 타고 올라갈 때

🔺 따뜻한 공기와 찬 공기가 만날 때

🔺 저기압 중심에 공기가 모여들 때

단열 변화와 응결핵

단열 변화

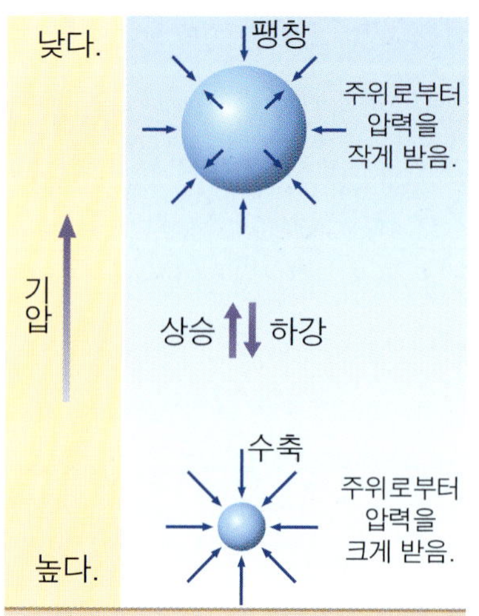

공기 덩어리가 압축되면 내부의 기온이 높아지고, 팽창하면 내부의 기온이 낮아져 외부에서 열을 주거나 빼앗지 않아도 기온이 변한다. 이처럼 열의 출입이 없는 상태에서 공기 덩어리가 압축되거나 팽창하여 기온이 변하는 현상을 단열 변화라고 한다.

응결핵 대기 중에서 수증기가 응결할 때 수증기의 응결을 도와주는 향 연기와 같은 물질을 응결핵이라고 한다. 자연 상태의 공기에서는 작은 해염 입자(파도 등으로부터 나타나는 해수의 아주 작은 입자)와 같은 물질이 응결핵의 역할을 한다.

🔹 실생활

햇무리, 달무리가 나타나면 비가 온다

조상들의 지혜를 엿볼 수 있는 날씨와 관련된 속담이다. 해와 달의 주변에 둥근 빛의 무리가 나타나는 것은 권층운이 있을 때이다. 권층운은 높이 5~13 km에서 만들어지는 구름으로, 얼음의 작은 결정으로 이루어졌다. 권층운은 온난 전선이 접근하면 생기므로, 구름이 두꺼워지고 비가 내린다.

구름 모양 Cloud Type

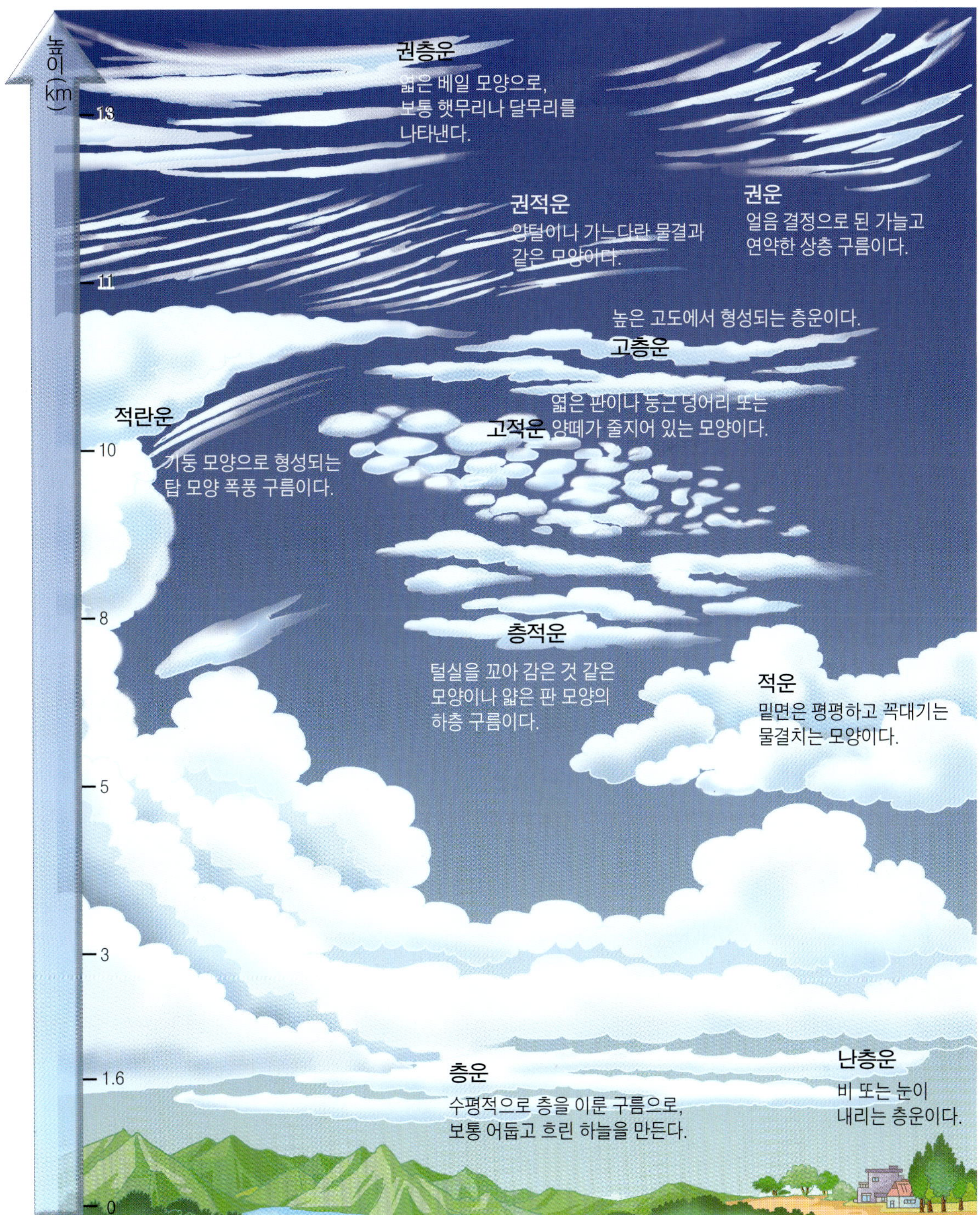

🔺 구름의 이름은 구름의 모양과 높이에 따라 다르다.

안개 Fog

이류 안개 바다로부터 따뜻하고 습한 공기가 바다보다 차가운 육지 쪽으로 불 때에 발생하는 안개이다.

복사 안개 지표면과 지표면 부근의 공기가 밤 동안 복사에 의해 냉각될 때에 발생하는 안개이다.

활승 안개 공기가 육지면을 따라서 상승하여 냉각될 때 발생하는 안개이다.

증발 안개 일반적으로 호수 또는 강의 물에서의 증발에 의해 공기가 냉각될 때에 발생하는 안개이다.

바람 Wind

기압 차에 따라 일어나는 공기의 흐름으로, 풍향과 풍속으로 나타낸다. 지표면 부근의 바람은 항상 고기압 지역에서 저기압 지역으로 분다.

풍향 Wind Direction과 풍속 Wind Speed

지역에 따라 지표면의 상태가 다르기 때문에 지표면이 가열되는 정도가 다르다. 지표면으로부터 가열되는 곳에서는 주위보다 기압이 낮아지고, 냉각되는 곳에서는 주위보다 기압이 높아진다. 이렇게 생긴 기압 차이로 인해 기압이 높은 곳에서 낮은 곳으로 바람이 분다.

바람은 불어오는 방향인 풍향과 속력인 풍속으로 나타내며, 풍향과 풍속은 풍향 풍속계로 측정한다.

바람을 일기도에 표시할 때에는 화살 모양의 기호를 사용해 나타내며, 동그라미는 관측소의 위치를 나타내는 원으로, 이 원 안에 구름의 양을 나타낸다. 관측소를 향하는 긴 선이 풍향을 나타내며, 긴 선의 끝에 붙은 깃은 풍속을 나타낸다. 풍속은 m/s의 단위로 나타낸다.

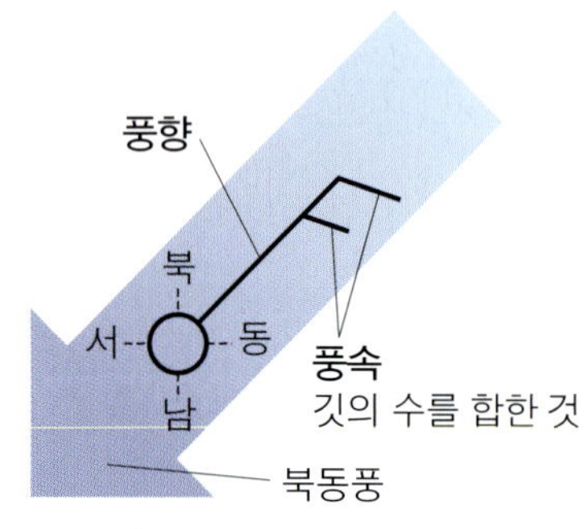

◎ 풍향과 풍속

풍속(m/s)	기호	풍속(m/s)	기호
2		10	
5		12	
7		25	

[풍속과 기호]

기압 경도 Air Pressure Gradient

기압 경도는 같은 높이에서 두 지점 사이의 거리에 대하여 기압이 변화하는 비율을 말한다.

바람은 기압 차 때문에 불고, 풍속은 거리에 따른 기압 변화량으로 결정된다. 짧은 거리상에 큰 압력 차가 존재하면 바람은 빠르게 분다. 기압 경도가 큰 경우는 가파른 언덕과 비슷하다. 가파른 언덕 아래로 공이 빠르게 굴러 내려가는 것과 같이 기압 경도가 큰 경우에 바람은 세게 분다. 여러 곳의 기상 관측소에서 기압을 측정하여 기압 경도를 표시하는 일기도를 작성한다. 기압 경도가 큰 곳은 아주 조밀한 등압선(일기도상에 기압이 같은 지점들을 연결한 선)들로 나타나는 반면, 기압 경도가 작은 곳은 간격이 넓은 등압선들로 나타난다. 고기압 지역과 저기압 지역이 이동함에 따라 기압 경도는 하루 중에 수시로 변하므로 일기도는 계속 바뀌게 된다.

바람은 어디에서 불어올까

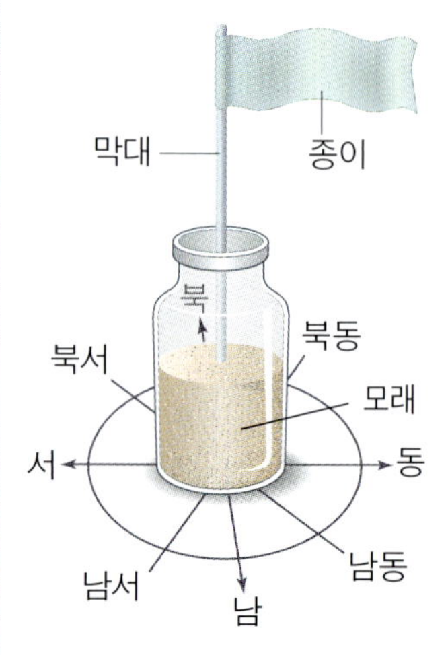

왼쪽과 같은 깃발을 만들어 야외 공간에 두면 바람이 얼마나 강하게 부는지, 약하게 부는지 알 수 있고, 바닥에 있는 방위로 바람의 방향을 알 수 있다. 남풍은 남쪽으로부터 불어오는 바람이다.

저기압 Low Pressure 과 고기압 High Pressure

저기압은 주위보다 기압이 낮은 지역으로, 안쪽으로 향하여 회전하는 바람이 분다. 고기압은 주위보다 기압이 높은 지역으로, 지표면 위에서 하강하는 공기가 퍼져 나가면서 바깥쪽으로 회전하는 바람이 분다.

북반구의 저기압 지역에서는 바람이 저기압 중심을 향해 나선형으로 시계 반대 방향으로 불어 들어간다. 북반구의 고기압 지역에서는 바람이 고기압 중심으로부터 나선형으로 시계 방향으로 불어 나간다. 이때 저기압의 중심부에서는 주위에서 모여든 공기가 올라가는 상승 기류가 생기고, 고기압의 중심부에서는 공기가 내려오는 하강 기류가 생긴다.

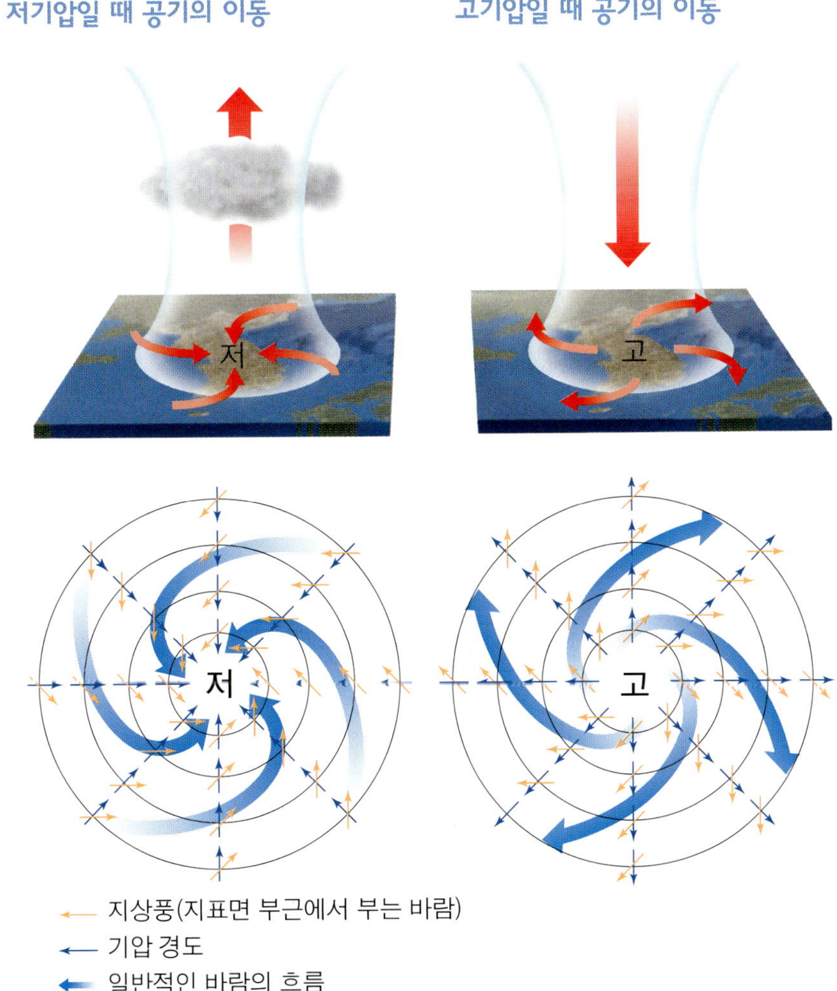

만약 지구가 자전하지 않는다면 바람은 등압선을 가로질러 직각으로 흐르게 될 것이다. 그러나 지구가 회전하기 때문에 오른쪽으로 바람의 방향이 바뀌게 된 것이다.

남반구의 저기압 지역과 고기압 지역의 바람의 방향은 북반구에서와는 반대이다. 남반구의 저기압 지역에서는 바람이 시계 방향으로 불어 들어가고, 남반구의 고기압 지역에서는 바람이 시계 반대 방향으로 불어 나간다.

해륙풍
Land and Sea Breeze

육지와 바다가 가열되는 정도와 냉각되는 정도가 다르기 때문에 바닷가에서는 낮과 밤에 부는 바람의 방향이 바뀐다.

육지는 인접한 바다보다 더 빨리 가열되고 더 빨리 냉각된다. 낮 동안 육지가 데워져 육지 위의 공기가 가열되고, 가열된 공기는 위로 상승한다.

육지에서 상승하는 공기를 대신하기 위해서 차가운 공기가 바다로부터 육지로 이동한다. 따라서 뜨거운 햇빛이 비치는 날 낮에는 일반적으로 바람이 바다에서 육지 쪽으로 불게 된다(해풍). 밤에는 육지가 바다보다 더 빠르게 냉각되기 때문에 육지에서 바다 쪽으로 바람이 분다(육풍).

🔵 낮의 바람의 방향(해풍)

🔵 밤의 바람의 방향(육풍)

날씨 Weather

날씨는 주어진 시간과 장소에서의 대기의 상태로, 기온, 바람, 구름의 양, 습도, 강수에 의해 그 특성이 결정되며, 우리 생활과 밀접하게 관련되어 있다.

일기도 Weather Map

기상은 대기 중에서 발생하는 모든 자연 현상을 말하고, 날씨는 기압, 기온, 습도, 바람, 구름의 양, 구름의 형태, 강수량, 일조(태양이 지표면을 비추는 것), 시정(대기의 혼탁한 정도를 나타내는 것)의 기상 요소를 종합한 대기의 상태를 말한다. 일기도는 각 관측소에서 측정한 기온, 기압, 바람, 구름 등의 기상 요소를 지도상에 숫자나 기호로 표시하고 등압선을 그려 넣어 저기압, 고기압, 전선 등을 나타낸 것이다.

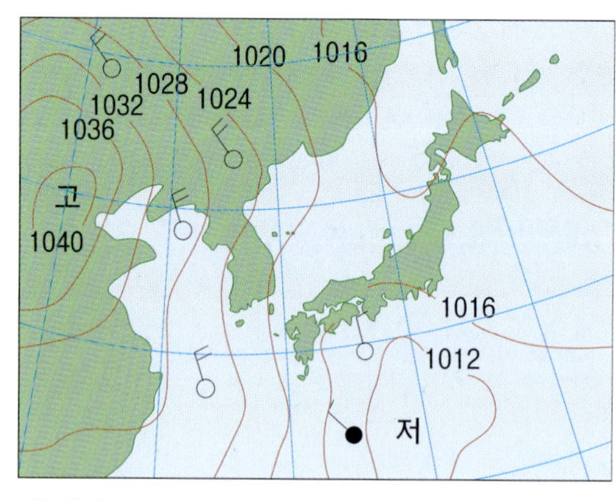

△ 일기도

△ 풍향과 풍속, 구름의 양

구름의 양				일기 기호				
맑음	구름 조금	구름 많음	흐림	비	태풍	안개	눈	황사
○	◑	◕	●	•	◗	☰	✳	S

[일기 기호]

지형과 날씨

산맥 공기는 산맥을 따라 상승하면서 단열 냉각되고, 수증기는 비 또는 눈을 만드는 구름으로 응결하게 된다. 따라서 바람이 불어와 산에 부딪히는 쪽과 산맥의 정상에서 풍부한 강수가 만들어진다.

공기는 정상을 지나 바람이 불어 넘어간 산 뒷면 쪽으로 통과할 때 하강한다. 이 공기는 이미 많은 양의 수분을 잃은 상태이며 하강함에 따라 단열 가열되어 수분을 흡수하고, 산맥에서 바람이 불어 넘어간 산 뒷면 쪽에 비그늘사막을 형성한다.

삼림 삼림은 공기를 냉각시킨다. 많은 양의 물이 잎의 표면으로부터 증발하는 과정인 증산과 증발에 의해 주변 공기가 냉각된다. 또한 삼림은 뜨거운 태양으로부터 토양을 가리고 나무의 뿌리와 짚은 수분을 유지할 수 있게 해 준다.

광활한 토양에 내린 빗물은 빨리 증발되지만, 삼림 지역의 토양은 비가 내린 후에도 오랫동안 습한 상태가 유지된다.

몬순 육지와 바다가 가열되는 정도와 냉각되는 정도가 달라서 발생하는 계절풍이다.

육지가 바다보다 더 따뜻한 여름에는 바람이 주로 바다에서 육지 쪽으로 불고, 바다가 육지보다 더 따뜻한 겨울에는 바람이 육지에서 바다 쪽으로 분다.

뇌우 Thunderstorm

뇌우는 강한 상승 기류에 의해 적란운이 발달하면서 천둥, 번개와 함께 소나기가 내리는 현상이며, 뇌우를 일으키는 구름을 뇌운이라고 한다.

매년 1,600만 개로 추산되는 뇌우가 발생하고, 어떤 순간은 약 2,000개의 뇌우가 지구 여러 지역에서 생성하기도 한다.

△ 상공에서 본 뇌운

뇌우의 발달 과정

발생 초기인 적운 단계에서는 강한 상승 기류가 발생하여 적운이 급격하게 성장하고, 강수 현상은 미약하다. 성숙 단계에서는 따뜻한 공기의 상승 기류와 함께 찬 공기의 하강 기류가 공존한다. 이때 강한 돌풍이 불고, 천둥과 번개가 치며, 소나기, 우박 등이 내린다. 소멸 단계에서는 구름 내부에 하강 기류만 남게 되어 소멸한다.

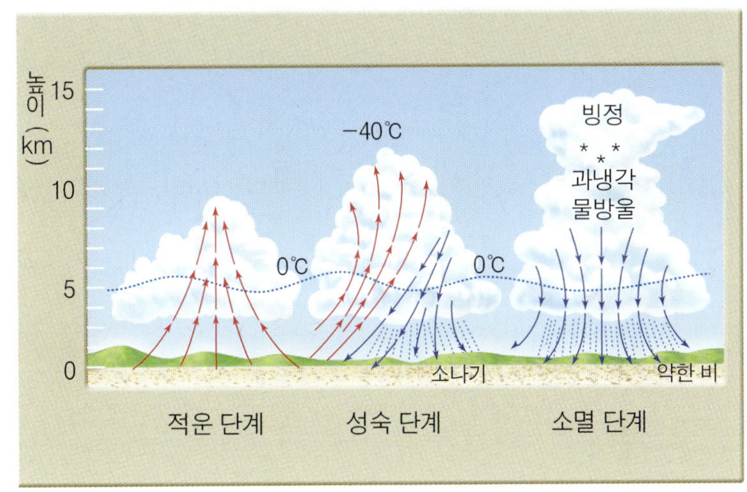

토네이도 Tornado

적란운의 밑면에서부터 만들어지는 작은 깔때기 모양의 폭풍이다. 깔때기 밑면의 지름은 2m에서 3km까지 나타난다. 토네이도는 단시간 생존하며, 일부 토네이도는 대기 중에 떠 있지만, 일부 토네이도는 지면에 도달하기도 한다. 또, 토네이도가 지면에 접촉한 후 지상을 가로질러 수 m에서 수백 km까지 이동하며 보통 시속 40~65km로 이동하지만, 시속 110km로 이동하는 경우도 있다. 토네이도 내의 소용돌이치는 바람은 이동 속도보다 훨씬 더 빠르다. 기상학자들은 토네이도 내의 풍속이 시속 500km 이상까지 도달할 수 있을 것으로 추정하고 있다.

이 바람은 좁은 저기압 지역 안으로 들어간 다음, 소용돌이치면서 위로 올라간다. 수 초에서 수 시간이 지나면 토네이도는 지면 위로 올라가고 소멸한다. 토네이도는 가장 강력한 폭풍이다. 그러나 전체 파괴량은 허리케인에 의한 것보다 크지 않다. 왜냐하면 토네이도의 경로는 좁고 생존 주기가 짧기 때문이다. 전 세계에서 발생하는 토네이도의 75%는 로키 산맥의 동쪽에 위치한 대평원에 집중된다. 토네이도는 두 기단 사이의 온도와 수분 차가 크게 나고, 기단 사이의 경계가 뚜렷할 때에 발생한다.

찾아보기

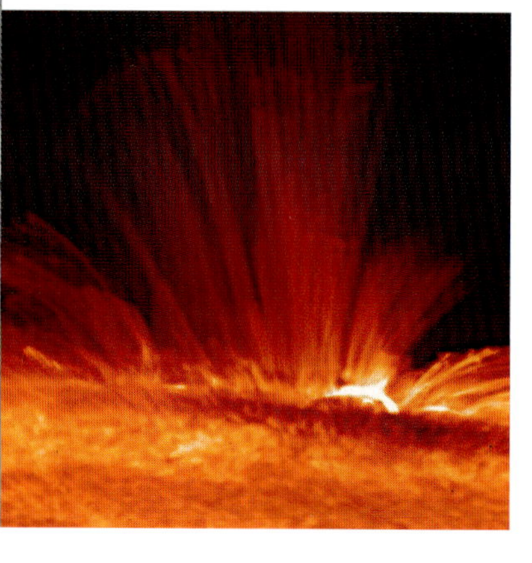

집필하신 분

박병태
서울교육대학교 졸업
단국대학교 과학교육과 박사
현 서울청파초등학교 교감

정선라
서울교육대학교 졸업
충북대학교 천문학과 박사
현 서울강월초등학교 교사

정일섭
진주교육대학교 졸업
원광대학교 교육대학원 교육학과 석사
전 서울인헌초등학교 교장

김현이
서울교육대학교 졸업
서울교육대학교 과학교육과 석사
현 서울석촌초등학교 교사

전성수
진주교육대학교 졸업
한국교원대학교 초등과학교육과 박사
현 경남회원초등학교 교사

이민규
서울교육대학교 졸업
서울교육대학교 초등영재교육과 석사
현 서울숭신초등학교 교사

김종철
서울교육대학교 졸업
한국교원대학교 초등과학교육과 석사
현 서울도성초등학교 교사

김민성
서울교육대학교 졸업
서울교육대학교 초등과학영재교육과 석사
현 서울명신초등학교 교사

이지훈
진주교육대학교 졸업
현 경남회원초등학교 교사

개념으로 풀어 쓰는 과학 2 (물리학/지구 과학)

1판 1쇄 인쇄 | 2016년 2월 24일
1판 1쇄 발행 | 2016년 3월 2일

엮은이 | (주)교학사
펴낸이 | 양진오
펴낸곳 | (주)교학사

기획 | 김현기
교정 | 홍애영 · 김진우 · 김유승
디자인 | (주)교학사 디자인센터

출판 등록 | 1962. 6. 26.(18-7호)
공장 | 서울특별시 금천구 가산디지털 1로 42
사무소 | 서울특별시 마포구 마포대로 14길 4
영업 문의 | 02-7075-147
내용 문의 | 080-7075-352(수신자 부담)
누리집 | www.kyohak.co.kr

★ Copyright ⓒ 2016 KYOHAKSA
파본은 구입한 곳에서 교환해 드립니다.
이 책에 실린 그림 · 사진 · 내용 등을 저작권자의 동의 없이
복사하거나 전재할 수 없습니다.